论方法

社会学调查的本土实践与升华

潘绥铭　黄盈盈　王东　著

第二版

图书在版编目（CIP）数据

论方法：社会学调查的本土实践与升华 / 潘绥铭，黄盈盈，王东著 . — 北京：世界图书出版有限公司北京分公司，2023.1
（进阶）
ISBN 978-7-5192-9726-8

I. ①论… II. ①潘… ②黄… ③王… III. ①社会调查 – 调查方法 IV. ① C915

中国版本图书馆 CIP 数据核字（2022）第 131901 号

书　　名	论方法 LUN FANGFA
著　　者	潘绥铭　黄盈盈　王　东
责任编辑	余守斌
特约编辑	何梦姣
特约策划	巴别塔文化
出版发行	世界图书出版有限公司北京分公司
地　　址	北京市东城区朝内大街 137 号
邮　　编	100010
电　　话	010-64038355（发行）　64033507（总编室）
网　　址	http://www.wpcbj.com.cn
邮　　箱	wpcbjst@vip.163.com
销　　售	各地新华书店
印　　刷	天津画中画印刷有限公司
开　　本	880mm×1230mm　1/16
印　　张	30.75
字　　数	506 千字
版　　次	2023 年 1 月第 1 版
印　　次	2023 年 1 月第 1 次印刷
国际书号	ISBN 978-7-5192-9726-8
定　　价	88.00 元

如有质量或印装问题，请拨打售后服务电话 010-82838515

第二版序言

十年前,我们出版了《论方法》(2011)一书。初衷是在中国社会开展实地调研的基础之上,对研究过程的诸多环节进行分析与讨论,试图在偏重理论抽象的方法论与讲究技术细节的具体方法之间找到一条"论方法"的路径。我们希望把研究方法本身作为研究对象,在以译介式教科书为主导的方法领域,实践结合中国社会背景的、切身且反身的方法学研究。过程展现、经验与教训、困惑与反思,都铺陈于笔端。不敢说有多成功,至少作为作者我们是坦诚的。而以自身经历与具体案例为根基的接地气与原创性,也是这本书吸引读者,尤其是学生们的主要特点。

我们对于《论方法》的定位不是教科书。无意去"教"别人如何做调查,而是想以自己的调查经历为例,打开方法与研究过程的"黑匣子",审视知识生产过程中的那些细节,包括大时代的影响、多主体间的各类互动、研究者的社会位置与主观偏好,以及研究中的诸多偶然。这在一定程度上是一个祛魅的过程,也唯有此,我们自信才能更好地触碰这个复杂的经验世界,了解他人,并熟悉自己。

以上的整体认识与定位在十年之后依然成立。这也是我们在出版社的推动之下,希望再版的主要原因。当然,在这十年里,无论是我们的生活与工作,还是方法学的研究生态,都发生了不少变化。

2014年,第一作者潘绥铭退休,第二作者黄盈盈继续开展艾滋病、性/别与身体领域的经验研究,也一直在给中国人民大学社会学系的本科与硕士生开设定性研究方法的课程,对社会科学界有关方法的讨论保持着近距离的观察,并且持续地撰写相关的论文。第三作者王东从学生变为老师，在所任职的首都师范大学给学生们开设定量与定性研究方法的课程。而并没有出现在作者之列的王文卿，则在第二版的修订过程中给我们提供了无私的建议。2017年，我们师门的十余位兄弟姐妹一起写作，出版了《我在现场：性社会学田野调查笔记》。这期间，还有很多朋友（包括课上的学生）给我们提供了宝贵的意见和建议，也督促我们在第一版早已买不到了的情况下修订出版第二版的《论方法》。

2011年以来，在社会科学的研究方法领域，有几个大的变化：

第一，大数据的兴起、网络调查（包括在网络上开展的定量调查，也包括网络民族志）的盛行。以上变化突出体现在方法的应用方面，个别文章有触及相关的方法讨论，包括围绕大数据和其所扩展的定量与定性相关的争论。

第二，有关方法的培训类论坛显著增加，而且开始跨出学术界。学术志教育平台、中国人民大学出版社、华中科技大学出版社，以及北京大学、南京大学、上海大学等高校都有举办定量或定性的方法培训，且不局限在社会学领域。而人类学的田野营、以学术论文写作后记与研究思路历程为主要内容的公众号进一步提高了研究方法与研究过程在社会上的可见度。一些主要从事实务工作的机构，如公司、社会组织等也开始重视方法的培训与应用。

第三，相比于十年之前，定量与定性之争有过交锋，但并不算凸显，综合方法的使用不断出现。就定性研究方法而言，尽管依然居于侧位，但是其应用显著增加。这个变化不仅体现在发表的论文上，更突出地出现在学生的毕业论文写作之中。只不过，应用数量的增加并不意味着质量的同步提升，大多数冠以"定性方法"的研究经不起深究。

与应用相比，方法的讨论则少得多。其中，有关口述史、扎根理论、个案法、叙事与故事社会学、日常生活方法论等议题的相关文章与著作有所增加。此外，跳出定性方法，对于"方法主义"的批判性分析，对于本土性、机制与因果探究、现象学方法论（生活世界与意义探究等）的辨析亦时有出现。《社会学研究》《社会》《学习与探索》《妇女研究论丛》《中国青年研究》《探索与争鸣》《新视野》等期刊组织过与方法相关的专题讨论。

第四，译介在继续推进，且更加系统化。尤其是，重庆大学出版社持续推出的

"万卷方法"丛书、新近中国人民大学出版社引进的定性研究方法系列丛书、华东师范大学出版社"薄荷实验"丛书的系列民族志作品与所附方法介绍,都是近年来值得关注的亮点。

我们在修订第二版之时,并没有把近十年的最新研究成果全都纳入进来进行对话,也没有就一些新出现的重要议题(比如大数据、网上调查与网络民族志)重新展开论述。第二版保留了第一版的主体部分与当时写作时的对话语境,但是在相应部分做了一些更新与删改。主要修订如下:

上篇"定量调查方法的本土论述"改动不大,主要把原来放在下篇里的"问卷调查的过程控制"移到上篇中。此外,把一些标题改得更为恰当,把一些文字加以精炼。这种仅有微调的情况是由于在最近的十年间,在社会学的范畴内,定量研究的问卷调查方法基本上是依然故我。但是,在大众传媒中,各式各样的"网上调查"却日益甚嚣尘上,越来越形成对公众认知的误导。可惜社会学界的批评与引导仍然暂付阙如。

中篇"定性调查的切身分析"有不少新发展。

第一是把原来的"社区考察"这一章发展为相互独立的两章:第十一章"社区考察:研究情境中的'人'"与第十二章"相处调查:研究生活中的'人'"。这两章分别强调了被调查者所处的大环境与小环境的重要性。

第二是增加了诸位作者升华的最新研究经验,提出了许多新的讨论起点。诸如第十三章"深度访谈:'深'在何处"第三节讨论的访谈中的"套路"问题、第十四章"座谈会调查法"第二节揭示出的"求同法"与"求异法"决定座谈会方法的不同性质、第十五章"现场记录与持续分析"第三节论述的"分析备忘录"问题。

下篇"论方法的探讨"首先调整了原来章节的顺序。其次扩充了笔者提出的"主体建构论"的论述。

此外,正文和参考文献部分还有些细微的改动。因为篇幅关系,对第一版中有些内容做了删除。比如第一版中篇对于定性、质性、田野等词语的界定并无太多新意,因此做了删除。再比如,有关扎根理论的介绍,因为近年来已经有了不少专门的论述文章,原来的简要介绍已经丧失了意义。几位作者在最近十年间也发表了若干"论方法"的文章,并没有全部增加进来,但是后期会专门结集出版,以作为续篇。比如，黄盈盈和潘绥铭（2013a）以艾滋病研究为例，对于跨学科主张的陷阱与前景的批判性分析；黄盈盈以"小姐"研究中田野点的进入方式为例对于"研究中介"不同性质的讨论（2016），对于定性研究"开放性"特点（2019），对于作为方法的故事社会学（2018a，2018b），以及基于"小姐"研究的过程分析对于"问题感"和"田野－情境－语境"棱镜下之于"提问"的重要性的进一步论述（黄盈盈，2022）；等等。

本书第一版是教育部人文社会科学重点研究基地项目（05JJD840013）的研究成果，再版亦得到中国人民大学理论与方法研究中心的支持。书中部分章节在相关的杂志上发表过，对于杂志社编审的厚爱与宝贵建议我们在此一并感谢。

书稿难免有疏漏与不足之处，包括写作时的语境与能力的限制，我们也将在研究与教学之路上继续"论方法"，也期待各路跨界读者们的批评指正，并再次对给予反馈与支持的师友和学生们表示感谢！

潘绥铭、黄盈盈、王东
2022 年 1 月 15 日

第一版序言

本书基于三位作者的本土社会学调查经验,尤其是在性社会学领域、围绕敏感问题与边缘人群的调查经验为主,兼顾与已有文献研究的对话,系统但又有重点地介绍、分析、反思中国社会具体情境中的社会调查若干问题,提出社会学研究领域"论方法"的重要性。

全书共分三篇。

上篇分析中国情境中的定量调查,挑选其中的若干重要问题进行细致深入的探讨。侧重讨论社会学调查中元假设、相关假设的重要性,调查情境的若干设计,对于定量调查本身的局限性的反思,在中国社会开展定量调查的具体例子分析,等等。力求深入、前沿、创新。

中篇是定性调查的过程展现与反思,针对国内有关定性调查的论述整体都比较缺乏,已有的定性方法文献主要局限在对国外质性研究的译介上,缺乏符合中国国情的研究过程的具体展现和反思,本书侧重研究过程和实例的具体展现、分析与反思。本部分内容尤其适合定性调查的初学者。

下篇是有关社会学调查中若干方法论层次上的重点问题的深入论述,突出社会学调查的互动性质与主体构建的视角,从方法论的角度论述社会调查的研究伦理,并进一步探讨定量调查与定性调查的选择与结合问题。

本书的主要特点体现在:

提出"论方法"的重要性

已有的调查研究方法的论文尚未在中国社会学界形成"方法学"的研究氛围。这主要表现为至少四点局限性：

第一，主要停留在"译介"而不是"研究"层面，缺乏对于调查方法本身的具体分析与反思，更缺乏从具体调查实践出发的总结与论述。

第二，往往仅仅讨论理论视角，或者是仅仅教条式地介绍已有的几种方法，缺乏"个人的感受和经历"，缺乏本土性，也缺乏反思性。

第三，定量方法重统计技术，缺乏方法论层次的分析；定性方法研究则重抽象理论，缺乏可操作的具体方法，或者仍然局限在教科书的范畴内，没有意识到调查方法也需要"论"。

第四，方法论与方法之间呈现割裂甚至是两张皮的状况。一方面，对于方法论的论述往往既没有具体调查方法（尤其是实例）的支撑，也不注重如何在实施中加以贯彻，往往呈现为空中楼阁。另一方面，具体调查方法又往往只有陈述，没有论述，既不清楚其中贯彻了何种方法论，也不清楚该方法对于方法论有什么意义，结果好比盲人摸象。

有鉴于此，本书的定位首先不在于创造新的方法，也不在于抽象地谈论方法论，更不是翻译介绍外来的条条框框，而在于"论方法"。前此，也有一些学者的研究涉及"论方法"的内容和意义（沃野，1997，2005；风笑天，1999；杨善华、孙飞宇，2005），但是并没有提出这个概念及其意义。

因此，本书希望基于中国的调查情境与实践经验，分析与论述社会学调查的具体方法及其操作过程，以便揭示其方法论内涵与来源，并且在方法论的指导下改善现有的方法。

突出中国的情境与本土性

本书对于方法的论述是基于三位作者对于自己在中国社会开展调查的实地经验的具体分析与深入反思，在呈现和分析具体实例的基础上，展开论述。转型期中国社会的特点、中国人的性格与心理特征、调查中行政力量的作用、调查队伍的建设与人际关系的运作、某些不得已而为之的变通、实践中的教训构成了"中国情境",而不仅仅是大而化之的"中国文化传统"。

强调"调查设计",突出社会学调查的本质特征

调查需要事先进行缜密的设计,社会学调查更是必须设计出精细的路线图。只不过对于问卷调查来说,需要制订出"假设-检验"某种社会学理论的具体方法;而在定性调查中则经常扎根于经验或结合理论与经验,确定研究主题,开放地选择具体调查方法。这严格来说不仅仅是一种方法,更是一种学术素质和前提条件。本书将从实践经验中努力提取更多的反思。

重视调查过程的质量控制、具体展现与反思

数据质量除了取决于研究设计,也取决于具体的调查过程。遗憾的是,目前的方法学研究,不管是定量调查,还是定性调查,都缺乏对于研究过程、调查操作过程的具体展现与分析,更缺乏反思。本书就是要把作者们的调查经验作为实例,将调查的整体过程系统地加以展现,并反思性地分析成功与失败。只有这样,才有可能提高调查质量。

以性社会学的实地调查为例,力求具体、生动

本书的第一作者有着20多年的性社会学调查经验,主持过数十次性社会学的定量调查,其中包括四次全国成年总人口随机抽样调查(2000年、2006年、2010年和2015年)。第一、第二作者自20世纪90年代以来就以社区考察的方式在不同地区13个田野点做过研究,访谈过1000多位"小姐"和相关人、300多位嫖客,积累了大量的定性调查的实地经验。三位作者都有着长时间社会学调查方法的教学经验。所有这些切身经验的分析与反思、实例的应用,都增加了本书的生动性与丰富性。

本书以"性"研究为例来分析社会学调查的步骤和注意的要点,因此具体的论述肯定与"性"的特点有关。但是,在"论方法"这个意义上的基本步骤与要点是相通的,读者可以举一反三。实际上比起其他方面的社会学分支来说,"性"的社会学研究对于调查方法的要求往往会严格得多,无论是问卷调查还是定性调查都是如此。例如:如何在贯彻研究伦理的同时又克服"隐私屏障";如何既要侧重社

会因素的作用,又不要取消生物因素;如何把细微的个人行为与其所处情境结合起来;等等。

突出学术价值,兼顾可应用性

本书基于上述的若干特点,与目前的方法学研究文献对话,具有很强的学术价值。本书的潜在读者包括目前300多个高等院校的社会学、社会工作等专业的老师与学生,也包括其他社会科学需要社会调查的领域、社会上重视社会调查(包括商业调查)的其他机构的读者。此外,"性调查"也是不少非研究领域的读者感兴趣与好奇的话题,因此本书也期望在、实例方面更具可读性与趣味性。

感性的告白

本书第一作者是学历史出身,每每感动于那些留下史料的前人,相习相近,竟成"痼疾"。所事之业,既包括大规模的全国问卷调查,也包括深入的定性研究,从始至终事必躬亲,也因此才敢于话分两头,横论问卷调查与定性调查,推出本书。

从调查实践经验的深度来说,笔者团队在2000年成功完成第一次全国调查之后,大家就总结出一句"豪言壮语":连"性"都能调查,还有什么不能调查的?

本书所写的一切,都是试图尽到学者之义务:努力描绘一种理想状态(否则纳税人干吗要养活我们),坦承内中之变通与缺失(否则让学生听什么)。这绝不意味着作者们踌躇满志,反而是抛砖引玉之举。

目 录

第二版序言 / 01

第一版序言 / 05

上篇 定量调查方法的本土论述 / 001

第一章 "社会学调查"与"元假设"的提出 / 005

第一节 社会学的问卷调查：概念的提出与操作化 / 007

一、两种调查的区分 / 007

二、为什么曾经没有社会学，却一直有社会调查 / 008

三、提出"社会学调查"概念的理由 / 009

四、笔者的选择与反思 / 012

第二节 "元假设"：调查问卷的灵魂 / 014

一、调查一个现象就是提出一个"元假设" / 014

二、提出元假设，首先需要"确立两极" / 018

三、元假设：写上一个，就是排除许多 / 019

四、调查内容的元假设，可能成为一种诱导 / 020

　　五、光谱式思维是一切调查的基础 / 022

　　六、元假设的四步逻辑操作 / 023

　　七、"元假设"概念的学术意义 / 025

第二章　社会学问卷设计的初始考虑 / 029

第一节　问卷调查做不到什么 / 030

　　一、背景：对问卷调查功能的本土化反思 / 030

　　二、描述调查：不可能"发现"未知现象 / 032

　　三、问卷调查并非最佳选择 / 033

　　四、为被访者（而不是为自己）而设计 / 034

第二节　社会学问卷是要研究问题，而不是描述现象 / 036

　　一、我究竟要说明什么 / 036

　　二、这是一个问题吗 / 037

　　三、笔者的选择 / 039

　　四、容易出现的失误 / 041

　　五、笔者的反思 / 043

　　六、确定选题的策略考虑 / 044

　　七、清晰地表述调查的目标 / 045

第三节　理论应用：社会学问卷调查之本 / 047

　　一、理论之必要 / 047

　　二、理论的本土筛选 / 049

　　三、挑选理论的操作 / 052

　　四、应用理论其实是一种改造 / 055

第四节　设置相关假设：社会学问卷之魂 / 056

一、社会学调查问卷的建设：必不可少的五种假设 / 056

二、防止单向的相关假设 / 059

三、提出否定的相关假设 / 060

四、重视潜含的相关假设 / 061

五、没有相关假设就不是社会学调查 / 061

第三章　问卷设计中若干问题的本土思考 / 063

第一节　常见的误解 / 064

一、非专业人员的误解 / 064

二、初学者的误解 / 065

三、凑题，问卷设计的大忌 / 066

第二节　设置"开放题"是一种失误 / 067

一、笔者的主要理由 / 067

二、慎用"其他"选项——半开放题讨论 / 070

三、严格限用"原因提问" / 073

第三节　反思"观念调查" / 076

一、观念调查不符合问卷调查的基本要求 / 076

二、观念调查的问卷设计的原则 / 077

三、操作建议 / 080

第四节　不许事后假设，慎用二手资料来统计 / 086

一、社会学调查，绝不允许"事后假设" / 086

二、使用二手数据进行统计分析的界限 / 088

第四章　随机抽样的本土应用 / 091

第一节　以社会科学为主体，发展随机抽样 / 092

一、抽样终端：从"单独个人"走向"社会基本单位" / 092

二、抽样框：从追求代表性走向力争信息无限丰富 / 094

三、代表性：从"抽象人"走向"社会人" / 096

四、代表什么？从"总体"走向"整体" / 097

五、小结与引申 / 098

第二节　"居住区"的抽样实践 / 099

一、概念提出的背景 / 099

二、"居住区"：中国的抽样基本单位 / 101

第三节　抽取调查样本的本土方式 / 103

一、调查点的核实与落实 / 103

二、在册居住者的抽样操作 / 104

三、流动居住者的抽样操作 / 107

四、把大学也作为"居住区"来抽样 / 108

五、农村居住者的抽样操作 / 111

六、新尝试：调查到20%的校外少年 / 111

第四节　居住区指标：设计问卷时把个体复归到社会中去 / 113

一、概述 / 113

二、技术上的意义 / 114

三、理论价值 / 115

第五节　网上调查是误导 / 117

一、捷径往往是失误 / 117

二、网站调查样本的社会阶层分布严重偏离实况 / 118

三、样本偏差带来的认知谬误 / 120

　　四、网站调查兴旺及其恶果的社会文化原因 / 121

　　五、网站调查的非科学性 / 122

　　六、发展建议 / 124

第五章　调查实施过程的展现与分析 / 127

第一节　调查前的准备 / 128

　　一、确定调查周期 / 128

　　二、准备现场使用的各类记录表格 / 129

　　三、弹性安排调查进度 / 129

　　四、"委托调查"的利弊得失 / 130

第二节　调查团队的组建 / 131

　　一、课题负责人必须亲力亲为、贯彻始终 / 131

　　二、调查员的选择 / 132

　　三、调查组长至关重要 / 133

第三节　本土的难点：进入现场 / 134

　　一、是否借助行政权力 / 134

　　二、调查组住在哪里 / 135

　　三、先去哪里 / 135

　　四、落实"访谈室" / 136

　　五、进入现场之后的全方位沟通 / 137

第四节　访谈 / 139

　　一、访谈现场的准备与维护 / 139

　　二、调查员的操作规程 / 140

三、调查员的当场解答 / 141

四、调查组长的操作规程 / 142

第五节 调查的管理 / 143

一、调查员的使用 / 143

二、调查的财务 / 146

第六章 问卷调查操作方法的自荐 / 153

第一节 邀约被调查者：调查本土化的尝试 / 154

一、操作过程 / 154

二、给被调查者的邀约信 / 156

三、提高邀约成功率的策略 / 157

四、邀约式调查的适用性 / 158

第二节 千方百计防止"假数真算" / 159

一、如何打消中国人的普遍顾虑 / 159

二、化解顾虑的操作经验 / 161

第三节 请使用笔记本电脑来调查 / 163

一、文化优势 / 163

二、技术优势 / 167

三、局限性 / 168

四、新发展：现场动员 + 手机填答 / 170

第四节 多种应答率的设计与学术意义 / 171

一、"应答缺失率体系" / 171

二、学术意义 / 172

三、解决之道 / 173

第七章　问卷调查的"过程控制" / 175

　　一、生活环境的控制：添加对于调查点的全面考察 / 177

　　二、调查情境的控制：激发主体的充分呈现 / 178

　　三、数据质性的控制：收集"主体的构建表现" / 181

中篇　定性调查的切身分析 / 185

第八章　定性调查概述 / 187

第一节　文献回顾的体会 / 189

　　一、社会学的文献 / 189

　　二、人类学的经验 / 191

第二节　重视调查过程的展现和反思 / 193

第三节　定性调查的初始考虑 / 194

　　一、在比较中认识定性调查 / 194

　　二、定性调查就是"谈恋爱" / 197

第九章　定性调查新解 / 199

第一节　"求同法""求异法"与"个案法"的不同性质 / 200

　　一、"求同法"，其实只是开放的问卷 / 201

　　二、从"求同法"走向"求异法" / 204

　　三、"求全法"是定性调查的最高境界 / 208

　　四、层次划分的学术意义 / 211

第二节　对象选择与人数问题：最大差异的信息饱和法 / 213

一、问题的提出 / 213

　　二、信息饱和原则 / 215

　　三、最大差异选择 / 218

　　四、最大差异法的实践认知来源 / 222

　　五、代表性：不是有没有，而是究竟代表什么 / 223

第三节　光谱式思维 / 225

　　一、根基命题 / 226

　　二、具体要求 / 226

　　三、不是为了颠覆，而是为了深入 / 228

第十章　为什么设计，设计什么 / 231

第一节　理论的作用体现在哪里 / 233

　　一、理论准备：笔者的教训 / 233

　　二、文献检索：平时的阅读与积淀 / 236

第二节　设计之源 / 239

　　一、研究者的价值取向与理论倾向 / 239

　　二、不是设计要开放，而是要开放地去设计 / 242

第三节　提出好的问题，研究就成功了一半 / 244

　　一、何为"研究问题" / 244

　　二、问题意识：理论性与本土性的考虑 / 246

　　三、提出问题的实例及教训 / 250

第四节　研究方法的设计 / 252

　　一、研究内容的确定 / 252

　　二、访谈提纲的利弊 / 253

第十一章 社区考察：研究情境中的"人" / 257

第一节 为什么需要社区考察 / 258

一、学术意义 / 259

二、为什么要采用它："地下性产业"调查的案例 / 262

三、操作方法的独特之处 / 263

四、多时空点的社区考察及其在中国的实践意义 / 265

第二节 在社区考察中进行"观察" / 267

一、定时定点的监测与统计：对于规模、经营情况的观察 / 267

二、对于社区环境的观察 / 270

三、对于人际关系的观察 / 272

第十二章 相处调查：研究生活中的"人" / 277

第一节 "进入" / 279

一、"踩点" / 279

二、"入住" / 281

三、"环顾" / 285

四、"接触" / 287

五、进入方式的总结与分析 / 300

第二节 "切入" / 302

一、关键人物与关键时刻 / 302

二、消除对方的疑虑 / 303

三、平等交换 / 305

四、将心比心 / 307

五、要"脸皮厚" / 308

  六、处理好微妙关系 / 309

  七、研究的距离 / 310

  八、"切入"的讨论 / 310

第三节 耳闻、聊天、体验：共景、共述、共情的递进 / 311

  一、主体呈现的三个层次 / 311

  二、共景：要询问，更要旁听 / 313

  三、共述：不是访问，而是聊天 / 318

  四、共情：体验与感悟 / 323

  五、三种方法的意义：实践"主体构建"的视角 / 326

第十三章 深度访谈："深"在何处 / 329

第一节 不同的层次及其意义 / 331

  一、就访谈的深度而言 / 331

  二、就访谈的情境而言 / 333

第二节 访谈是共同讨论，而不是一问一答 / 334

  一、共同讨论的两大意义 / 334

  二、深度访谈的若干实施策略 / 337

  三、不会追问，就不是深度访谈 / 342

第三节 访谈的"套路"与可能的拓展 / 344

  一、从一个访谈片段看叙述套路 / 344

  二、"套路"的界定 / 346

  三、跳出"访谈"的应对策略 / 347

第四节 需要被研究的研究者 / 349

  一、社会性别，举足轻重 / 349

二、研究者的外在条件：身份与年龄 / 354

三、研究者的内在动力：性格、魅力与处世能力 / 355

四、小结："深度"的关键词 / 357

第十四章 座谈会调查法 / 359

第一节 清源与正名 / 360

第二节 座谈会的元假设：为了求同还是求异 / 361

一、求同法的座谈会只能误导自己 / 361

二、求同法的极端：求证法 / 362

三、座谈会应该是"多向求异法" / 362

第三节 座谈会的基本要求 / 363

一、话题的适应性 / 363

二、参加者的选择 / 365

三、主持，就是激发讨论 / 365

第四节 特点与要点 / 366

第五节 座谈会中的权势关系 / 368

第十五章 现场记录与持续分析 / 369

第一节 录音还是笔记 / 370

一、录音 / 370

二、做笔记 / 373

第二节 现场分析 / 376

第三节 综合整理与备忘录撰写 / 379

一、资料文件夹的形成 / 379

二、备忘录的撰写 / 385

　　三、联系比较与立体分析 / 390

第四节　定性研究的质量判定 / 395

　　一、理论的认识 / 395

　　二、过程的考察 / 396

下篇　论方法的探讨 / 397

第十六章　主体建构论 / 399

第一节　本土调查实践的产物 / 400

　　一、基本的表述 / 401

　　二、理论来源 / 403

　　三、认知原则与价值导向 / 404

　　四、学术意义 / 405

　　五、问卷调查更需要贯彻主体建构论 / 407

第二节　理解对方的生活逻辑 / 408

第三节　主体建构论中的"性" / 412

　　一、社会性别是主体建构 / 412

　　二、最根本的主体建构：性是什么 / 413

　　三、反对"生物因素取消论" / 415

第十七章　对于社会学调查方法的光谱式理解 / 417

第一节　何谓真实？问卷调查与定性访谈，不分伯仲 / 418

第二节　失误：定量调查的结果，以定性资料来补充 / 429

第三节　社会学调查方法是一个光谱 / 432

第四节　走向整合：过程控制的方法论意义 / 434

第十八章　研究伦理：方法论层次的反思 / 437

第一节　研究为什么需要伦理 / 438

一、问题的提出 / 438

二、研究伦理：从道德到方法论 / 440

三、研究伦理的基本原则 / 443

第二节　研究伦理的操作 / 447

一、方法论探讨之例 / 447

二、研究伦理的刚性贯彻 / 450

三、高于伦理原则的道义责任 / 452

四、讨论：伦理的自觉源于主体建构视角的确立 / 454

参考文献 / 455

上篇

定量调查方法的本土论述

本篇中经常引用的所谓"笔者团队的四次全国调查"分别指的是，在潘绥铭教授的带领下，中国人民大学性社会学研究所进行的下列全国18—61岁总人口的随机抽样调查。

第一次调查是"2000年中国成年人的性关系与性行为调查"，成果见于潘绥铭等：《当代中国人的性行为与性关系》，北京：社会科学文献出版社，2004年。

第二次调查是"2006年中国成年人的'性'调查"，成果见于潘绥铭等：《中国性革命成功的实证：全国成年人口随机抽样调查结果简报，2000年与2006的对照研究》，高雄：万有出版社，2008年。

第三次是"2010年中国成年人的'性'调查"，成果见于潘绥铭、黄盈盈：《性之变：21世纪中国人的性生活》，北京：中国人民大学出版社，2013年。

第四次是"2015年全国的性调查"，成果见于潘绥铭：《给"全性"留下历史证据：2000—2015年四次全国总人口抽样调查的主要数据分析结果》，香港：1908有限公司，2017年。

这四次全国调查基本上是每5年一次，所使用的随机抽样方法一致，调查的地点一致，调查方法一致，问卷的内容也基本一致，因此具有历史可比性。

2015年之后，潘绥铭完全可以在2020年再进行第五次全国调查，而且他的女儿完全可以独力全额资助，再也不必仰人鼻息。但是，潘绥铭还是决定激流勇退，不再调查。这主要是因为下列两点原因。

首先，对于"性调查"而言，如果社会传播更迅猛、社会氛围更苛刻，那么不敢真实回答者人数就会增加。例如此前2010年的调查实现了有效应答率的最高峰，达到惊人的76.4%；可是2015年调查的应答率就下降了将近10个百分点。如果2020年应答率再下降很多，那么全国总人口的随机抽样的价值就会大打折扣。

其次，随机抽样越来越难了。城市居住区越来越封闭，农村家庭越来越空巢化。没有把握到2020年仍然可以达到最低限度的抽样代表性。

当然，在做出上述决策的2019年初，还不可能知道自己躲过了新冠疫情这一劫。

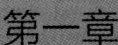

第一章 "社会学调查"与"元假设"的提出

关于问卷调查的分类，国内的教科书与学术著作有过很多探讨与成果，基本上是按照调查的操作形式来划分的，例如直接面访的问卷调查、电话调查、网上调查等（袁方、王汉生，1997；洪小良，2005；谢邦昌，2001；张蓉，2005；凌洁，2006；董海军等，2009；郝大海，2009）。有些学者也提出了另外一种问卷调查分类的标准，就是从调查的内容及其深入程度的角度来进行分类（水延凯等，2007）。

可是在目前中国，最大的问题并不是人们不知道这些分类方法，而是还缺乏这样一种意识：社会学的问卷调查与普通问卷调查必须有一个清晰的分野，必须有不同的判定标准。否则，许多社会学的专业调查就会由于标准不清而跌落到非专业的甚至是业余的水平上去，从而拉低整个社会学专业调查的水平。反之，如果标准不清，社会学的专业人员也会对某些非专业的问卷调查过多挑剔，不利于非专业人员使用问卷调查这个有益的工具。

从根本上来说，社会学的学者不得不从性质上（而不仅仅是操作方法上、形式上与内容上），把自己所进行的调查与其他学科的或者非专业人员所进行的普通问卷调查严格地区别开来。否则，社会学将没有安身立命之地。

这个问题在目前的中国尤其重要。最近，各式各样的问卷调查在数量上迅猛增加。其中，非社会学专业的调查不但占到大多数，而且很多调查根本就不具有任何社会学的意义。可是，问题的症结并不在于操作层次的"调查质量"的高低，而在于既然我们没有提出，人家也就不可能知道，社会调查的内部还存在着不同的性质之分，因此也就无法在某个特定的范围之内来讨论"调查质量"这样的问题,也就缺乏了提高非专业调查质量的指导意义。

在这一章中,笔者们主要依据调查经验与教学实践,从性质上来划分两种不同的问卷调查,以便不同的研究者和调查者在不同的范围之内来讨论问题。

第一节 社会学的问卷调查:概念的提出与操作化

一、两种调查的区分

本书把问卷调查分为两类,第一类是普通问卷调查,另外一类是社会学的问卷调查。在国内现有的教科书里,基本上还没有这样的分类。但是这样分类是必需的,因为普通问卷调查仅仅是社会学调查的基础,后者可以包含前者,前者却无法成为后者。

对于社会学研究来说,这个划分很重要,因为笔者们在教学中屡屡发现,一些研究生甚至是博士生,仍然在使用普通问卷调查的数据来进行社会学的研究,结果根本无法达到应有的层次。可是,他们却常常通过了答辩,因此这已经是一个学术界的共同问题了。

仅仅描述现象的就是"普通问卷调查",它主要有两种形式:

1.绝对数调查

它是在基本上不了解某种社会现象的情况时,运用问卷调查的方法来发现其数量。简单地讲,就是想知道有多少人做过某种事,或者某种社会现象涉及多少人。

这种调查的统计结果,往往表现为一个具体的数字,例如"中国有8亿农民"这样的命题就应该是来自绝对数调查。

2.百分比调查

它实际上是把某个范围之内的总体当作分母,把自己所要考察的社会现象的发生频数作为分子,求出一个百分比即可。例如"中国农民中已经有20%的人进城打工了"这样的说法,其中的"中国农民"就是总体,"进城打工"的人数是频数,"20%"则是调查的统计结果。有些这类调查仅仅考察总体的一部分(样本),从中求出一个百分比,然后用样本的百分比去估计、推算总体的百分率。

百分比调查的特点是,虽然它的提问可以有很多,但是调查现象都是相互独立的、没有瓜葛的。研究者也并不期望从中发现别的什么,仅仅得到各种现象的百分比就足矣。

二、为什么曾经没有社会学,却一直有社会调查

笔者们之所以能够提出"社会学调查"这一概念,首先是来自中国历史的启迪。

从20世纪50年代初到20世纪80年代初的30年里,社会学作为一个学科被取消了,任何学术意义上的或者具有专业意义的社会学调查都烟消云散了。但是,普通社会调查却仍然存在,而且在"大兴调查研究之风"的政治口号之下被捧成了"没有调查,没有发言权"的吓人高度。这个口号甚至在全民中被普及,成为那个时代的日常语言。

在这种历史环境中,两种对学术研究非常有害的思维定式就流传下来了。一种是"无论什么人都可以做调查",另外一种则是"无论怎么做都是调查"。甚至在社会学恢复了20多年之后的21世纪,其他专业的多数人仍然认为"只要调查社会就是社会调查",不会想到也听不懂"社会学调查"这样的"奇谈怪论"。

这段历史雄辩地说明:社会学调查与普通社会调查确实非常不一样。这两者之间的区别并不是学者们在书斋里冥思苦想搞出来的,甚至并不是中国学术发展所带来的,而是一个历史遗产。正是从这个意义来说,提出"社会学调查"这样一个概念,不仅是一个中国纯粹本土的问题,而且具有正本清源的意义。

进一步说,为什么在取消了社会学之后,普通社会调查还能够大行其道?如

果暂不考虑其政治含义,那么这其实就是一个"社会学有用没有"的根本问题。说白了就是,如果人人都可以做社会调查,那么还要社会学家干什么?

可惜,在目前国内的社会学文献中,作者们基本上都是把"社会学有用"这一点作为"公理"来看待的。结果,许多社会学的教科书都想当然地把所有类型的普通社会调查统统归在社会学的名下,似乎它们是同质的,只有形式之分。

还有的社会学家则仅仅从技术的层次上来论证自己存在的必要性,似乎只要社会学家去操作,只要采用了某些高级统计技术,那么就自然变成"学术的"了。

上述两种普遍存在的意识都忽视了这样一个现实:恰恰是由于社会学界没有很好地论述清楚社会学调查与普通社会调查之间究竟有什么样的区别,这种区别的学术意义何在,因此直到现在,各行各业的人都在各行其是地进行着各式各样的"社会调查",却并不认为自己需要什么社会学知识,更不需要社会学方法论方面的学术修养,甚至根本就不认同"社会学有用"这个命题。

三、提出"社会学调查"概念的理由

为什么非要专门分出一个"社会学的问卷调查"

我国社会学研究中的方法论问题,其实并不仅仅是统计学意义上的水平较低的问题,更加重要的而且较少引起注意的问题其实是"心中无数,笔下却有数",也就是调查问卷缺乏设计,写论文却是依据其统计结果。

有太多的社会学界人员所进行的问卷调查,太缺乏事先的设计。他们甚至根本不知道问卷还需要设计,就盲目地动工、完工,然后进行"数据发掘",其实就是在原本毫无关联的调查数据中找出一些变量来分析。

如果仅仅是社会学的初学者出现这样的问题,倒也罢了,可是相当一部分学者也出现这样的问题,甚至在我国顶级的学术刊物上发表的依据问卷调查结果所写出的论文,绝大多数也是只说统计结果,只字不提自己的问卷设计,乃至出现过用 A 调查来说明 B 情况的个案。这不应该是篇幅所限的问题,而是因为我国社会学界的主流力量尚未旗帜鲜明地提出"社会学的问卷调查"这一概念,尚未把它与普通问卷调查相区别,尚未在学界努力构建这方面的浓厚意识。

现有的许多教材与多位学者的著作中其实都已经渗透了"社会学的问卷调查"这样的思想,风笑天教授贡献尤多(风笑天,2005,2009)。但是,实践仍然迫切需要一个鲜明的新概念、一面旗帜。

什么是"社会学的问卷调查"

人们通常认为,只要是社会学家所做的调查,或者其统计结果具有某些社会学意义的调查,就当然是社会学的调查。这样的理解忽视了一个根本的问题:科学仅仅来自于科学的研究方法,而不是别的因素。

笔者们试图用极端的命题来引起讨论:唯有相关"假设-检验"式的问卷调查,才能算是"社会学的",而不是"普通问卷调查"。这是因为,问卷调查是对于自然科学研究方法的一种模仿,而后者的灵魂就是必须首先提出自己的相关假设,再对它进行检验,从中获得自己的认识。舍此,自然科学再无其他研究方法。因此在问卷设计中,没有相关假设就等于"撞大运",没有检验就等于"空口说白话",即使"瞎猫碰上死耗子",也不足为训。

社会学的定量研究最基本的预设就是社会运行存在着某些规律,而社会学的任务就是要找出这样的规律并且加以解释。[1] 为此,社会学不得不运用相关"假设-检验"式的问卷调查,或者说,不这样做就无法实现社会学研究的目标。

当然,根据功能与侧重来划分,社会学的问卷调查还可以分为许多种(袁方、王汉生,1997;风笑天,2009),但是万变不离其宗,都必须有相关"假设-检验"式的设计。

例如在比较调查中,如果仅仅比较某个社会现象本身,那么充其量也只能得出一些关于变化幅度的统计数字,就像国家每年公布的 GDP 数字一样。这就把自己的研究降低到普通问卷调查的层次上去了。

反之,社会学所说的比较调查与追踪调查,目标在于发现 A 的规律与 B 的规律是否存在着差异,这些差异来自什么因素,以便对 A 的规律或者 B 的规律进行

---

[1] 这是经典社会学的认识。定性研究方法对此有许多批评,本书会在中篇里进行讨论。

修正或者补充，得出更加深刻与准确的认识。这就需要对 A 和 B 提出一个共同的相关假设，然后在检验的过程中发现各种影响因素的异同，最终检验研究者的相关假设。

因此，不但调查的总体不同不能进行比较调查，而且相关假设不同也无法进行这样的调查。例如，如果在 A 地区调查的时候，假设农民因为穷才进城打工，但是在 B 地区调查中却假设农民进城打工存在性别分工（男多或者女多），那么这两次调查无论在调查总体上多么一致，也不能算是社会学的调查。因为它只能说明某种社会现象的时空差异，却无法说明该现象中的规律的异同。

分布调查：中间过渡形式

对于了解社会来说，人们更想知道某些情况的各种分布状况。例如了解"中国农民中已经有 20% 的人进城打工了"这个说法还远远不够，人们还想知道：究竟是多大年龄的农民进城打工了呢？是男人多还是女人多？是穷人多还是不那么穷的人多？这就需要进行分布调查（李强，2004）。也就是说，研究者必须把自己所关心的时空、分层、范围等，设置在问卷里。社会学通常更加关心某种现象在不同的社会阶层中的分布，那么研究者就必须在问卷中设置一些考察被调查者的社会阶层归属的问题。

分布调查的统计结果一般都表现为"各个分层里面的不同百分比"，因此也可以叫作双因素调查或者交叉表调查（史希来，2006；莱文、福克斯，2008；卢淑华，2009）。

社会学界有一种"五朵金花"的说法，就是说，几乎任何一个问卷调查，至少都必须要问到五个最基本的社会阶层归属的问题：年龄、性别、文化程度、职业、收入。舍此，研究者就无法判别被调查者究竟属于哪个社会阶层，也就无法知道某种现象在不同的社会阶层中有什么样的差异，这个调查也就不具有社会学的意义，也就在性质上下降为百分比调查了。

分布调查其实就是从普通问卷调查向社会学调查过渡的形态。它已经设置了最基本的相关假设。也就是说，无论把"五朵金花"中的哪一个指标设置到问卷里，都意味着在假设所考察的社会现象与所设置的这个指标存在着某种相互关系。只不过还不知道这种关系是什么样的,因此才需要调查。调查的统计结果,可能表明双方确实是相关的,也可能表明相关假设是错误的。

由此,调查者对这种社会现象的认识才能加深一步。例如,在笔者的"性调查"中,在问卷中设置了"职业"这个指标,这其实就是在假设:不同职业的人会有不同的性关系与性行为。如果没有这样的相关假设,那么问卷就根本不应该询问"职业"这个问题。如果统计结果表明两者是相关的,那么这个假设就可以成立。如果两者不相关,那么此假设就不能成立,但是可以反证:无论什么职业,人们的"性"都是一样的。

可惜的是,虽然分布调查被运用得最广泛,但是许多调查者并没有意识到在自己设计的问卷里面存在着相关假设,也就不知道应该对相关假设进行检验。这仍然是一种"无设计的问卷"。最常见的例子就是,几乎每一个分布调查的问卷都会问到被调查者的性别,但是几乎没有一个调查是准备对该社会现象进行"社会性别视角的分析",也没有假设自己要考察的主要现象究竟是不是男女有别。那么,为什么要询问性别呢?不问又有什么不可以呢?

总而言之,所谓的"普通问卷调查"就是仅仅调查一个现象的各种情况,也就是社会学通常所说的"单纯的描述"。因此,无论调查者的专业级别多么高,调查的规模多么大,涉及的内容多么深入,使用的统计方法多么复杂,做出的分析多么高深,只要是仅仅描述一个对象,只要不是在研究一个问题,那么就统统是"普通问卷调查"。

因此,从理想状态来说,普通问卷调查中的分布问卷调查,就是社会学调查的起点。但是从中国的实践来看,绝大多数分布调查由于缺乏有意识的相关"假设-检验"设计,还不足以成为完全的社会学调查。

四、笔者的选择与反思

笔者所进行的四次全国调查,都是具有"假设-检验"设计的社会学的调查,是为了在性的领域中检验脚本理论、交换理论与社会网络理论。这是因为,虽然人类大概从自己诞生伊始就开始研究自己的性问题了[1],虽然至晚从1885年开始西方学者就创建了"性学",虽然众多的学者曾经做过众多的对于性问题的问卷调查,虽然其中一些曾经在传媒上引起了极大的轰动[2],但是真正的、具有相关"假设-检验"设计的社会学调查(同时也是世界上第一个全国成年总人口随机抽样的调查)却迟至1992年才在美国出现(Laumann et al., 1994)。它的调查结果不但没有新闻性,也没有文学性,更没有娱乐性,只是干巴巴地检验了一个相关假设是成立的,即人们如此隐秘的性行为,其实是发生于一个"性的社会网络"之中的,而且不知不觉地受到整个网络难以察觉的巨大影响。

这一研究成果不仅说明"性社会学"在国际上诞生了,也预示着在中国进行"性"的研究,再也不能停留在普通问卷调查的水平之上了。或者说,研究者与其费时耗力地进行一次并不见得更容易的普通问卷调查,还不如直接从国际学术的高峰起步,把性社会学在中国尽早地建立起来。

笔者的四次全国调查必然都是社会学的调查。这一性质主要体现在三方面的研究中:"长期性伴侣"之间的关系(蔡鑫,2004;黄琦,2006)、个人行为与社会因素之间的关系(潘绥铭,2004)、生理因素与社会因素对于"性"的作用程度的差异(潘绥铭,2006)。这三方面都有着明晰的相关假设与检验的设计。

问卷中还有一些"分布调查"的提问。笔者并不准备用它们对相关假设进行检验,仅仅想知道它们的阶层分布,例如"找小姐"行为、"性交易"行为等。此外,针对"同性恋"这样的极小概率的现象,笔者还设置了四个"百分比调查"的提问,仅仅希望获得发生率即可。这样做的原因可想而知:笔者对于中国人的"性"的了解实在是太少了,哪怕多一点点信息也是好的。

不过反思起来,笔者的四次全国调查也绝非尽善尽美。

首先,由于中国现有的性方面的调查结果太少,所以问卷中的"分布调查"偏多,多少挤占了相关"假设-检验"的问卷空间,使得笔者在第二次调查的时候,虽然继续设计了一些更加深入的检验提问,但是仍然显得不够充足。

---

1 例如中国古代的房中术,成文于汉代之前。
2 奥地利的医生克拉夫特-埃宾的《性的心理病》(1885)、金西的《人类男性性行为》(1948)与《人类女性性行为》(1953)、《海特性学报告》(1975,学术上最不规范的传媒调查)。

其次，由于艾滋病在中国日益成为一个"问题"，在 2000 年第一次调查的时候，笔者就不得不使用了较多的问卷空间来设置考察"高风险性行为"，在后来的问卷中又增加了一些这方面的"分布调查"。但是，在发布调查结果的时候，笔者始终申明这四次全国调查都不包括关于艾滋病传播的相关假设。但是，仍然有位美国学者批评说，笔者的问卷不足以构建艾滋病传播的模型。看来，误解社会学调查的人远远多于了解它的人。

最后，在第一次调查之后公布结果的时候，由于缺乏应对传媒的经验，笔者把"分布调查"的结果说得多了一些，没想到被大众传媒再次简化为"百分比调查"的数据，甚至仅仅是"绝对数调查"，而且大肆炒作，完全走样。例如所谓的"无性婚姻"，其实只不过是夫妻性生活频率很低的那些人。虽然笔者是用它的分布来说明：双方的关系（甚至一些表面上看来与性无关的因素）会显著地影响性生活的频率，但是大众传媒却仅仅抓住其中低频率者的百分比，扭曲成了"无性婚姻"这一经久不衰的热门话题，甚至计算出具体的人数来。到了 2006 年，某城市甚至出现了"无性婚姻介绍所"。

反思起来，笔者应该拒不公布这样的百分比，应该反过来更加坚定地推广"社会学调查"这一概念。

第二节 "元假设"：调查问卷的灵魂

一、调查一个现象就是提出一个"元假设"

现象需要定义

首先需要对现象本身进行定义。例如笔者的"性调查"首先需要定义"性"的内涵与外延是什么。这可能并不需要直接在问卷中细说，而是体现在所有提问汇合而成的总体中；或者在许多问题上，表现出"性"的定义的不同层次。例如，笔者之所以要分别询问"异性全身按摩""接受三陪服务""网上看黄"等情况，不仅仅是因为笔者需要了解这些方面的实际情况，更是因为笔者认为它们属于"性行为"的不同层次，所以不可以混同起来调查。反之，笔者没有调查比接吻更加轻微的人际接触（例如勾肩搭背等），这就表明笔者至少在这个问卷里认为，接吻才是"性"的最初层次。

其次需要确定该现象的时空范围。在笔者的问卷里，大多数提问都有一个很啰唆的前提："在××个月之内"或者"只有××情况下的才算"。这就是对于该现象的时空的限定。社会调查的教科书也说这是必不可少的，否则就很容易把仅仅存在于一定时空之内的现象误以为是永恒的与普适的。

最后，最关键的定义会带来"分流"。在笔者的"性调查"中，被调查者"婚否""有无性生活""有无其他性伴侣"。这三个问题不仅是生活实践中最关键的情况，而且对方一旦选择"有"或者"无"，后面就会接着回答一连串完全不同的提问，牵一发而动全身。因此在这三个"分流问题"之前，都必须出现相当长的一段解说文字，来说明问卷问的究竟是什么样的情况，不厌其详，不得跳过。

定义就是"元假设"

这样说，有认识论上的依据。

研究者必须时时刻刻牢记：人类的一切现象都是光谱式的存在，没有任何固有的边界或者分层，因此也就不可能具有任何天然存在的定义。问卷调查其实就是试图去量化地测量这个光谱式的存在，因此不得不使用一些研究者自己发明出来的测量工具，那就是问卷中的各种"定义"。它们是先验的，事先无法判定其对错，因此它们都仅仅是一种假设，一种对于研究者所要调查的现象的预先的界定。这就是元假设。

元假设包含两个方面的意思。

第一个方面是"对于真实性的元假设"，就是研究者认为，在光谱式存在的该现象中，应该存在着自己所设置的这种界定，研究者仅仅是不知道它的分布状况而已。例如，调查"同性恋者"而且不得不给出其定义是"只跟同性的人做爱的人"，那么就等于研究者认为人类中不仅应该存在着这样的"同性恋者"，而且

"同性恋者"就应该仅仅是这样,其他情况一概不算在内。这是问卷调查所必需的,但是也是它的原罪,因为无论研究者设计出什么样的定义,总有可能与现实生活不符。

第二个方面是"对于适用性的元假设",就是认为研究者所设置的各种"定义"(测量工具)足以对自己所调查的光谱式存在的该现象进行足够精确的测量。例如,既然设置了"同性恋者"的定义,那么就是说,使用"只跟同性的人做爱的人"这个定义进行测量的结果(无论是绝对数、百分比还是分布状况)都是准确的。这当然也是一把双刃剑。

元假设的上述两个方面,在问卷设计的实践中往往可以合二为一地进行考虑。可问题的关键是,光谱式存在的该现象究竟是不是研究者所描绘的这样呢?研究者的测量工具究竟是不是足够合适呢?这些都不可能在调查结果出来之前知道,因此研究者的任何定义就都只能是假设,是猜想,是先入为主。只不过由于定义是问卷之根,所以也可以称之为"元假设"。

可惜,目前的文献对于问卷中所体现出来的这样的"元假设"进行论述的尚且不多,对其进行检验的研究成果就更少。这对于研究者其实是可以做到的。例如,如果某个调查发现"同性恋者"的比例过于出乎人们的日常经验,那么除了其他因素,就完全可以怀疑它对于"同性恋"这个定义的元假设(包括针对真实性的与适用性的)可能出现了偏差。

总而言之,即使是最简单的普通问卷调查,其实也是建立在"元假设"的基础之上,只不过指的是对于所要调查的现象进行的定义,而不是考虑问卷之内的各个提问之间的关系。

一个提问就是一个元假设

笔者经常使用这样的提问方式:"您有过……情况吗?"这其实就是提出了这样一个假设:无论被调查者是什么样的人,都必定有可能出现这种情况。

可是,许多情况对于许多人来说根本就毫无可能。结果,这样提问就有可能冒犯了被调查者的情感甚至是自尊心。例如,网民经常说的例子,问:"给你一百万你会干什么?"答:"先给我再说。"

反过来，研究者在设计备选答案的时候，都知道必须涵盖一切可能性。可是，大千世界，无奇不有，研究者"涵盖"一切的把握究竟有多大呢？尤其是"观念调查"与"原因调查"，几乎没有涵盖的可能性。这就是本书反对进行这两种调查的主要原因。

这不仅仅是"设计提问时没有考虑调查对象"的技术层面上的问题，问题还在于研究者缺乏"元假设"这个清晰的概念与意识。

每一个字都是元假设

由于在问卷中，任何一个"定义"都必须用文字表达出来，所以写在问卷里的每一个字，实际上都是一个元假设。

还举上面的例子。在人们的日常语言中，"同性恋者"往往被简称为"同性恋"，没有那个"者"字。但是两者的区别非常大。"同性恋"既可以指称某种性行为，也可以指称某种性关系，还可以指称某类人。但是，"同性恋者"却只能指称某类人。因此，在问卷中写下的究竟是"同性恋"还是"同性恋者"，这可就是牵一发而动全身的大事，会带来非常不同的调查结果。例如在笔者的四次调查中，有过某种"同性恋行为"的人，要远多于自认为是"同性恋者"的人。

在社会学界最常见的例子，就是收入调查中所遇到的种种麻烦，尤其是它的外延。有些研究者经常为了"人均收入"的多少而争论得面红耳赤，其实双方仅仅是对于"收入"的定义不同。可是，制定出一个多数人都能够接受的定义又是难于上青天的事情。

不仅名词如此，动词也是如此。例如，"工作"究竟说的是一种什么状况呢？老师们在寒暑假期间，究竟算不算还在该学校里"工作"呢？

整个问卷就是由不同层次的许多个元假设构建出来的。

笔者在教学实践中，经常采用这样的方法来培养学生充分的"元假设"意识：请解释清楚你在问卷中写下的每一个字，甚至包括标点符号。这就是提倡一种思维方式：且不论被调查者能不能明白、是不是适用，研究者自己首先要知道自己在说什么、希望得到什么。

二、提出元假设，首先需要"确立两极"

意识到元假设的重要意义之后，在问卷设计的操作上就必须提出以下的原则。

首先必须假设出光谱的两极，就是在研究者可能知道的情况下，认定某个现象的两个最极端的表现应该是什么样的。例如对于"同性恋"现象，早在1948年金西就提出了同性恋的光谱式的七级分类：一个极端是绝对同性恋，从来不与异性有任何性意义上的接触；另外一个极端是绝对异性恋，从来不与同性发生性接触。其他的种种现象都是处于这两个极端之间的某个位置上，至于研究者如何确定这个位置，这已经是第二步的问题了。也就是说，如果问卷设计者没有确立其中任何一个极端的话，那么这个问卷从一开始就已经失败了，勉强操作下去只能是劳民伤财。

确定研究对象的光谱的两极还有一个重要的作用，就是可以时刻提醒研究者自己与读者，还有"紫外线"与"红外线"的存在。也就是说，在研究者确定的"两极"之外，研究对象必然存在着某些目前还不可能调查到也无法感知到的领域。例如，在"小姐"这个群体中，最高端的那些在私人会所中工作的人以及最低端的"工棚女"，对于笔者来说是可望而不可即的，在笔者的调查中也就无法包括进来，并不是她们不存在。研究者清醒地知道这一点，而且坦白地承认这一点，应该成为社会学调查的基本学术要求。

这种"确立两极"的方法，必须体现在所设计的问卷中的任何一个提问所表述的任何一个概念、词语与言外之意。因为无论研究者设置了什么样的备选答案，被调查者都必须根据研究者的提问来回答。提问中的"两极"一变，所收集到的资料的含义也就跟着改变了。

常见的失误就是：研究者对研究对象缺乏最起码的了解，在一无所知的情况下就设计问卷、进行调查。尤其是非专业工作者，往往误以为做问卷就是调查自己所不知道的情况。这是一个很初级的但是很常见的误解。

可惜，知道这一点的人还不够多。笔者曾经遇到一些热情的研究者希望去调查"一夜情""交换性伴侣""虐恋"等这些被认为是"最隐秘"的现象。可是仔细一谈却发现,他们根本不知道需要"确立两极",因此也就假设不出来该现象的两个极端究竟是什么样。例如,从"一夜情"参加者的双方关系来看,熟人甚至恋人之间的算不算?花钱的算不算?从持续的程度来看,时隔很久再次发生的第二次算不算?从活动的具体内容来看,除了插入之外什么都做过的算不算?这些问题都没有考虑过,怎么可能去调查这种现象呢?此外,他们也没有发现自己的逻辑矛盾:既然是"最隐秘"的现象,那么研究者事先就提出一个很好的元假设的可能性究竟有多大呢?结果,笔者只好劝告他们不要去调查。

三、元假设:写上一个,就是排除许多

提出"元假设"这个概念的重要性还在于,它可以帮助研究者树立这样一种意识:问卷中所写的任何一个定义,都意味着除此之外的任何情况我们都不予调查,哪怕它再重要也罢。这就是排除,而且我们所排除掉的一定比留下来的要多得多。

也就是说,在问卷中每写下一个提问、选项、概念、词语、标点符号,就意味着研究者已经排除了或者舍弃了其他的许许多多的相似的或者相反的内容。那么,研究者究竟排除了什么呢?应该不应该排除呢?排除得合适不合适呢?这些都必须考虑,而且应该能够清楚地说出来。

表面上来看,这是为了使了解到的情况更加精确,其实它们渗透着另外一层意思,除此之外的任何情况研究者都不会去了解,因为它们不符合研究者的定义。例如,笔者在"性调查"中没有询问"主动强奸他人"的任何问题,这并不仅仅是因为不会有人真实回答,更是因为这不属于"性"的范畴,是笔者不准备调查的强暴行为。

再例如在调查"农民工来源"的时候,如果询问"你的家乡在哪里",就等于假设他们都是来自原生家庭的家乡,就排除了那些云游打工的、曾经迁移过的人、先外嫁再出来打工的女性。

再如,问卷中的"性别"这个提问往往仅仅列出"男"与"女"这两个选项。这就意味着问卷设计者不准备考察属于"变性人""跨性别者"等人群的这类人的情况。

这样的设计不存在"对不对"的问题，问题在于这样的排除是否适合于所要调查的现象，是否足以实现自己的调查目标，尤其是设计者自己是否考虑过这些问卷问题。如果说"性别只问男女"很可能适用于大多数"非性的"问卷，但是"家乡"这个提问，如果设计者说不出自己究竟排除了什么，说不出排除它们的道理，那么问卷设计就是不合格的，哪怕其他方面设计得非常好。

在教学实践中，笔者经常抓住学生作业中的一个提问，甚至仅仅是一个名词，追问"你排除了什么"这个问题。如果学生有备而答，那么他（她）就是合格了。

四、调查内容的元假设，可能成为一种诱导

截至 2007 年 11 月 15 日，中国的各大门户网站都开展了"国家法定节假日调整草案网上调查"（调查内容由国家法定节假日调整研究小组提供），大约 155 万网民参加了此项调查。其内容如下：

1. 对于将国家法定节假日总天数由 10 天增加到 11 天，您的态度是（支持、反对、无所谓；下同）：
   _____。

2. 对于将"五一"国际劳动节调整出的 2 天和新增加的 1 天用于增加清明、端午、中秋三个传统节日为国家法定节假日，您的态度是：
   _____。

3. 对于保留"十一"国庆节和春节两个黄金周，您的态度是：
   _____。

4. 对于将春节放假的起始时间由农历年正月初一调整为除夕（大年三十），您的态度是：
   _____。

5. 对于调整前后周末形成元旦、清明、国际劳动节、端午、中秋 5 个连休三天的"小长假",你的态度是:

_____。

6. 对于国家全面推行职工带薪休假制度,您的态度是:

_____。

问卷一出,马上就有网友发帖子指出:这是给猴子吃桃子的那个"朝三暮四"的老把戏。在这个问卷里,问卷设计者仅仅是把自己所设计出来的调整方案拿出来,一个一个地问大家同意不同意,根本就没有设置其他任何的可能性。如果我反对任何调整,或者认为应该再增加一些法定节日,或者认为应该彻底取消任何一个黄金周,或者持有问卷之外的任何看法,那么我就根本无法在这个问卷中表达我的意见。

也就是说,这个问卷的调查结果是事先就被预设好的,无论大家怎样回答,其统计结果一定是"几乎所有人都拥护进行调整",差别仅仅在于拥护哪一种调整。即使我对每一个提问都表示反对,也并不能表达出我根本就"反对进行任何调整"这样一个态度。这就是该问卷在内容设计上的"元假设",是一种"霸王条款"。

这样的情况其实非常普遍。例如,绝大多数调查个人行为的问卷,都是直接询问被调查者有没有过,却都缺少这样的选项:"这个现象根本就不存在"或者"问卷对于这个现象的定义是错误的"。

再例如,大多数调查个人收入的问卷,都没有设置"负值",例如借钱过日子、赔本、遭难等。这就等于设计者事先就不承认被调查者可能遇到这样的事情。结果,中国的贫穷问题的规模就被有意无意地缩小了。

等而下之的某些商业调查,在询问顾客满意度的时候,居然干脆就没有"不满意"这个选项。

这样的问卷设计与上述的例子是一样的,都是把调查内容的范围事先进行了界定。这虽然是必需的,但是如果没有在调查内容的范围这个层次上涵盖所有的可能性，那么问卷所提出的"元假设"就等于是预设了这个问卷的调查结果，因此不仅可能具有非常强烈的诱导性，而且可能成为弄虚作假，甚至可能变成明目张胆的欺骗。

五、光谱式思维是一切调查的基础

无论如何具体地定位一个所研究的现象，都必须把该现象置于所能确定的两个极端之中来思考与审视。这就是光谱式思维，它有四个思考原则。

第一，光谱是无限延伸的，它很可能根本就没有什么两极。例如"社会性别"已经从男女二元增加为几十种划分，那么光谱就很有可能日新月异、绵延不绝。只不过研究者为了研究它，不得不事先就界定好这两个"两极"。否则，研究者就不可能知道自己究竟要调查什么。

第二，光谱是浑然一体存在着的，本来是无法分割的。一切所谓定位与分类，其实只不过是由于种种条件的限制，不得不人为地、生硬地截选了这个光谱式存在的某个区间，甚至仅仅是某些点。这绝对不等于该现象的全部，所截选的结果对于这个光谱也没有什么代表性。

其三，无论如何截选光谱，研究者所使用的截选标准都是自己先入为主地人为创造出来的。无论它有多么雄厚的理论基础或者经验准备，都是一种元假设，而不是由于生活中真的存在这样的划分标准。

其四，调查设计中的一切失误，都是来自研究者在上述的"认知光谱"与"截选区间"这两个方面的偏差。

最常见的例子就是：中国的城乡之间的人口流动是一个现象。它的两极是"根本不流动"与"根本不定居"。可是，现有的很多研究，意识到这样的两极的存在了吗？涵盖了其中的各种情况了吗？究竟是截选了其中的哪一个区间呢？尤其是，有人提及过"根本不定居"这种极端情况吗？有些研究的定义，不仅在"流动人口""进城农民"与"农民工"这些不同的定义之间游离不定，而且从来也不解释自己为什么割舍了农村孩子进城上学、市民下乡经商、外来媳妇、城市之间的漂泊等常见的现象。结果，无论得到什么样的调查结论，也只能是以其昏昏，使人昭昭。

退一万步说，即使论文中没有必要说那么详细，但是问卷设计者自己至少应该写出一句话来："我考虑了截取光谱的问题。"

六、元假设的四步逻辑操作

一切社会现象，一切要调查的现象，绝对不可能是天生如此、一成不变的，必然有一个产生和发展的过程。如果把这个纵向的过程分析清楚了，都给出了相应的元假设，那么就是建构主义的研究，往往也叫作"谱系学研究"。它比传统上那种仅仅针对此时此地、此情此景的因果分析要深刻得多，因为所谓的"成因"，其实就隐含在发展过程当中，绝不会是一次定终身。

下面推荐的逻辑分析的方法，应用得已经非常广泛，其实就是按部就班地提出对于四个条件的假设。

第一步：必要条件

就是每个现象在客观上出现的可能性，如果没有这个条件，一切都不可能发生。在中国情境中，最近40年来性方面的一切变化，至少必须有下列这些必要条件。

第一个必要条件就是"饱暖思淫欲"，不是饱暖了就必然思淫欲，而是只有饱暖了以后才可能思淫欲。中国最根本的变化就是中国人民吃饱饭了，要减肥了。在饿肚子的时代里，性不会带来快乐，只能带来罪恶感。

第二个必要条件就是"公权力的隐身在场"。公权力如果要消灭"性混乱"，是分分钟的事情。只是它给社会留出一小块空间，就是私领域。公权力时时刻刻都存在着，但是它也隐身了，不再时时刻刻盯着人们的一举一动。

第三个是独生子女国策彻底瓦解了两千年来的"性仅仅是为了生孩子"的社会潜意识。

必要条件的分析很重要，例如"无性恋"（asexual）这个新词，应该是虽然拥有足以做出相应的性反应的能力却并不真的出现性反应。否则那就不是"无性"

而是"非性"(non-sexual),例如某些疾病患者或者残障者。

对于社会学调查来说,必要条件的假设之所以重要是因为,研究者万万不可把某个现象的必要条件当成自己的调查目标,否则就成了因果倒置。例如,在调查那些参与"一夜情"的人之后,结论是他(她)们的性观念都很开放。这就变成"大河无水小河干"那样的逻辑荒谬。

第二步:控制条件

有了必要条件还不够,还要看看有哪些和什么样的因素在控制着必要条件,就是客观可能性究竟在什么范围内才能够存在。如果控制条件太苛刻,那么必要条件就名存实亡,发挥不了原有的作用。反之,控制条件越宽松,必要条件就会越扩大越加强。

中国的性变迁,就是因为抑制变迁的控制条件极大地减少了,而促进它的控制条件却极大地增加了。这主要表现为:

1. 信息革命给中国社会带来了移动互联网生活,包括"约炮"。

2. 中国人走进陌生人社会了。以往的性道德控制主要靠两条:第一条是"革命群众的眼睛是雪亮的",可是现在,门对门的人都见不到面了;第二条是"杀鸡给猴看",可是现在虽然鸡还在杀,猴子却已经不看了。

3. 个人的独处化,对"他人床上事"既冷漠,也宽松。

在社会学调查中,这就是问卷设计中的那些必不可少的控制变量。例如,"性"只能在一定的生理条件下才可能呈现为如此这般。因此笔者在四次全国调查的问卷里,都设置了身高/体重(肥胖度)、高血压、糖尿病、心理/情绪状态等12个指标/提问。只有在控制/排除这些因素的影响之后,才可能发现/检验其他因素与性现象之间的作用关系。否则就成了拿危重病人与奥运冠军做比较,只会误人害己。

第三步:充分条件

必要条件和控制条件仍然仅仅是可能性。即使每个人在这两方面都是一样的,有些事情还是有的人能做,有的人却做不到。那些能够做到的人,一定是具有某些充分条件，才能够获得现实的可行性。

性变迁中的那些领跑者或者说越轨者，并不仅仅是"下半身决定上半身"，更不可能随心所欲，而是至少需要有足够的个性魅力、充分的人际交往能力、最佳的时机、可靠的安全保障、强大的支持系统等。这些就都是他（她）们的充分条件。反之，那些循规蹈矩的人也不仅仅是出于"洁身自好"的思想，更可能是因为缺乏这些充分条件。

强调充分条件，这是一种更加实事求是的思维方式。它反对完全的"动机论"和"偶然论"。在问卷设计中，如果没有把各种充分条件尽可能多地、尽可能细致地设置为指标/变量，那么此后的统计分析无论多么高级都会变得毫无意义。

第四步：发展条件

一个现象产生了，不可能永恒不变。它产生了什么样的结果，带来了什么样的反馈，招来了什么样的外力，这些都会影响到该现象如何发展变化。这就是发展条件。例如，在"约炮"这种情况中，如果被骗了，如果感觉并不好，如果被别人发现了，那恐怕就没有下一次了。即使还有，也不可能跟上次一模一样。反之，才能乐此不疲。

发展条件的思维方式更加重要，在其他学科的研究中还很少提到，但是它是建构主义思路的核心内容，就是要反对一成不变地看待任何现象。例如笔者的四次全国调查发现，最近15年来，一方面，实际发生的性骚扰其实一直在急剧减少；可是另一方面，认为自己有可能受到性骚扰的人却在剧增。为什么会这样？就是因为社会舆论大张旗鼓地反对性骚扰，把它的发展条件给改变了。本来应该是性骚扰越少大家越安心，可是一些人老是宣传"性骚扰就在你身边"，结果大家被吓傻了，反而更加人心惶惶（黄盈盈、潘绥铭，2013c）。

七、"元假设"概念的学术意义

元假设这个概念，在我国社会学界尚未明确地提出，但是它之所以重要，主要是由于以下三点。

第一，它强调了生活的第一性

在调查问卷中设计出来的任何一个提问，其实都是研究者自己对于现实生活的先入为主的猜测与假设。因此，哪怕是调查研究者最熟悉的现象，也必须首先尽可能多地掌握现实情况及其变化，才能设计出更好的问卷与实施方案。这就是元假设这个概念的第一个重要意义。

在操作层次上，如果研究者具有了元假设的意识，就不得不努力收集与消化各种可能得到的文献资料，把它们融会贯通到问卷设计里面去，不得不百倍认真地进行甚至是多次进行试调查与修改问卷，不得不扬弃那种"从理论中找调查题目"的研究方法与调查方法，不得不走进生活，并且从生活出发，而不是仅仅做书斋学者。

第二，它强调了问卷调查的"人为预设"这个根本的局限性

任何一种问卷，最主要的问题并不在于操作层次上适合于调查什么和不适合于什么，而在于认识论层次上的一个根本问题：研究者的每一个提问其实都是人为地、带有预设地去剪裁生活。这就是问卷调查的最大的局限性，也就是笔者提出"元假设"这一概念的另一个重要意义。

这并不是说就不应该进行问卷调查了，而是说，研究者只有充分地认识到问卷调查的这个根本的局限性，才能够更好地完善与发展问卷。

通俗地说，研究者在设计每一个提问的时候，都应该清醒地知道：现实生活其实并不是这样的，之所以要问这个问题以及要这样问，其实是因为自己在脑子里已经把生活给框定成某种自己想象出来的样子了。从调查操作的角度来说，这是必不可少的，舍此就无法进行任何调查。但是，从认识论的角度来说，这又是远远不够的。它不仅很可能给研究者的认识带来偏差甚至是误解，而且很可能阻挡进一步认识所调查的现象。

因此，如果具有了"元假设"的意识，那么研究者就更可能全面地、历史地、动态地、置身于情境地、互动地去看待自己的调查结果，就更可能对调查结

果做出更符合生活现实的解释。通俗地说，没有元假设这个工具，研究者就无法设计问卷；没有元假设这种理论认识，研究者就无法更好地解释自己的调查结果。

第三，它能够促进问卷设计者改善自己的思维方式

元假设这个概念的关键就是"生活是光谱式的存在，一切界定都是研究者人为形成的"。

具有了这样的理论意识，研究者的思维方式就会更上一层楼。在试图考察任何一种现象的时候，首先进入脑海的就不再是"我对它的定义是什么"，而是"它的两极是什么"。这并不是说研究者就一定要按照该现象的两极来设定自己的提问范围，而是说，一旦按照这个思路开始寻找某个现象的"两极"，研究者就很容易发现，自己对于该现象的定义原来是多么局限与肤浅。这样，才能发现该现象的真实存在状态，才能衡量研究者所设定的提问是否合适，才能做出最佳选择，才能避免在调查结果出来以后，被别人认为"其实不调查也知道"。

在笔者的研究实践与教学实践中，元假设这个灵魂屡屡使自己茅塞顿开，乃至听到一个名词就会不由自主地想问人家"它包括最极端的情况吗"，都会去想"它的区间与截取标准是什么"。在现实生活中，这恐怕是"书呆子气大发作"，但是对于学术研究来说，这种思维习惯却使研究者获益匪浅。

第二章

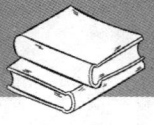

社会学问卷设计的初始考虑

社会学问卷调查的设计流程是：选题、理论、概念、假设、变量、指标、提问、操作定义、抽样设计、问卷整理（袁方，2000；水延凯，2008；董海军，2009；风笑天，2009；郝大海，2009）。国内现有的教科书与著作已经基本上把整个流程讲清楚了，笔者只是希望用自己的调查为实例，针对目前国内经常出现的一些失误，讲得更加具体详细，尤其是更加本土化。

　　目前中国所见的很多调查报告与论文都只谈它的统计结果或者统计过程，很少提到调查问卷的设计过程，最多谈到调查目标就完了。可是实际上问卷的设计过程恰恰是表现作者的学术水平的最重要的部分。如果不涉及，不但作者的学术贡献就会被大打折扣，而且读者也根本无从判断这个调查的质量高低。这是因为，问卷毕竟不是谁都可以设计的，其中有许多必不可少的基础知识与基本功。它们很难分散到设计流程的每个环节中去讲，缺乏了这些基本功，问卷设计就会成为无用功。因此，本章集中论述一下这个方面。

第一节　问卷调查做不到什么

一、背景：对问卷调查功能的本土化反思

　　20 世纪 90 年代以来，我国学术界对于问卷调查方法的本土化反思和讨论非

常热烈，可以概括为以下三个角度。

首先，问卷调查的真实性开始成为一个问题。杨心恒和顾金土（2000）指出社会学研究对象的模糊性与实证主义计量方法的局限性，主张将模糊数学引入社会学研究的必要性。郭淑华（2003）认为文化主位和文化客位对调查结果的真实性具有影响，是现代社会调查振兴所面临的挑战之一。

其次，从本土实践来分析问卷调查的功能。林彬、王文韬（2000）通过对20世纪90年代社会学经验研究论文的内容分析，反思了当代中国社会学经验研究及研究方法。邓锁、风笑天（2000）对20世纪90年代社会学核心刊物上发表的问卷调查研究报告的解析和评价表明：我国问卷调查研究在研究方式、抽样方法以及研究主题三个方面都有发展和不足，并对问卷调查研究领域中存在的定性与定量的对立、理论与方法的对立进行了反思。方长春（2006）从方法论和本土实践两个角度从发，探讨调查研究作为社会研究一种方式的局限性。蔡禾、赵巍（1994）根据当时中国社会学发展现状指出，实证研究不等于经验层次研究，实证研究的方法是多样的，决不可把实证研究方法简化为问卷调查方法。刘少杰（1998）主张中国社会学应从传统形而上学思维方式的束缚中解放，进行社会学思维方式的变革。张兆曙（2003）认为中国社会学研究中存在着"计划经济与市场经济""传统与现代"等二元对立的研究范式，这种范式在方法论上导致了社会认知的抽象化、简单化和社会实践意义的缺失。

最后，中国国情受到了重视。边燕杰等学者（2006）指出：国内社会学研究者借以研究本土社会的主要理论与概念，基本上是对西方的借鉴和移植。这带来的第一个问题就是所谓的"语言问题"，就是由于大陆社会与西方社会的语言与文化的差异，在收集资料时往往失去测量的效度。再者，中国内陆的调查研究的许多概念直接译自西方，而汉语语言中对应概念的缺失也是调查研究中的一个可能障碍。另外，研究工具的借用也可能使得调查研究在本土研究中表现出局限性。有学者还对2003年在中国进行的《中国综合调查》进行了反思性的介绍，从问卷设计、调查实施和资料整理等方面列举、讨论、总结了中国社会学者从事抽样调查的实践经验和问题（梁玉成、周怡，2006）。

但是，在上述反思中，集中于方法论层次上的人本主义与实证主义之争的论文偏多，而对于社会学主流研究方法的问卷调查，尚缺乏"论方法"这一中程理论层次上的反思。所谓的"论方法"，就是分析与论述调查的具体方法及其操作过程，以便揭示其方法论内涵与来源，既不是抽象度很高的方法论，也不是技术性很强的操作指南。

本书愿在上述研究的基础上，专门讨论问卷调查的适用范围这样一个"起点"问题。

二、描述调查：不可能"发现"未知现象

描述调查的唯一功能仅仅是"查明"而不可能是"发现"。因为研究者只能统计出那些已知的情况究竟有多少，无论绝对数、百分比还是分布状况，而那些研究者不知道的情况，从一开始就根本就不可能被设计到问卷中去，还怎么去"发现"？或者说，研究者只能调查那些自己能够给出明确定义现象的状况。

这是问卷调查的性质所决定的：我已经知道了什么，才能去问人家什么；反过来，我不问什么，人家就不可能回答什么。那么，我怎么可能从被调查者的回答中发现哪怕是一个原来我不知道的新现象呢？我所能够做到的仅仅是查明已知现象的情况而已。

例如，"中国农民中已经有20%的人进城打工了"这样的结果之所以能够被调查和统计出来，就是因为调查者已经知道了农民中有人进城打工，仅仅是不知道有多少而已。如果连什么人进城打工了都不知道，那么怎么知道应该去调查农民呢？同样，如果仅仅去调查农民，就不可能发现那些从小城市到大城市来打工的市民究竟有多少。这恰恰是因为研究者唯一能够做到的仅仅是查明那些自己已经知道的情况。

所以，"知之为知之，不知为不知"，问卷调查不但不能发现未知的现象，也无法查明我们不够了解的现象的进一步情况。

那么，为了得到一个明确的定义所进行的调查是不是"发现"呢？例如，究竟什么叫作"一夜情"不是也可以使用问卷调查来确定吗？这样做是可以的，但是仍然是"只能查明已知情况"。因为调查结果只能查明研究者的哪些假设在多

大程度上被调查对象所认同,却无法获知还有什么原来不知道的情况。最明显的例子就是:仅仅在十年之前,中国研究者根本就不可能调查出几十种社会性别分别占人口的百分之多少。因为那时候我们最多只知道五六种"性别"。

三、问卷调查并非最佳选择

在决定采用问卷调查这种方法之初,就应该考虑以下三个问题。

是不是在"发明车轮"

在描述调查的问卷中,每一个提问都是针对一个具体的特定现象的,因此需要首先考虑一下:要调查的那些具体现象是不是"大概率现象"?如果是,那么对于描述调查来说,研究者只是查明了一些尽人皆知的情况,还不如不调查。对于检验调查来说,如果是大概率现象,那么无论把它作为目标变量还是解释变量,都会因为该现象的方差过小而丧失统计意义。大概率的反面就是小概率,道理也是一样的,也不应该采用问卷调查的方法来了解。

在这方面笔者有过教训。在2000年的第一次全国随机抽样的"性调查"中,问卷中设置了一些对于性观念的提问。但是没想到,对于其中的三个提问竟然有极大概率的人持有同样的看法。有93.3%的人倾向于不同意"无爱也可以有性"的说法,有89.0%的人倾向于认为"丈夫有义务满足妻子",有88.8%的人倾向于认为"女性也应该同样享受性生活"(潘绥铭等,2004)。这样一来,这三个提问等于白费了,不但无法进行相关分析,即使是作为描述调查的结果也意思不大:如此普遍的情况,完全可以通过社会观察、文本分析等其他研究方法来获知与确认,还用得着费时费力地去做问卷调查吗?

所以,研究者不但必须考虑整个选题是不是前人已经研究过,还必须考虑自己的具体调查内容是不是"不调查也知道"。

"假设–检验"了什么

在检验调查中,虽然研究者们都知道,如果假设被检验之后是不相关的也仍然具有认知的意义,就是可以避免后来人再走弯路。但是,在问卷设计的实践中,大多数研究者却都倾向于努力设计出那些最可能相关的假设。这是因为,不相关的假设可能实在是太多了,研究者无法做到哪怕是最低限度的穷尽。

这就是检验式问卷调查的局限性:使用问卷调查来检验的那些研究问题,其实已经用其他方法得到了相当充分的认知,已经足以做出相当充分的解释,否则我们就无法设计出较好的问卷。那么,为什么还要进行问卷调查呢?至少在当今的中国社会学界,很主要的一个考虑恐怕就是:问卷调查和统计分析这一套定量研究的方法具有不容置疑的主流地位,被认为是最科学的,甚至有时候不这样做就拿不到项目和经费。

为什么非要进行问卷调查

在初学者中,经常有人认为问卷调查是最高级的办法。但是,实际上它是一个最初级的办法,是一个无奈的选择,是由于在中国,在很多现实情况下,其他方法很难运用或者成本太高,才不得不采用问卷调查。例如,同样是研究以个人为单位的人类活动,行为学方法中有很多监测的成分,其研究成果的客观性更强。社会学只是因为做不到对大样本人群的监测,退而求其次才做问卷调查,并不是说明问卷调查有多么高级。反过来说,如果研究的现象存在于小总体之内,而且并不需要随机抽样,那么运用参与观察、社区考察、定性访谈等研究方法,不但效果要远远好于问卷调查,而且可以做出更深度的解释。

这里涉及方法论层次上的争论,本文不拟展开论述,这里只强调一点:即使仅仅是进行描述调查,在选择调查方法的时候,也应该把问卷调查放到最后去考虑。

四、为被访者(而不是为自己)而设计

描述调查的设计

调查者不仅必须知道自己要了解什么,还必须知道被调查者能够回答什么。除了根本拒答之外,应该把被调查者的一切不回答、错答与谎答,统统视为自己

的问卷设计的失误，这样才能进一步完善自己的设计。也就是说，研究者是为被调查者设计问卷的，一切以他们的需要与便利为原则。通俗地说，"对牛弹琴"是弹琴者的错误，而不是牛的错误。

这方面，国内的教科书与学术论文已经有许多论述。笔者只希望最低限度地呈现自己在调查实践中的一些心得。

第一，被调查者的生活实践的范围大致有多大？所询问的现象是否超出了它？被调查者有兴趣吗？研究者当然选择那些自己认为是最重要的、最有意思的问题来调查。但是，绝大多数被调查者对于这些问题，不觉得有什么重要的，往往是既不关心也不感兴趣，更不希望知道这方面的情况。那么，研究者就不得不说清楚：自己凭什么认定对方会真实回答？

第二，被调查者需要多么努力才能回答？他们是否可能具有这样的总结、提炼、归纳、感悟的足够能力？例如，"平均挣多少钱"这样一个貌似简单的提问，直接考验被调查者的逻辑归纳能力（包括什么）和算术应用能力（心算加减乘除）。如果在设计问卷的时候没有给出充分的解释和足够的提示，那么被调查者要么不懂装懂，要么信口开河，要么装聋作哑。在笔者的四次全国调查中，回答情况最不好的并不是任何一个性的问题，恰恰是这个"平均"。

第三，被调查者是否可能借题发挥？一些被调查者可能具有表现欲，可能指桑骂槐，可能为了自我证明而做出不实回答。

第四，被调查者是否会感觉到在问卷里、在调查者的言语中带有强制性或者带有言外之意？（梁玉成、周怡，2006）例如"请您配合"这样的话，一些敏感的被调查者听起来具有强制的味道，因为调查者本来是没有权力要求人家配合的。

说到底，被调查者之所以能够回答研究者的调查，或者主动地说出某种情况，仅仅是因为他（她）的概念体系与研究者的基本一致，所以双方才能互相听懂。可是，在现实中国中，作为知识分子的笔者究竟能够与多少其他阶层、其他性别、其他年龄段、其他性格特征、其他生活环境中的被调查者达成这种概念体系上的基本一致呢？就连隔行还如隔山呢，就连夫妻还经常闹误会呢，更何况社会学调查！

以上种种困难与失误都是因为研究者选择了问卷调查的方法。因此，可以极端地说，如果是调查全国总人口，那么只有设计出在各个方面都处于最底层的那些人都能够最舒服地来回答的问卷才是可行的。否则，中国人好面子，不善于拒绝，却善于"顺杆爬"，结果研究者就会得到许多失真的回答结果。

检验调查的设计

首先是要老实，不做"发现与探索"的非分之想，把自己的假设与检验搞好了，就已经达到目前阶段中问卷调查这种研究方法所能够达到的最高境界了。

其次是要全面，不仅需要提出可能相关的假设，也要尽可能多地假设出什么因素可能不相关，至少需要纳入那些虽然被作为"公理"但是研究者却有所怀疑的因素。

最后则是要坦白，不要隐瞒自己是"事后假设"或者"替人假设"（在使用二手数据进行再次相关分析时），而是把它作为进一步研究的引子。因此，不是按照"新发现"来论述自己的统计结果，而是更多地探讨还需要哪些和还需要什么样的分析框架、相关因素与控制条件，才能获得真正的认知。

第二节　社会学问卷是要研究问题，而不是描述现象

一、我究竟要说明什么

常常有学生要求笔者指导他们的问卷设计。笔者总是劈头就问："你要调查什么？"学生总是回答："我要调查××人群中的××情况。"笔者也就总是追问："那么你想说明什么呢？"结果，学生往往就无言以对了。

这就是社会学调查问卷设计中最常见的失误：仅仅确定了调查的对象与现象，却没有考虑过自己要调查什么"问题"，也就无法说出自己想要说明什么。结果，无论怎样努力，设计出来的也只能是普通社会调查。

千万不要小看这里面的差别。例如，笔者的四次全国调查，都是针对"中国人的性关系情况"。如果作为普通社会调查，那么只要查明各种现象有多少就足矣。但是，这就是"性的问题"吗？在这一切的背后，人类与生俱来的百思而不得其解的好奇心其实是：被认为是最本能最生物的"性"究竟是怎么被社会形塑、组织和管理的呢？结果，笔者就不得不设计一个社会学的调查来检验自己的相关假设。

二、这是一个问题吗

确定一个研究选题，除了必须考虑它的来源或者意义之外（吴增基、吴鹏森、苏振芳，2003；风笑天，2005；纽曼，2007），还需要考虑：它是一个问题吗？

按照中国人民大学社会学系的学术共识，在社会学调查的层面上，以问卷调查为例来说，如果仅仅是调查一个变量的情况，那么就是仅仅在研究一个现象；只有研究至少两个变量之间的关系，才算是研究一个"问题"。[1]

接下来还必须从五个层次来考虑。

这是哪个层次上的问题

它是在个体的层次上存在呢，还是在群体或者阶层的层次上，还是在社会的层次上存在？一般来说，社会学并不排斥对于个体行为的研究，但是如果已有的研究成果已经可以证明，某种人类行为主要是由个体的独特性所建构出来的，缺乏与社会之间的关系，那么即使它确实是一个问题，社会学也宁可让位给心理学或者生理学去研究。

这是生活实践的问题，还是信息传播的问题

随着大众传媒与网络传播的迅猛发展，人们越来越依赖它们来获得信息，研

---

[1] 这主要是本系同仁的共识，尚未见于文献。

究者在确定自己的研究选题的时候往往也难免如此。可是,由于众所周知的原因,这些信息一般都是被筛选、被扭曲、被缩小了的。结果就会经常出现这样的现象:在传媒上被操作得热火朝天的某些情况,在人们的现实生活实践中其实并不重要,甚至基本上不存在;或者仅仅是小概率的偶发现象,与社会很少有关。反过来,一些关于生活中非常严峻的现象的信息,却基本上没什么传播。如果研究者过多地依赖传媒的信息,就有可能去研究一些其实并不存在的问题,或者不足以成为一个问题的现象。例如在很多网站或者公众号上,性方面的奇闻轶事总是铺天盖地层出不穷,且不谈其真实性,就其社会学意义而言,值得一顾的还真的没有多少。要是研究它们,那么"真问题"其实就是一个:为什么偏偏是这些情况被热炒起来?但是,这已经属于传播学的范畴了。

这是不是一个社会学的问题

研究者必须牢牢把握社会学的学科视角。例如,相当多的经济学家把"下岗"仅仅视为"失业"的问题,而社会学家却把它看作是一个被剥夺了原有社会地位的问题。经济学家往往以个人为单位来考虑"失业人数",而社会学家却认为失业者是他(她)的家庭与社会网络的中心,考虑的是失业对于他们的各种社会组合的影响。因此,即使是研究同样一个社会现象,如果研究者的选题无法与其他学科区别开来,那么这个选题也就失去了存在的必要。

这是不是一个学术问题

社会学调查的学术性既不在于统计方法有多高级,也不在于运用的理论有多宏大。学术发展的最终目标是要创造出新的知识。对于这个目标来说,研究者调查的这个问题有多大的意义?是局部的、短暂的意义,还是一个长久的、持续的意义?一般来说,如果足以质疑某个现存的理论,那么这样的研究就应该是首选。如果具有构建新理论的可能性,那当然最好不过。

这是不是一个中国的问题

研究问题都是与一定的情境以及语境相结合的(黄盈盈,2005),美国学术界讨论的问题不见得就适合拿到中国来讨论，比如欧美学者讨论身体问题，主要围绕着身与心的关系的讨论而展开（或对立或超越），那么中国是否也要这么讨论？欧美从笛卡尔开始就讨论身与心的对立，可是这是一个中国的问题吗？中国传统思想不但很少把身与心分开来看而且主张"大小宇宙"，这是不是中国自己的独特的"身体"问题呢？

因此在提出一个研究问题的时候，至少先要讨论一下：中国是这样的国情吗？中国是这样的学术语境吗？至少要思考这些问题，才能做出是照搬、调整还是舍弃不要，才能做出好的社会学调查和研究。

笔者也是有过教训的。在美国的"性调查"中，宗教信仰的实践程度是一个非常重要的因素，而且往往是倾向于抑制"性"的。考虑到中国人口中的教徒有所增加，笔者在四次全国调查中都询问了被调查者的宗教信仰。可是，统计结果却是两者的相关关系是反向的。这就出现了一系列可能性。其一，同样的某个宗教，可能在中国和美国是不同的存在。其二，在中国，宗教对于"性"的规训可能大相径庭。其三，对于中国教徒的宗教信仰程度与实践程度的衡量标准可能与美国不同。……但是无论实际情况是什么，由于笔者没有思考过这个本土问题，也就无法进行任何深入研究。

三、笔者的选择

问题所处的层次

这方面，笔者的研究设计经历了一个发展过程。

笔者从来也不认为"性"是个体的独立行为，因此在 2000 年的第一次调查中，笔者把"性"作为一种人际互动的产物来看待，在问卷中设计了许多提问来询问被调查者的"对方"的详细情况，包括长期性伴侣、短期性伴侣、临时性伴侣、首个性伴侣。询问的也不仅仅是双方之间的性活动，还包括"那个对方"的各种社会特征。其中，对于长期性伴侣的询问最为详细，非性的提问多达 47 个。这样就保证了"性是人际的"这个思想在问卷中的贯彻。

但是，在第一次调查之后的统计分析中发现，其实被调查者生活在一个什么样的社会小环境中，对于他（她）是否会发生"多伴侣性行为"产生了显著的影响，其作用程度甚至超过了其他一些通常被认为是最重要的影响因素，例如性爱观念、性的生理内驱力、阶层归属等。

基于这个新的认识，在第二次调查之前，笔者就设计了一个专门调查社区情况的另外的问卷，请当地的居委会人员来回答，包括55个提问，然后纳入多层次统计分析（Goldstein，1995；Judith & John，2003）。这很可能是中国社会学调查中第一次自觉地进行这样的设计，第一次把个人情况与社区情况结合起来进行调查。这样的设计，在国际上迄今为止的"性"研究中尚未见到。

这标志着笔者学术上的发展："性"不仅仅是个体的，也不仅仅是人际互动之中的，更是"情境"之中的。这不仅仅是"性社会学"的深入，更希望能够引起对于整个社会学的方法论的讨论：在社会学研究的所有现象中，难道有哪一种可以脱离"情境"的作用而存在而运行吗（潘绥铭、黄盈盈，2007）？

在2010年第三次调查的问卷中，笔者开始致力于把传统的生物学意义上的"性（sex）"发展为"性（sexuality）"这样一个社会文化意义上的、更加综合与全面的概念，尤其是侧重了sexuality与gender两大范畴之间的交叉与相互关系，因此增删了大约六分之一的提问。

到了2015年的第四次调查，笔者把以往的研究成果提炼为"全性"这样一个元假设，不仅增加调查新近普及开来的使用互联网或者手机的性活动，而且根据"全性"的框架调整了问卷的一些内容（潘绥铭，2018）。

这是一个"真问题"吗

在这个方面，笔者在确定研究问题的时候曾经受到过巨大的诱惑。按照大众传媒的描述，中国人的性关系早就乌七八糟、千奇百怪了，笔者完全可以把"交换配偶""3p""虐恋""一夜情""网络性爱"等现象作为自己的研究选题。但是，每个稍微受过社会学训练的人都知道，这些现象的发生率基本上是在百分之几徘徊。它们对当事人很可能是意义重大，但是对于其他人来说恐怕仅仅是一种谈资而已。所以，这其实仅仅是传媒与传播的问题，而不是人们的生活实践的问题。社会学家与其研究这些现象本身，不如研究一下它们究竟是怎么成为一种"现象"的，又是怎么被建构成一个"问题"的（潘绥铭、黄盈盈，2007）。

因此，虽然从第二次调查开始，问卷里也设置了这些方面的一些附带提问，但是这仅仅是为了在5年间隔之后进行第三次和第四次调查的时候，历史地比较一下它们的发生率的变化。笔者没有为这些现象提出相关假设，也不准备向传媒详细公布其数据。

也正是出于这样的设计，潘绥铭（2018）关于艾滋病的专著并不是《艾滋病的社会学研究》，而是《艾滋病"问题"的社会建构》。也就是说，艾滋病本身不是一个社会问题，它是被社会给构建（动词）成一个"问题"的。

把握社会学的学科视角

这就是在问卷设计中，更多地舍弃那些"性行为学的问题"，以保证"性社会学的问题"的存在空间。例如，关于性技巧与性生活的具体方式，性学家可以设计出至少几十个提问，因为性学主要是要考察个体的行为及其效果。可是笔者仅仅询问了3种爱抚方式与5种性交方式，因为笔者作为社会学家假设它们都最具有文化的含义，可以说明社会对于个人的作用。统计结果表明笔者的相关假设是正确的，性技巧与"脏""丑""爱"这些观念之间的相关关系是最显著的，远远超过问卷所考察的其他因素，包括生理因素。

再例如，男人"找小姐"中所采用的性技巧，与夫妻性生活中究竟有什么差异，这也是经典的性学问题，但是从社会学的视角来看，"找小姐"与其说是这些男人的"性方式追求"不如说是"性对象选择"。因此笔者仅仅询问了与性病艾滋病有关的问题，没有涉及其他的性技巧。

四、容易出现的失误

伪问题

首先，伪问题来自引用概念失误。前文已论，不再赘述。

其次，还来自对于现象的混淆。例如，所谓的"流动人口"，中国讨论了已经快20年了，大多数调查者把它限定在经济活动上（杜鹰、白南生，1997；蔡昉，2000；王奋宇、李路路等，2001），那么女性从 A 地嫁到 B 地，算不算流动人口呢？同时，"流动人口"的地理边界也是不清楚的，同一个城市内的户口迁移算不算呢？结果，流动人口经常与进城农民、农民工等现象混淆起来，却往往不包括那些飞来飞去做生意的人与那些异地工作的白领们。

再次，不接受现在已有的研究成果，重复讨论着前人早就已解决的问题，这也会成为伪问题。

最后，伪问题则是非本土的、食洋不化的选题。例如，中国肯定存在"儿童性侵害"（child sexual abuse）这样一种现象，但是中国人对于"儿童""性""侵害"这些概念的定义、实践与效果也肯定是不同于西方人的。因此，如果运用西方的定义来确定自己的选题，却又不了解本土的实际情况，那么在调查结果中要么发现中国基本不存在这种问题，要么比比皆是，却忽视了自己其实是在中国研究了一个伪问题。

前问题

研究者必须充分地意识到自己所设计的选题，其实是一个更加深入的问题的不可分割的有机组成部分。如果不去研究那个更深入的问题，那么自己目前的这个选题是做不出什么结果的，甚至自己这个问题根本就是不成立的。

这种情况就是"前问题"，就是说，把某个作为连续过程而存在的问题的前面一个阶段错当成真问题，而且只研究这个前一阶段，却没有从整个过程的角度来研究。

例如，一些社会学者在确定"婚前性行为"这个研究选题的时候，既没有意识到那些后来结了婚的男女的所谓"婚前性行为"仅仅是婚姻的第一阶段，也没有意识到那些后来没有结婚的男女之间的性行为，根本就不存在"婚前"不"婚前"的问题。结果，这些调查者所确定的选题就成为"前问题"，无法成为一个真问题。

后问题

与"前问题"相反，如果把一个作为连续过程而存在的问题的后半部分单独拿出来分别研究,或者仅仅把前半部分视为后半部分的"原因",那就会成为"后问题"而不是真问题。

例如"小姐现状"这个问题,相当多的调查者仅仅调查她们"做小姐"之后的情况,忽视了作为一种工作,"做小姐"这个现象至少也是从她们出来打工的时候就开始建构了,而且无论她们以前是否做过其他职业,都不可以作为后来"做小姐"的原因或者理由。反之,如果意识到"小姐现状"这个问题其实是一个"后问题",研究者就会努力了解她们的"生命历程",这才是一个真问题。

我了解这个问题吗

社会学的初学者经常觉得,越是我不了解的问题,就越值得我去调查,所以经常把陌生现象作为自己的选题。其实,这是混淆了研究的不同阶段(Kuhn,1962;Wallace,1971;巴比,2009)。了解是研究的基础,但绝不是研究本身。对于陌生现象,研究者都不可能进行普通社会调查,因为我们根本无法对陌生现象提出任何界定假设,更不可能设计出任何有意义的问卷。所以,如果把陌生现象作为自己的研究选题,就等于把自己的研究降低到猎奇的水平之上,不但很难得到任何学术机构的认可与支持,自己也很难做出什么有意义的成果。

五、笔者的反思

笔者的第一次调查是与芝加哥大学合作的。美方的教授是中国问题专家,对中国有很精深的研究。他们非常需要笔者提出自己的本土的选题,将其加入到整个研究中去。但是,由于笔者当时对于如何把理论认识与定性调查成果转化为调查问卷还不是很精通,出现了一个令笔者后悔得肠子都青了的疏漏:没有把"独生子女之父母的性"作为一个研究目标。可是,笔者在以前的论文中明明论述过,这才是中国所独有的问题、真真切切的问题、意义重大的问题。虽然笔者在统计分析的时候尽量弥补了,虽然笔者在第二次调查中把这个选题作为了重点,但是一开始就不出现这个失误该有多好。

六、确定选题的策略考虑

学术策略

首先应该做自己最感兴趣的选题,用通俗的语言说就是"圆梦"。你梦寐以求地想了解或者研究一个问题,这是最强大的学术动力,足以支撑你终身乐此不疲。同时,它也是从事一项事业能够成功的必要条件。

其次是应该小题大做,求深而不求广。因为选择一个小问题但是做得很深入,其价值要远远高于选一个大问题却做得浅。但是,这并不是说总体与样本的规模要小,而是说调查的内容要少而精。与其把好几个相关假设都混在一起调查,不如专门调查一个。

目前在中国,由于资源有限,经常出现这样的情况:只有一笔钱,可是调查者众多;张三想在问卷里面加上他的一块内容,李四也想加。主持人往往觉得,我反正也花那么大的人力和物力去做了,还不如多加一些内容。调查完之后,张三可以去统计这一块内容,李四则统计另一块。这种搭车现象容易使得研究支离破碎,而且这些搭车的人也很难进行很深入的分析,结果容易使得大家全都在低水平上重复。但是,这是无奈的选择,只不过需要更加精深的设计,对主持人的要求极高。

最后是擒贼先擒王。作为一个社会学调查,它的价值往往体现在是不是足以质疑某些常识、定理、某些名家的著名理论。

非专业调查者的策略

社会学调查者不都在专门机构里,社会学培养出来的学生也不可能都在这样的单位就业,他们很难获得单独地和独立地进行社会学调查的机会,因此都需要运用一些策略来"开发领导",以便自己的选题获得上级许可,哪怕是默许。

第一个策略是讨价还价,就是要与资金来源或者课题委托方进行博弈,首先争取"做大蛋糕"。例如,许多行政机构与经济单位都有政策研究、对策制定、市场调查等方面的工作任务,虽然它们都是一些非常急功近利的普通社会调查,但是只要把问卷的空间做大了,就很容易增加学术内容,使整个工作上升到社会学调查的高度。

第二个策略就是借腹生子。完全可以把行政调查或者商业调查偷换为一个社会学的调查，也就是暗中增加假设与检验。大多数领导根本就不懂，不会发现被偷换。

第三个策略是培训领导。要把最后研究出来的学术成果和学术方法，尽可能通俗化和实用化地表述出来，让领导能够听懂，他才可能支持你。

第四个就是瞒天过海，用实用目标作为掩护，实际上进行学术研究。这个策略在现在中国的实践中经常有很多人这样做，而且效果很好。

七、清晰地表述调查的目标

立　意

立意就是确立研究者的价值取向。它是超越了"假设-检验"过程与纯学术目标的、具体数据无法检验的、本次调查的具体的价值意义。例如，如果研究中国妇女的婚外恋与性别不平等的关系，一些调查者会说：这是为了解决这个社会问题，为了建设精神文明等，而另外一些调查者可能会说是为了伸张权利，为了奠定女权主义理论基础等。不管在政治上正确与否，这就是本次调查的最终目标与价值观上的意义。尽管这种意义往往是难以言说的，但是还是应该努力去做，因为传统的"价值中立"的理念只是一个美好的学术理想，并不符合问卷调查实践的现实。

这方面有个范例。美国的金西教授在 20 世纪 40 年代进行性行为调查的初期，还没有明确的价值目标。他仅仅认为人们向他所诉说的性生活实况都是非常宝贵的学术资料，他作为一个科学家应该把它们收集起来。但是，在十年的漫长调查过程中，他一步一步地发展了自己的思想，最终确立了非常明确的调查意义，就是要通过揭示社会现实，来质疑和抨击当时美国社会以虚伪为主要标志的"清教徒式的精神禁欲主义风尚"。这一点他自己并不讳言（金西，1948，1989），因此直到他的第一本著作出版 50 年后，基督教原教旨主义势力仍然极端地仇视他、批判他，并不是因为他的数据，也不是因为他的研究方法，而是因为他的这样一个价值取向。

立 标

立标就是确立本次调查的直接目的,就是用所获得的调查数据可以说明的、具有理论意义的那个目标。

立标务求清晰准确,务求理论提炼。如果是混合型调查,那么应该把其中的社会学调查的部分单独抽出来加以表述。例如,李路路等学者就是从混合型的 GSS 调查中复原出自己的研究从而加以论述(边燕杰、李路路,2006)。

立 论

最主要的立论就是表述清楚自己对于"假设-检验"的思路与具体设计。也就是,自己用什么样的方法检验了什么样的相关假设。例如,笔者是使用"思路图"的形式来表述自己的立论的(潘绥铭,2002),如图 2-1:

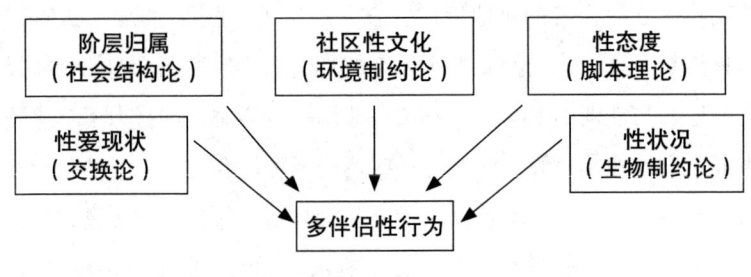

图 2-1 一般的多伴侣性行为

立 题

作为调查报告的标题,无论如何排列,至少应该包括这样一些构成因素:时空范围(何时何地)、调查对象(年龄、性别、阶层等)、抽样方式(是否随机抽样)、调查方式(问卷还是别的方式)、所调查的问题。例如,笔者的第一次调查的报告标题就是:《2000 年中国总人口性关系与性行为的随机抽样电脑问卷调查的报告》。

作为学术论文,标题可以千秋百态,但是笔者推荐把假设与检验直接写到标题里去,至少也要把自己所提出的问题写进去,否则不但会显得大而空,而且很容易使人忽视了该研究的价值。

一般来说，立题这个工作有两个特征：它既必须是实地调查开始之前就已经设立了，又必须是问卷设计成功之后才能确定。否则，就很可能是盲目地启动了一个实地调查，或者是带着一个没有设计好的问卷去调查。无论哪一种情况，该调查注定是还没有开始就已经失败了。

第三节　理论应用：社会学问卷调查之本

所谓社会学研究，就是用某种理论来解释这个社会，而不像普通社会调查那样仅仅要摸清这个社会是什么样。因此，社会学的调查必须运用某种理论。

可是，刘少杰在综述《社会学研究》1988—1998年间发表的131篇调查报告时发现，这些研究报告"有明确理论前提"的仅占29%，其余文章不是缺乏理论前提，就是对隐含的理论假设未作明确和充分的讨论（刘少杰，2000），别的学者也有类似评价（边燕杰、李路路、蔡禾，2006）。

一、理论之必要

从"论方法"这个层次来看，定量研究的问卷调查其实就是模仿自然科学的"假设-检验"这个最基本的研究方法。自然科学的假设并非天上掉馅饼，而是在此前的研究成果这个"巨人的肩上"再迈进一步。最严格的科学研究甚至仅仅是在此前的某个模型中改变其中仅仅一个因素来检验其结果。社会学的研究很难做到如此严格的对应，但是逻辑相同，社会学的"巨人肩头"就是即有理论。

元理论的假设

问卷调查无论应用了哪个具体的理论，一般都是建立在某个更加宏观的元理论的基础之上。调查问卷是否符合这个元理论的基本设定，是研究者必须加以检验的。因此，研究者在提出具体假设的同时，还必须提出对于元理论进行检验的假设，哪怕仅仅是一个。否则，就无法证明研究者应用某个具体理论的恰当性，整个问卷也就失去了合理性。这就是"元理论假设"。

以笔者的四次全国调查的问卷设计为例，交换理论、脚本理论和社会网络理论是其中应用的三个中层理论。它们共同来自一个宏观的元理论：性的社会化。这是国际学术界从20世纪初就已经开始论述的理论。它是社会学把"性"作为自己的研究对象的根本前提和条件。如果没有经过性的社会化过程，性如果不是以社会因素决定为主而是生物因素决定的，那么三个中层理论就全垮台了，整个调查也就毫无意义了。换言之，只有所有的检验结果都符合了"性是社会的"这一命题，它们才可能在更深的层次上成立。

"元理论假设"是一切社会学调查的首要前提

笔者如此认知也是被实践中自己的失误所推动。笔者的"性调查"的结果显示：在影响青年发生婚前性行为的诸多因素中，除了作为控制因素的年龄以外，最重要的三个因素是被调查者的性别、受教育程度和家庭背景。也就是说，底层社会里的年轻人更不重视婚前贞操的问题，而上层社会的青年更重视这个问题；男性更不重视这个问题，女性更重视这个问题。

表面看来，笔者发现了一种很独特的、很新鲜的相关关系，可是在许多社会分层的理论家看来，这一点都不新鲜，人家早就提出过了。笔者统计来，分析去，最后只好回到那些理论家和思想家那儿去，只能用他们的思想来解释，例如社会资源理论、交往互动论等。这样一来，笔者的调查等于是盲人摸象，还不如反过来，首先看看思想家、理论家对于这个问题已经说了什么。

说白了，社会学所研究的问题里面，已经没有多少问题没人研究过。只不过大多数以往的思想家、理论家是用思辨的方式、推理的方式、归纳的方式得出的这个结论，而作为定量研究的社会学调查则是用实证的方式、统计的方式对它加以检验。社会学调查最大的可能是质疑甚至推翻某种理论，而独创某种理论的可能性却最小，这就是它的局限（利迪、奥姆罗德，2005；扎加、布莱尔，2007）。

另一方面，社会学界都知道，理论（尤其是宏观理论）与实证之间一直存在着巨大的鸿沟（亚历山大，2003；特纳，2006）。一般都认为，宏观理论基本上是不可能用实证研究来检验的。

可是，这其实并不是理论与实证之间的鸿沟，而是定量研究与定性研究在方法论层次上的鸿沟（袁方，2000；覃方明，1998；杨伯淑，2002）。大多数宏观理论都是定性研究的产物，而大多数实证方法都是量化的，问卷调查则更是非量化不可。所以，所谓"理论与实证之间的鸿沟"其实是一个伪问题，因为它是一个必然会出现的鸿沟。

所以，在选择理论的时候，必须要反其道而行之，选择中层理论或者微观理论（谭建光，1994；默顿，2001；毛丹，2006），才有可能用问卷调查的方法加以检验。

二、理论的本土筛选

在目前的中国，大概很少有人能够自己独创一个全新的社会学理论，因此对于绝大多数问卷设计者来说，只能在既有的西方引用的理论中挑选一个来指导自己的调查。这就需要首先思考一个基本问题：该理论在现实中国的适用性究竟有多大、有哪些、是否足以改造？下面仅列举一些与性研究相关的主题。

依赖于人际平等的理论

这方面主要有：交换论、博弈论、理性选择论，乃至于一切形式的互动论。它们都是建立在已经实现人权平等的社会里。只有人跟人之间是平等的关系，才有可能互动，进行交换、博弈、选择。

例如，如果没有这样的"理论的本土筛选"，直接就运用"博弈论"提出一些假设，去调查分析农民工与老板、小贩与城管之间的关系和运行机制，那么这个问卷就会成为空中楼阁，其统计结果就会引导读者误读社会。所以，如果要运用上述这些西方理论，首先必须论证清楚：自己研究的双方确实是平等的。

依赖于自由生活的理论

这主要是符号论、话语论、传播论、消费主义论等,可以一直扩展到任何一种文化制约论。这些都是只有在足够自由的社会里才能够运用的理论。

福柯这样的理论家生活在后现代社会里。在他们的日常生活中,政府基本不在场,主流是公民社会的自我运行。在那里,符号、话语、传播、消费等现象,确实能够影响人的实践,作用比政府大得多得多。否则,那些伟大的理论根本就总结不出来。

可是,在另外的社会里根本就不是这种情况。在一种每走一步路每花一分钱都可能被自动上报的生活中,一定要从来源论和谱系学的视角来思考一下:自己要研究的对象究竟是社会主体自主产生发展的,还仅仅是结构的必然产物?如果是后者,那么上述的西方理论大概率是南橘北枳或者削足适履。

即使在"性"这个被本能化的、高度隐私的人类活动中,所谓"自由生活"也往往是一厢情愿。人们被性别归属、性取向、性关系类型、性对象特质、性活动情境、性的原教旨主义或者时尚风潮等不可尽数的外在因素所制约,真的愿意而且能够"潇洒走一回"的犹如凤毛麟角。所以,研究中国的"性问题",如果非要抬高符号、话语、传播、信息等的作用,那就是假装外宾。

解释个体行为的理论

笔者的四次全国调查运用过两种理论:盖格农和西蒙的性脚本(sexual script)理论以及劳曼的性的社会网络(sexual network)理论。

性脚本理论所表述的是:性脚本作为基本性观念与具体性行为之间的连接,对于人们与什么样的人发生性关系、做些什么、在什么时间地点以及为什么发生等,发挥了更加主要的作用。性脚本可以分为文化的、人际的和个人的三个层面。

可是,对于中国人来说,这个理论实在是太没有新意了。中国曾经有过类似的理论:思想决定行动、改造世界观等。这些本土的脚本理论近乎百分之百地控制了中国人生活的方方面面,包括推迟了年轻人的首次性生活的年龄,甚至推迟了男青年的首次自慰和遗精的年龄。直到现在,中国主流文化也仍然在坚持着这种脚本理论，直接进行严厉管制。也就是说，只有在美国那样一个极度保护个人自由意志的文化中，盖格农的论述才有意义。

反之，性的社会网络理论强调："性"存在于而且活动于人的社会关系网络之中。不仅社会网络会影响人们对性伴侣的选择以及与性伴侣之间的互动，而且性关系会建构出人们的社会网络。这个理论对于中国人来说是石破天惊的。由于在历史上中国人一直生活在金字塔式的皇权制度之中，后来几乎所有的民间组织都消失殆尽，个人的社会交际圈子也被极度地缩小，中国人很难想到除了垂直关系之外，人们还可以通过横向关系来组成一个社会；更难以想象，性这样隐秘的私人活动，居然也会受到自己的社会网络的影响。但是，改革开放后，中国人的社会网络已经迅速扩大，所以现在不但有资格，而且很有必要来讨论性的社会网络了。

正是从本土的意义上来说，性的社会网络理论来得正当其时，尤其是艾滋病时代的性社会学研究更需要强调网络、关系以及关系中的权势的作用。因此，这种理论对于现代中国的性研究的意义不但远远超过性脚本理论，恐怕也超越了福柯和吉登斯。

性与爱之关系的理论

吉登斯提出了"可塑之性"的概念，并在此基础上研究现代社会的亲密关系的变革。他把性放在关系的视角下，尤其是他强调了性的那些重要相关概念，例如性别与爱。因此，他所说的性在某种意义上比福柯的更具有真实感。

吉登斯的著作翻译成中文后，也在中国引起了很大的反响。可是，在我们中国的古代文化中，儒家也有"天地万物，造端于夫妇"的思想，这也是"把性放在关系的视角下"。

西方理论家所说的"爱"更多的是"浪漫情爱"，而中国人的"爱"却更强调"夫妻恩爱"。这两者对于"性"的作用，当然也就是南辕北辙。尤其是，五四以来中国有文化的阶层中的"性爱"与"情爱"之间的冲突及其对于人们的性实践的巨大影响，反映的也恰恰是性与爱情之间的关系。

21世纪以来，中国已经出现了一种本土的、民间的、粗糙的理论，那就是

"性、爱、婚相对论"。它说的是：性行为、爱情与婚姻是三种完全不同质的活动，它们三者最多也就是达成"三原色"那样的结构，只能交叉，不能重合。三者相结合的中间那个部分，就是现今中国人所说的"性福"。可是这个部分其实很小，只不过是主流社会的一种理想或者霸权，根本不可能涵盖或者制约性爱婚这三者的全部。因此"性福"才是另类，而相互冲突或者相对分离才是常态（侯荣庭、潘绥铭，2018）。

这种理论没有任何理论家的加持，也不知道如何翻译成英文，但是恐怕只有它才能更好地解释当前中国人的"全性"。

三、挑选理论的操作

理论与调查必须一致

研究者必须考虑：自己所研究的这个问题，跟理论所说的问题是不是一致。在许多情况下，表面看起来一致，实际上可能不一致。例如，福柯的思想、吉登斯的思想其实与实践意义上的"性"没多大关系。因为他们并不是在研究"性的问题"，他们只是把"性"作为一个切入点，作为自己阐述某个宏大理论时的载体。例如，如果研究者希望研究"性的社会网络"，而福柯却是通过"性"来说明"权力"，若是直接套用他的理论，就无法提出适合于研究目标的相关假设。

调查的不同导向

首先是"问题导向"，也就是挑选理论是为了进行解释式的调查，是为了最后能够用理论来解释研究者对于某个问题的检验结果。

在笔者的四次全国调查里，有一个"问题导向"很鲜明，就是中国人的"性"与社会分层之间的关系，就是检验"男人有钱就变坏，女人变坏就有钱"这样的说法成立不成立。

与此相关的既有理论很多，但是笔者从自己对于中国社会与中国人的"性"的理解出发，没有采用"理性选择"理论、戏剧论与符号论、交往互动论等新近提出的理论，而是选择了往往被视为"老旧"的社会资源理论（Bourdieu, 1986；

Coleman，1990；Putnam，1993；林南，2001）。

这是因为笔者认为：在阶层分化日益加剧的当前中国，任何一种建立在"人人平等"的假设之上的理论，其本土适用性都应该打更大的折扣。

其次是"建构导向"，就是求证式调查，要检验某种社会学理论究竟是如何成立或者不成立的。

在笔者的四次全国调查里，要检验的是交换理论、脚本理论与社会网络理论。这个排序也是按照进行检验的成功程度的排序，因此既是经验，也是教训。具体操作过程如下。

第一个是考虑理论的性质，需要首先考虑它们有没有量化的可能性，有没有先例。例如福柯思想中的"权力"，在任何一个学科中有没有被量化过？

第二个需要考虑的是理论的构建形式。如果它是完全用概念的形式构建起来的，那就需要看看有没有可能从中提炼出应有的指标来。有一些思辨的哲学理念，也是可以发现它有指标，只不过非常困难。因为在问卷调查里，相当多的内容是问不到的。尤其是关于思想、观念方面的内容，基本上是无法操作化的（Pedhazur & Schmelkin，1991；巴比，2009）。

第三个要考虑的是该理论的时空覆盖范围。很多理论追求是普适性，而任何一个问卷调查都是时空限定的，因此必须努力地检验这两者之间的契合程度。

可惜，几乎所有理论的创建者都没有给出一个明确的时空横断面，因此能不能确定或者提炼出来一个横断面，这是问卷调查必须考虑的。例如，如果要套用关于社会变迁的任何一种理论，那么怎么来确定调查的横断面究竟在何时呢？中国改革开放40多年，到现在也很难确定其中的哪些年头在哪些范围内是哪些方面的转折点。因此，如果套用这种理论，就必须首先检验一下：现在研究者所确定的调查时空，是不是一个社会变迁的合适的横断面呢？

第四个要考虑的方面就是载体，大多数宏观理论的载体是整个社会，而绝大多数的问卷调查是直接针对个人。这两个载体截然不同而且无法相互替代。如果问卷调查的结果是由众多个体的回答所建构起来的，那么它就只能套用那些足以直接解释个体行为的理论，却不应该套用那些以全社会为载体的宏观理论。

当然，也有一些中层理论是以社区为载体来建构自己的，例如布迪厄就试图把"场域"作为其研究与理论阐述的基本单位,显然这既不是全社会也不是个体。因此,如果要套用布迪厄的某种理论就不得不论述清楚:在研究者的调查设计里,"场域"究竟是如何被转化为个人的呢?或者说,研究者所调查到的个人为什么就足以组成"场域"呢?如果没有论述这些问题,那么套用布迪厄的某种理论就必然是失当的。

第五个需要考虑的方面是,所有的宏观理论都有控制因素,但是创建者往往都没有直接说出这些控制因素。理论家往往认为,想当然的事情就不需要再说了。例如,几乎一切宏观理论研究的都是人,而且是社会意义上的正常人,显然并不包括精神病、罪犯等。因此,在宏观理论中,这个控制因素是被作为"共识"而省略掉的。

可是,对于社会学调查来说,控制因素到底有没有,是什么,能不能找出来,这是足以决定问卷能否设计出来的问题。例如,在笔者的四次全国调查里,必须设置男性是否有高血压、糖尿病,女性是否正处于怀孕期、产后期这样的提问,否则所有的被调查者之间就缺乏可比性。但是,在福柯或者吉登斯的理论中,却全然不必说出这些控制因素,可以直接地谈论"性"。因此,如果试图直接套用这两位思想家的理论,就不得不自己去吃透他们的著作,替他们把种种控制因素总结出来。倘若做不到这一点,那么再好的理论也只好割爱。

总之,套用理论是必需的,又是极其艰难的,不是因为现有的能够套用到问卷调查里面的理论太少,而是套用的过程太难(Behling, Orlando & Kenneth S. L., 2000;胡仕勇、叶海波,2003)。

因此,笔者把上述的各项总结为下面的简明表格,如表2-1。

表2-1 问卷调查套用理论的初步考虑

理论的特质	理论的形式	理论的可用性	研究者能否做到
属于什么性质	纯思辨	进行量化的可能性	找到运用该理论的先例
何种构建形式	概念对概念	足以建构出指标	把理论的要素加以操作化
覆盖范围	追求普适性	时空是可以限定的	确定调查的时空横断面

续 表

理论的特质	理论的形式	理论的可用性	研究者能否做到
研究的基本单位	整个社会	能以个人为单位	进行随机抽样
用什么因素来控制	语焉不详	清晰确切的前提条件	设计出控制机制

四、应用理论其实是一种改造

笔者在自己的四次全国调查中，都应用了交换理论，因此以此为例来加以说明。

首先，概括，就是确定这个理论的基本要素，然后确保它们不走样地反映到问卷中。在笔者的经验中，交换理论的要素被确定为：交换双方的资源、双方对于交换的评价、交换中的权势关系、交换涉及的知识系统等，而且逐一转化为具体的提问。

其次，简约，理论往往是一个成分复杂、内容丰富的体系，但在问卷设计中，需要筛选出该理论中的那些与具体研究目标更加相关的要素。例如，交换理论总的来说非常重视交换的具体形式（Homans，1961；Emerson, Robert. M.，1981；布劳，1988），但是检索既有研究已经发现，在中国式夫妻的性关系的维系中，交换形式的差异很小，基本都是相濡以沫，因此笔者舍弃了这一要素。

再次，割爱，就是舍弃那些虽然很有意思但是缺乏操作可能性的要素。笔者当然非常希望考察爱情在夫妻关系中的作用，但是爱情却很难使用问卷调查来加以界定，因此只保留了最基本的自我测定，就是对于爱情的自我满意度。

最后，界定，就是确定该理论的适用对象和范围。笔者主要把交换理论用来解释夫妻之间的关系的建构。反之，在调查此外的各种其他性关系的时候，虽然也有许多内容相同的提问，但是其相关假设却改变了，不再是运用交换理论，而是试图检验用社会网络理论。

经过上述四步，在中国性问题的具体研究中，笔者所应用的"交换理论"其实只是交换理论中的某些要素。只要这些要素与具体研究直接相关，而且与交换理论没有原则上的区别即可。这是无奈的变通但也是有效的操作。唯一应该把握而且应该在自己的研究报告中加以说明的,就是研究者如何证明自己对于原理论的这种改造是恰当的。

第四节 设置相关假设:社会学问卷之魂

一、社会学调查问卷的建设:必不可少的五种假设

社会学调查的问卷设计的一般流程,是在选定一个理论之后,把它转化为问卷中的具体的相关假设(袁方,2000;风笑天,2009;巴比,2009;郝大海,2009)。

在自然科学界流行一句话:提出一个好的假设就是成功的一半。社会学的问卷调查对自然科学亦步亦趋,因此提出一个好的假设是问卷设计的灵魂。也就是说,研究者想获得的那个结论,实际上早已经渗透在自己所设计的问卷里面了。因此,问卷设计的缺陷,无法用统计学来弥补。

对于一个好的问卷设计来说,哪怕仅仅集中于一个研究目标,也至少需要同时具有 5 种假设而且缺一不可。但是,其中的理论假设已经在前文论说过,所以下面只列出 4 种假设。

核心假设

一般来说,一个社会学问卷里不会只有一个假设。这就需要研究者把自己的各个假设进行分层,找出而且紧紧抓住最根本的、足以牵一发而动全身的那个假设,然后以它为中心来建设自己的假设体系。这就是核心假设。

这一点说起来容易做起来难。笔者在教学实践中经常发现:有的问卷设计者虽然可以确定自己的核心假设,却很容易忽视了据此去构建"假设之树",结果那个核心假设就降级为首要假设了。

在笔者的四次全国调查的问卷设计中，核心假设是来自于交换理论的"般配假设"。因此必须经过不断的调试，把问卷中的其他各个假设，都尽量设计为"般配假设"的派生产物。例如："对于男女在性生活中的角色的认同"本来属于脚本理论，"双方相识之初的各自社会归属"原本是社会网络理论的提问，但是在核心假设的统领之下，都被有意识地设计为足以对"般配"进行扩展的检验。

操作假设

研究者准备使用哪些概念，哪些指标，哪些变量来检验自己的假设呢？表面上看来，这不外乎就是假设的卷面实现，在我国的教科书里普遍都作为指标与变量的设计来论述（袁方、王汉生，1997；洪小良，2005；风笑天，2009；郝大海，2009）。可是，正如本书前文所述，研究者每提出一个指标、变量、提问、备选答案，其实都是在做出一个假设。因为只有研究者认为它们是可能与调查目标最相关的，才会舍弃也许是无穷多的其他选择。

控制因素的假设

没有控制因素，问卷就会变成"放之四海而皆准""千秋万代不变色""不以人的意志为转移"的思维怪胎。可是，控制因素是不会自己跑到问卷上面去的，任何统计分析也无法帮研究者事后找出来控制因素。因此，研究者必须精心设计控制因素。

更加重要的是，在任何一个调查报告里，问卷设计者都应该明确地写出：在我的这个问卷里，控制因素究竟有哪些。这并不是说不写出来就会影响数据分析之结果，而是说非如此不足以表明作者的学术水平，也不足以让读者进行评价。笔者希望这能够逐步成为中国社会学界的规范之一。

最必不可少的控制因素就是时空假设。它在问卷中无处不在，几乎每一个提问都应该加上"在什么时间段内""在什么情况下"这两个条件。也就是说，研究者最终所得到的每一个统计学的相关关系或者检验结果，都仅仅是由于研究者在这样一个总体中与时空范围内，调查了这样一个时期内发生于这样一种情况下的某些现象，才能够得到这样的结果。如果研究者懒得把这些边界说清楚，那么引起别人误解与质疑的可能性就会大大增加。

除了时空因素以外,每一个调查目标都必然还会有其他许多控制因素。例如,调查一切与劳动相关的现象(收入、流动等),至少必须设置"健康状况"这个控制因素而且提出对于它的作用的假设。

当然,对于专家来说,各个假设之间互为控制因素是完全可以做到的,那么就请把这些相互关系写出来,以方便后来者求教。

分析方法的假设

在设计问卷的时候,如果没有确定将来要使用什么样的统计方法来进行分析,那么就像米下锅了还不知道要烧饭还是熬粥,其恶果不仅仅是最后做出夹生饭来,而且很可能中途就把锅烧坏了。

对于人类的性行为与性关系来说,最重要的是"有没有过",这是古往今来对于人群的最基本的分类,也是最不容易错答的提问。至于"有过多少",相对更加难以准确回答,很少有被调查者有能力有意愿进行哪怕是最简单的计算,反而容易迫使他们乱答,因此宁可舍弃这样的提问。

由此,笔者的四次全国调查都是事先就准备采用逻辑回归来分析。所以,必须把这些提问的备选答案尽可能地转化为两极选择(是不是、有没有),哪怕被外行人认为是太简单了也罢。反过来看,既然笔者已经确定了要使用的统计分析方法,那么如果在问卷中更多地设置定比的或者定量的备选答案,那就反而成为一种失误了。

如果准备进行时间序列分析或者多层分析,那么在问卷中就必须设计出所需要的各种专门的变量、限定条件与特殊的备选答案。反过来也一样,如果事先没有进行过这样的设计,那么统计学是无能为力的,除非"强行分析"。正是因为笔者的第二次"性调查"中设计了社区调查表,获得了被调查者个体居住区的特征数据,本书作者之一的王东在博士毕业论文中建构了对"多伴侣性行为"的多层次解释模型,在个体解释维度之外,探索了整体(社区、地区)因素的影响,从而扩展对多伴侣性行为的理解。

当然,分析方法的假设并不意味着问卷设计一定要跟着任何一种统计方法的具体要求跑。如果研究者从社会学自己学科的需求出发，设计出某种统计学方法目前尚且无法分析的调查问卷，那么就应该只管去做，而不应该削足适履。

综上所述，在问卷设计中，如果说对于确定人的社会归属存在着"五朵金花"（年龄、性别、文化程度、职业、收入），那么在提出假设的时候也同样有上述的"五朵金花"，而且五花齐放才是春。

二、防止单向的相关假设

这也是一个常见的问题。专业人员都知道，统计学意义上的相关绝不是因果关系，也绝不是单向的，一定是双向的，A如果跟B有关系，那么B一定跟A有关系；A如果作用于B，B一定作用于A。这在统计学上都是常识，可是在设计问卷的时候却容易忽视这一点，只假设A对B起作用，却没有考虑B对A起不起作用。这并不是说一定要把所有的变量都设成双向相关，而是研究者必须考虑到单向的相关假设很可能是一个错误，很容易造成解释上的偏差。

如果想通过问卷调查去探明两者的关系，那么使用单向假设去设计问卷就达不到目的。因为这无异于在寻求答案之前，就已经规定了答案必须是什么样。这就会导致在分析资料的时候，对社会现象做出片面的解释。

在笔者的问卷中也存在这样的忽视。例如，笔者设置了居住环境对于性生活的影响这样一个相关关系，但是它却是一个单向假设，仅仅假设了居住环境可能影响性生活，却没有假设性生活对于居住环境可能产生什么样的影响。例如，笔者在"地下性产业"研究中了解到，有些路边小旅馆就是因为许多"小姐"住进来"做生意"，使得旅馆也变身了。只可惜这个认知晚于笔者的全国问卷调查，所以未能应用进去。

在单向假设下所收集到的数据，到了统计分析的阶段也就只能进行单向的检验，不可能分析两者之间的相互关系，因此客观上等于把一种相关关系误当作因果关系了。

因此，本书主张应该尽量多提出一些双向的假设。例如，情绪和性生活频率的关系就是双向的，既可能是因为情绪不好而性生活频率不高，也可能是性生活频率少而使得情绪不好。提出这样的假设之后,在分析数据的时候,如果发现两者相关,就不会片面地解释为"情绪影响性",而是说"情绪与性相互影响"。也就是说,从变量间的双向关系出发进行假设,就可以更加充分地使用信息资源,可以做出更加关键和全面的解释。

三、提出否定的相关假设

调查者不能仅仅从证实本命题正确这样一个角度去想问题,还要从检验反命题的角度去设计。也就是说,研究者不但要想到自己可以证明什么是相关的,还要考虑可以证明什么是不相关的。这就是否定假设。

这是经常被人们忽视的,尤其是人们的一些生活常识也经常会被忽视掉。例如,研究下岗问题,很多人都假设出了很多很多相关因素。可是,有一个假设却很少有人提出,那就是下岗的人笨或者懒。这是因为谁都不愿意承认这个因素。可是,如果不去设置这样的一个提问,不去检验它与下岗之间的关系,怎么能够知道它与下岗确实不相关呢?这样的研究的意义就被极大地损害了。这就是常见的缺陷,不能叫错误,而是一个缺陷。

笔者是性社会学家,可是必须提出一个否定假设:诸多的生理因素对于"性"的作用,都小于社会因素的作用。正因为如此,笔者的调查结果修正了"抽烟喝酒必然会损害性能力"这种说法。因为这个结论是医生做出来的,他们也调查,可是仅仅提出了可以证明他们的命题是正确的假设,却没有考虑到社会因素的作用,也就是没有提出任何否定假设。笔者则是两方面都调查了,结果发现各种社会因素的作用远远大于吸烟喝酒。因此,笔者才足以修正医生的结论。最通俗的例子就是:如果双方不再相爱了,那么无论抽不抽烟喝不喝酒,性生活都会剧减。

否定假设往往能够给研究者带来很难得的认知。笔者在性研究中,肯定地假设了社会因素的作用,同时也否定假设了生物因素的作用。可是,恰恰是因为这两种假设加在一起也仍然不足以满意地解释当前中国人的"性",才迫使笔者另辟蹊径,开始寻找新的视角与理论,最终走上主体建构论的研究路线。

四、重视潜含的相关假设

问卷设计者提出的任何一个相关假设，实际上都是否定了其他众多的相关假设，但是那些相关假设该不该否定，研究者实际上并不知道。这就等于人为地先验地把它们给排除掉了。例如，假设女性怀孕会影响她的性生活频率，那么妇女的不孕症与她的性生活频率就没有关系吗？再如，还有很多种性交方式没有提问，也是一种潜含假设，就是预计它们的社会文化意义不是那么大。

既然这些潜含假设都已经从问卷上抹掉了，那么应该如何检验它们呢？笔者的经验是：首先，要把这些被删除的潜含假设逐一地详细记载下来；然后，在统计分析完成以后，如果某些预期的统计结果并没有出现，那么就拿出以前的记载，细细分析，真正相关的非常可能就在其中。

是的，这仍然不能解决"什么相关"的问题，但是却足以给研究者提供一个坚实的前进基石，为下一次调查准备好充足的假设。

五、没有相关假设就不是社会学调查

进行社会学调查的问卷设计者必须将自己的所有相关假设都烂熟于心，脱口而出，形成下意识反应。在教学实践中，笔者往往是从一个问卷里随便抽出一道题，请学生立刻清晰地说出它的相关假设，否则就算这个问卷的设计不合格。同样，问卷里每一个没有问到的问题也都是一个相关假设，笔者也要求学生脱口而出。

更进一步，笔者会要求学生必须清楚地说出每一个相关假设的来源与目标。

所谓来源就是这个相关假设的根据是什么，或者来源于某个理论，或者来源于某个前人研究，或者就是自己拍脑袋想出来的。

所谓目标是指，一个变量与另外哪个变量去做相关，设计者必须了然于胸。

总之，所谓社会学调查的问卷，其实就是众多的不同相关假设，一层一层地构建起来的一个大厦，绝不可以"边施工边设计"。

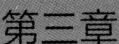

问卷设计中若干问题的本土思考

关于问卷设计，国内外的许多教科书与学术著作已经有过很好的论述（袁方、王汉生，1997；水延凯，2008；风笑天，2005；巴比，2009），本书不再重复。但是，笔者在调查实践与方法论教学实践中却发现了一些很重要却往往容易被忽视的问题，在严重影响着中国目前所见的各种社会调查与社会学调查。在此，笔者愿意以自己的经验与思考来就教于读者。

第一节 常见的误解

一、非专业人员的误解

一个常见的误解就是用生活中的一些观感来评价调查结果。例如，笔者的四次全国调查的结果公布以后，几乎所有倾向于开放的人都不相信中国的"多个性伴侣"的人这么少，而几乎所有倾向于保守的人都认为统计结果太夸大了。

其实，要评价一个调查的质量，根本就不应该去看它的统计结果，而是要看它的调查方法与操作过程（福勒、曼吉奥诺，2009；罗希、李普希、弗里曼，2007）。这两个方面一错，满盘皆输。

另外一个常见的误解就是认为调查的样本越多就越高级、越科学，却根本不知道还有随机抽样这回事（陈膺强，1993；Maxwell，1996；扎加、布莱尔，

2008）。结果，我国某权威机构曾经做出过一次调查了 500 万个工人的"壮举"，成为学术界的笑谈（风笑天，1987）。

二、初学者的误解

许多初学者根本就不知道调查问卷还需要设计，以为自己拍拍脑袋，想出来或者凑出来一些提问，就可以进行调查了。尤其是在大众传媒上，一介绍某个调查，就喜欢说调查者千辛万苦、顶风冒雨、克服千难万险等，说的都是调查的具体实施过程，就好像在表扬一个边远山区的邮递员。这实际上是在贬低调查者，难道学术研究只需要克服物理上的困难？

其实，一个合格的问卷调查，至少有 70% 的时间和精力是花费在研究设计与问卷设计上的。笔者与合作者 2000 年的第一次全国调查的设计，是 6 个人各自累计花费了一年半的工作时间。第二次调查仅仅是修改和补充问卷，7 个人就共同花费了累计 6 个月的工作时间。调查者所付出的是毕生积累的智慧。如果不是这样，而是大笔一挥就写出研究设计，脑袋一拍就造出调查问卷，屁股一挪就去调查，那么它还没开始就已经失败了。

最近这些年，随着大众传媒的日益商业化与网络传播的发展，随着行政机构更加强调他们所谓的那种"调查研究"，五花八门的所谓"问卷调查"越来越多。但是，一个最起码的问卷调查也至少必须具备三个条件，而且缺一不可（风笑天，2005；米勒、萨尔金德，2004；利迪、奥姆罗德，2005；扎加、布莱尔，2007）：

其一，调查要有一个总体，哪怕没有进行随机抽样。

其二，问卷要经过设计，至少不能自相矛盾或者漫无边际。

其三，调查方法至少要能够自圆其说。

如果不符合这三个最起码的条件，那么调查只能是"调查游戏"，本书根本不予讨论。

三、凑题，问卷设计的大忌

社会学调查绝不允许凑题，因为这样搞出来的问卷，根本不可能有任何一种元假设，更不可能存在任何相关假设。

凑题有两种表现形式：一种是自己凑题，另外一种是拉人来凑题。不管是哪种形式，主要特征都是对于所要调查的现象非常缺乏了解，也不掌握文献资料，所以只能凑题。

目前常见的凑题现象大致有四个层次。

最差的是在选题的环节上，对所要调查的问题一无所知，根本无法设计问卷，只能瞎蒙。

次差的是在理论、概念这个环节上，虽然基本清楚，却不善于把它转化为白纸黑字的问卷。

不很差的是，已经有了"假设-检验"的设计，但是不知道如何发展为提问体系。

最不差的情况是基本上可以设计出合格的问卷，但是在设计提问的环节上，难以涵盖所有可能的备选答案。

凑题最大的危害在于，即使是在最后一个环节上凑题，也仍然有可能把社会学问卷降低为普通社会调查问卷。这是因为"假设-检验"是一个完整的过程，不但提问的位置、个数、形式、内容不能乱编，就连备选答案也必须丝丝入扣、分毫不差，否则就会削弱对于假设的检验。所以，它只能来自调查负责人及其团队的系统的创建。局外人凑出来的东西，只能添乱，不会帮忙。

例如，在笔者的调查问卷中，性知识水平仅仅用两个提问来标志，一个是"知道不知道什么叫作性高潮"，另一个是"能不能正确地指出阴蒂的位置"。这可不是凑出来或者蒙出来的提问，而是笔者与合作者的一个重大的学术创新：为什么只需要这两个知识点而且只能是这两个就足以代表性知识的总体水平，这足够写另外一本专著。

笔者的问卷发表之后，有的医学家与女权主义者提出质疑，有的说提问太少了，有的则说不应该使用这两个提问，他们都提出了一大堆自己的建议。可是，他们没有一个人问过：笔者为什么这样设计？可想而知，如果当初请他们来凑题，笔者的问卷还不知道会变成什么鬼样子。

这里不得不说说问卷设计中的所谓"专家法"，就是调查负责人找一些专家来帮助自己进行问卷设计。这被说成是个好办法，但是这在实际操作中几乎是做不到的。例如，笔者经常收到"征求专家建议"的问卷设计初稿。可是，提供者却没有说清楚，他在设计流程的各个环节上究竟做了些什么，诸如选题考虑、应用理论、"假设-检验"设计、操作定义等，尤其没有说他为什么要做出这样的选择。这让专家怎么办呢？不负责任的专家只好信口开河，较真的专家只好返回去问他，如果他说不清楚，那就不是提什么建议的问题，而是非"枪毙"不可了。所以说，自己必须首先是专家，才能使用"专家法"来设计或者修改问卷。

第二节 设置"开放题"是一种失误

在调查问卷中设置无备选答案的"开放题"，由被调查者自由回答，调查员记录，这是我国社会调查中常用的方法。但是，这是一种出于对问卷调查的性质缺乏了解而产生的失误。

一、笔者的主要理由

在开放题中，调查的主体被倒置

"开放题"与"封闭题"绝对不仅仅是题型的差异，而是调查的方法论的根本不同，涉及这样一个问题：在一个调查的过程中究竟谁是主体？谁听谁说？

所有的封闭题都是以研究者为主体的，是研究者在说，被调查者在听。这样的调查，其实就是研究者首先拿出自己对于某个问题的一套看法，然后看看被调查者同意其中的哪一个，也就是研究者主动输出，被调查者被动反应。这是沿用自然科学的方法，用研究者自己预设出来的尺度来衡量现实生活，就像用尺子量布一样。从这个意义来说，所谓的问卷调查其实就是"测量生活"，是自然科学意义上"客观的"。

开放题在性质上却与定性访谈的区别不大。所有的开放题都是仅仅提出问题，没有备选答案，要求被调查者无拘无束地充分发表自己的看法，研究者仅仅是如实记录而已。这样，被调查者就成为主体了，是被调查者在说，研究者在听；是被调查者主动输出，研究者被动反应。这是"主体建构视角"的一种表现，是"让生活告诉研究者"的思路。这样的调查其实是沿用艺术的方法，它当然是"非科学的"（并不是不科学，更不是反科学）。

上述对立，非同小可，涉及最根本的认识论之争：究竟谁是第一性的？封闭题其实是"唯科学主义"的典型反映，而开放题则是后现代主义思潮的标志之一。但是，至少在目前的国际学术界，关于两者如何结合甚至能否结合的讨论，尚不足以提供任何一种可操作的解决办法，因此在问卷调查中这两者不应该同时使用。

开放题无法"预设答案"，也无法"强制选择"，因此也就无法进行假设与检验的设计，无法运用于社会学的问卷调查。

"相关假设"是社会学问卷设计的灵魂，而任何相关假设只有在预知所有可能的调查结果的前提之下，才可能提出与设置。这个"预知的可能结果"就是封闭题里面那些数量有限的备选答案。例如，在四次全国调查里，笔者假设"爱情程度"与"性生活满意度"相关，前者的备选答案是从"完全不爱"到"非常相爱"，后者的选项是从"非常不满意"到"非常满意"，这就是封闭题。说白了，封闭题其实就是研究者已经预设了答案，被调查者无论如何也逃不出研究者的"陷阱"；或者说，研究者拒不采信被调查者的另外的任何回答。只有在这样的前提条件下，研究者的相关假设才是可以成立的，当然也就是可以统计分析的。

可是，如果把这两个提问设计为开放题，没有了"套路"，那么就有可能出现这样的回答：在爱情程度上是"既爱又恨"，在性生活频率上是"时而满意，时而厌恶"。这样的评价在日常生活中屡见不鲜。可是，研究者却从来也没有假设过"既爱又恨"与"时而满意，时而厌恶"之间究竟可能是什么关系。那么，研究者还应不应该来统计这样回答的这两个问题之间的关系呢？即使强制统计了又能检验什么呢？也就是说，研究者原来的那个假设，仅仅在封闭题中才能够成立，在开放题里就不成立。

极端地说（以期引起讨论），从任何两个开放题的回答中都无法提出任何对于双方关系的相关假设，除非把原始的回答设法转化为类似封闭题的备选答案的量化数据。可是，早知今日，何必当初，为什么原来还要设置开放题呢？如果寄希望于开放题中的定性调查的成分，那还不如直接去做纯粹的定性调查。

封闭题是削足适履，就是用研究者自己的框框来套社会，就是强制被调查者在给定的范围之内进行有限的选择。封闭题就是社会学问卷调查的望远镜或显微镜，而且恰恰是因为它像焦距与视界那样事先已经框定了和裁选了外部世界，研究者才能够使用它。

开放题是多此一举

无论开放题所获得的回答多么丰富多彩，由于问卷中的其他提问都是封闭题，就不得不把开放题的内容转化为封闭题，才能进行相关分析。且不说这种转化其实是很大程度上的信息扭曲，就算可以做到，即使一个被调查者在开放题里仅仅回答20个字，那么1000个样本也会有两万字的文字记载，最后把这两万字的资料又变成不超过10个的选项（在相关分析中最好不超过5个），这岂不是自己折腾自己？还不如一开始就把这些选项设置好，除非是由于没有做过试调查而设计不出来。

当然，试调查也并不是万能的，但凡是封闭题，或多或少都会冒着设计失误的风险。这是问卷调查的无奈，而且它根本无法靠设置开放题来解决。

也许有人认为，开放题可以"搂草打兔子"地顺便获得一些定性访谈资料。但是，这首先是把试调查给混进来了，只能说明自己的准备不足，根本就不应该仓促上马。其次，定性调查对于调查者的许多独特要求是问卷调查员所达不到的，反而会分散问卷调查员的精力。二者混同，只能把两者的质量一起降低。

开放题是研究者的无原则放权，损害调查质量

问卷调查真的是个套路。调查员提出问题之后，必须马上就宣读备选答案，然后再急不可待地宣布"纪律"：只允许在这里面选择一个答案。否则，被调查者就很可能天南海北、离题万里。

开放题则恰恰相反。它就等于是问卷设计者授权给调查员，启发、引导、控制与记录被调查者的所有表述，也就是研究者把自己的学术权力授给了那些很可能不足以承担这个工作的调查员，让他们做了第一道筛选。有的研究者更进一步拿自己的学术声誉当赌注，授权调查员当场"总结归纳"被调查者的表述，并记录下来。这样获得的资料，严谨的研究者是不敢贸然使用的。尤其要命的是，即使研究者明知道其中存在误差，也没有办法进行检验，更无法修正。所以往重里说，开放题等于是问卷调查设计者的自暴自弃。

二、慎用"其他"选项——半开放题讨论

在任何一个问卷中都必须有"三不"的设置，就是至少要有这样三个选项：（此题）不适用、不知道、不回答。这些都不属于下面要讨论的"其他"。因为前三者都是因为无法回答也无法记录实际内容，与现有的备选答案都是不同质的，可是"其他"却被作为同质的回答列入备选答案而且必须予以记录。有的研究者还专门写上"请详细记录"这一类的字眼。这样做是为了涵盖所有可能的回答，但是它的失误也恰恰在这里。

第一，"其他"应用很有限

"其他"这个选项很难运用于"等级测定"的各种提问之中，例如从"很差"到"很好"这样的提问，就很难加进去一个"其他"的选项。

第二，"其他"必须确保是小概率

它往往是在调查各种"事实"的时候才使用，是为了涵盖某些在设计问卷的时候还不知道的情况。例如，在"性调查"里，在考察人们的居住环境的时候就会提问："现在，您自己住在什么样的地方？"备选答案是："1.集体宿舍、合租房、工作场所等；2.自己一个人单独居住；3.住在自己的父、母、子女的家里；

4. 住在岳父母、公婆的家里；5. 住在自己的小家（只有爱人或者孩子）；6. 住在自己的小家里，但还有其他亲属；7. 其他情况。"

在这个设计里，"其他"就是为了"查漏补遗"，其中可能包括孙子女与祖父母的跨代共同居住、两个陌生人的合租或合住甚至群租、寄宿在非直系亲属的人家里等。可是，如果"其他"的被选择概率稍大，就很可能成为统计不下去的罪魁祸首，整个提问就可以说是作废了。如果从严要求，若回答"其他"的人超过10%，这个变量就很难再进行相关统计分析了，即使是分布统计与百分数统计也很勉强，大概只有绝对数统计还有些意义。

这是因为，如果没有详细记录下"其他"的具体内容，那么其实就是不知道它是什么。这就等于是被调查者拒答，等于是缺失值，在做相关分析的时候不得不删除，在做分布分析或者百分比分析的时候也缺乏实际意义。那么，何苦让"其他"来增加缺失值呢？

如果要在问卷中设置"其他"这个选项，那么一定要有充足的文献依据或者生活知识，坚信它的被选择率不会超过10%，最好不超过5%。可是，这是有风险的、难于控制的，因此笔者建议最好不设置"其他"这个选项。

第三，"其他"实际上是亡羊补牢

研究者往往是因为在试调查中没有获得充分的认识，甚至没有进行过试调查，因此在设计问卷的时候无法穷尽所有的可能回答，就不得不设置一个"其他"选项。这等于在正式调查里补充进行试调查。

与其这样，还不如把试调查做得更加全面深入一点，做得规模稍微大一点，使正式问卷更加符合实际情况。也就是说，为了慎用"其他"这个选择，笔者唯一可以推荐的方法就是扩大与强化试调查，在其中尽可能多地了解到所询问情况的多种可能性，然后在正式调查的问卷中用明确的备选答案尽量涵盖之。

第四，"其他"的编码很有风险

如果是当场编码的，就变成设计者无限赋权给调查员，由他来决定每个编码之下的具体内容究竟是什么。其中的风险不在于调查员的水平高低，而在于每个调查员在编码时的具体操作基本上无法统一起来。这不仅会削弱数据的可比性，而且"假数真算"的可能性也被极大地提高了。

如果是事后编码，也就是研究者拿回原始记录来进行编码，其风险往往更大一些。因为这基本上是闭门造车。如果既没有见过这个人，也不知道现场的情境，不了解前因后果，就把人家的弥散式的回答内容给编码了，那就与篡改数据差不多了。

第五，"其他"永远还需要一个"其他"

"其他"这个选项必须是不管被调查者说什么都要记录下来。结果所记录下来的具体情况必然是千奇百怪，因此只要其中有一种情况是无法归类的，那就不得不再次设置一个"其他"。

第六，"其他"其实就是不要"其他"

严格来说，对于"其他"的编码是越多越好，因为对于一个记录主体表述的资料来说，编码的种类越多才越能少损失信息。可是，在进行相关分析的时候，不得不把可能有数十种之多的编码再次抽象为很少几种。其实际效果，就是舍弃了"其他"这个选项中很可能占大多数的"其他情况"。

第七，"其他"的真正用途

当然，"其他"选项也还是有价值的，但不是在问卷设计方面，而是在调查的操作过程中，通过设置"其他"可以减少信息失真。总会有些被调查者觉得，研究者所设置的所有备选答案都不符合自己的意思，可是他又只能在这个范围之内选择其中的一个。结果他就很可能乱答一通，造成"假数"。如果设置了一个"其他"，那么他就可以选择这个了。

不过，这种"其他"必须注明：这是被调查者在备选答案之外的"其他选择"，而不是被调查者真的有"其他情况"。因此，笔者不建议非熟练的研究者使用这种方法。

第八，操作决定质量

在设计问卷的时候，研究者必须考虑到实施这个问卷准备使用什么样的调查员、用什么样的具体方法来进行调查，因为调查的质量实际上是掌握在他们的手中。

如果具体操作的调查员是新手（包括低年级的大学生），那么问卷中一定不要设置任何形式的开放题或者"其他"选项。否则，问卷设计者就连修正的可能性都几乎没有，调查质量也就无从谈起。

三、严格限用"原因提问"

在问卷调查中，根本就不可以直接用任何一种形式的提问去调查任何现象的任何原因。这是因为无论多么高明或者多么努力，研究者所设计出来的备选答案都不可能达到封闭题最起码的四条要求：界定、归类、涵盖、互斥。

这是因为，任何一种现象只要是人类活动的结果，那么它的原因就必定是雾状的。研究者无法知道原因有多少个，就像无法把雾切成块一样，更不可能把"原因"人为地进行归类；也就无法计数，也就根本不存在究竟有几个原因的问题。如此这般，怎么可能设计出既不知道分类又不知道个数的备选答案来呢？

在这方面笔者有过教训。在1997年之前对于大学生的问卷调查中，笔者曾经设计过这样一个提问：

（如果被调查者没有发生过人际性行为，那么）您为什么没有进一步做下去？

1. 怕对方拒绝；2. 怕别人非议；3. 怕影响自己的前途；4. 怕学校处分我；5. 怕影响对方的前途；6. 做下去就不道德；7. 不愿勉强对方；8. 没有合适的机会；9. 违背家庭的期望；10. 没条件；11. 怕怀孕；12. 怕失贞；13. 对方不答应；14. 我没有进一步做的欲望；15. 感情还没到应有地步；16. 其他（写出）

笔者的这个提问，全方位地失误了。

怎么能够界定什么叫原因，什么不叫原因

在日常生活中，我们经常说别人："你说的那个不叫理由。"这就是说，虽然他自己说那是个原因，可我们却不承认。那么在设计问卷的时候，是不是凡是研究者不承认的原因，就统统不列入备选答案呢？研究者又根据什么来决定承认或者不承认呢？在上面的例子里，如果有的大学生说："我没有做爱，是因为印度洋发生了大海啸。"那么研究者是不是需要设置一个"胡说八道"的备选答案让他来回答呢？

究竟根据什么，事先就设计出原因的分类

在上面的例子里，笔者当年觉得自己设计的分类已经非常精致了，但是一位女同学回答说："我不是'怕影响自己的前途'（选项3），而是怕影响自己未来的婚姻。"笔者说："婚姻也是一种前途啊。"但是，她坚决不同意，说那是两码事。结果只好把她的回答归入"其他"。这就是说，研究者事先根本不可能知道自己设计出来的分类是不是符合生活实践，只好强迫被调查者往研究者的"陷阱"里钻。如果人家不愿意钻，就只好把她"开除"，拒绝了她所提供的信息。

能够"涵盖"所有原因吗

笔者当年以为自己已经涵盖了所有的原因。可是，居然漏掉了一个常见的原因："我不做下去，是因为我怕被对方缠住。"这个失误不是学问不深或者工作不努力的问题，而是因为"涵盖原因"本身就是天方夜谭。大千世界，无奇不有，任凭你是久经考验的大专家，也只能是把自己认为最普遍的原因给罗列出来，其他的一概不问。可是，这究竟是在收集客观世界的客观信息，还是在按照自己的尺子去剪裁生活？

笔者当年确实认为已经做到了各种备选答案的互相排斥、非此即彼。可是，调查结果却显示：几乎是任何两个原因，都有人会回答两者同时都有。还有人坚持说第三个与第四个原因也全都是并列的。看到这样的统计结果，笔者知道了自

己当初多么傻。

说到底,"原因调查"其实就是削足适履,用研究者的框框去套生活,就是"假数真算",人为制造统计结果。与其让这样的调查结果来混淆视听,还不如禁止直接询问"原因"。

"假设-检验"并不等于"分析原因"

当然,在"假设-检验"的设计中是可以询问原因的,因为研究者并不是要查明这些原因究竟是什么,而是事先已经假设了这些原因可能对目标变量发挥作用。研究者所做的仅仅是检验这个假设。也就是说,问卷调查只可以询问那些已经假设出相关关系的原因。

但是,在这样的设计中,必须注意三点。

其一,如果是为了检验相关假设而去询问原因,那么问卷中的提问就不能是"都有下列哪些原因",而应该是"有没有这个原因"。例如,在女性中存在着回避夫妻性生活的现象。如果直接去询问其原因,就必然设计出一大堆可能的原因,造成前面所说的种种失误。但是,在"假设-检验"的设计中,笔者已经假设:害怕怀孕可能促使女性主动放弃自己的部分性权利。笔者所关心的是这样一个命题是否成立,而不是要去了解"女性为什么会回避性生活"。因此笔者在四次"性调查"中的提问就变成:"有些女人,因为害怕自己怀孕,不大愿意过性生活。您自己在最近的 12 个月里,是不是曾经有过这种情况呢?"备选答案:1.经常有;2.偶尔;3.没有。

其二,必须充分地意识到,这样的提问无论得到什么样的结果,都绝不能用来解释"女性回避夫妻性生活"这个现象,因为"由于害怕怀孕而回避性生活"这个命题仅仅是笔者自己的假设,不是调查结果,笔者也没有真的去询问"女性回避夫妻性生活"的原因究竟是什么。

其三,这样的问卷设计存在小概率的大风险。因为"由于害怕怀孕而回避性生活"这个命题是事先假设的,如果在实际生活中很少有人是这样,那么笔者的检验很可能就做不下去了。

说到最后,可能有人问:如果我非要调查"原因"不可,那我就没办法啦?

笔者的回答是：为什么非要在问卷调查这一棵树上吊死呢？定性调查更加海阔天空啊。

第三节　反思"观念调查"

大多数社会学的问卷调查都是针对"人类行为与行为的结果（事实）"，但是也有相当多的问卷调查是为了研究"观念"，包括态度、意愿、评价等，有些是在问卷中设置某些提问，有些则是设计出专门的观念调查问卷。由于这些年来中国人在各个方面的观念变化相当急剧，做这方面研究的人也就越来越多。

一、观念调查不符合问卷调查的基本要求

首先，由于社会学的问卷调查是模仿自然科学，因此都要求被调查者的回答尽可能地实现"单纯化"，就是需要排除任何其他因素对于被调查者的作用。可是，这在观念调查中是基本上做不到的。

研究者真的能够排除人们那些已经内化为民族习惯的各式各样的生存策略与生活选择吗？例如：人云亦云、随大流、道听途说、见什么人说什么话、见人只说三分话、该说的才说、莫谈国事、嘴上把门，等等。如果不能，那怎么可能知道被调查者所回答的任何一种观念不是被上述处世之道给修改过了呢？

在中国，很多做问卷调查的调查员，都倾向于处于强势地位提问，要求被调查者表态，因此所获得的信息的真实程度就值得怀疑了。尤其是对于社会敏感问题进行的观念调查，被调查者往往只能表达一个社会所能接受的态度，其结果就容易出现了一面倒。

其次，任何问卷调查也都要求尽可能地"实验室化"，就是排除调查所在地的情境对于回答结果的影响。可是，在日常生活中，同样的一个提问，你在大街上问我，跟在单位里当众问我，跟在家里私下问我，我的回答肯定是不一样的。

那么，研究者有多大的可能性把成百上千的被调查者置于统一的情境之中来回答研究者的提问呢？

最后，任何问卷调查也都要求尽可能地"标准化"，就是排除调查员自己的表现对于回答结果的影响。可是，只要是调查员直接地面对面地提问，那就必然是一种人际互动。调查员的言行举止不可避免地会影响到被调查者的回答结果，甚至调查员的衣着打扮也会产生很大的影响。可是，研究者真的能够把每一个调查员的声调、语调、重音、表情、形体动作、言外之意等，都统一起来吗？

当然，这绝不是要禁止使用问卷来调查"观念"，而是强烈地建议：如果在上述这些方面没有把握做到足够好，那么最好慎用问卷调查的方法。即使不得不进行观念调查，最好也要在调查报告中讨论一下自己在这些方面的选择与努力。否则，就有可能堕落到"调查游戏"的低水平上去了。

二、观念调查的问卷设计的原则

观念的持续期

所谓"观念"，其实就是人的想法，但是人的想法是会变的，不但一生中会变，就是一天中也可能变；不但会小变，还有可能剧变。因此，使用问卷调查到的任何一种观念的状况，其实都是被调查者此时此刻的想法。彼时彼刻他们的想法会不会改变，会变成什么样，研究者不可能知道，也没有什么手段足以去预测或者修正。

这就要求研究者必须在此前研究的基础上，慎重地思考与检验一下，准备调查的那些观念的"持续期"究竟有多长，与研究者预计要说明的问题的"存在期"是否配套？如果是一个对于具体的社会现象的类似民意测验那样的意愿调查，那么不仅在操作上必须是"短平快"，而且在设计问卷的时候就应该意识到，它的意义往往只能用"月"来计算。反之，如果希望了解的是类似"社会态度"那样的基本观念，那么就应该设计出足以按照"年"甚至"代"来计算的问题与问卷。

笔者在四次全国调查中充分考虑到这一点，因此在"性脚本"部分的所有提问所针对的观念,都是笔者预计至少在"5岁的年龄段"内不大会出现剧变的。当然,目前中国社会学界对于"观念的持续期"的研究尚不多见,这制约了笔者的设计。笔者渴望尽快见到这方面的可操作成果。

观念的层次

即使是仅仅针对一个问题或者现象,人们的观念也一定是多层次的。笔者提出如下的最低限度的分层,以供讨论。

最大的观念是意识形态或者信仰,也可以叫作"元观念"。一般来说,它是清晰的、坚定的、持续的。它离一般人的日常生活比较远,也很不容易表述清楚,但是它却是人们做出选择的时候的主要根据之一。尤其是无论在什么方面,成年人其实都有这样的意识形态,所谓"无信仰者"或者"活得不明不白的人"并不存在,往往仅仅是因为调查者无法明白其内容或者其表达方式,才这么说的。

再往下的一个层次叫"外指观念",就是中国语境中普通人常说的"道德观念"。之所以说它是"外指",是因为它一般是人们针对各种社会现象所产生的一些看法、评价等;往往并不直接针对自己。

第三个层次是"内指观念",大体上相当于中国人说的"生活态度"。它主要反映的是人们在可能涉及自己的时候对于比较具体的问题的看法。

第四个层次则是"生活策略考虑",可以相当于人们的"实际打算"。它往往是人们自己在遇到某些非常具体的事务时的选择倾向。

在一个人的头脑里,这四个层次的想法不一定会划分得很清楚,但是在这个人的生活实践中,大多数情况下是可以从其结果上看出来的。以"性调查"的结果为例,确实有一些人在意识形态的层次上信仰某种宗教,在"外指观念"上反对非婚性行为,但是在"内指观念"的层次上却同意"有爱就可以有性",在"策略考虑"的层次上又认为自己的个人魅力比较大,结果他们就有过一个以上的性伴侣。也就是说,不同层次的观念对于人的行为的影响,不仅是不同的而且可以是相互矛盾的。或者说,人们的行为实际上都是经过多层多次的选择,只不过往往是不自觉的而已。

那么，对于问卷设计者来说，就不得不首先想清楚，自己究竟准备调查哪一个层次上的观念呢？哪一个层次对于研究者想说明或者揭示的问题更加具有解释力呢？

一般来说，"短平快"的类似民意测验的观念调查，应该仅仅局限在同一个层次的范围之内。即使希望进行全面的观念调查，也需要精细地分层，才能考察到不同层次的观念之间的不同关系与相互作用，才能事半功倍，才能扩大自己的观念调查的价值与意义。如果准备把观念与行为联系起来考察其相互关系，那么就更需要慎之又慎，因为对于观念的任何一种分层都会直接影响到统计分析结果。

如果把这四个层次混在一起提问，那么观念调查的结果就很可能一塌糊涂，观念与行为的交互分析更是很可能把研究者引入歧途。

在这方面，笔者的"性调查"既有经验又有教训。

在问卷中，笔者基本上是按照上述的四个层次来设置各个提问的，每个层次有两个提问，而且在统计分析中也获得了很好的检验效果。但是，在2000年第一次调查的问卷中，在考察"社会性别观念"这个方面的时候，笔者所设置的两个提问却不够理想，与笔者的几个目标变量的相关关系没有得到充分的检验。虽然笔者在2006年第二次调查的问卷中加以修订，但是其效果仍然不够理想。究其原因，这是因为笔者对于"社会性别观念"的分层不很清晰，未能很好地界定这个方面的四个层次及其相互关系。

观念调查结果的意义

谈到观念调查，人们经常举出西方对于选举结果的民意预测作为其可行性的例证。但是，一定不应该忽视了：那种观念调查的结果是可以及时地得以验证的，而且可以通过一次又一次的选举结果来不断地修正原始问卷，因此它才是有效的。

可是，中国目前所见到的大多数观念调查，其结果都是无法验证的，甚至根本就无法知道应该如何去验证，因此也就绝少有人真的去验证。长此以往，观念调查就会日益背离问卷调查必须遵循的实证主义之路，最终输给新闻观察甚至纯文学。

对此,唯一可能的"解药"就是增设一些"测谎题"。虽然它们仍然不能揭示真实的观念是什么,但是可以获知哪些回答是不值得相信的,从而减少调查误差。虽然它们不一定总是能够测出真正的"谎答",却足以帮助研究者发现一些原来并不知道的各种观念之间的相互关系,从而促进研究者进一步发掘这方面的研究素材,乃至提出新的相关假设。

观念调查的主要用途

社会学调查的灵魂是相关假设,因此观念调查也应该主要用于考察在一定的相关假设之中的观念与行为之间的相互关系。这样,研究者就可以极大地加深对于"观念"的理解。

例如,笔者的"性调查"表明,年轻男性中具有"处女情结"的百分比虽然确实比较高,但是这与他们选择女性性伴侣的实际结果之间其实并不显著相关。这样就可以理解,被表达出来的"外指观念"层次上的"处女情结",其实并不像表面上那样强大与有效。这样就可以进一步思考:那么在舆论上,"处女情结"为什么又会被如此气势汹汹地、信誓旦旦地表达出来呢?背后的构建过程又是怎样的呢?如此,研究者的思考就发展了,研究也才会发展。

一句话,只有把观念放在某种相关关系的假设之中,它才是可调查的和值得调查的。

三、操作建议

这方面,许多教科书与学术文献中都有过论述(Foddy,1993;Willis,2004),笔者仅仅提出最有心得的几点建议。

高层观念,要能够问得出来

尤其是在意识形态或者信仰这个最高层次上,除非社会上已经存在一个达到广泛共识的说法,否则要把研究者的提问说清楚,还真不是一件容易的事情。

例如,在笔者的"性调查"中,"男主外,女主内"这样一个传统的社会性别观念是非常重要的，笔者也假设它与人们的行为有相关关系。可是，如果仅仅简单地提问："您同意男主外，女主内这种说法吗？"那么城市青年中或者低文化人群中就很可能有相当一批人不明白究竟在问什么，或者他们对于"男主外，女主内"有着笔者所不知道的理解。

因此，笔者在问卷中是这样询问被调查者的："有人说，对妻子来说，主要应该以家庭为重；对丈夫来说，应该主要以事业为重（就是"男主外，女主内"）。您同意这种说法吗？"

可是，统计分析结果表明，这个变量对于几个目标变量的解释力仍然不够充足。这表明这个提问，仍然存在着表达不清楚或者不贴切的较大可能性。

道德观念，最好讲故事

对于"外指观念"（道德观念），泛泛的提问是效果最差的，因为人们对于事情发生的背景、过程与结果知道得越多，做出的道德判断才能越准确、越真心。例如，同样是对于"一夜情"的道德评判，外国人发生的与中国人的不一样，同龄人之间发生的与涉及未成年人的也不一样，结局美满的与闹翻天的又不一样。如果仅仅询问"您对'一夜情'的看法"，那么所得到的回答很可能仅仅是对于这个概念（名词）的道德判断，而不是对于这个事实（行为）的看法。

笔者建议最好给被调查者讲一段故事，不是长篇大论、有头有尾的故事，而是故事化的一段话，人家才能够知道你到底在问什么。例如，可以这样来提问："一个已婚的男人与一个未婚的女性自愿发生了'一夜情'，没有经济来往，没有后果，也没有别人知道。您认为在道德上应该如何评价这件事情？"

这样的"讲故事法"的优点是可以更加准确地了解到人们对于一个情境化的事实的道德判断。当然它也有局限性，就是故事的情境越细化，对于这个故事的回答就越不能推论其他的哪怕是稍有不同的情况。

可是，这个局限性是可以充分地消解的。研究者可以根据自己所要考察的主要目标，尽量多地设置一些不同的情境与故事来分别考察人们对于同一个问题的道德判断。例如，上述的"一夜情"的故事，只要改变其中的任何一个要素，就可以成为不同的故事。这样，虽然提问的数目增加了，但是对于问题的理解也更加广阔与深入了。尤其是，宁可只得到一些虽然狭窄些但是更加深入些的回答，也不愿意让那些大而不当的提问把被调查者与研究者自己都引入云山雾罩的困境中。

调查方法，最好是照本宣科

问卷调查是一种人际互动，调查员对于被调查者的回答是有影响的。这在观念调查里尤其突出。试想，如果一个人用一种不够正经的口气来谈论一个其实很正经的问题，再问您的看法，您还会如实回答吗？

因此，调查者在设计观念调查问卷的时候，就必须规定调查员使用什么样的方法来询问。因为这关系到整个调查的质量高低，甚至关系到调查该不该开始做。

笔者从最理想的状态出发，建议观念调查最好是使用"照本宣科"的方法，就是对于调查员，不但问卷中的任何一个字都不许改，甚至连声调、语调都做出严格的限定，甚至可以让调查员只是放录音。这个要求，越是针对敏感的问题就越要坚持。

这里提前插一句：笔者在四次全国调查中使用笔记本电脑进行调查的好处之一就在于此。由于提问被转化为出现在电脑屏幕上的文字，而不是调查员的直接口头表述，不但调查员的干扰被降到了最低，而且提问本身的敏感性也被降到了最低。毕竟，有一些性行为方面的词语，许多人就连听都不愿意听，可是阅读一下却是可以容忍的。（详见第六章第三节）

"照本宣科"的方法还可以化解观念调查中经常遇到的一个难题：调查员究竟应该仅仅记录被调查者的第一反应，还是允许对方修改自己的选择？就事论事地来看，两种方法谁也说服不了谁。第一反应可能是类似"本能的"，可能更准确，但是对于第一反应的修改也同样可能是更加深思熟虑的、更加真实的。

其实，这两个办法之间的区别不在于调查员应该记录什么，而在于问卷设计者允许不允许调查员与被调查者互相讨论。如果允许，那就是向着定性访谈靠近，那就应该是双方充分讨论之后，共同决定一个答案。可是，在任何规模较大的调查中，与其如此费时费力，还不如另外组织一次更加纯粹的定性调查。

如果使用"照本宣科"的方法，那么就简单了：因为不但不允许讨论，而且连声调和语调都规定死了，所以必须要求调查员仅仅记录被调查者的第一反应。即使被调查者提出修改，也仅仅是作为额外记录，在统计分析的时候加以参考而已。

"照本宣科"的方法还可以在一定限度上有意营造出统一的调查情境，尽可能地减少"到什么山唱什么歌"这种生活习惯的干扰。

提问中要尽量弱化"对方指向"

被调查者在回答敏感的观念题的时候，实际上存在着一个类似"文责自负"的顾虑，就是我的任何回答都意味着：这可是我自己的真实想法啊，必要时，我必须对这个回答负责。尤其是问到一些负面的观念时，有些被调查者的这种潜在的"负责焦虑"会相当严重。例如，如果一个被认为是循规蹈矩的已婚者，却想对调查员表达赞成"一夜情"的态度，那么他（她）的自我心理压力可能不小。因此，如果问卷被设计为鲁莽地直接询问："您赞成'一夜情'吗？"那么获得真实回答可能性就会被严重地降低。

这种放肆的提问方式就是"对方指向"。在某些敏感的被调查者听来，其言外之意就是：我（问卷设计者）不赞成"一夜情"，如果你（被调查者）非要赞成，那你就自负其责吧。

为了避免这样的局面，笔者强烈建议：把所有的敏感的观念题都写成"有人说……，您认为这种说法对吗？"这样的句式。这样一来，潜在的"文责"就被潜在地转移到一个其实并不存在的"有人说"上面去了。被调查者回答这样的提问就会轻松得多。在笔者的"性调查"里，凡是涉及观念的提问全部采用了这样的句式。这种做法得到了国际同行的好评。[1]

"假设式提问"必须适合观念的层次

"如果遇到这种情况，你会怎么办？"这是观念调查中经常使用的一种提问

---

[1] 芝加哥大学社会学系的白威廉教授对此好评有加。

方式，以便测定被调查者对于某种比较具体的情况的态度。

可是，这种提问方式的前提条件是：研究者所假设的情况是被调查者非常可能遇到的，最好是肯定会遇到的，否则就最好不要这样提问。这是因为，被调查者发生这种情况的可能性越小，他们对于这种情况就越缺乏真实感，所做出的回答就越具有猜测性。

有些观念，恐怕只有在最低的"生活策略考虑"这个层次上才是合适的。例如，同样是调查"金钱观"这个问题，在最低层次上，可以假设地询问对方如果买彩票中了大奖将会怎么使用它。虽然买彩票者在总人口中的比例并不高，但是买彩票这件事情还是广为人知的，因此这个提问回答的可能性还是比较高的。

可是，如上升到"生活态度"的层次上，就不得不假设地询问对方"有了很多钱之后会怎么办"。可是相当多的人这辈子也不会有很多钱；结果，有些被调查者只好像网上流传的笑话那样回答："买两碗面条，吃一碗，扔一碗"。

如果再上升到"道德观念"的更高层次，假设式提问就可能变成"您是否同意金钱是万能的这种说法"。那么被调查者的回答早在20世纪90年代就被电视剧的台词给框定了："金钱不是万能的，可是没钱是万万不能的"。

倘若非要去考察在信仰层次上"是否相信金钱最重要"，那么无论对方回答什么，研究者都无法知道这个回答与他的实际生活有多大的联系。

进一步说，即使在最低的"生活策略考虑"这个层次上，假设式提问的人口涵盖面也是很成问题的。在上面的例子中，研究者其实并不知道有多少中国人穷得根本就不考虑买彩票或者富得不需要考虑。如果非要这样提问，对他们来说，回答就是一种勉强，其回答的意义也就要打折扣。极端地说，即使假设性地询问被调查者"收入增加之后会做什么"，也不得不考虑有许多人的收入根本就没有增加的任何可能。

在观念调查中，最好能够在问卷中设计出一种"观念的参照指标"，就是用某些事实（行为）的变量来加权所获得的观念变量的数值。如上例，关于"中大奖后做什么"，应该增设"是否买过彩票"的变量。无论被调查者买过或者没买过，他们对于观念的回答都需要进行加权处理。

观念调查，最好不用排序的方法

有些调查者总是想知道，人们的第一位的观念是什么，第二位的是什么，因此就在问卷里设计出排序题来，有人甚至排序到第十位、第二十位。

这样的设计者忽视了一个基本的问题：社会学的调查，最关键的并不是您自己需要了解什么，而是被调查者有可能告诉您什么。除了不愿意回答之外，被调查者有没有足够的能力来回答您的问题，这才是最重要的。

这里谈的不是被调查者的文化水平或者个人素质这样的问题，而是问卷设计者需要理解：在这个世界上，恐怕只有与研究者类似的"一小撮人"才会关注研究者所提问的现象或者问题，才会经常地思考它，才会得出答案，才能在有人询问的时候脱口而出。研究者之外的人，有着自己另外的生活，想着自己另外的事情。对于研究者所问到的问题，他们很可能从来都没有认真想过，也没有什么现成的答案。可是，研究者又非要去询问他们，那么信口开河或者随声附和已经是人家很讲礼貌的反应了。

在这种情况下，如果还非要让人家排出序来，真是强人所难。说不好听话，如果有的被调查者真的能够如实排序，那就是巧遇专家了。在笔者的"性调查"里，至少有8个直接针对观念的提问。笔者课题组的同仁们曾经自我试验，但是没有一个人能够把它们排出顺序来。

更为根本的问题是：就观念而言，研究者怎么知道在现实生活中它们是不是真的可以进行排序？如果有根据，那么请在调查报告里面多少提及一下，也让别人学习学习。

观念调查，其实无法"总汇"

"总汇"是观念调查中时有所见的一种方法，就是先把小的或者低层次的观念一个一个列出来，最后询问一个总的或者高层次的观念，而且假设其中具有逻辑关系。例如，先问现在社会形势好不好；再问经济形势、治安形势、就业形势等；最后再问：那么您认为总的形势好不好呢？在这种"总汇"方法中，如果所有的"分题"都回答的是"好"，而"总题"却说"不好"，就会被认为是不合逻辑的，反之亦然。这甚至被认为是可以起到测谎的作用。

可是，这种"部分与总体相矛盾"的情况虽然不符合数学上的逻辑，但是却很有可能符合生活的逻辑。这是因为：

其一，问卷的提问没有也不可能涵盖被调查者的全部生活。例如，只问了9个方面，而被调查者可能恰恰生活在第十个方面之中。例如，这个人是出口商，研究者什么都问了，唯独没有问外贸形势，那么他（她）给出的评价当然就不会符合研究者所设定的逻辑。

其二，问卷无法预先赋予被调查者的生活一定权重，可是他（她）自己的心里却很清楚。在日常生活中，人们总是倾向于在对自己最重要的那些事情上做出"一俊遮百丑"式的或者"一个耗子屎坏了一锅汤"式的价值判断。例如，上述的出口商就很可能这样回答：所有9个方面的形势都很好，但是总的形势却很不好，因为他自己最关注的外贸形势很不好，因此他就会"以偏概全"。

因此，"总汇"的方法不适用于生活逻辑，社会学研究不应该使用。

本节的结论可以用一句通俗的话来表达："没有金刚钻，别揽瓷器活。"观念调查其实是社会调查中最难的一种，缺乏经验的人最好不要涉足。

第四节　不许事后假设，慎用二手资料来统计

一、社会学调查，绝不允许"事后假设"

社会学的问卷调查只能对已有的假设进行检验，却无法探索已有假设之外的任何相互关系。只能探索一下，在研究者所设定的假设-检验的框架之内，各种因素发挥了什么样的作用。如果研究者在调查完成之后，再随意抽出任何两个变量做相关分析，那么就是"事后假设"。即使有什么结果也必定是残缺条件之下的扭曲结果。

由于中国的社会问题不少，研究经费却不多，许多研究者在一个社会学调查的问卷里，在设置具有明确相关假设的"检验提问"的同时，也会设置一些属于

普通问卷调查的、没有相关假设而只有元假设的"绝对数调查"或者"百分数调查",以便"搂草带打兔子",尽量多地获得一些信息。

如果是自觉地这样去做,那就没什么问题。但是,更多的情况却是:问卷设计者最后自己也犯糊涂了,在检验自己的相关假设的时候,把那些"百分数调查"也当作事先就设计好的"检验提问"来使用了。这就等于修改了自己的整个设计,等于是某种程度上的"事后假设",等于用普通问卷调查部分地取代了自己原来的社会学调查。

所以,在这样的"混合型调查"的统计分析中,调查者应该主动地介绍一下,在自己的发现中哪些是来自对于相关假设的检验,哪些仅仅是"绝对数调查"或者"百分数调查"所产生的附带结果。

所谓"事后假设",就是"瞎猫碰上死耗子"。其典型表现是:首先做出一个毫无相关假设设计的问卷,甚至根本就是"想到什么就调查什么",然后在获得数据之后,随意地找出一些变量来进行相关分析。万一真的看到一些"有意思的"结果,就认为这是一个发现,便写文章,就好像自己原来真的就这样假设过一样。

这种方法,在普通社会调查中确实有可能得到意外发现,但是在社会学调查中却贻害无穷。例如,在"性调查"里,笔者询问了许多个人的基本情况,在统计中笔者无意中看到被调查者的身高与职业存在着显著的相关。

那么,这为什么不能成为一个"发现"呢?因为如果笔者原来就假设身高与职业是相关的,那么就应该按照这个相关假设对这两个变量进行一系列的设计,例如职业究竟应该如何划分就是一个大问题,因为不同的职业划分方法就会带来不同的检验结果。另外,笔者还必须设计出多种可能存在的中间变量,例如地域差别、健康水平、就业时期、自主意愿等,否则身高与职业之间就很可能是虚假相关。可是,笔者的调查并不是要研究这个问题,也从来没有进行过上述的任何设计,因此无论看到了什么"有意思的结果",都不能作为一个"研究发现"来使用,充其量只能是给另外一个新的相关假设提供一些基础资料。

最能说明问题的例子是:几乎每一个社会学的调查都会问到"五朵金花"(性别、年龄、文化程度、职业、收入),而且这样的调查非常之多。那么,研究者是不是可以仅仅从中抽取任意两个变量进行相关分析，就可以得出"研究结果"，做出"性别与收入相关""职业与年龄相关"这类的结论？这显然不可以，原因仅仅是因为原来并没有进行这样的相关假设，因此也就没有按照这个相关假设进行过任何设计，也就不会拥有检验这个相关假设所必不可少的那些提问与变量。

总之，如果是对自己所做的调查进行"事后假设"，那么轻则是学术水平问题，重则是学术道德问题。

二、使用二手数据进行统计分析的界限

在国内外都可以看到这样一些研究成果：作者是使用二手数据进行统计分析的，但是并没有去了解当初的调查者究竟提出了哪些相关假设，也不清楚人家究竟为什么要如此设计整个问卷（例如为什么包括这些提问而不包括那些，这就是跟着相关假设走的），仅仅是从中抽取了两个自己感兴趣的变量就进行相关分析。倘若碰巧得到了"有意思的"统计结果，就作为自己的发现而发表论文。

这绝不是"探索式研究"，也不是"数据发掘"，而是"玩儿统计"，是"替人假设"，是社会研究的大忌。它们不仅无法实现任何意义上的"探索"，而且会严重误导自己与读者，贻害无穷。

首先，从调查内容上来看，如果原设计者没有提出这样的相关假设，那么他就不会去包含与此有关的各种变量。因此"二手分析者"无论从中抽出哪两个变量来进行分析，都是事后假设。可是，原始数据里却不可能包含与这个事后假设有关的情况。因此"二手分析者"哪怕是把人家原来的全部变量都纳入自己的分析，其结果也仍然是在因素残缺条件下的强行统计的结果，其价值与意义仅仅在于有可能给新的相关假设提供一些参考。

其次，二手分析者必须论证出原始变量的设计符合自己进行二次分析的需要。例如，原设计者如果仅仅准备考察变量 A 和变量 B 与变量 C 之间的关系，那么他一定会根据自己的相关假设，把 A、B、C 设计成自己需要的形式，例如有特定的时空限制、都是两极选项（是与否）等。也就是说，ABC 三个变量的这种形式，仅仅适用于"假设 A 和 B 都与 C 有关系"这样的原始设计。如果二手

分析者直接去统计分析"A 与 B 之间的关系",那么你怎么知道变量 A 与变量 B 现有的时空限定与两极选项的形式就一定适合你来检验自己的新假设呢？可是原始数据无法更改,结果二手分析者不得不"强行统计"得出一个非常有可能失误的结果。

笔者认为,使用二手数据,只能有两种用途。

其一,遵循该数据原有的"假设-检验"的方向,通过对于原有变量的转换、重新分类、派生等技术手段,发现其中所蕴含的原调查者所没有发现的结果。这其实才是进一步发掘数据,或者说得不好听一些,仅仅是对于原调查者的拾遗补阙。

其二,如果脱离原有的相关假设进行任何一种新的统计分析,那么务必首先论证清楚：这个二手数据为什么适合于对一个事后假设进行统计分析,然后应该说明二次统计分析的一切结果都仅仅在原始设计的框架之内才能够存在,这绝不等于能够检验那个事后假设。

笔者愿意相信,大多数使用二手数据进行统计分析的学者都是非常清楚这一点的。笔者所希望的仅仅是大家都能够锦上添花,从方法论的角度提高论述的层次。

第四章

随机抽样的本土应用

第一节 以社会科学为主体，发展随机抽样

我国社会科学界的主流认识是：社会学调查应该寻求对于总体的代表性，因此必须进行随机抽样（风笑天，2005；袁方、王汉生，1997；胡仕勇、叶海波，2003），而随机抽样的原则与方法则全部来自统计学，社会科学的分析与探讨仅限于如何更好地贯彻执行（边燕杰、李路路、蔡禾，2006）。虽然有学者论述了非随机抽样的必要性（陈元江，2004）甚至是优势（刘冰，2006），但是仍然局限在技术层次上，并没有改变大局。

但是，这就是对的吗？笔者在自己的调查经历中，曾经出现过本章下述的一切失误，而且恰恰是因此才有了本章。简言之，随机抽样并不是一个纯技术手段，而是一种认识论与方法论。所以，本章希望讨论一下：社会科学必须从这样一个高度上对它进行哪些反思？促进它向什么方向发展？

一、抽样终端：从"单独个人"走向"社会基本单位"

目前，中国几乎所有社会学调查中的随机抽样，其终端都是具体的个人，就是一个人一个人地抽取样本。只要严格按照各种随机抽样方法操作，那么抽取的结果就足以代表某个总体，这一点在社会科学界从未遭到过质疑（陈膺强，1993；Maxwell，1996；谢俊贵，2000；车文辉，2002；边燕杰、李路路、蔡禾，2006）。

这一统计学论断背后的元假设是：每个人都可以而且应该是孤立地存在的，因此把其中的一些人分别地抽取出来之后，并不会影响他们的特质。这些"单独的人"的相加结果仍然可以代表总体。这其实就是还原论的突出标本。

这当然符合以物为主要对象的统计学的道理与逻辑。可是，它符合社会学主张的"人是处于环境、关系与历史之中的"这个基本信念吗？

因此，笔者的疑问是：如果明明是不可能孤立存在的个人却被当作单独存在的物体来分别地抽取，那么无论抽样的结果如何随机，它所代表的究竟是一个在生活中足够真实的、只能存在于环境、关系与历史之中的"社会人"的总体，还是一个具有无法测定的抽象性与虚拟性的"总人口"？按照目前的做法，即使不厌其烦地进行过无数次随机抽样调查之后，对于任何"社会人"的了解恐怕也不会增加。

进一步说，社会学家最应该关心的，恐怕既不是"总人口"，也不是"社会人"的总体，而是"中国社会"（刘少杰，1998；王小章，2002；骆玲，2005）。可是，目前的随机抽样的方法却恰恰对此无能为力。这不仅仅是因为它的终端根本就不是任何一个层次上的"社会"，更是因为个人的简单相加无论如何也不是一个"社会"。

再进一步说，现有的一切统计结果，恐怕既不是"社会人之间的关系"，也不是"社会中人与人的关系"，而是"孤立的生物人之间的关系"。问题仅仅是：这种东西存在吗？

国内新近流行起来的多层次统计分析的技术（Goldstein，1995；Judith & John，2003），虽然可以帮助研究者更多地了解所处的环境对于个人行为的影响，但是它仍然把个人作为抽样终端，所以仍然回答不了上述疑问。换言之，如果不发展现有的随机抽样方法，那么再高级的统计技术也仍然无法弥补把"单独个人"错当作"社会中人"、把人的简单相加错当成"社会"这两大失误。

这其实是统计学的一个缺失，它还没有给社会学家提供一个适用的工具来反映所需要的"社会中人"与"社会"的可量化的抽样手段。但是，反过来说，这也是因为社会学的主流长期以来仅仅是跟在统计学的屁股后面跑，过于迷信随机抽样这个技术手段及其所谓的代表性，甚至把社会学研究方法的探讨，混同于对于统计技术的照搬，丧失了我们的主体性。结果，这两个学科共同陷入了故步自封。

为什么不可以按照家庭、亲友圈、社区、群体、阶层、民族等人类社会的其他单位来进行随机抽样呢？或者说，作为社会学家，我们认为究竟是什么样的基本单位共同组成了"中国社会"这个总体呢？笔者没有看到"所有个人直接组成社会"这样的论述，因此如果坚持随机抽样到个人，那么抽样结果及其代表性都是一种物理存在，而不是社会。

国际上有一些学者在调查家庭情况的时候，把家庭作为抽样终端，然后抽取其中的一个人来表述整个家庭（而不是仅仅他自己）的情况。这并不仅仅是由于他们的研究目标是家庭，而在于他们落实了"家庭是社会的细胞"这一社会科学的经典命题。这启发中国学者应该努力去寻找更加合适的终端、对它们进行随机抽样的方法。

就此，笔者贸然提出自己的一些建议，哪怕目前还做不到操作化也罢。

可以考虑把随机抽样的终端从"个人"扩大到各种层次上的"社会基本单位"，以便促进统计学去发展随机抽样的理论与方法，甚至社会学自己领先一步也还是有可能的。

例如，调查"中国人的流动机制"这样一个问题，就完全可以把随机抽样的终端确定为全国的数百个社区，在每个社区里不再随机抽取任何个人，也不再使用仅仅针对个人情况的问卷，而是使用专门为此而设计的问卷，找到数个"关键知情人"，请他们来讲述作为一个整体的这个社区的人口流动机制。

这样，通过统计分析这数百个社区的资料，同样可以得出具有代表性的量化认知。只不过这时候的总体已经不再是"中国总人口（所有个人）"，而是"中国的所有社区"。显然，后一个总体更加符合社会学的定义与研究需要。

二、抽样框：从追求代表性走向力争信息无限丰富

中国目前现存的、足以据此划分人群的统计资料非常缺乏，再加上许多人群都是分散的或者隐蔽的，因此也就无法得到他们的抽样框，无法对他们进行随机

抽样（边燕杰、涂肇庆、苏耀昌，2001）。这种情况往往被视为随机抽样方法的局限性，例如，可以在总人口中随机抽样地调查出"工人"有多少，可是却无法对这种"工人"的总人口进行随机抽样。

即使将来的总人口统计资料中的可分类指标无限地丰富了，也仍然解决不了这个逻辑上的矛盾。道理只有一个：社会学所要研究的一切目标人群都不是天然地、客观地存在着，也不是自发地、在人口学意义上产生出来，然后等着社会学家去随机抽样。它们其实只不过是社会学的研究成果所构建出来的一种抽象形态。这就失去了随机抽样的前提。

最近，在国际上出现而且正在引进中国的"被调查者推动抽样方法"（RDS），就是试图解决"在没有抽样框的情况下如果抽取有代表性的样本"这个技术问题（赵延东、Pedersen，2007）。笔者曾经亲身参与过一个国际合作项目，就是在中国某市试验 RDS 抽样方法。可惜，它完完全全地失败了。

本章不讨论这个具体的抽样方法，而是提出一个相反的思路：既然没有抽样框，那么社会学家为什么一定要去追求"代表性"这个目标，而不是去寻求"研究对象信息的无限丰富"呢？也就是说，对于社会学来说，最重要的认知是什么？仅仅是各种已知的情况在总体中究竟占了多大的比例，还是在总体中究竟存在着多少种与什么样的未知情况？

问卷调查可以实现前一个目标，却无法实现后一个目标，只能使用定性调查的方法。前一个目标仅仅是"测量"，后一个目标却是"发现"。"发现"才是社会学家更重要也更擅长完成的任务，也是社会学区别于统计学的安身立命之本。可惜，在当下的我国社会学调查实践中，这一认识并不普及。

如果这一命题足以成立，那么社会学家也许就可以这样做：在随机抽样的各个抽样层次中，坚持寻找抽样框，坚持使用随机抽样方法。但是，在末端抽样的层次上，改为使用"最大差异"与"信息饱和"的抽样方法来寻找被调查者（详见本书的中篇）。如是，就足以汇总为具有全国地理分布代表性的"最丰富的信息"或者"相对饱和的信息"，而不仅仅是各种绝对数与比例。这可能才是社会学最需要的。

三、代表性：从"抽象人"走向"社会人"

"随机抽样足以代表总体"说的是全部样本的总和。如果把总样本进行任何一种分类，那么对于其中任何一个分类的统计结果就不再具有代表性了（卢山，2004）。例如"性别"这个变量，在笔者四次全国调查的样本中，男女的比例都是大约各半。这当然足以代表中国总人口的状况。但是其中的那大约50%的男人或者女人，却并不能代表中国所有的男人或者所有女人，因为笔者并没有把男人与女人分开，单独地对每个性别进行随机抽样。

可是，社会学从来都是把人进行各种分类之后再进行统计的。结果，当笔者千辛万苦地做完随机抽样，追求到一个"总体代表性"之后却发现：不管说"男人是什么情况"还是说"女人是什么情况"其实都是不具有代表性的，而且无论讨论哪个社会分层的情况都是如此。

那为什么还要费劲儿地进行随机抽样呢？

尤其是，社会学研究的本质特征是进行相关分析。那么，如果缺乏代表性，还能够进行相关分析吗？例如，统计结果是"农民的性别与是否进城打工存在着相关关系"（男农民进城打工的更多或者相反），可是这一发现却既不能代表"男农民"这个总体，也不能代表"进城打工者"这个总体。结果，根本就无法论证这种相关关系具有任何普适性，只能说"这种情况仅仅在本次调查到的那些人之中才存在"。

统计学的解决方法是进行分层抽样，就是在末端抽样层次（通常是社区）中，应该尽可能多地进行分层抽样而不是简单随机抽样。

可是，且不谈操作可能性，问题在于，如果要调查的问题足够深入，又追求统计结果的代表性，那么就必须不断地分层下去，直到陷入"把调查目标作为自己的分层抽样指标"这样的逻辑泥坑为止。例如，本想让调查到的农民工具有代表性，结果在不断分层抽样之后，蜕变为"只挑农民工来调查"。

总之，随机抽样其实只是使研究者获得了调查地点的地理分布的随机性与该调查地点内的个人分布的随机性。可是，社会学所最需要的、调查样本的各种社会属性的代表性，却基本上无法获得。

因此，社会科学应该择其优而弃其劣。笔者提出一个新的思路，暂不做操作方法的展开。

在一个相当小的末级抽样层次（例如万人口的社区）中，如果仅仅抽取很少的人，那么采用细致的分层比例分配抽样法而不是随机抽样法，所损失的仅仅是"抽象人"对于末端抽样层次的完全代表性，所获得的却是具有分层属性的"社会人"的可保证数量，同时保留了调查地点的地理分布的随机性。

当然，统计学肯定有无数方法来论证这种抽样方法的"失"，但是社会学也有充分的本学科理由来看重它的"得"。问题仅仅在于社会学应该在这一点上与统计学展开充分对话，而不是削足适履。

四、代表什么？从"总体"走向"整体"

随机抽样的最大作用，就是足以代表某个总体，可是笔者对它的根本质疑也是由此而生。这可以分为两个层次来看。

首先看技术的层次，随机抽样所获得的"总体状况"，其实还是把众多的局部情况进行相加而得到的。无论技术上有多么大的发展都不能改变这一性质。

可是，系统论认为"整体大于部分之和"，而且整体与部分之间的关系并不是简单相加，而是有机合成（贝塔朗菲，1987；黄欣荣，2004）。因此，如果说随机抽样的结果确实足以代表客观事物的某个总体的状况（例如总产量），那么把它运用于任何由人类及其活动所组成的总体的时候，难道就不需要任何修订吗？或者说，如果系统论已经对随机抽样的理论根基提出了挑战，那么社会学也就应该以反思与发展来代替对它的顶礼膜拜了。

进一步从认识论的层次来看，社会学最需要研究的恐怕并不是任何一种统计学意义上的总体，而是某个作为社会存在的整体。例如，在笔者的四次随机抽样全国调查中，"中国总人口"存在一个比较特殊的限定条件，就是被调查者必须懂汉语。首先这是因为笔者的调查是使用笔记本电脑来显示文字问卷，不识字还可以让调查员宣读，但是不懂汉语就无法进行了。其次是因为笔者只打算调查文化意义上的汉族。这个抽样框是笔者自己构建出来的，绝不意味着确实存在着一个这样的中国人总体,更不意味着他们就一定能够形成"中国人"这个整体。

随着"整体研究"的视角在我国得到越来越多的介绍与提倡(郇建立,2001;王宁,2002a;刘中起、风笑天,2002;刘军,2006),社会学不得不从系统论的高度来反思随机抽样。

如果统计学暂时还不能拿出一个系统论指导下的、足以反映整体状况(而不仅仅是总体)的随机抽样方法(杨心恒、顾金土,2000),那么就不应该简单地排斥各种非随机抽样方法。恰恰应该反过来好好研究一下:非随机抽样中究竟蕴含了一些什么值得发掘的内容?它的抽样结果固然与"总体"无关,但是是否却有可能与"整体"有关呢?

例如,在关于"典型抽样"的争论中,社会学不应该再把随机抽样奉为唯一的判断标准(王宁,2002b),而是应该深入讨论一下:如果"典型"确实是出于对"整体"的准确认识而选定的,那么它对于"整体"的"表现性"是否反而更强一些呢?这种表现性是否可以进一步建构为"对于整体(而不是总体)的质的(而不是量的)代表性"呢?如果回答都是肯定的,那么就可以进一步研究典型抽样与随机抽样之间的关系,无论是把两者组合、结合、整合还是融合,或者论证出其不可能,都将是社会科学的原创性的贡献。

五、小结与引申

本章不是为了颠覆,而是为了深入。其实就是一句话:社会学家不是随机抽样方法的奴隶,而是它的园丁。

从技术的层次上说,社会学应该创造出符合自己需要的新方法;从认识论的层次上,则应该把随机抽样灌输给我们的还原论的世界观与方法论,努力推向整体论与系统论的新阶段。社会学应该作为主体,发出基于自己立场与利益的"非科学的"声音。

操作的困难其实并不是一个真问题。如果具有了清晰的认识,那么总会朝着那个方向迈出一步的。

归根结底,笔者所设想的一切技术上的发展方向,其实都潜含着这样一个意思：虽然统计学有充足的理由把随机抽样视为不可分割的一竿子插到底的连贯过程（李金昌，2004），但是社会学也有充分的理由与需求把它分而治之。也就是说，以末段抽样层次为界，前此的随机抽样保证了样本的地理分布的随机性，而此后的非随机抽样则保证了社会学足以收集到自己所最需要的信息。这样划分的两阶段抽样方法，不但不是水火不相容的，而且可能最符合社会学的理念与需求、最足以表现社会学特色。

由此，这引申出笔者的另外一个"论方法"的意思则是：所谓"定量调查就一定要随机抽样到底，定性调查就根本不需要随机抽样"其实是一个误区，是把"要获得什么性质的资料"与"该资料是否应该有代表性"这两个问题给混淆起来了。

国内已有学者对后一个问题给予肯定的回答（王宁，2007）。笔者则进一步认为，社会学应该发展的方法是：定量调查舍弃末端抽样层次的代表性，而定性调查则把自己所处的时空（而不是其调查内容）视为一个随机抽样的末端抽样层次，依据上级层次的随机抽样结果来确定本调查的时空，即使仅有一个个案也是如此。这样，无论定量调查还是定性调查，都足以获得末段抽样层次之上的某一级别的总体的代表性。这不仅可能是社会学的特色，而且可以化解这方面的虚构的"定量与定性之争"。

第二节 "居住区"的抽样实践

一、概念提出的背景

城乡划分的难题

虽然有学者早就质疑了传统的城乡二元划分，但是由于其可操作性尚且不足，因此大多数社会学调查的实践（包括笔者自己的），仍然进行城乡分层的随机抽样。

但是，当前的中国出现了三个最主要的变化，严重威胁到这种传统的分层方法的合理性。

第一个主要变化是：许多地方政府为了提升自己的行政级别，把相当多的农村村委会改变为城市的居委会，把其中的居住者一律从农村户口改为城市户口，以便增加自己所辖地区的城市人口的比例，从而实现"县改市"的目标。这种情况非常普遍地存在，使得中国行政区划的级别中出现了"县城"与"县级市"这样两个不同的层次非常混乱的情况。

中国的社会学调查一般都必须把全国总人口划分成城乡两个层次，分别对其进行抽样。"县级市"一般都被当作城市来进行抽样。可是在笔者曾经多次遇到过这种情况：按照城市样本抽取了一个名为居委会的居住区，但是其中的几乎所有居住者实际上都在种地，完全是一个标准的农村，只不过他们的户口被政府一刀切地变成了城市户口。

据此，笔者规定了一个原则：在抽取城市样本的时候，如果抽到这样的"城中村"或者"假居委会"，则必须替换。

中国的第二个主要变化，与上面的情况恰恰相反：许多地方的所谓"乡镇"甚至是"村"，无论从经济上还是文化上，其实已经与一个县城甚至县级市差不多了，只不过政府还没有把它们改为居委会。在东南沿海地带这种情况尤其常见，一个"村"往往比西北的一个县城还发达。

对此，笔者规定：在抽取农村样本的时候，每个乡镇中所抽取的村，不能是乡政府的所在地，必须是真正的农村。否则就必须替换。

中国的第三个主要的变化是：在大中型城市里，新建的"居住小区"迅猛增加。它们的人均居住面积远远大于传统的居委会，因此人口规模也就相对小得多，结果被PPS方法抽中的可能性也就随之大大降低。尤其是一些很大的"别墅区"往往只有百八十个人居住，被抽中的概率近乎零。可是那里的居住者，却往往是该城市的中坚阶层。

因此笔者规定：在直辖市与省会所抽取的多个居住区中，至少必须有一个相对高档的住宅小区。判定标准是：按照该街道的平均房价来计算，房价最高的那20%的居住区就算是"高档小区"。笔者还硬性规定：如果使用PPS方法所抽中的多个居住区中没有这样的"高档小区",那么就必须在抽样框之内找到一个,而且不管多困难都要进行调查。

以上只是经验之谈,也是无奈之举,就是牺牲一定的代表性来换取随机抽样的可行性。

户籍制度的失真

以往通行的是"户口簿抽样法",即调查者依托我国严格的户籍管理制度,在以居委会(村委会)为基本抽样单位时,将户口簿作为"理想的抽样框"。但是,最近以来,"户口簿"的完整性受到破坏。不但,农村户口的人进城居住是司空见惯,而且城市户口的人居住到农村也屡见不鲜(杜鹰、白南生,1997)。因此,仅仅根据户口状况来抽样的做法实际上已经行不通了。

人口流动的挑战

20世纪90年代初期,城市中的"暂住证"制度开始广泛推行。居委会(社区)的居住者总名单与登记在册的流动人口名单就可以看作是"近乎理想的抽样框"。

但是,进入21世纪以来,对流动人口的从严管理逐渐失去了社会舆论上的支持。"暂住证"的公信力和执行度也日渐式微。由此,造成不同的社区或居委会登记流动人口的覆盖程度也非常不同。在此种情况下,使用"居委会(村委会)的居住者总名单与登记在册的流动人口名单"作为抽样框就需要更为慎重。必须考虑未登记在册的流动人口的比例。如果这部分人的比例比较大(超过20%),那么就必须对"未登记在册的人口"进行统计造册,将其纳入抽样框。

二、"居住区":中国的抽样基本单位

抽样基本单位何其重要

任何一项社会调查,调查对象最终都会落实到单个人身上。但是,个人并不是孤立存在的,而总是处于一定的社会设置中。这是个人赖以生存的社会土壤,

也是进行抽样的基本单位。因此，选择什么样的基本单位来进行抽样就成为一项社会调查成功与否的前提条件。

"社区"是西方社会调查基本的抽样单位（Kish, 1965; Czaja and Blair, 2005）。但是，我国学术界长期以来却是以城市居委会、农村村委会作为抽样单位。西方的"社区"与我国的"居委会"的到底有什么异同，在学界还存在争论（何海兵，2003）。特别是大约从20世纪90年代后期开始，我国民政部颁布统一的行政命令，开始在中国的所有城市中把"居委会"冠以"社区"这个词。这造成了极大的思想与理论的混乱。这样产生的中国的"社区"，究竟是一个行政单位，还是一个地理概念，还是一个文化划分，还是一个自然聚居区，似乎已经被混杂成一锅粥。可是，它却成为社会学的抽样基本单位，真是天知道。

"卫星定位抽样法"差评

美国有一种"卫星定位抽样"的方法，它的学术基础类其实还是传统的"地理方格抽样法"，就是对调查地点的地图做网格分割，随机抽取其中的一些网格，在网格中再抽取被调查者。所不同的是"卫星定位抽样"采用卫星定位系统对调查区域进行网格划分、随机抽取，而不是人工操作（Fox et al., 2002; Steinberg & Steinberg, 2005）。这种方法被国际和国内的一些初学者视为"最先进"的随机抽样方法，殊不知它其实是"最无奈的选择"。这是因为美国几乎没有任何一种居住者登记制度，也没有任何一种足以涵盖全体居住者的社会组织，因此也就不可能拥有中国这样的以居委会为基础的"天然的"人口抽样框。

笔者认为此种方法在中国行不通的可能性非常大。

首先，除了大都市的中心区，多数美国人都是分散居住的，因此"卫星定位抽样"的最终抽取单位是house，也就是一个个独立的住房（中国人普遍称之为"别墅"），一个house里面通常只有一个家庭。但是，至少在中国的城市里，越来越多的人是集中住在同一个居民楼里面，可能多达上百个家庭，而且每个居民楼的住户总数相差极大。可是，卫星图像却无法显示在这样的居民楼里面究竟有多少个家庭，因此使用这种抽样方法抽取的"house"的家庭规模与人口规模非常不一致，不能够作为最终的抽样单位。

其次，城市人口密度分布不均匀的特性是"卫星定位抽样"始终面临的难题。

再次，"卫星定位抽样"获得的网格不具备"社区"的性质，它可能跨越或者包含多个社区。这样做等于是把人口分解为单独存在的个体，脱离了人们所处的生活环境，把"社会人"退化为"生物人"。

"居住区"的提出

所谓"居住区"来自笔者四次全国调查的实践，就是把居委会（社区、村委会）的全体居住者（含流动人口）的名单与所管辖的地理范围结合起来考虑。

换言之，"居住区"抽样原则其实就是追求抽样框更充分的"完整性"，就是把尽量完整的居住者总名单加上该抽样单位的精确地理范围，也就是把中国独有的居住者登记制度的优点与卫星定位的"地理位置抽样法"的优点集合起来，而且更加具有可操作性，也是寻求更适合国情的抽样单位的一种尝试。

第三节　抽取调查样本的本土方式

一、调查点的核实与落实

随机抽样的第一个阶段是"案头先期抽样"，就是严格按照随机抽样的原则，在全国范围直接抽取街道、乡镇与大学。第二阶段的抽样是在抽中的居住区里由调查员进行现场等距抽样。本节主要论述第二阶段的抽样。

到达一个调查点后，首先需要核实调查点的适合性，如果出现以下情况之一，则应考虑是否要更换调查点。

1. 名单中的调查点已不存在。这有两种可能。

第一种可能是原居住区仅仅改变名称，那么就应该仍然调查改名后的该调查点。

第二种可能是原居住区被合并或拆分。遇到这种情况，首先应该尽可能在当时居住区范围内进行抽样，即复原过去的抽样框。其次，如果不能复原的比例占50%以上，则应该申请更换调查点，使用备用名单。

2. 居住区范围内有保密单位。

笔者的实践是，如果保密单位（部队大院、监狱等）的人员或者占地面积超过该居住区的25%，可申请更换调查点。反之则略去它们。

3. 在原居住区范围内，居住者超过50%已经动迁，或者该居住区50%以上的管辖范围已经变化了，则可申请更换该调查点。

4. 如果村已经升级成为居委会（完成城市化），或者仍然是村但是已纳入城市管辖范围，或者地理位置已经被城市包含，则需要更换样本。

5. 居住区拒绝进行抽样的，酌情替换。

即使居住区被核实了，也还存在着"落实"的问题，无外乎是以下三种情况。

第一种情况是如果该调查点是完全封闭的小区，有保安等人员拦截，不让调查员进入小区大门，而且居委会或物业公司也不肯或者无法解决，则可以当作抽样框不完整，申请替换。

第二种情况是如果该调查点是半封闭的，调查员无法进入的地域不到50%，则应该在能够抽样的区域里继续进行抽样。

第三种情况是无论居住区多么高档，只要能够获得居住者名单，那么不管多么困难，调查员都要进入，不能替换。

二、在册居住者的抽样操作

一些新的概念

中国流动人口的大量涌现和长期存在，对传统的随机抽样方式形成巨大冲击。如果不能解决这个问题，随机抽样将丧失意义。

为此，笔者使用了一些新的概念。

居住者，而不是"居民"，因为后者往往意味着那些在当地拥有正式户口的人，实际上缩小了抽样框。但也不是"人口"，因为除非是人口普查，否则普通社会调查不可能涵盖该地的所有人。

居住者总名单，而不是"户口簿"，道理同上。

"册有人没有"与"人有册没有"，而不是"户在人不在"与"人在户不在"。因为调查对象是"居住者"而不是"户口"，也不是"居民"，因此使用新的术语。

在册居住者，它包括在居住区注册登记的所有居住者。不管有无暂住证，只要登记在册的，就属于这一范畴。

实施过程

1. 依据该居住区的居住者总名单，进行等距抽样。

2. 如果该居住区只有户主登记在册，没有其他人的姓名，则可以替换调查点。反之，只要有居住者的姓名与住址，即使没有其他登记资料，也不可以替换。

3. 计算该调查点的抽样间距：（在册居住者总人数＋流动居住者估算值）／预计抽取人数＝间距。

4. 根据随机表，确定随机的起点，并详细记录等距抽样的整个过程。

5. 等距抽样中不能出现循环，要避免间距的倍数。

6. 详细记录被抽中者的姓名、年龄、性别、住址、电话。

7. 如果抽到不符合样本要求的人，则从该人起，按照抽样框向上抽一个人。如果还不符合要求，则返回到第一次抽取的这个人去抽下一个（简称"先上后下"原则）。如果第三次被抽中的人还不符合样本要求，则在抽样框中跳过一个间距，继续等距抽取。

8. 当场排除那些没有行为能力的人和由于身体条件无法接受调查的人。

9. 第一批先邀约60%的待访者（被抽中者）。如果完成的有效样本不够，第二批邀约则按照同样的间距抽取与补充。

10. 如果前两次邀约都没有完成计划样本量，不允许替换居住区，但是可以排除已经接受调查的人群，按照新的间距或新的起点重新进行等距抽样。然而，这种情况应属于工作失误。

显然，上述操作绝非理想状态，而是实属无奈的变通。因为该调查点的初级样本的规模会因此被人为缩小。

"册有人没有"情况的处理方法

这种情况说的是：很多居住者还被登记在该居住区的总名单上，但是人早就搬走了，当然应该将这类人从抽样框中剔除。然而，这一工作非常繁杂，大大增加了抽样的难度，会影响到调查的可行性。

笔者在调查实践中采用了两种变通的做法，均属无奈之举。

其一，仍然使用未剔除"册有人没有"的居住者总名单进行抽样。补救方法是：如果居委会积极配合并且很了解情况，那么就请他们参加抽样。如果被抽中的人是"册有人没有"就当场剔除，顺延为下一人。这种变通做法的好处是可以保证抽样框更加精确，但是在实际工作中这样的好运气并不多。

其二，如果居委会不具备前述的条件，则在抽样中暂不考虑"册有人没有"的情况，而是在"邀约"的环节中，把它们作为"不可接触"来处理。这种变通更加容易操作，但是工作量会增加很多，抽样框的计算也会更复杂。

"冒名顶替"的处理

这种情况一般有两大原因：其一是被抽中者有种种障碍，才让别人替代；其二则是调查组承诺的感谢金（礼品）过高；有时候居住区的工作人员会因此"走后门塞人"，甚至以此要挟。但是，无论哪一种都比"吃闭门羹"要好得多，因为还有努力的余地。

难点在于如何判断是不是冒名顶替。在第一次调查中，笔者曾经在邀约信上使用了一些雕虫小技，但是新问题马上接踵而来：由于邀约信不可能记名，因此还是无法判断被顶替的究竟是谁。尤其是，即使能够搞它个水落石出，可是再去动员被顶替者，往往也有如登天之难。

对此，笔者的规定是宁缺毋滥。如果发现冒名顶替者，干脆作罢，也不再探寻真身，而是作为"冒名顶替者"这一单独类别来计入"应答缺失"。这样做，其实还是宁可损失代表性，也不能伤害真实性。

三、流动居住者的抽样操作

不在册的居住者

不在册的居住者也可以称之为"人有册没有"，主要有两个来源：一是居住在非正规的住所之内的各种居住者，居住区登记不到；另一个是虽然居住在正规的住所之内，但是没有被登记，主要是本地人因为买房、结婚、做生意、为孩子上学等情况而迁入。

根据笔者的实践经验，第二种"不在册的居住者"还是比较容易纳入抽样框的，因为绝大多数居住区的居住者总名单都是"按照地址造册"，因此它实际上就是一个地理位置分布图。所抽中的那个居住者，不一定非是他本人不可，也可以是这个地址中的任何人，不管是登记的还是未登记的。

因此，笔者规定：凡是房主更换、最新迁入、改为商业用房等情况而居住区的登记没来得及修改的，就直接抽取该地址中的那个人，不作为"冒名顶替"处理。这样，在实践中所抽到的"在册居居住者"，实际上就包括了"迁入而未登记"的人。

流动居住者的随机抽样

流动居住者不仅包括标准的农民工，还包括该居住区之内的小商小贩、底商中的售货人员、商业服务人员、饭馆或发廊中的服务人员。他们往往居住在工作场所或者临时建筑之中，因此一般的居委会都不会登记他们。

对这样的人，抽样的操作方法只能是使用"地理位置抽样法"。

首先，清楚了解该居住区的地理边界。

其次，了解该范围内流动居住者所在的地理位置、行业和人数。

再次，通过居住区的知情人，了解流动居住者与在册居住者之间的比例，按照该比例进行抽样。例如，在册居住者700人，流动居住者300人，则抽取在册居住者为30人（预计抽样人数）×0.7=21人，流动居住者为30人（预计抽样人数）×0.3=9 人。如果居住区没有估算值，则需要去实地了解和估算。

然后，按照"右手原则"，逐一走访并且详细登记这些人，包括"排序的代号"、性别、职业、居住地，最终形成该居住区的"流动居住者"的抽样框。

最后，按照流动居住者与在册居住者的比例，按照该调查点的抽样间距，进行等距抽样。

流动人口如果必须替换，原则与在册居住者一样。

学术意义

涵盖"不在册居住者"（包括流动居住者）的必要性，并不仅仅来自随机抽样的技术层面的考虑，更来自调查的研究假设。笔者本来就是要探讨社区文化对于人们的性观念和性行为的作用，因此必须涵盖生活在这一地理范围内的所有人。

笔者的实践是成功的，在前两次调查中，流动居住者占城市总样本的比例都在 20% 左右，在后两次调查中则超过 20%。这符合中国城市的现状。

四、把大学也作为"居住区"来抽样

对于总人口的补齐

根据教育部公布的数字，我国 2020 年全国各类高等教育在学总规模是 4183 万人，而且大学生几乎全都住在地级以上的城市中，如果缺失了他们，至少全国城市人口的抽样框就过于残缺。

我国的大学基本上都施行寄宿制，施行集中化的公寓管理。因此，大学也可以被视为"居住区"，作为城市中的第三类样本类型。

求人帮忙，进入大学

第一种方式，直接接洽大学的相关职能部门（比如学生处、团委或后勤集团等）。它们对学生的总体情况非常了解，有利于抽样。同时，有它们的配合，调查者进入宿舍楼去邀约的困难不大，还可获得调查所需的访谈室。但是，这种方式被拒绝的可能性高，容易造成被调查者的猜疑；邀约过程会异常困难，成功率较小，造成时间上的浪费。尤其是，从调查伦理上来说，在大学相关机构配合的情况下，整个调查就会有"自上而下""挟学校之威而进行"的嫌疑，很可能造成被调查者的反感或不配合。

在调查之前，笔者曾经一厢情愿地预期：争取大学行政机构的支持，要比街道或乡镇更容易些，因为大学毕竟是大学。但是，实际上却是相反。有些大学行政部门担心调查结果会影响学校的"声誉"；有些要求审查问卷内容；有些担心调查内容引起学生不满；还有些纯粹就是官老爷耍威风、"踢皮球"。结果，真用这种方法所进入的大学只有一所，就是笔者自己所在的那个大学。

第二种方式，直接去找学校的学生会或者某个学生社团，对他们说清楚：调查组需要他们做的只是帮助制定抽样框，带邀约的人进入宿舍楼即可。如果有可能的话再请求租用其场地，作为封闭的访谈室。

学生社团具有很强的组织能力，也了解学生的总体情况，知道学校楼层的分布情况。但是，如果它们的独立性不强，就可能去请示老师，把调查的事情捅到学校有关部门。因此，调查组长对接触的学生会干部要善于察言观色，如果确认他们做不了主，就断然选择其他途径。

第三种方式，直接从该高校招募志愿者或者"熟人找熟人"，也就是去寻找对本校知情的"线人"（一般应该是该校的高年级学生）。

在使用"线人"之前，一定要把抽样的原则、邀约的方式讲清楚，把责任和义务说明白，既要避免热心的"线人"越俎代庖，又要避免"线人"滥竽充数。因此，这种方式对"线人"的责任心要求很高，监督成本较大。

自力更生，实施居住区式的抽样

笔者的实践是以大学生宿舍的各个楼层为基础，按照"右手原则"来使用"地理位置抽样法"，其主要操作过程是：

1. 按照楼层的个数，建立一个涵盖所有楼层的抽样框。
2. 抽样间距＝总楼层数目/预计的邀约人数。
3. 进行等距抽样，确定抽取的楼层。
4. 在每个抽中的楼层中，如果仅仅抽取1人，则统一抽取上楼梯之后、右手的第二个房间。

5. 如果在该楼层要抽取 2 人,那么第二个人则是走到楼道的尽头,抽取左手的倒数第二个房间。如果是抽取 3 人,则第三个人是抽取楼道中央,靠右手的那个房间。

6. 在每个抽中的房间里,抽取右手第一张床的下铺。如果有多人在场,需要注意告诉被抽取的学生:只能是自己一个人前来访谈,而且不得替换。

7. 如果抽取的房间里没有人,则需要间隔半天之后,再次进行邀约。第二次仍然没有人,则可以替换为紧挨着的下一个房间(右手的第三个房间)。如果抽取第二个人、第三个人的时候也是两次未遇,则替换紧挨着的下一个房间。

8. 不要问姓名、院系等情况,在抽样记录里一律填写代称或者昵称。但是,需要当场核实:被抽取的人确实是该校的大学生,而不是研究生或其他类型的学生。

特殊情况的说明:

- 在每个校区的预期样本规模是 45 个大学生,但是该校区的楼层总数很少是 45 的整数倍数,因此抽样间距往往不是整数(例如 1.2 或者 2.3)。那么,首先按照最大的整数来抽取(上述例子中,就是先按照 2 或者 3 来抽取),即如果抽样距离不是整数,就一律递增 1,使之成为整数。第一轮等距抽样完成后,再看剩下几个人,然后按照剩下的人数确定抽样间距(总楼层数除以还需要抽取的人数,就是第二轮抽样的间距),进行第二轮抽样。这样,有一些楼层就会被抽取到 2 个人。
- 有些校区的楼层总数少于 45(抽样间距小于 1),那么首先每个楼层都抽取 1 个人,再看剩下几个人,然后按照剩下的人数确定抽样间距(即总楼层数除以还需要抽取的人数就是第二轮抽样的间距),进行第二轮抽样。这样,就会在许多楼层抽取 2 个人。
- 个别大学的楼层总数如果小于 25 个,则必须进行第三轮抽样。方法同上。

对于大学生进行"居住区式抽样"的优势表现为以下两点。

首先，以楼层作为抽样的单位，可以极大地减少那种以班级、专业或学院为单位进行抽样所造成的被调查者的同质性。

其次，不需要学生花名册，因此不必求助高校的配合。这样做不但降低了公关成本，还可避免给调查者造成"自上而下"的印象。

五、农村居住者的抽样操作

一般原则

通过村委会获得农村居住者的总名单，并进行等距抽样。
1. 抽样间距＝该调查点的全体村民人数／预计调查人数。
2. 根据随机表，确定随机的起点，并详细记录等距抽样的整个过程。
3. 抽到老年人、文盲，不可以替换；应该由访问员宣读问题，进行调查。
4. 如果留在村里的青壮年的人数确实太少，可以申请替换调查点。
5. 其余规定，与城市抽样相同。

是农村人，还是留守者

任何一个全国调查都不可能不包括农村，可是时至21世纪，农村的调查意义却巨变了。

首先，在几乎所有青壮年都进城去了的那些村落里，所能调查到的其实仅仅是"留守者"。如果说他们仍然足以代表"现存的农村人口"，那么下一个问题又来了：中国非常多的进城农民是短期的、间断的、就近的、来来回回的。他们在经济上、文化上与社会关系上，其实并没有很大程度地脱离原来的村落，可是在本村又很难抽取到他们。那么，他们所代表的究竟是一个什么样的总体呢？

笔者并无好的解释与解决方法，只是抛砖引玉而已。

六、新尝试：调查到20%的校外少年

自从20世纪80年代以来，社会舆论就一直关注未成年人的性活动，"救救

孩子"的呼声方兴未艾。虽然笔者一直把自己的"性调查"局限为18岁到61岁的成年人，但是在2010年的时候，出于资助方的建议，笔者也专门调查过14岁到17岁的全国总人口的性状况。

中国以往类似的调查，基本都是在学校中进行班级整群抽样，全班学生一起填答，这被普遍视为是最简单和最可靠的方法。但是，笔者却认为，虽然学生们像考试一样是各人回答各人的，但是"学校""教室""老师""同学"这些因素就像阴霾一样会笼罩在学生的头上，使得很有理由怀疑他们回答的真实性。尤其是当笔者回想自己在这个年龄段里的生活，如果是笔者，与同班同学坐在一起，我绝对不可能做出任何真实回答。

因此，笔者实行"居住区抽样"，就是在2010年的第二次全国调查的同时同地，把被调查者的年龄下限，从原来的18岁下降到14岁到17岁，按照此地居住的人口的总名单进行等距抽样，再按照地理位置抽取该社区范围内的流动人口中的14岁到17岁者，最终获得1593个有效样本。

这在"论方法"层次上的意义在于：摆脱"学校"这个"高压锅"，让适龄的被调查者尽量还原为"日常生活中的自己"，以便更多地获得他们对于敏感问题的真实回答。

这个调查方法国内首次采用，具有以下几方面的创新价值。

1. 对全国14岁到17岁的总人口具有总体代表性，优于任何非随机抽样的或局部的调查。

2. 涵盖了全国各种少年的总体，而绝不仅仅是在校生，包括失学辍学的8.4%、毕业后不再上学的11.1%，总计占到19.5%。按照工作状况来看，在总体中目前不工作的占6.0%，正在城市里工作的（包括进城打工的）占10.3%，正在从事农业生产的3.2%。这些少年都是以往那种在学校里抽样的方法根本不可能调查到的。更重要的是，这样的校外少年显然生活在不同的世界里，与在校的中学生根本不是同一种人。如果缺失了他们，仅仅调查在校的中学生，那就丧失了调查的学术价值。

3. 实现了最强的保密性。在学校之外，采用同性别、一对一、在封闭空间中、使用笔记本电脑由被调查者通过按键盘来独自完成问卷。这是目前国际公认的最有利于获得真实回答的方法。

4.最充分地贯彻了社会学调查的伦理原则。在访谈开始之前就明确告知被访少年，问卷要询问性方面的问题，而且允许拒绝回答任何一个问题或者中途退出。为此专门设置7个问题，都是"下面将要询问××方面的问题，您愿意回答吗？"如果被访少年选择"不愿意"，则电脑程序自动跳过该部分的所有问题。

由于拒绝回答更加容易，少年们的有效应答率为66.8%，低于成年人的应答率。但是，这不但值得而且难能可贵，因为回答的真实性高于一切。

5.电脑问卷中使用技术手段设置了更多的测谎功能与回答条件的限定。

6.作为规则，也允许家长一起来，但是调查开始后家长必须退出访谈室。然而，实际上始终没有一个少年带自己的家长来，是笔者杞人忧天了。

上述方法学的措施，最大限度地减少了青少年的顾虑，最大可能地保证了高质量的调查。

第四节　居住区指标：设计问卷时把个体复归到社会中去

正如前文所言，随机抽样绝不仅仅是一个"代表性"的问题，更是一个"代表什么"的问题。这引导笔者在设计问卷的时候，努力把单独的个人，还原到他（她）所生活于其中的那个社会中去。因此，在四次全国调查中，笔者设置了总共50个"居住区指标"。

一、概述

居住区指标可以分为6类，每一类都出于笔者对于个体行为与居住环境的相关假设。

第一类是关于所调查的居住区的经济状况，主要是该居住区的经济发展水平在本街道（本乡镇）、本区（本县）、本市处于什么样的水平，该居住区的平均房价是多少，在本市属于什么水平，有汽车的户数。这是由于笔者假设：居住区的经济发展水平与居住成本，对于生活于其中的个体的身份认同与自信心发挥着作用。尤其是在目前的中国城市里，高档小区与老旧小区之间的差距以肉眼可见的加速度在不断扩大，因此这种相关关系应该是日益增强的。

第二类是该居住区的人口与婚姻状况，包括总人口、性别比、离婚对数。这是因为笔者假设：这些情况都会对于个人的行为产生影响，所谓"近朱者赤"是也。

第三类是流动人口的规模与职业分布、是否有名单及其完整程度、是否有物业管理机构。这里面的相关假设是：流动人口在该居住区中的生活状况与社会活动情况，与他们受到该地的社会控制程度相关。

第四类是居住者的活动空间，包括是否有幼儿园、锻炼场所、老年之家等。笔者的相关假设是：居住区的物理活动空间的大小与居住者个人的行为取向之间可能存在着相关关系。

第五类是邻里关系，包括在多大程度上存在着相互认识、晨练、集体活动等情况。这是假设：邻里关系对个人的行为有影响，就是"远亲不如近邻"。

第六类是该居住区附近有没有色情场所，距离有多远。这是假设色情场所对于附近居住者个人的行为可能具有辐射影响。

所有这些情况，都是由每个调查组的组长负责收集的。其中有些是需要组长自己直接观察与计数，有些是该居住区负责人或工作人员足以提供的，还有些则是需要组长去询问当地居住者。

在调查结束之后，以所调查的居住区为单位，将这些情况全都增加到调查数据中去作为可统计的变量。这样就有可能进行更加直接的多层次的统计分析，以便检验笔者对于个人行为与居住环境的各种相关假设是否能够成立。

二、技术上的意义

国内社会学界日益重视多层次统计分析这种方法。它有着多种统计学意义上的优点，可是笔者所关心的却是它应该如何更好地贯彻到问卷设计与实地操作中去。

现有的落实方法，一种是在已有的问卷中，寻找出那些具有更高层次意义的变量来进行多层分析。例如，如果询问了一个人的"全家收入"，那么这个变量与这个人的其他"个体情况"就不在同一个层次上，需要进行多层分析。

另外一种方法是，在调查问卷之外，寻找所调查地区的各种统计数据，把他们与自己所调查的数据进行多层分析。

这两种做法都很好，但是也都存在三种可能的欠缺。

首先，欠缺全面的相关假设。官方的资料再翔实，也并不是为了笔者的调查内容与研究目标而设置的，因此如果直接引入这些数据，就等于不得不亦步亦趋地跟着官方的统计目标与统计口径来提出笔者的相关假设。例如，中国各地都有官方的 GDP 数据，却很少有"生活质量""当地文化"这样的统计资料。结果社会学家就不得不去检验 GDP 与个人行为之间的关系，却无法检验真实的生活环境所发挥的作用。笔者认为，应该自己设计与收集自己所需要的那些社会情况，而且如上所述，这不难做到。

其次，欠缺相关假设的具体化。官方的统计资料往往只能细化到县区这一级，甚至只有省市这一级的。结果研究者就不得不跟着假设：一个县（往往是数十万人）的社会情况与发生于其中的个人行为存在着相关关系，甚至不得不假设"某省的人有某种行为"。这样的"远程相关"实在不足为训。

可是一般来说，"小环境"对于个人行为的影响程度往往会大于"大环境"的影响。因此，对于"小环境"的调查最好能够深入到核心家庭，其次是主干家庭，再退一步可以是邻里圈或者亲友圈，最多也只应该放宽到居住区。

最后，欠缺解释力。上述两种欠缺其实就是在纵向与横向两个方向上的同时欠缺。这会严重地削弱研究者对于多层次统计分析结果的解释，甚至会产生误导。

三、理论价值

可以发展问卷调查

收集居住区指标，就是承认人的行为发生在环境之中。即使是为了质疑"社会环境决定论"，也只有从这样一个视角出发才可能获得预期的效果。

本书的上篇，几乎是时时处处在讨论着问卷调查的种种不足，但是这绝不等于问卷调查就不能发展了。此处所说的"居住区指标"的设计与收集，应该就是一种发展的尝试。它的意义就在于：首先必须在思想上意识到，应该尽可能地把个人行为复归到他原来所处的社会环境中去，而且在问卷设计与操作设计中努力贯彻，然后再使用各种高级的统计分析技术，而不是相反。

社会学与统计学，谁服务于谁

问卷调查的结果，有赖于统计学的分析，但是绝不应该反过来，按照某种统计方法的要求来设计问卷。例如，在时间序列分析的统计方法传入中国之后，就有一些社会学家主张应该按照它的要求来设计问卷，就是把人生的各种经历都加上起止时间这个变量，就可以获得一个精致的数学模型而且被认为是更加高级的研究。

可是，按照社会学的最基本理论认识，人生不仅仅是生活时间的简单相加，更在于它的质量与意义的累进式融合。在这些情况还没有被可操作地量化之前，简单地为了使用时间序列分析而设计问卷，就很可能导致"误调查"与"误解释"。例如，著名的所谓"七年之痒"（结婚平均7年之后最容易出现移情别恋），就是美国一些人使用类似时间序列分析的方法统计出来的。可是，后来的美国社会学家一旦把爱情程度、婚姻般配程度、性生活质量等因素引入问卷，统计结果就显示为"移情别恋"根本不存在任何时间上的显著差异(Zhang, Parish & Laumann, 2005)。

我们是社会学家，我们必须从本学科的一些基本命题出发来设计问卷，不但不应该受到某些高级统计方法的诱惑，还应该反过来要求统计学来解决我们遇到的实际问题而且提供可用的解决方法。这样的实际问题简直多如牛毛："滚雪球"抽样方法如何具有代表性？定性资料如何进行统计分析？模糊现象或者复合现象如何量化？情感、情绪、情结等心理现象如何测定？不一而足。统计学之所以还很少考虑这些问题，或多或少是因为我们社会学就像傻顾客一样，对于统计学的"品牌忠诚度"过于顽固。

如果统计学一时拿不出解决办法呢？那么，我们就去做定性调查！

第五节　网上调查是误导

一、捷径往往是失误

在互联网上的某个网站发布、仅仅由上网者主动登录该网站并且主动回答的问卷调查就是网站调查（web survey & web-based survey）。通常所说的"网上调查"或者"网络调查"还有其他内容，本文暂不论及。

至晚从 2005 年开始，网站调查就在我国呈现为几何式的增加，其调查结果往往被大众传媒广泛地、放大地传播（董瑞丰、杨桃源，2006），不但已经在相当大的程度上影响到公众的认知与价值判断倾向（人民论坛"千人问卷"调查组，2008），而且甚至影响到政府行政与立法（盛宇、刘俊熙，2008；孙云龙，2008）。就连在被认为应该是科学性要求最强的医学领域中，居然也有人堂而皇之地使用起这样的网站调查的结果（陈新，2006）。

在"性"方面最典型的例子是，生产避孕套的杜蕾斯公司 2004 年公布其网站调查结果说：中国人的性伴侣人数达到平均 19.3 个，是世界上最多的。经大众媒体广泛传播之后，引发了中国公众的极大困惑与争论。尽管该公司的网站调查负责人信誓旦旦地说："我们就是想尽一些社会责任，了解人们性生活全景，并和社会来分享信息。这个报告和商业没有任何关系，也不会为商业而用。"但是，从其社会效果来看，人们仍然很有理由认为，这个网站调查其实从一开始就可能仅仅是该公司的一种促销手段而已（刘吉涛，2004）。

虽然国际上早有对于网站调查的批评（Bailey，2000），虽然我国的一些学者在泛论式的研究成果中也涉及这方面的问题，但是我国学术界（包括笔者自己）直到本书第一版面世的 2011 年为止仍然没有专门针对这种大行其道的网站调查的论文。此后直到 2021 年，在中国知网的检索结果显示，以"网站调查"为主题的中文文献中，仍未有针对此种方法进行的专门研究。与研究方法相关的文章只有《基于网上调查的科研成果可信吗？》。它以 2016 年美国总统大选为例，仅仅提出网上调查用于科学研究需要慎重。

网站调查既没有一个调查总体，也不可能进行随机抽样，因此其结果不具有任何意义上的代表性。这是学术界一直坚持的共识（徐浪、向蓉美，2006；方国斌、陈年红，2009），某些网站调查的主张者也敢于公然承认这一点。[1]

但是，网站调查的这种非随机抽样方法究竟产生了多大程度的样本偏差，这种偏差又造成了调查结果在多大程度上的失误，我国学术界目前尚缺乏实证的研究成果。这不利于对网站调查方法及其结果进行科学的评价，不利于引导公众正确看待各种网站调查的结果，客观上可能造成学术界放弃引导公众之社会责任。

笔者尤其希望论述的是：网站调查的这种样本偏差为什么值得学术界高度重视？其方法论层面（而不是操作层面）的意义是什么？笔者又主张什么与建议什么？

为此，笔者设计了这样的一个研究方案。

第一步，以笔者完成于2006年底的"第二次全国调查"为对照组。

第二步，从2007年8月开始，在保留所有基本提问、删除细节追问（题量大约是原来的一半）之后，将同样的问卷以Web格式挂在一个公共网站上。到2008年12月1日为止，共获得18岁到60岁的2593人的有效回答。（以下简称为"网站调查"）

第三步，由于具有足够的可比性，笔者将两组数据进行对比分析，以便发现其差异。

笔者所设计的这个对照研究，不仅足以检验网站调查样本偏差的程度及其后果，而且是检验的最佳途径。

二、网站调查样本的社会阶层分布严重偏离实况

与总人口的偏差

在现实生活中，网站调查的实施者经常把大规模的样本量当作标榜其调查结

---

[1] 例如，佚名:《如何打好"网上问卷调查"这张牌》。

果具有代表性的最重要的指标，有时甚至是唯一标准。[1]

我国社会学的研究成果早已指出了上述说法的荒谬。笔者的实证对比研究也清楚地表明：在笔者所设置的30个社会阶层特征指标中，与全国总人口调查的结果相比，网站调查结果中基本持平的指标仅有7个，而其余的23个指标相差可以达到58个百分点，甚至相差20倍（上过大学或者研究生的比例）。这就使得任何统计技术层次上的矫正都失去了可能性。

与全国网民[2]总体的偏差

在大众传媒中，相当多的人认为，网站调查虽然不能代表中国的总人口，但是至少在一定程度上可以代表中国的网民。[3]这成为网站调查结果被广泛传播的重要理论依据之一。

但是，笔者把全国总人口调查中的网民抽出来与网站调查结果进行对照却发现：即使仅仅针对网民这个群体，网站调查的对象也系统地偏向于城市的、30岁以下的、大学以上的、中等以上收入的科技人员与知识分子。其间的差异可以达到49个百分点，甚至5倍左右（上过大学或者研究生的比例）。显然，网站调查无法代表全国的网民总体。

与城市男性网民总体的偏差

网站调查样本就连特定的网民小群体也无法代表。笔者把两个调查中的城市男性网民这样一个总体单独抽取出来进行对照分析，发现网站调查在其他社会阶层特征上的差异仍然很大而且具有统计学显著性。

---

[1] 前述的杜蕾斯公司的"性调查"主持人就宣称："中国大概有9万人参加，这些人数已经足够大，能够反映一定的社会现象。"
[2] 中国互联网络信息中心（CNNIC）对网民的定义为：半年内使用过互联网的6周岁以上中国公民。《第21次互联网调查报告：报告术语界定》，2008年1月17日发布。
[3] 一些网站调查也常常暗示自己代表了全体"网民"。例如http://finance.sina.com.cn/xiaofei/canyin/20050614/17561683787.shtml。

三、样本偏差带来的认知谬误

表 4-1 说明：那些在网上回答笔者调查的人，其实都是那些性活动非常活跃而且不遵守传统性道德的人们之中那些表现欲更强一些的人。可是，即使是仅仅针对这些特定人，网站调查的结果也仍然不具有任何意义上的代表性。

表 4-1 网站调查与总人口调查的差异（%）

社会阶层特征	具体分类	网站调查	城市男性网民	偏差的百分比
未婚者的性	一生与异性接吻	46.9	17.4	＋170
	一生有过性爱抚	52.6	17.1	＋208
	一生有过性生活	66.8	38.8	＋72
网上性活动	上年看过任何色情图像	91.3	59.4	＋54
	一生参加过网上性爱活动	11.5	3.2	＋259
	有过网友，而且见过面	33.2	14.6	＋127
	其中：与网友发生过几次性关系	44.2	22.0	＋101
	其中：已与网友结成长期性关系	7.6	3.3	＋130
性交易	上年接受过异性全身按摩	37.3	22.9	＋63
	一生接受过"三陪"	25.3	15.8	＋60
	一生找过性服务"小姐"	29.2	12.0	＋143
	一生有过"找小姐"之外的性交易	7.0	2.9	＋141
多个性伴侣	上一年每天都想到性方面的事情	46.5	16.0	＋191
	一生有过一个以上性伴侣	55.6	46.8	＋19
	一生有过多人性行为（3P）	9.7	4.2	＋131
	一生得过任何一种性病	6.7	2.7	＋148

如果学术界任由这样的网站调查结果在大众传媒中扩散，那么就会夸大"性自由者"的比例，就会扭曲城市男性网民、全体网民乃至全体中国人的性的存在状况，甚至可能引来社会管理方面的决策失误。

四、网站调查兴旺及其恶果的社会文化原因

网站调查得以兴旺，最基本的社会推动力来自于中国公众的"统计数字饥渴"。

一方面，一是长期以来，中国的统计数字一是过于官方化（唯有官方机构发布）；二是过于物质化（主要是统计客观存在物）；三是统计普通人所关心的日常生活状况不够，造成了供给不足所引发的需求旺盛。

另一方面，中国公众中存在着一种"中国人幻象"，也就是一种抽象出来的、绝对整体化的、不需要也不能够证伪的"中国人"。人们格外关注这种"中国人"究竟是什么样的，因此总是倾向于把任何一个百分数都看作"中国人"的发生率。在这种情况下，网站调查所得到的非随机抽样的各种百分数，就很容易满足人们的需求。也就是说，与其说是网站调查误导了公众，不如说是公众渴求这种误导。

正是在这种背景下，两方面的社会力量共同造就了网站调查兴旺的现实。

首先，无知与无良自觉合谋的"统计数字经济学"是大约21世纪以来中国的独特产物（周银香，2002）。它虽然来自"眼球经济"（Thomas and John，2001），但是在当今的中国，这往往是一种高度自觉的合谋行为：一些缺乏社会科学基本训练的IT从业者，持续地、商业化地（雷弢，2001）、批量化地生产出各式各样的非随机抽样的网站调查结果，再由一些力图吸引眼球的传媒商人（黄鸣刚，2004）包装为五花八门的耸人听闻的"统计数字"来赚钱。[1]他们还发出豪言壮语："网络调查必将取代传统的调查方式，这是调查业发展的趋势和方向。"[2]结果，中国公众被两面夹击：在信息荒漠中忍受信息的商业化。

其次，网站调查对于公众的误导，在相当大的程度上应该归罪于社会学家既没有积极抗争"传媒的话语霸权"（丁和根，2000），也没有用日常语言把社会学调查中随机抽样的必要性给公众人们讲清楚。结果，象牙塔中学者的洁身自好在

---

[1] 例如，有人声称："通过网络调查，把人流变成效益，在用科学客观的数据提供决策参考的同时，也找到了互联网营利的新模式。"苑航：《数字100：网络人流为决策者把脉》，载《中国质量万里行》，2008（1）。

[2] 笔者所见最早的此种宣称是马思宇：《网络时代的调查革命》，载《统计与决策》，2000（11）。

当今中国的消费主义化的情境之中，很有可能蜕变为犬儒主义之举，甚至可能为虎作伥（汪传雷、罗绘俊、陈宏亚，2008）。

五、网站调查的非科学性

表面上看来，网站调查与总人口调查之间仅仅是在代表性方面出现巨大差异。因此，许多网站调查中的有识之士已经开始努力接近随机抽样，不断地提出各种解决方法，例如"正确界定目标总体"、运用 IP 地址限制技术、Cookie 技术等。一些专业学者也试图进行评估与控制（杜婷、庞东，2004；李军军、李应荣，2005），或者矫正各种抽样误差（黄建，2004；徐浪，2006；杜婷，2006；王东，2007；胡云峰、何有世，2008），或者在统计技术层面上进行弥补（浦国华、高玲芬、惠琦娜，2004），试图解决"网络调查的回复率呈现逐年下降趋势"（邵培基等，2008）。还有一些学者则是提倡规范网站调查的应用范围（郭继志、阎瑞雪、宋棠，2006），或者提倡"网络调查与传统调查相结合"（石磊，2008）。

但是，上述努力都是治标而不是治本。其实，网站调查与总人口调查这两者之间的根本区别（随机抽样的决定性）在于，前者是依赖于被调查者主动地去寻找调查问卷，而后者则是调查者去寻找调查对象。

这是网站调查无法克服的根本缺陷。这又可以分为三个层次步步深入地来看。

首先，任何网站，即使是仅仅针对网民，也不可能具有起码程度的涵盖性，都不可避免地会出现极高比例的无应答误差（这往往被刻意隐瞒了）。因为绝大多数网民根本就看不到发布问卷的该网站，或者看到了而根本不去点击。哪怕是最大的门户网站或者搜索引擎也是如此。

其次，网站调查的抽样框永远无法涵盖人口总体。无论科技与经济如何发展，只要人类还存在着各种差异，那么网民就永远也不可能覆盖任何一个较大规模的人口总体。所谓"随着互联网的发展，网站调查的代表性会日益提高"的说法其实只是以假设来代替前提的谬误。

最后，也是最根本的，对主动应答者无法进行任何抽样。也就是说，只要调查对象是主动地、任意地参加的（这常常被认为是网站调查最重要的优点），那么任何一种抽样（哪怕是非随机的）就不可能实现，任何程度的代表性也就根本无从谈起。况且，"在互联网上你不知道对方是一条狗"，夫复何言？

这一本质区别标识了网站调查方法的非科学性。网站调查的方法论的实质是招募式调查，是守株待兔、愿者上钩。这违背了任何一种问卷调查的最基本的原理。

社会学的问卷调查来源于对于自然科学基本研究方法之一的"受控条件下可重复的试验"的模仿（陈蓉霞，2004）。后者要求"我"（调查者）必须主动地去研究被动存在的"它"（调查对象），才能得到对于"我"的假设的检验。

在社会学调查中，经典的实地调查方法因为是调查者自己需要进行"试验"（实地调查），所以不得不主动地追求"受控条件"（界定总体）与"可重复"（随机抽样），结果客观上也就达到了模仿自然科学的效果，实现了自己的科学性。

可是，网站调查却恰恰相反。因为它一开始就没打算进行"由调查者来操作的试验"（实地调查），而是依赖于应答者自投罗网，所以根本不需要任何主动寻找调查对象的设计与实施，结果也就不需要"受控条件""可重复"这两大原则。也就是说，招募调查对象的网站调查，绝不是在总体界定与抽样方法方面做得不够，而是根本不需要这些东西。这就是它的非科学（不是反科学）的性质，任何基于科学性的统计技术都无法改善之，因为两者牛头不对马嘴。

进一步说，正是由于招募调查这一实质不可改变，网站调查被认为所拥有的一切优越之处（方便、及时、廉价、时空广泛等），统统都会因其调查结果在代表性上的谬误而变成助纣为虐之举。

更进一步说，经典的实地问卷调查是客观测量的方法，是调查者主动去收集被动存在的数据；而网站调查所使用的招募调查方法则在很大程度上是"主体建构"（潘绥铭、黄盈盈，2007），是应答者们主动创造出调查结果。这两者之间的区别已经超出统计技术与调查方法的操作层次，实际上是方法论层次上的"唯科学主义"与"唯人文主义"的冲突焦点（张学广，2007），甚至需要从认识论层次上来进行分析（秦英君，2007）。本文仅希望强调双方的不同质，不再展开论述。

六、发展建议

由于"招募调查对象"这一方法论上的本质，网站调查不应该再朝着总体代表性这个无望的方向发展，而是应该朝着三个不同的方向前进。

第一个方向仍然在问卷调查的范畴之内，把网站调查作为实地调查的试调查，用来修订问卷。这样，网站调查的各种优点（方便、及时、廉价、时空广泛等）才能真正变成正向的长处。

第二个发展方向是把网站调查所发现的小概率的社会现实转化为定性的表述。

招募式调查不可能实现代表性，却足以反映社会生活的多样化存在。它所得到的任何数字的意义，并不是某种情况在某种群体中占百分之多少，而是在社会生活中确实存在着这种情况。因此，网站调查应该努力去揭示那些发生概率很小甚至极小的各种现象，这才是其最大优点。

这是因为，一方面，随机抽样的实地调查的最大缺点恰恰是很容易筛选掉这样的小概率情况；另一方面对于任何一种小概率情况来说，最重要的并不是它有多少、占百分之多少，而首先是它究竟有没有、存在不存在。

例如，在网站调查中，有些应答者一生中的性伴侣人数达到了 4 位数。反之，有些年轻夫妻虽然没有任何相关的障碍，却可以在上一年中连一次性生活都没有。因此，网站调查实施者应该这样来发布自己的调查结果：尽管发生概率很小而且出乎大众的意料，但是这样的人确实存在于中国社会之中。

这样的表述是一种定性的认知，不但应该舍弃任何寻求绝对数与百分比的意图，而且应该在表述中刻意把具体的数字模糊化。

这种定性认知其实非常重要。它可以打破社会中广泛存在的各式各样的刻板印象，促进公众首先在思维方式上实现多元化，从而发挥社会学调查的积极社会作用。

说到底，即使是随机抽样的统计数字与相关分析的结果，最后其实也只有被当作定性认知来使用，人类才能够思考（Lincoln and Guba, 1985）。因此在这一点上，网站调查恰恰可以以其对于小概率现象强大的发现能力，在定性认知上开辟捷径。

第三个发展方向是把网站调查彻底转变为定性调查的工具。

定性调查追求的并不是测量社会现象，而是发现与理解人的行为及其结果，所以不寻求代表性，而是追求资料的深度。因此，定性调查不但不排斥而且非常欢迎调查对象的各种主动呈现（黄盈盈等，2008）。这不仅恰恰符合网站调查的性质，而且其所有优点更有用武之地。调查者完全可以运用各种文化感召与技术手段，把网站设置为某一主题的磁铁，去吸纳那些日渐增多而且送货上门的"网上自白"。

尤其是，在实地的定性调查中，合适的调查对象常常是可遇而不可求，或者只能是沙里澄金，而网站调查的招募性质及其相对更容易做到的大应招量，却恰恰可以在更大的程度上解决这一难题。

笔者猜测，恐怕恰恰是由于定性调查的理论与实践在目前中国尚不够普及，众多的网站调查才会舍优择劣地去进行问卷调查。

第五章

调查实施过程的展现与分析

第一节　调查前的准备

一、确定调查周期

任何一项调查都应限定在某个时间段之内，以便保障调查数据的时间一致性。

社会学调查所需要的信息往往相对稳定，调查对象的情况在短时间内巨变的可能性不大，所以社会学调查一般不会设定一个精确的标准时间（因为这会增大调查对象回答问卷的难度），而是限制在一定的时间段内完成（调查周期），其主要考虑有：

1. 调查的时效性，也就是在调查期间不应该出现足以严重影响调查内容的重大事件。对于全国来说，这似乎是杞人忧天，但是对于各个调查点来说可就非同小可了。例如，某居住区在近期内发生过群体性事件，那么宁可考虑替换调查点。这是因为，它虽然可能与我们的"性"调查全然无关，但是人毕竟是整体的，无法排除该事件对被调查者的生活与心态的影响。

2. 调查经费。调查周期必须设定在经费允许的范围之内。反过来说，周期长的调查需要课题负责人去争取足够的经费，而不是"赶着鸭子上架"。

3. 缩短调查周期的主要办法就是多线同时推进。这就需要考虑课题的人力资源。

笔者的四次全国调查涉及140个至195个城乡居住区、40所大学，分布在全国21个省市，需要调查4000个到10000个样本，可是却不得不要求在6个月之内就全部完成（中国的变化实在是太快了）。正是基于上述的各项考虑，最终是同时派出最多10个调查组，以一个月为每次派出的时限，按照最佳路线，顺序开展调查。

二、准备现场使用的各类记录表格

笔者常对学生说：在调查现场"记录一切"就是最好的督促与监督。那么就不但要给任务，更要给工具，就是各类记录表格。在笔者的四次全国调查中，现场各类表格至少有以下11种，都列在本章的末尾，这里不再详述。

在2010年的调查中，由于增加了14岁到18岁的青少年样本，笔者新设计了一份"家长知情同意书"，介绍了调查的主要内容，强调了青少年在回答过程中随时可以拒绝回答或者退出调查，也说明了家长不可以在填答现场，不应该打听青少年的回答内容。

三、弹性安排调查进度

笔者的四次全国调查都制定了周密的时间安排。一般而言，在一个调查点的时间控制在5天之内。大致是第一天到达调查点并联系街道（乡），第二天开始抽样与邀约，第三天与第四天进行访谈，第五天则是汇总数据与记录表格，并且准备出发去下一站。

每个调查点情况不一样、各组工作方式和能力也有差异。不能要求各组保持一致，因此时间安排上尽量做到"有弹性"。影响现场调查时间花费的因素主要是：

- 调查点的规模越大，邀约所需时间越长。
- 被邀约者的平均年龄越大耗时越多。

- 调查点的类型：高校学生回答最快、城市居住者次之、农村所需时间相对长些。

弹性的调查进度安排是对于随机性的保证（Kish，1994），对一项全国范围的社会学调查来说更应如此。

此外还必须注意交通工具的选择。笔者的调查地点分布于21个省，火车是相对便宜和舒适的交通工具。但是，直到2015年，火车出行最大的困难是买票难，特别是长途火车票更是如此，所以要提前订票。

四、"委托调查"的利弊得失

委托调查就是课题负责人把调查的实施交给另外的单位或个人去做。以往常见的是交付某一级的行政机构，后来出现分片地委托给各地的大学或者社会科学研究机构，目前则是越来越多地委托给商业化的调查公司。

至少在当今中国，委托调查与其说是有其优点，不如说是无奈之举。笔者2000年进行第一次调查的时候就决定不采用这种方法，但是在2006年却委托给了一个调查公司。这其实并不是出于学术考虑，仅仅是因为在2006年的时候，笔者的健康状况不足以支撑亲自组织和带领调查。

委托调查最大的问题就是：笔者对于整个调查实施过程与数据质量的控制被极大地削弱了。在2006年，虽然笔者派出了7名自己的研究生进行全程实地监督，但是疏漏之处仍然多于笔者2000年亲自组织实施的调查。因此，到2010年和2015年，笔者不得不豁出去了，改回来自己带队做。

委托调查的无可避免的难点是，责、权、利究竟应该如何分配？

对于合作研究（委托给其他学术单位）来说，在目前中国的这种密如蛛网、繁若乱麻的科研考核体制之中，恐怕哪一个课题都难以摆平各级各类参加者的学术贡献、成果归属、资金分配与劳务报酬。这就使得至少有一些合作者敷衍了事，降低了调查的质量。

对于委托给商业化的调查公司而言，目前中国还不存在任何一家拥有足够信誉的此类商业组织。某著名调查公司的老板曾对笔者感慨道:"我们跟你们不一样。我这里有几百号人要吃饭啊。"可是既然如此,笔者还怎么能够相信他会保证质量第一而不是利润挂帅?毕竟,学术研究是吃饱饭才应该做的事。

委托调查的现实考虑是:无论是课题负责人自己的身心投入,还是组织管理、工作效率、调查经费,其实并没有节省多少,反而会增加无形的支出,尤其是烦恼与后悔。

因此,笔者不建议进行任何一种委托调查。即使是时间或者经费所限,笔者宁可放弃某个调查的机会,也不愿意去"假数真算"。当然,调查公司也会成长的。只不过那已经是经济学的研究范畴了,笔者不予置喙。

第二节 调查团队的组建

一、课题负责人必须亲力亲为、贯彻始终

社会学的调查研究,必须包括研究设计、问卷设计、实地调查、数据分析这四个部分,不可或缺。但是在实践中,有些课题负责人非常注重课题的研究设计、问卷设计,在这些方面做了细致入微的工作,而把实地调查视为只是收集数据的体力活,干了就完了。

这并非空穴来风,在我国发表的以社会学调查为数据来源的论文里,人们几乎看不到对于调查过程与数据质量的任何描述。无论是作者不写还是编辑不登,这都表明了学界的一种"惯习"。

殊不知,再好的前期工作也不必然能够保证调查数据的质量。它掌握在各个现场调查员的手里。如果忽略了这一环节,就很容易走上"假数真算"之路。

1.课题负责人应该制定详细的操作规程,用以规范、指导调查者的工作。

2.课题负责人需要对调查的操作规程进行详细解释,让调查人员领悟调查规程每一程序的必要性和意义。

3. 实地调查时，课题负责人要随时掌握调查实地的进展，督导调查的操作过程，使其严格遵循既定操作规程进行。

4. 实地调查中会碰到各种新情况，只有课题负责人才能从调查目的、调查内容上进行通盘考虑，做出判断，保障其一致性与可靠性。

只有这样，课题负责人才能够对调查数据的质量心中有数，才足以投入与领导后期的统计分析。

二、调查员的选择

由于需要坚持"同性别、一对一"进行调查，每个调查小组至少应该有两个男调查员和两个女调查员。

他们应该熟悉电脑的基本操作，包括开机、关机、打开程序、操作键盘、保存复制等。但是，选择调查员的首要标准，既不是学历或者素质，也不是电脑操作的熟练程度，而是人际交往的基本能力——亲和力的水平。

虽然使用电脑，但是绝不是机器对人的采访，而是两个大活人之间的信任与沟通。无论其他方面多么优秀，如果把被调查者给得罪了，那么对于这样的调查员还是敬而远之为好。

调查员的身份与年龄也必须仔细考虑。一般来说，目前在中国主要有两种选择。

第一种是选择大学生、研究生。

他们的优越之处也可以分为两个方面。其一，操作电脑更加熟练，对于问卷的理解也更加容易深入。其二，在人际关系的处理上，大学生那种"单纯幼稚、不谙世事"的社会刻板印象，往往可以减少被调查者的顾虑，甚至可能促使被调查者"好为人师"或者"圣母心大发"，有利于敏感调查的进行。因此笔者的四次全国调查中都有大学生的参与。

但是，相反的情况也有。有些被调查者会觉得大学生太嫩，不愿意对牛弹琴。针对这种情况，笔者对大学生调查员的培训口号是"我们真的很傻，所以更要请教"，以此来反败为胜。

第二种选择是招聘社会上的中年人。

美国 1992 年的全国"性调查"的成功经验是：女性、中年、白人、较高文化这四大要素。笔者则修改为"同性别调查"，不再坚持女性唯一这个原则。白人这一条则修改为调查员必须彬彬有礼。

中年调查员虽然可能在技术上熟悉较慢，但是在人际关系上的优越性很大。他们是年轻人的长辈，是同龄人的朋友，是老年人的知音，再加上人生经验与社会阅历都令人信服，因此被调查者对他们的顾虑最少。尤其是，中年人的稳重与谨慎往往是调查组里良好的工作气氛的中坚。

此外，还应该根据调查点的人口特征来调整调查员的性别，尤其在高校调查中。一些理工院校的男女生比例很悬殊，就应该增加男调查员；如果是师范类、艺术类高校，则应该增加女性调查员。

课题负责人也需要根据调查点的文化差异来调整调查员的地域构成。课题负责人应该有意识地在各个调查组中安排至少一名"本乡本土"的调查员。

三、调查组长至关重要

笔者的四次全国调查分别由最多 10 个调查小组同时展开。各调查组一般由 1 名组长、4 名调查员组成。调查组长带队进入调查现场，负责公关、采集居住区指标、邀约被调查者、确定访谈室、传送数据等工作。

根据笔者四次调查的经验，组长最好是成熟女性，因为进入居住区的过程中，女性更具有亲和力与沟通能力；登门邀约待访者的时候，女性的威胁性更小；食宿安排、后勤管理等女性也更加细致入微。但是，女性的不便之处也很突出，例如在需要应对不良的治安状况之时。

由于整个调查过程是长期的和动态的，课题负责人与组长的沟通必须非常流畅与及时，必要时还需要能够展开讨论甚至是争辩。这里面就有一个双方关系如何设置的问题。一般来说有下列三种形态。

第一种形态是"家族式"，也就是运用师生关系或者亲情关系，组长由课题负责人的学生或者亲友担任。其优点是双方容易互相信任与配合，多一层情感制约。但是，其缺点也很突出，就像至少两千年来中国家庭内的悲欢离合一样。

第二种形态是"合作式"，即每个人都是课题的参加者，一起设计、实施调查、做统计分析，一起发表成果。但是，对于较大规模的调查来说，这种方式似乎不现实。

第三种形态则是"市场式"，也就是课题负责人与各个组长之间是雇佣关系，进行公司化的运作。这似乎最符合时代潮流，但是"管得越严，投入就必须越多"，而中国的课题负责人基本上都是书斋学者。如果他们真的有能力创建这样的组织，恐怕早就不在学术圈里做了。

第三节　本土的难点：进入现场

一、是否借助行政权力

进入现场的方式无外乎是直接进入和间接进入。

所谓直接进入，即调查组不通过任何中间环节，直接进入调查现场，与调查对象接触。这种进入方式多发生在调查者对调查点非常熟悉或者那里有熟人（线人）的情况下。

所谓间接进入即自上而下，通过行政系统的官方渠道进入调查现场。有些政府机构委托的课题，调查者往往利用上层行政机关对下级的行政指令进入现场。此种方式快捷、方便；缺点是有违"知情同意、自愿参与"的原则，有强迫被调查者参与调查之嫌，因此调查结果的真实性与可信度大打折扣。

作为折中的与可行的选择，笔者的四次全国调查都是请国家级的有关部门出具一封"支持信"，却并不要求他们直接下达行政命令。"支持信"主要是较为详细地介绍了笔者团队的身份与学术地位、调查的题目、目的和意义。同时还写清楚：调查的一切费用都自理，而且会给居委会（村委会）一定的劳务报酬。在中国的行政体系中，说明这一点非常必要，否则就会被拒之门外。但是，福兮祸所伏，有时候某些调查组陷入官场的"接待战役""惨遭宴请"或者"研究（烟酒）不断"。这是因为"你们不吃，我们还要吃呢"（某基层干部语）。

调查组每到一个调查点，组长都拿着"支持信"去街道（乡镇）联系。这并不是为了获取行政指令，只是为了了解概况，获取居住区指标，进行 PPS 抽样。当然，大多数情况下可以一石二鸟，那就再好不过。

二、调查组住在哪里

也许人人都认为应该就近居住，这样可以省却许多不必要的交通时间。但是，如果住得离调查点太近，比如住在本村农户的家中，农民就会把调查组作为一个整体来看，不会相信调查组内部有邀约员、调查员的分工，可能会影响他们对调查组保密承诺的信任。

保持适当的距离具有"论方法"层次上的意义。

在社会学调查中，当涉及隐私问题时，中国人的习惯是只有"素不相识、再不谋面"（就像途中过客）才可能说得更多。因此，调查双方之间的匿名、陌生与不可再遇就很重要。如果居住地点和调查地点没有适当的距离，这些就都很难保持。

尤其是，农村普遍是熟人社会，在一户农民家居住，全村人都会知道，就会把调查组员叫作"住在某某家的"而且是"抬头不见低头见""今天不见明天见"。这就在村民和调查组之间建立起了某种"社会关联"。甚至，农民会担心自己的回答被"某某家的"听了去。所以，在农村调查最好住在乡镇里，入住农户是下策。

三、先去哪里

调查组不能直接贸然进入调查点。第一是必须要确认街道/乡镇的真实性和有效性；第二是因为先去接触作为上级主管部门的街道/乡镇再去居委会/村委会，符合中国的行政管理体系，有利于下一步工作的开展。

接触街道（乡镇）的目的之一就是"确认"它是不是适合的调查样本，因为它们是在先期的"案头工作"中抽到的，与实际情况可能有偏差。这对城市街道而言尤为重要，有些可能改名字了、合并了、被撤销了。

一般来说，如果接触街道（乡镇）后发现有下列情况之一的，可以考虑替换。

- 该街道有一半地区拆迁的，因为这会出现大量"册有人没有""两次未遇"的情况。
- 居委会总数少于6个的，因为按照规定在每个街道应该抽取两个居委会，如果其总数太少，将会使得随机抽样损失意义。
- 一半地区实际上是农村的，则应该归入农村调查点。
- 街道拒绝配合，而且没有公布各个居委会基本情况的，失去继续进行下一层抽样的可能性。

相对城市街道来说，乡镇的接触要容易一些，但是基本的接触原则和要求是一样的。

在街道（乡镇）获得名单后，需要再进一步核实。

- 居委会（社区、村）的名称是否有变化。
- 管辖范围内是否有军事、司法、保密单位。
- 居住者动迁的比例是否超过50%。
- 管辖范围是否发生变化。

如果上述四个方面没有大的变化，即可根据后面的抽样规则进行抽样。

四、落实"访谈室"

笔者的四次全国调查都要求在一个独立的封闭空间里进行调查，因此需要租用访谈室。

访谈室的基本要求是：应该是一个绝大多数被调查者都知晓并且信任的地方；室内必须有电源；房间必须保证独立性（有独立的入口，不能是套间），隔音效果要好；具备足够的桌椅。

在 2000 年的第一次全国调查中，笔者在城市中主要入住居住区之内或者邻近的旅馆，包下一些房间作为访谈室，因为其封闭性与独立性是最好的。但是，到了 2006 年，对于社会治安的担忧使得很多被调查者不愿意进入任何一家旅馆，反而更加信任居委会的办公用房，因此笔者随机应变，更多地租用居委会的办公室。到 2010 年和 2015 年的调查中，这已经是基本方式。

在农村，访谈地点还可以选择村委会周围的村民家中。在大学里，可以是学生活动中心、教室、办公室、租用的校内民房等。在不多的情况中，调查组也可以租借到居住区之内的处于放假期间的小学或幼儿园。

访谈室使用的出发点是保障问卷填答环境的标准化。在实践中发现，在城市社区调查时，大都是在社区居委会提供的办公场所中进行，因此城市被调查者的填答环境一致性较好。但是，在农村的调查，很大一部分村委会不能保证有四间独立的房间，因此有些调查是租用农民家作为访谈室。这种情况下，不但现场调查的环境控制难度加大，而且访谈室的标准化程度也降低了。

此外，大学的访谈室选择更加多样化，独立性、封闭性基本上可以做到，但是有些大学可用的访谈室很少，造成一些"待访者"的等待时间过长。

五、进入现场之后的全方位沟通

一进入现场，组长和调查员都会接触到形形色色的人，例如"线人"、回避不了的人、意想不到的人等。调查组在任何一个环节上都可能必须和这些人打交道，因此所谓的"进入现场"绝不仅仅指获得居住区负责人的帮助，还必须包括针对所有人的广泛沟通。

对于"线人"，调查组一定要向他们交代清楚本次调查的目的、抽样的方式和原则、他们能做什么，不能做什么。例如，在大学邀约的时候，他们只负责带领邀约员进入学生宿舍楼，却不能越俎代庖，尤其是不能直接进行动员。这仅仅是因为"线人"未经培训，很可能画蛇添足。

在调查现场中，回避不了的人有很多种，比如居住区的负责人、工作人员、被邀者的邻居、家人、高校学生的"室友"等。他们对于调查的好奇心、猜疑心甚至是妒忌心乃是人之常情，而且情无可避。在这种情况下，调查组绝对不可以搪塞或者回避，要向他们说明一切。但也不可过于详细，免得被对方认为是故弄玄虚。如果遇到毛遂自荐者或者被感谢金所诱惑的人，就有必要讲清楚随机抽样的道理与意义，再予以拒绝。

在现场调查中还会出现意想不到的人，比如当地派出所的警察、治保部门的工作人员。如果这些人或部门"关照"调查，也要做好沟通。

调查被迫中断的可能性始终存在。调查组要时刻保持对周围环境的敏感度，对突然出现的意外事件有心理准备，还要善于随机应对这些突发事件。

例如，在2006年的调查中，就曾经遇到"半路杀出个程咬金"。访谈已经开始了，该社区的治保主任突然现身，要求检查问卷。调查组长求助社区居委会主任都无济于事，只好让他看了问卷的内容。当看到问卷涉及"性"问题时，此人大为光火，让马上停止调查，并扬言报警。对此，调查组长的估计出错，结果他真的报警了。调查员被片警带到派出所，在出示了自己的证件并讲明调查目的和机构之后，片警表示：他们并非有意为难调查组成员，只是治保主任"不依不饶"，劝调查组还是易地调查为好。最后，调查组只好撤离该社区。这也是2006年的调查中唯一中断的社区。

这虽然是一个突发的小概率事件，但是也具有"论方法"意义。

首先这个事件说明，现场调查是一个全面的、持续的人际交往过程，不是一个马上就可以画句号的事情。不到调查结束，沟通的意识就不能淡漠。

其次，各个社区内部的行政权力的分布大相径庭，一把手也有不灵的时候，所以沟通阶段切莫"一刀切"，不能寄希望于任何一种一劳永逸的共同模式。

再次，当机立断必须是深思熟虑的结果。如果调查组能够在治保主任第一次出面干涉的时候，跟他"再次沟通"，而不是"偏向虎山行"，结果可能就不会这样糟。

最后，尽管笔者主张"没有说服不了的人，只有沟通不到位的组长"，但是现实情况中，真遇到蛮不讲理的绊脚石的时候，调查应该立即中止，不要过多地浪费时间去"死缠烂打"。课题负责人也应当容忍一定的"调查点缺失率"。

第四节　访谈

一、访谈现场的准备与维护

有备无患

1. 每个调查员对自己负责的访谈室要事先进行检查和确认，必须提前到达访谈室，准备好茶水、香烟、老花镜、安抚小孩子的糖果等。

2. 在被调查者到来之前，调查员把自己负责的电脑接通电源、开机、打开调查程序，进行调试。

3. 调查现场出现等待的情况在所难免。在访谈室外多预备一些椅子是必不可少的。当然，如果条件允许，这些等待的场所最好能安排在室内。

基本规则

1. 在预定的访谈时间内，不管有没有被调查者前来，调查员必须守候在访谈室内。否则到处走串会使被调查者觉得整个调查并不当真。

2. 访谈室外应该没有围观者与闲杂人等，保持安静，避免任何喧哗。

3. 每个访谈室都应该门户紧闭。特别是在访谈过程中，禁止一切形式的打扰（敲门、从窗口窥视等），其他调查员与组长也不例外。

4. 作为现场环境的重要构成要素的调查员，在自己的行为举止、衣着打扮方面，要按照"中庸原则"，既不时髦又不守旧。

5. 访谈现场不应该设置任何明显的标志，比如横幅、标语、旗子等，因为这可能会加重被调查者的心理负担。

调查现场的环境有很多不确定因素，不能避免所有的意外。但是，一个基本原则必须不变：保持现场调查的环境不受干扰（无论来自外部还是内部），将心比心地站在待访者的角度来创建最舒适最放松的现场环境，力争最大可能地提高应答率与真实性。

避免被调查者"扎堆交流"

在被调查者等待调查的时候，如果出现"排队堆积"现象，被调查者之间就非常困难攀谈、唠家常、嚼舌头甚至流言四起，这容易使被调查者在以后的填答问卷过程中畏首畏尾。

对此，调查组长应该礼貌地提醒被调查者及早离开调查现场，避免出现长时间逗留、驻足，甚至"扎堆交流"的现象。

阻止居委会人员进入调查现场

笔者的后两次全国调查的现场大都在居委会（社区、村委会）的办公地点，访谈室也是借用或租用它们的房间。因此，它们的工作人员非常可能有意无意地待在调查现场不走。诚然，他们的在场也许可以增加被调查者对调查的信任与合法性，但是更可能令被调查者担忧自己的回答的保密性。因此，必须格外要求居委会人员与调查现场保持一定的距离。

笔者主要从两个方面达至上述目标。

其一，一开始就向居委会人员说明：调查的保密性是有法律保障的，开不得玩笑。

其二，有偿使用居委会提供的访谈室，甚至不惜高价。这样可以确立双方的契约关系，主动阻止他们卷入调查现场。

二、调查员的操作规程

- 被调查者进入访谈室后，调查员必须进一步介绍本次调查的内容，询问其是否愿意接受调查。
- 被调查者表示拒绝的，即作"拒答"处理，但是必须记录其人口特征、衣着打扮、表情以及调查员自己对被调查者的印象。
- 第一部分的调查提问，由调查员根据被调查者的回答，按键做答。这一部分旨在让被调查者熟悉电脑答题的基本操作，教会他们使用键盘来填答问题。
- 如果发现被调查者不识字或者非常吃力，调查员要从头到尾巴地把问卷的问题读出来。
- 被调查者单独操作电脑后，调查员要回避，坐在令被调查者相信调查员看不到电脑屏幕的位置上（一般是对面、较远）。调查员应该时刻注意观察被调查者答题过程中的表情与动作，默记于心，留作访谈结束后填答表格。
- 如果被调查者向调查员求助，问题解决后要及时撤回自己的位置。
- 访谈结束后，要对被调查者表示感谢，提醒其领取感谢金。
- 被调查者出门后，调查员再将问卷按规定编号、保存，然后填写相关的访谈记录。
- 重新打开程序，等待下一位待访者。

总之，在访谈室内，访问员的言谈举止要尽量地职业化、去日常身份化，让被调查者感受到调查的保密性是实实在在、值得信赖的。

三、调查员的当场解答

如果说问卷调查的操作过程中有什么"命门"的话，那么笔者的感受是："不怕对方少答，就怕对方多问。"

这是因为，虽然从理论上来说，问卷中任何一个提问的解释权仅仅归课题负责人所有，调查员不可以随意解释。但是，实际上，没有一个课题负责人或者调查员能够真的做到这一点，更别说让每个调查员都随时随地保持一致了。再严格的培训也是杯水车薪，道理很简单：他（调查员）不是你（负责人），也不可能成为你。

结果，只要被调查者一提出疑问，那么调查员解释不解释、如何解释，就成为调查结果真实性的关键。可惜，当课题负责人看到数据的时候，往往已经无法知道当初在现场的时候，调查员究竟做出了何种解释，才使得对方做出了如此的回答。如果被调查者提问的频率与数量很多，那么整个数据库就只能用"莫名其妙"来形容了。

当然，我们也还是有努力余地的。被调查者提出的疑问，最主要的有三种。

第一种是不明白究竟问的是什么。这是研究者最能够努力的地方。研究者可以模仿中学教育中的惯常做法：设计出两套问卷。一套是给被调查者看的问卷（学生用的"课本"），另外一套则是给调查员看的调查员手册（老师用的"教学参考书"）。两者常相对照，难题基本可解。

被调查者的第二种疑问是，我的情况究竟适合于哪一个选项，也就是不会选择。这可就困难很多了，因为调查员为了解决他的难题，就不得不追问他的具体情况到底是什么，而这在敏感调查中却是大忌，唯恐避之而不及。因为绝大多数中国人宁可不回答，宁可睁着眼睛说瞎话，也不愿意与调查员深谈至此。

第三种情况则是对问卷吹毛求疵，其实就是拒绝回答的另外一种表现形式。

遇到后两种情况，宁可规定调查员一律按照"不适用"来处理，也不要授权调查员做出过多的解释。这是因为，课题负责人至少还知道"不适用"意味着什么，如果让调查员去追问或者辩解，那么不仅得到的回答含义不清，而且很容易得罪被调查者，造成调查中断，因小失大。

进一步说，在判断一个调查的数据质量的时候，"三不"（不知道、不适用、不回答）的比例应该与调查内容的敏感程度成正比，而且应该有一个下限。如果"三不"趋近于零，那么数据统计会很光鲜，可是调查质量却会很阴霾。

四、调查组长的操作规程

在调查现场，调查组长应该身处访谈室之外，负责待访者的接待（甄别、记录、分派）、掌控访谈进程、安排进一步的邀约。某些熟练的调查员也可以协助组长做一些工作。

- 一般来说，所有的待访者都是组长前去邀约的，所以在被调查者前来的时候，组长应该按照其性别、年龄等特征进行简单识别，防止"冒名顶替"。
- 组长安排各个被调查者进不同的访谈室。
- 在访谈过程中，即使是组长也不能随意闯入访谈室。
- 每一个被调查者成功完成访谈，走出访谈室，组长要表示感谢，当场付给感谢金。
- 被调查者结束访谈领到感谢金后，组长应该设法让他尽快离开调查现场。
- 即使是拒答的被调查者，走出访谈室后，组长也要表示感谢，然后送走对方。

对于拒答者，组长要进一步进行动员，对爽约者要进行"再邀约"。如果不成功要记做"应答缺失"。这两者所产生的空缺，要通过补充抽样等方法继续邀约补足。

如果一个调查点有过多的爽约者、拒答者，调查组要及时改变工作计划，延长在调查点的工作时间，避免"赶工期"。

第五节 调查的管理

一、调查员的使用

调查员需要经验丰富吗

欧洲社会调查（ESS）[1] 早已发现：经验越丰富的调查员，访谈成功率越高；

---

[1] 欧洲社会调查（ESS）是一项在欧洲23个国家开展的跨国综合社会调查，第一次调查开始于2002年，每两年进行一次。因其在"跨国调查研究上的重大创新"，该项目获得了2005年度欧洲联盟最高科学奖——笛卡尔奖。参见http://www.europeansocialsurvey.org/。

而且调查员具有较高的自信心对成功访谈有重要影响。但是，中国本土有学者指出，调查员在调查过程中作弊是不可避免的，因为趋利避害是人的本性，所以调查员一定会尽量减少可能的麻烦。为此，他们总是千方百计地走各种"捷径"，而且随着经验日益丰富，他们作弊的能力也相应地提高。基于此，不应该使用经验丰富的调查员（梁玉成、周怡，2006）。

其实这取决于调查的主题和采用的操作方法。

笔者的四次调查都是性方面的内容，这就要求调查员必须对"性问题"脱敏，要求做过这个调查的次数越多越好。也正是因为笔者的调查很敏感，最重要的是努力降低拒答率，所以有经验的调查员也就弥足珍贵。

此外，本次调查采用电脑辅助调查，被调查者一般都是用笔记本电脑单独做答，调查员对问卷回答的控制机会较少，所以选择有经验的调查员不会降低被调查者回答的真实性。

调查员工作量应该有限制吗

有学者利用CGSS（2003年城市）调查数据分析了调查员对调查质量的影响（梁玉成、周怡，2006），指出调查质量与调查员完成问卷的数量有密切关联，10份至26份以内问卷质量最好。可是，对调查员的工作量的限制（设置最高限度）在调查实践中却少受到重视。

从方法论的角度来说，降低调查员影响的理想策略是：保证足够多的访谈员，同时，访谈员平均的访谈量越少越好（Philippens and Loosveldt, 2004）。笔者将这一因素考虑进去，规定每个调查小组由4名调查员组成，在一个调查点的访谈量为30人左右，一般在3天内完成，每个调查员的在一个调查点的访谈量不超过10人。

对调查员工作量限制，主要针对传统的调查方式：调查员登门拜访被调查者、宣读问卷、根据被调查者回答填写问卷。这种方式对于调查员的工作量很大。可是，在笔者的四次调查中，邀请被调查者有专人负责、问卷的大部分不需要调查员宣读，因此调查员的工作量相对较小。在这种条件下，还需要考虑对调查员工作量的限制吗？根据调查现场的实际经验，笔者认为是有必要的。

首先，被调查者在访谈室操作电脑回答问卷时，调查员只能待在封闭的访谈室内，不能随便离开。

其次，调查员在访谈室提供的帮助不仅仅是解答对方的某些疑问，还包括演示电脑辅助调查的操作、排除电脑操作故障等。

再次，本次调查的问卷较长，对被调查者的耐心是一个考验，调查员还要不断对某些被调查者进行二次动员（2006年有将近18%的被调查者需要再次动员）。

最后，一定数量的被调查者不识字，或者看不清屏幕、操作电脑有难度，这时就需要调查员宣读问卷、解释问卷了（2006年有超过半数的人需要调查员提供一些帮助，其中8.5%经常需要帮助）。

需要注意的是，调查员的工作量虽然被考虑到了，但却忽视了邀约者的工作量。实践证明，单由组长一人邀约有难度，在调查开始阶段，会出现邀约进度满足不了调查员的访谈需求；后来采取邀约工作先行一天，第二天再开始访谈的做法，但是也容易出现邀约工作持续到晚上10点多的情况，给组长带来了很大压力。

如果每个小组多配备一名邀约者，可能会缓解邀约工作的困境，但这同样会增加调查成本。在实地调查中，可让一两个调查员参加先期邀约，前提条件是：参加邀约工作的调查员不能访谈自己邀约的被调查者。

调查小组人员的轮换

每一个调查小组都是一个正式组织。根据霍桑实验的结果，正式组织的运行离不开非正式的关系。笔者的调查小组尽管规模小，但是整个调查时间会持续至少半年，这很容易在调查小组内部形成非正式的关系，产生人情、面子等一系列有碍于调查规范开展的不利因素。

为避免此种情况的发生，调查员在各个调查组之间要进行不断的轮换、重新组合。但是，这也导致了两个不利的结果。每次轮换，小组成员之间，特别是组长与调查员之间的关系要重新磨合，一定程度会降低调查的效率。此外，成员之间的轮换，令各小组的调查路线更加复杂，增加调查的成本。所以实际上采用的并不多。

调查员的工作纪律

首先,最重要的是,在调查进行当中,绝对不允许调查员离开访谈室,不允许看书看报,更不允许使用手机与短信。这是因为,如果调查员自己都不认真工作,怎么能指望被调查者会认真回答呢?

其次是严禁调查员私改信息。例如,有的时候为了完成工作量,有些调查员会帮助被调查者篡改某些回答,以便不被排除在调查范围之外。当然,这已经属于弄虚作假了,应该"杀无赦"。

二、调查的财务

任何一个大规模的社会学调查,有四笔钱是不能节省的。

调查员的报酬标准

最常见的方法是按照完成的问卷份数来计酬,但是其缺陷也是最常见的,这等于"逼良为娼",而且传染性极强。

笔者的实践是,按照每个调查点的计划完成的工作日,对调查员的报酬进行包干,提前完成不少发,推迟完成可以补发。也就是说,首先保证调查员的最低收入,其次淡化对于工作量的斤斤计较,而这一切都是为了保证质量。

为此,在培训的时候就要强调:被调查者的任何"三不"(不知道、不适用、不回答)都不算作调查员的失误,不减少调查员的工作量计算。

宁可降低每个工作日的报酬标准,也要坚持调查点的报酬包干制度。因为前者是钱多钱少的经济问题,而后者则是课题负责人与调查员之间的公平与信任的人情问题。

感谢金及其标准的考虑

被调查者参与调查会付出自己的时间精力,因而应该感谢,这是一种共识。感谢的方式多种多样。最好不过的就是给对方"感谢金"。

可是,感谢金的数额存在一个伦理问题。如果太高,那么对方接受调查的动机将会受到怀疑，所获数据的客观性、准确性也会被质疑，甚至会被指责为"收买数据"。这种做法当然违背科学研究的伦理。反之，如果感谢金的数额太少，不足以表达调查者的"诚意"，也很难获得被调查者的认同，会有被欺骗、愚弄的感觉。显然这也有违伦理原则。

感谢金的给付标准还要考虑调查点当地的工资水平与生活水平。

笔者的四次调查付给被调查者的感谢金，遵照"约等于当地平均日工资的一半"的标准。农村地区付给30元，城市支付40元到50元。在邀约被调查者的时候，就要向对方讲明感谢金的具体数额，也要明文写在邀约信里。

感谢金一定要现场亲手交给被调查者，不能代领，不能事后支付，更不能委托社区居委会或村委会代发。某些居住区的领导不但要求代发感谢金，还大言不惭地要"雁过拔毛"，调查者必须坚决回绝。笔者的实践是，宁可成倍地付给这些领导"协助劳务费"也绝不为虎作伥。

协助劳务费

花钱虽然不能真的"使鬼推磨"，但是鬼如果真的推磨了，也还是要花钱的。这就是付给所有帮助调查的人员的劳务费，尤其是那些最基层的管理者们。

这不是变通，而是调查伦理所要求的。笔者的实践是，如果他们帮助邀约了，那么每成功邀约到一个被调查者，支付10元的劳务费。如果租用他们的办公室了，则每天每间房支付100元。即使他们什么也没做，调查组还是要请他们吃一顿饭的。

在某些地方，基层管理人员的富裕程度曾令调查组全体非常吃惊，但是我们也照付，他们也照收。另一些地方则是天壤之别，但是我们也不加，他们也不怨。

真正的难题在于课题负责人如何向本单位报销这笔钱，甚至如何在一开始就申请到这笔钱。个中的酸甜苦辣，说不好，不好说。

善后款

笔者的原则是"让被调查者知道如何联系我们"。这就是双方之间的信息对称,是提高应答率和回答质量的有效途径之一,也是必须遵守的社会学调查的伦理原则。

因此,笔者的问卷中在三个地方向被调查者介绍了调查者的基本情况、调查主题的大致情况、调查者和研究机构的详细通信地址和电话,即在"邀约信"中、在问卷一开始的"动员词"中、在调查结束后留下的卡片中。

如果出现了任何遗留问题,对方可以随时联系到调查者。这体现了对被调查者的尊重,也符合调查的伦理原则。即使不是调查带来的问题,也还是能帮就帮。

不言而喻,这也需要留下一笔小钱备用。

◎ 本章附录 ◎

现场使用的 11 种质量控制表格

表 5-1 街道接触情况

省:　　　　　　　市:　　　　　　　原街道名称:
现街道名称:　　　　街道联系电话:

序号	居委会名称	电话	负责人	高、中、低档居委会	接触情况			
					拒访	未接触	放弃原因	成功

表 5-2 成功完成的调查点的具体情况

地址	联系电话	联系人	是否有军队	军队比例	平均收入	平均年龄	总体居住者人数	间隔抽样人数	在册/流动人口比	备注

表 5-3　社区抽样登记表

省：　　　　　市：　　　　　　　街道名称：

社区名称：　　　联系电话：

编号	姓名	性别	年龄	地址	抽中记录	预约情况	特殊情况记录	备注

表 5-4　在册居住者接触表

省：　　　　　市：　　　　　　　街道：

居委名称：　　　居委地址：　　　流动与固定人口比例：

序号	姓名	性别	出生年	地址	接触情况						备注
					册有人无	拒访	两次未遇	成功	预约时间	来的非本人	实际来人的特征	

表 5-5　小商小贩情况表

省：　　　　　市：　　　　　　　街道：

居委名称：　　　居委地址：　　　流动与固定人口比例：

序号	商贩类型	商贩位置	所在行业	大概人数	男性人数	女性人数	抽取人数	抽取男性人数	抽取女性人数	备注

表 5-6　工地工厂情况表

省：　　　　　　市：　　　　　　街道：

居委名称：　　　居委地址：　　　流动与固定人口比例：

序号	指称	位置	行业	性质	大概人数	男性人数	女性人数	抽取人数	抽取男性人数	抽取女性人数	备注

表 5-7　大学生接触表

省：　　　　　　市：　　　　　　大学编号：

大学名称：　　　大学所在的街名：　　　主校区/分校区：

访谈地点：　　　全校本科生总数：　　　男生：

女生：　　　宿舍楼总数（栋）：　　　楼层总数（层）：

第一轮间距：　　　随机起点：　　　第二轮间距：

随机起点：

序号	昵称	性别	宿舍楼号	楼层	房间号	拒访	两次未遇	成功	预约时间	来的非本人	实际来人的特征

表 5-8　拒答情况登记表

省：　　　　　　市：　　　　　　居委、村：

问卷编号	调查日期	被拒绝原因（请详细记录）

表 5-9 访谈中断情况登记表

省：　　　　　　　市：　　　　　　　居委、村：

问卷编号	调查日期	未完成原因（请详细记录）

表 5-10 调查错误登记表

省：　　　　　　　市：　　　　　　　居委、村：

问卷编号	题号	错误	正确	被调查者特殊表现

表 5-11 调查组长的工作周记

完成的调查点	具体工作内容	开始时间	结束时间	负责人	参与人	完成男	完成女	成功经验	发现问题	解决问题	备注

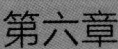

问卷调查操作方法的自荐

关于调查的具体操作方法，国内外的研究成果不敢说是汗牛充栋，至少也是繁花似锦。笔者以下的论述主要是心得体会与毛遂自荐，希望能够拾遗补阙。

第一节　邀约被调查者：调查本土化的尝试

目前中国的许多社会学调查采用的是"直接入户访谈"的方法，就是直接进入居住者的家，进行户内抽样（一般都采用 Keith 表）之后，立即当场进行访谈。

由于笔者调查的是人们的"性"问题，这种方法并不适用。笔者是把被调查者邀请到独立、封闭与专用的"访谈室"进行调查，因此才需要有"邀约"这个工作环节。

但是，笔者希望推广这种"邀约调查法"，希望它对其他具有敏感性的社会调查具有借鉴作用，因此在这一节里详细论述一下。

一、操作过程

基本原则

邀约由调查组长亲自进行与完成。调查员只能在访谈室内和对方见面，对被调查者的信息必须一无所知。

邀约过程中，可能需要社区居委会/村委会的相关人员、大学内的"线人"等指路，但是这些人的作用仅仅局限于带路，所有的邀约工作都由组长完成，要尽力避免"向导"介入邀约。

调查组长亲自敲门、进入、介绍、递上邀约信、发出请求、确定时间、告知地点。

调查组长在邀请成功后，将邀约信留给对方，叮嘱他（她）在约定的时间持邀约信前去接受调查。

上门邀约

第一步，如果条件允许，可以电话先联系到待访者，对本次调查做个大致介绍，动员其参与，并告知他是被随机抽取的。

第二步，在向导的带领下入户，直接面见被调查者进行邀约。第一次邀约如果被拒，<u>不应</u>立即放弃，要进行第二次动员，再次失败才记作"拒访"。

要留意接受邀约的待访者的基本特征，在调查现场做好甄别工作，防止"冒名顶替"。

电话邀约

这是一种变通的方法，不能取代亲自上门邀约这一环节。通过电话联系，仅仅是为了确认待访者何时在家，并向其介绍调查的大概情况，起到一个广而告之的目的。电话之后，依然要当面邀约。

电话邀约仅限于电话普及率高的社区或村委会，而且必须确实能够获得待访者的真实的、最新的电话号码。

打电话联系时，要避免居住区工作人员"善意的干涉"，即利用行政力量迫使对方参与调查。在没有方言障碍的情况下，最稳妥的方式是由调查组长亲自打电话邀约。

农村居住区的邀约

在农村邀约待访者，要注意邀约的时间，要根据村民的作息时间、生活习惯来确定。比如，陕西某农村，村民普遍早上 6 点就起床劳动，上午 9—10 点回家做饭吃饭，10—16 点劳动，下午 16—17 点是做饭吃饭时间，17—19 点还要劳动，19—22 点就要休息了。因此，邀约应该处于村民在家的时间段之内。

邀约时，如果对方上了年纪，一定嘱咐其带上老花镜。如果对方不识字或眼睛不好，则应该告诉对方：调查员会协助他（她）完成调查。

调查组长也要强调"只允许"被邀约的那个人前去接受调查，并向其作解释。特别是当邀约到家庭妇女时，更需要如此。因为在农村，妇女在大多数家庭中并不做主，大事小情都是男人拿主意，所以在邀约她们的时候最好给她讲明白参加访谈的意义，指明她的不可替代性，不能让丈夫替代。

在邀约的时候，一定要把感谢金的数额说清楚。

大学里的邀约

邀约时，一般是在"线人"的带领下，进入宿舍楼的。要注意不要被"线人"喧宾夺主，邀约工作不能被他们代劳。

邀约时间的选择：一般来说，周末留在宿舍的学生较多，但是并不是每一个调查点的调查都能赶在周末进行，而且周末学生出校的可能性也大，两次未遇会增多。所以，在周一至周五进行邀约比较理想，但是邀约时间应尽量避免在上课的时间，以最大限度地保障样本的代表性。

二、给被调查者的邀约信

邀约信由调查组长使用。首次见到邀请对象时，组长做完简单自我介绍后，要将邀约信亲手交给对方本人。

邀约信的作用主要是：

1. 打消被调查者的顾虑，表明他（她）并不是被刻意找到的，而是被随机抽中的。

2. 让对方初步了解调查所涉及的内容。

3. 强调访谈采取"同性别、一对一"的单独访问。

4. 告知访谈的时间、地点以及在封闭空间之内。

5. 告知访谈结束后有感谢金。

6. 告知被调查者在约定的时间持邀约信才能接受访谈。

所有敏感调查都会承诺严加保密。但是笔者认为，在行动上显示出保密的诚意更有说服力。在邀约中，由于要去对方的住处，笔者采取调查员回避，由调查组长负责邀约的做法。这样，调查员和被调查者只在访谈室见面，是一种完全陌生、匿名状态下的"纯调查情境"，可以减少对方的顾忌。

被调查者必须持邀约信前来接受调查，这是为了避免冒名顶替。在访谈现场，由组长负责接待，可起到甄别的作用。

邀约信的意义在于加入一种"无声的交流"——被调查者通过阅读邀约信，做出接受或不接受调查的选择，最大限度地保障了"知情同意"的调查伦理原则。同时这也是一种暗地测试，如果对方读不懂邀约信，就需要早早安排合适的调查员来给对方逐字逐句地宣读问卷。

三、提高邀约成功率的策略

邀约的质量直接影响到问卷的应答率与真实性。在邀约环节碰到的问题主要有"册有人没有""两次不遇""拒访"这三种情况。其中，"册有人没有"的情况往往是客观存在，很难解决，但是"两次不遇"和"拒访"却可以从调查方法上做出努力，这是提高邀约成功率的突破口。

首先，降低或避免"两次不遇"的情况，需要选择恰当的登门时间。如果待访者白天上班，就应该在中午和晚上这两个时间段去邀约。

其次，两次邀约的时间间隔至少应该是4个小时，相隔太近会造成很高的"两次不遇"率。

最后，减少"拒访"是提高邀约成功率的难点。

拒访的原因有很多，有些是出于对方自己的原因，比如工作忙、贪玩耍等，但是也有些是出于对整个调查的不信任，例如不认可调查内容、对调查机构存在偏见等。还有些则是来源于邀约者这方面的原因，例如性别、年龄、相貌、穿着打扮、言谈举止等方面不够合适。

为了减少"拒访"情况,笔者做了如下努力。

- 使用邀约信。可以慢慢阅读它,不必当场表态是否接受调查。这就减少了对方的被压迫感,增强了对方的主体感与做出不同选择的可能性,从而降低了被误会的概率。
- 感谢金不仅是激励,同时也表达了对被调查者的尊重。
- 访谈的具体时间不是调查组指定的,而是由被调查者自己来确定的。
- 访谈地点安排在被调查者认可的空间,都是他们熟悉的、容易找到的、距离不远的地方。
- 强调访谈在封闭的访谈室内进行,由同性别的调查员操作,让待访者感到安全和可信。

四、邀约式调查的适用性

首先,从"论方法"的层次上来看,邀约式调查这种方法不但不是多此一举,而且能够更大限度地满足问卷调查的基本要求之一,也是自然科学研究的三大条件之一:在受控条件下,也就是在同样的调查场景之中进行调查。舍此,社会学调查就很难有"科学性"可言。

但是,在传统的"入户调查"过程中,这一基本要求却完全不可能实现,因为没有两个被调查者的"家里"的物理环境会是相同的,遑论其文化氛围与被干扰的可能性。反之,邀约式调查则是把被调查者邀请到专门设置的"访谈室"里进行调查,因此至少就一个调查点而言,"受控条件的一致"得以更加充分地实现。

其次,从可操作性的角度来看,随着中国人的隐私保护意识与安全防范意识突飞猛进,"入户调查"必定日薄西山,而邀约式调查则生机勃勃。

第二节 千方百计防止"假数真算"

在社会学研究中,"假数真算"说的是调查所获得原始数据不够真实,甚至调查者自己也知道,却仍然依据它做出了各种各样的统计分析。这一直是一个没有得到充分重视的问题,或者往往被认为是一个无法解决的问题。其实,虽然并不存在绝对的真实,但是却可以在调查中想方设法地避免各种失误,以便获得最大程度的真实。

一、如何打消中国人的普遍顾虑

特殊的历史文化遗产造成了中国人在公共空间中缺乏独立表达自己的意愿与看法的意识、习惯与能力,尤其是面对各种社会调查的时候,人们常常会有许许多多调查者意料不到的顾虑,造成回答的不够真实。通俗地说就是中国人"不善于拒绝(应答率偏高)却善于隐瞒(真实性偏低)"。

这里,笔者只能挂一漏万地做出初步的分析,提出化解的建议。

第一种顾虑:"为什么偏偏调查我?"

这个顾虑的潜台词是:是不是因为估计我"有情况"才专门找我调查的?

为了化解这个顾虑,仅仅强调随机抽样是远远不够的。虽然笔者多年来做过多次多方面的社会学调查,但是遗憾的是,到现在也没有找到一种说法,能够让高中以下文化程度的人听懂什么叫作"随机抽样",尤其是说不清楚它为什么能够起到替被调查者保密的作用。人们经常这样反问:不管怎么说,你是非找我不可。那么究竟是为什么?我做了什么?有些人嘴上不说,行动上却用拒绝调查来表达自己的疑虑。

在调查实践中,笔者用"演示法"来化解人们的这个顾虑:当被调查者陆陆续续来到专门设置的"访谈室"的时候,调查组长应该解释(他们自己也可以发现):来的不仅不是他一个人,而且也不是同样的人,更不是特殊的人。这样,他们就更加可能安心做答，懂不懂"随机抽样"这个词语已经不那么重要了。

第二种顾虑："事不关己，高高挂起"

社会学调查者需要牢记：我们所关心的、急于了解的那些问题（无论多么伟大），在这个世界上往往只有研究者自己在关注，这些问题对于非常多的中国人来说根本就是毫无关系、毫无意义、毫无吸引力。他们在回答研究者提问的时候也是感觉毫无兴趣、毫无必要、毫无成就感。如果强制让对方回答，那么出现回避、掩盖与撒谎的可能性就会极大地提高。

为了化解这种情况，许多社会学调查者采取的对策是：充分地、通俗易懂地讲明白这个调查的意义与价值。但是，这其实并不能解决多少问题，因为研究者所说的那些意义与价值，与被调查者往往也是风马牛不相及，他们仍然不知道自己为什么必须回答。

社会学里有一个交换理论，完全可以运用到社会学调查中来。

一种交换是付给对方一定的感谢金，补偿人家为研究者花费的时间与精力。这首先是一种社会学调查必须遵守的伦理道德，同时也是一种人际互动中的交换。在中国人的日常生活中，感谢金并不仅仅是金钱，它意味着调查者对被调查者的尊重、平等与将心比心，就像微信群里发红包一样，钱不在多，肯发就灵，对方一般都会心存暖意，努力回报。

另外一种交换是非物质的，主要是给对方提供一些信息、咨询甚至是服务。在这方面，通常被人们所鄙视的商业推销活动，其实做得比社会学调查好。他们往往是首先给潜在的顾客提供一些人们最喜欢的服务，然后才开始推销自己的商品。结果，相当多的人恰恰是因为不好意思拒绝才最终购买了商品。

社会学调查完全可以做得更好而且更加不会强人所难。例如，笔者在四次调查中询问了一些性病与艾滋病知识问题。笔者在调查一开始就告诉被调查者："（在调查的）同时，我们也会告诉您一些有关的知识，希望能对您有用。"然后又在问卷的结尾，在对方回答结束之后，把正确的答案列出来给对方看。

这就是一种信息与知识的交换。许多被调查者都反映，这些答案很有价值，他们不仅愿意看，而且也体会到了笔者的好意。

第三种顾虑:"祸从口出"

只要是涉及稍微敏感一些的问题,中国被调查者的这种顾虑是非常普遍、非常自然的。在民间谚语中,这样的表述很多,例如"见人只说三分话""知人知面不知心""嘴上要有把门的",等等,不一而足。

面对这种情况,唯一的办法就是把自己所设计的保密方法给对方演示出来(详见下文)。但是至少有些中国人的这种顾虑是文化基因,所以宁可放弃也绝不勉强。

二、化解顾虑的操作经验

在这方面,国内的研究成果甚多(袁方、王汉生,1997;风笑天,2005;张蓉,2005;王建平、张立娟,2006;水延凯,2008),笔者仅仅希望能够加以补充。

营造"素不相识、再不谋面"的局面

除非是至爱亲朋,否则普通中国人宁可对萍水相逢的陌生人说真话(例如火车上的聊天),因为陌生人对自己的潜在威胁最小,而偶遇者则不可能来追究自己的任何言论。怕就怕半生不熟的认识人,因为他们非常可能是"小广播"。

因此笔者规定:邀约者与调查员绝对不能是同一个人,也就是让被调查者在被邀请与被调查的两个环节上,遇到的都是陌生人。同时,调查组在当地绝不多停留,以免出现"再相会"的局面。

给对方充分的"拒答权"

笔者明确规定,在被调查者到来后,调查员一定要在访谈之前再次进行动员,必须更具体地告诉对方:调查中会涉及个人的隐私和性生活的细节。如果您不愿意,可以拒绝回答。

与此同时,笔者在电脑键盘上专门设置了一个"拒答键",回答每一个提问时都可以使用,并专门贴上了一个小黄色纸块,提醒被调查者注意。在刚开始回答的时候,调查员就告诉对方:可以拒绝回答任何一个问题,而且可以随时退出

调查，然后再教会对方使用"拒答键"。

"拒答权"不是一个技术手段，而是一种将心比心的温情投送，被调查者足以感受到，而且会涌泉相报。

"两次再说服"原则

笔者规定：如果对方拒答，无论是拒绝整个调查还是其中的任何一道题，调查员必须进行两次说服动员，但也只能进行两次。第一次是重新讲述一遍问卷上写好的动员词；第二次则是调查员根据具体情况进行因人而异的说服动员。如果没有这两次再说服工作，就等于轻易地自我放弃，但是超过两次则有"逼供"之嫌。

让被调查者能够投诉

在电脑问卷的第一页上，就显示出对方可以投诉侵权的地址和电话，而且在每一个调查现场都张榜公布。其中，第一要说明根据《统计法》，如果调查员强制被调查者回答问题，那么调查员要负法律责任；第二要给出一个专门负责受理投诉的人名与电话号码，而且说明此人的权威地位与独立性。

投诉是中国人之间最基本的一种人际信任，无数商家都在实行，所以凡是很容易投诉的商品就卖得更好。社会学调查没有任何理由独免。舍此，仅仅说一些"感谢您的配合"之类的漂亮话，只能是自毁调查的可信性。在笔者的调查实践中，很多被调查者非常在意这种相互信任，非常认真地记下我们公布的电话号码，而且确实有人打电话来询问调查的事情。还有的人仅仅是要核实一下这个电话号码的真假。

敏感问题由被调查者"自答"

迄今为止，这是一种最有效的方法，足以调查性行为这样极端隐私的敏感问题。这种方法可以降低问题的敏感度，提高被调查者的应答率和回答的真实性。

保密措施，必须演示

中国人相信"眼见为实"，所以在访谈的前半部分，调查员需要不断提醒对方:电脑是个"死脑筋",你没有写进去啥,它就不可能记录啥。所以,既然你没说过,那么电脑里就绝对不可能有你的姓名、地址、电话等个人隐私资料。这就在很大程度上解除了被调查者可能存在的思想顾虑。

第三节　请使用笔记本电脑来调查

"电脑问卷调查法"是目前国际上调查敏感问题时的最佳方法。1998年,在美国《全国男性青少年调查》中,把这种方法与"使用纸笔的自填问卷法"进行对照,发现各种敏感行为的报告率都比后者有所上升(Turner et al.,1998)。

按照美国学者的说法,如果被调查者认为,除了问卷本身,调查员还另外使用了一种办法可以核实自己的回答是否真实,那么他们的回答就会真实许多。这叫作"伪装通道技术"(艾肯,2002)。笔者在调查中也发现了这样的情况。例如,有的被调查者就问笔者:"是不是我不说真话,电脑就会叫唤?"当然,笔者并没有这样高级的技术,也从来没有这样说过,可是却真的有人这样猜测。

不过,与美国学者所说的技术优势相比,笔者的亲身经历使得自己宁愿相信,使用笔记本电脑调查之所以能够成功,更多的是由于这种方法极具中国特色的文化优势。

一、文化优势

电脑更神秘,也更保密

神秘性的背景是从2000年开始,电视主持人们已经纷纷开始把笔记本电脑当作道具,极力地让它在银屏上露脸。结果,大多数中国人既经常见到它,因此不会大惊小怪,又没有亲眼看到、亲手摸过,因此心存好奇。这就造成了这样几种情况。

第一,使用笔记本电脑,更加容易令人相信笔者是真正做研究的,而不是推销商品的,更不是招摇撞骗的。

第二,大多数中国人对任何高级的洋电器都仍然心存敬畏(想想主持人为什么偏要用电脑来做道具,而不是传统上的一大屋子书)。结果"爱屋及乌",连笔者的调查员也一起敬畏起来了。

第三,回答提问就像是在玩电子游戏,永远有下一页在勾引你的好奇心。你大概不会为了撒谎而错失良机。

但是,被调查者可以更加安全地保密回答问题,这才是电脑调查的大优点。

第一,电脑不是人,既不会刨根问底,也不会面露鄙夷,更不会嚼舌头。你尽可以放心地按键,哪怕你真的是个魔鬼。

第二,那些"心中有鬼"的被调查者,很可能不知道笔记本电脑究竟有没有测谎的神通,但是他们却知道"死不认账就是没有"的老理,所以他们才可能吐露隐私。例如,一位干部在回答了自己的多伴侣情况之后对笔者说:"我不怕你们知道。就算你们的电脑能录音我也不怕,反正我没说话,也没签字。"

第三,在回答过程中,由于笔记本电脑屏幕的遮挡,调查员不可能看到被调查者的回答,更好地保证了保密性。

让中国人的"性"变得"可言"

在现今中国,如果把面对面问答的调查方法,直接运用到"性调查"上,那么哪怕是男对男、女对女地谈,调查员也会给被调查者带来很大的尴尬与难堪,而且调查员也会手足无措,很难去平缓对方的情绪。

从学术上来说,如果是调查员宣读问卷,在性这样敏感的问题上,调查员的音容笑貌、语气语调很难做到统一,很难向不同的被调查者传达出一致的内容。这严重影响了问卷的一致性。

再者,中国传统社会强调的是"防微杜渐"和"防患于未然",因此把"谈性"视为"做性"的前奏。结果,"性调查"就很可能成为一种对双方都具有挑逗性或者诱惑力的危险活动。

更有甚者,如果调查员"不够正经"(哪怕仅仅是对方的错觉),调查就会变质为挑衅甚至是挑逗乃至性骚扰。平心而论,笔者可不敢把哪怕最可靠的调查员派出去对别人宣读这些性问题,哪怕调查员自己敢做,笔者也负不起这样的责任。

同时,纸质问卷的保密性太差,被调查者的回答内容全部是白纸黑字一览无余。问卷即使不记名,被调查者也完全有理由相信自己的回答会被形形色色的外人看到。这种情况下,任你口干舌燥地宣称为对方保密,恐怕也没有多少人会相信。

笔记本电脑调查方法足以很大程度地化解上述这些障碍。电脑取代调查员成为被调查者与问卷的中介,声音转化为文字,在很大程度上克服调查员宣读带来的局限性与危险性。同时,调查过程中的人际互动也发生了质的转变,被调查者不必面对"真人",避免了"说不出口"的尴尬。

最典型的例子是:由于笔者需要询问被调查者是不是真的知道阴蒂的确切位置,此时电脑屏幕上就会自动出现一张细部照片,用阿拉伯数字标明各个部位的编号,请被调查者按一个相应的数字键。可是,在以往的真人问答的问卷调查中,即使同性别的调查员敢于面对面地拿出这张图,被调查者恐怕也不好意思面对面地仔细看,更不好意思在上面指指点点。因为在这种情境之中,被调查者顾忌的不是那张图,而是那个人(调查员)。可是,电脑却可以省略那个人,创造出一种"私下感",有利于对方真实地回答。

缩短问卷填答时间,减少对方的不良反应

在使用纸质问卷的调查实践中常常可以见到这样的场面:调查员好不容易才说服对方接受调查,但是刚一拿出问卷,对方就逃之夭夭,因为对方一眼就看见问卷那么厚一摞,他们会想这得什么时候才能答完啊!

这就是纸质问卷的调查中永存而无解的矛盾:若问卷内容太多,可能会由于访谈时间过长,造成对方不耐烦、敷衍、中途拒答,甚至胡乱回答的情况;可是,如果问卷的内容太少,又可能会不足以检验研究者的理论假设。

通常,这只能靠调查员来劝说对方耐心配合。但是,在如今的中国,"时间就是金钱"的宣传犹如水银泻地,别说被调查者不能接受这种长篇累牍的调查,就连调查员自己恐怕也很难把调查进行到底。其结果,只能是越来越多走向"假数真算"的极端。

对此,电脑问卷显示出了非常大的优势。

首先，笔者在试调查中进行过比较，发现同样一个问卷，如果回答纸质问卷，平均时间大约在 150 分钟左右，可是回答电脑问卷的平均时间只有 45 分钟左右。也就是说，电脑问卷比普通的文本问卷大约要节省三分之二的时间。

这主要是因为它省略了大量的宣读提问、说出回答、准确记录的时间。无论是谁，只要具有一般的文化水平，阅读总是比朗诵要快；在回答的时候，按一个电脑按键也总比用嘴说清楚要快，因为不需要组织语言。换言之，电脑把"说、听、记"简化为"一读（文字）一按（键）"。

其次，在电脑问卷中可以不显示出提问的编号，被调查者就无法直观地知道究竟有多少个提问要回答。虽然笔者规定他们随时可以中断调查，那也比看见厚问卷就跑要好得多。

有利于在问卷以外更多地收集信息

在纸质问卷的调查中，调查员一遍遍地提问，一次次地记录，完全是千篇一律的机械操作，难免会心生厌烦乃至"偷工减料"。电脑问卷调查将调查员从过去繁重的重复劳动中解脱出来，使其能有更多的时间和精力去动员被调查者、加强与对方的心理沟通、观察对方的表情与形体语言。

理想状态下，可以由此要求调查员去记录问卷内容以外的、聊天获得的"活情况"来作为定性资料。这既可以为将来清理数据时的逻辑纠错提供必要的依据，还可以拓展对于调查数据的理解。

有效地降低来自调查员的调查误差

这极大地减轻了调查员的工作量，调查员也就基本上不会出现像纸质问卷调查中那种"趋利避害从而敷衍了事"的做法。

电脑问卷相对减少了调查员不应有的诱导，也降低了由于不同调查员的表述方式的差别而导致的调查误差。

电脑问卷极大地减少了调查员故意作假的可能性。因为在严密的逻辑控制功能下，一个指标可能牵涉到数个逻辑关系，使得编造一份问卷要比实际调查一份还难得多。

尤其是，电脑问卷中可以隐蔽地自动记录"每个提问的回答时间"，相加之后就是"问卷完成的总时间"。如果调查员故意作假，这两个时间必然是短得荒谬。2006年笔者委托商业调查公司时，就是据此发现了他们的"猫腻"。

电脑还可以加装隐蔽的GPS卫星定位系统。如是，调查员"甩点"（不去某些调查点）也就不可能了。

二、技术优势

其一，易于跳答。

电脑问卷可以对被调查者的回答不断地进行各种各样的"分流"与"跳答"，而且不需要翻页，不露痕迹，不会造成对方的厌倦或烦躁。这在纸质问卷调查中往往是不可逾越的难关。

其二，可以当场检查错误。

电脑问卷可以当场自动检查出被调查者回答中的逻辑错误，例如一个20岁的人如果回答自己是22岁结婚，那么两者必有一错。电脑就会自动提示，请对方重新回答。这就避免了以往文本问卷调查中那种事后才发现逻辑矛盾，而且无法弥补的缺憾。

其三，可以图文并茂。

它可以在屏幕上出现图画、视频。对于一些难于理解的提问，对方可以"看图识字"，既有效也生动，增加了调查的吸引力。

其四，大大缩短了研究的整体时间。

电脑调查将以往纸质问卷的填答、编码、录入给"三合一"了，使资料整理过程与调查过程近乎同时完成。

在纸质问卷中常见的填答笔误、编码错误、录入错误，都被电脑的逻辑设计所控制，"不干净"的数据进不来，使以往繁重又漫长的数据清理变成了一项相对简捷的工作，仅仅需要剔除某些电脑无法控制的谬误。

其五，可以随时改进表述文字。

被调查者可以发现问卷中存在文字表述不清楚、不完整这类问题，课题负责人就可以随时地、及时地予以修正,立即更新,并以光电速度传给各个调查组。

其六,成本并不高。

虽然笔者租用并购买了一些电脑,但是四次调查的费用,每一次都没有超过另外一个不使用电脑的全国调查。

三、局限性

电脑问卷无法"一目了然"

在纸质问卷的调查过程中,双方都可以很容易地看到问卷的全貌,很容易明白现在这个提问与上下文之间的关系。可是,电脑问卷的所有内容却都是一屏一屏地出现的,看不到前面与后面的提问,缺乏逻辑连贯性,一些文化程度较低的人就很容易被搞糊涂了。

对此,笔者特设了返回功能键"F1",可以随意翻回到前一页。但是,这仍然不够,还必须在内容设计时就添加相当多承上启下的"导语"和"提示",以防被调查者"答串题"。其缺点则是使得问卷内容的文字很多、很啰唆,一些文化程度高的被调查者会因此而嫌烦。

易受电脑故障的干扰

电脑问卷在正式投入使用前,必须经过很长时间的反复调试。一方面,需要把故障率降到最低;另一方面,也可以不断积累排除电脑故障的经验,寻找出发生故障后的有效应对措施。

电脑问卷对调查地点有一定的要求,例如必须有电、不能突然停电(将丢失信息)、电源插头要多等。好在目前的中国,即使是农村,没电的地方已经不多,只需要带足必要的电脑配件即可。

被调查者会操作吗

在回答问卷前半部分的不敏感的提问时,调查员就负责向对方讲解应该如何按键,而且在临近自答部分的时候就开始让对方操作,以便发现问题,及时解决。笔者的经验是,在四次调查中,最终也学不会按键回答的被调查者,没有超过千分之三。

总会有些文化程度低的被调查者看不懂电脑问卷

碰到这种情况,调查员只能为对方宣读问卷而且"一问到底"。在2000年的第一次调查中使用过播放录音的方法,就是找来标准的播音员,使用普通话与广东话宣读问卷的所有内容,录音之后放在笔记本电脑中。如果对方的文化太低,就可以播放这个录音,让对方按照录音的内容来回答提问。

但是,在调查实践中笔者发现:文化程度低的被调查者不仅仅存在阅读困难的问题,而且也有理解力欠缺的问题。因此,即使是听录音播放,他们也仍然很难理解问卷中的提问,很难做出准确的回答。所以,在调查的中期之后,停止使用播放录音的办法,仍然是由调查员直接询问那些文化程度低的被调查者。这样,调查员可以详细地解释提问的内容。当然,这样做是很费时间的,曾经有一位农村老年女性的调查用了2小时40分钟。

此外,这样做也要求调查员必须与对方有非常好的沟通与相互信任,才不至于引起对方的戒备或者反感。笔者的规定是:必须首先由调查组长亲自与对方交谈,确认对方没有顾虑之后,调查员才能开始"一问到底"。

显然,在这一过程中,回答的保密性和回答的真实性相互冲突。这就需要课题负责人做出取舍,而不能由调查员随意决定。笔者以"回答的真实性"为底线,宁可舍弃一些文化程度低的高年龄被调查者(千分之五以内),宁可损失一些样本的代表性。因为笔者是社会学家,而不是统计员。

但是,到了2010年尤其是2015年,由于农村的"留守者"日益低层化,也因为笔者在价值观上越来越注意"底层中国",所以对调查员下达了"死命令":如果抽到的被调查者是文盲,那么一个都不能少,必须坚持"一问到底"。如果因此而耽误调查进程,调查组与调查员的劳务费随之增加,一文不少。这样,预期被舍弃的文化程度低的高年龄被调查者就被降低到千分之三以下,哪怕成本增加4%左右。例如,在某个偏远农村,调查组曾经口头询问了6位文盲或半文盲,为此增加了整整一天的调查时间。

四、新发展：现场动员+手机填答

在本书第一版出版之后的2015年，笔者进行了第四次全国"性调查"。此时，手机上网已经非常流行，因此在上述的所有现场操作方法之外，增加了一个新措施，效果很好。

具体做法是：在完成了前述的随机抽样和现场邀约等步骤之后，如果对方能够熟练地使用手机上网，那么就请对方登录事先准备好的网站，用对方自己的手机来填答网页形式出现的问卷。同时，调查员一直在场，对方填答完毕后，给对方支付感谢金（以电话卡的形式）。这就保证了调查过程的真实可靠。

这种新措施是被不断变化的现实情况逼出来的。

首先，在历次调查中，总会有一部分被调查者无法前来调查员准备好的访谈室（大多是居委会的办公室）来填答问卷。最主要的原因一是太忙，二是太远，三是不愿意来居委会。以往调查员很难克服这些障碍，全靠拼命劝说对方。

到了2015年夏天，采用现场动员+手机填答的新方法之后，调查员就可以摆脱固定的访谈室的束缚，可以在街头、在对方住处的附近，甚至在对方指定的某个场所去进行调查。这个新措施给被调查者提供了更多的方便，很受欢迎，例如有些被调查者一开始听说必须去居委会办公室填答就拒绝了，但是听说可以采用手机填答则同意了。

其次，以往的调查由于受到居委会上下班时间的限制，只能在大白天进行。可是，很多被调查者只有晚上下班后才能接受调查。新措施不再依赖于固定的访谈室，随时可以进行，方便了被调查者。

最后，随着人们的隐私观念日益增强，以往那种请对方在我们带去的笔记本电脑上填答的方法，越来越令人起疑。新措施是请对方使用自己的手机填答，旁边的人很难直接看到其内容，这就增强了被调查者的私密性和安全感。同时，被调查者自己用手机也更加放松，减少故意撒谎的可能性。

当然，新措施必须具有以下各项质量控制方法。

其一，虽然2015年的大调查更加强调随机抽样的准确性与可靠性，但是由于现场动员+手机填答的高度灵活性，客观上对调查员形成了一种"可以随意找人"的强大诱惑，或者可能促使调查员强人所难地扩大新措施的采用范围。这些都容易损害等概率抽样的原则。为此，课题组规定，无论多么需要，采用新措施的调查样本也不得超过20%。

其二，保证随机抽样的现场操作：手机填答的网址需要填写"邀请码"才能进入。"邀请码"是由调查组的组长根据随机抽样的结果，分发给各位调查员，只能一位被调查者使用一次。这样可以避免没有被抽中的人来填答。

其三，网络后台管理者，可以依据邀请码区分出哪些答卷是采用新措施填答的，哪些是在访谈室里填答的。因此，可以及时计算出某个居住区的调查样本中，采用新措施的是否超过20%。

其四，网络后台管理者可以根据邀请码来核对手机填答者的居住区、年龄、性别，相当程度上可以检验随机抽样的落实结果。

但是，在当前的技术崇拜的大环境之中，笔者希望强调指出：由被调查者自己使用手机来填答问卷，这并不具有任何新的性质，也不具有很大的意义，仅仅是数据传输手段的改进，不可以给予过高评价。

第四节　多种应答率的设计与学术意义

我国社会学界已经开始注意到过高的应答率的荒谬，但是仍然倾向于仅仅讨论有效应答率这一种应答率。其实，开始于2003年的欧洲社会调查，要求各个参与国家报告成功访谈率、未接触率、拒访率三个指标，用它们作为衡量数据的指标。

一、"应答缺失率体系"

笔者根据四次调查的经验，基于按照居住区全体居住者名单来抽样的方法，提出这样一种中国本土的"应答缺失率体系"：

1.不可接触率＝名单上虽然有，但是临时发现不可能找到调查对象，例如：

空户、住宅处于被出售的过程中被改为其他用途等。

2. 册缺率＝"册有人没有"，特指单位时间内不可能见到该人。

3. 人缺率＝"册有人也有"，但是两次邀约而未遇。

4. 拒邀率＝见到预约对象，但是对方拒绝前来接受调查。

5. 拒访率＝邀约成功但是对方却没有前来。

6. 冒充率＝前来的对方并不是被邀约的人，而是冒名顶替者。

7. 拒答率＝对方前来，却拒绝回答。

8. 中断率＝对方虽然开始回答，但在不足三分之一处拒绝继续回答。

把上述的所有 8 种情况加在一起，就是总计的样本缺失率。从可获得的总样本中减去它，才是严格的有效应答率。

根据笔者四次调查的经验，最后两种缺失率实际上非常小，因为只要调查员的说服动员工作做好了，被调查者多少也会碍于面子而不拒绝接受调查。最多出现的是前面的 6 种缺失率，在生活繁忙的大城市更是屡见不鲜，笔者曾经遇到过仅仅前 6 种缺失就超过 60% 的情况。

这里还需要提示：在考察应答率的时候，应该把选择"其他"这一备选答案（如果问卷中有的话）的人从"有效应答率"里剔除出去。这是因为笔者在前面的第三章第二节论述过："其他"这个选项基本上是无法编码的，也很难进行统计分析，因此应该视为"无回答"。也就是说，如果过高的应答率是因为被调查者中有很多人选择了"其他"这个选项，那么真正的有效应答率其实就不高。反之，如果问卷中没有"其他"这个选项，那么较低的有效应答率其实就不低。

正是因为笔者的四次调查的问卷中基本上没有"其他"这个选项，因此笔者对于所获得的超过 70% 的有效应答率的担心，并不是因为它显得太低，而是因为它实际上相当高。

二、学术意义

首先，只有执行这一严格的体系，所谓有效应答率才足以反映出"调查总体"的回答情况。如果仅仅计算在已经接受调查的人里面有多少人回答了，那么其"调查总体"就被人为地缩小了。研究者也只有采用这个缺失率体系，才能够知道"调查总体"实际上做出了何种程度的修改。

其次，从衡量调查质量的角度来说，这一缺失率体系的计算有助于帮助研究者更加严格地控制调查过程，有助于随时随地衡量调查的质量。研究者可根据各种"缺失率"，按图索骥去考察调查操作环节出现的问题，据此对调查搜集到的数据进行评价。

但是，这是从正反两个方面来说的。对于非敏感的内容来说，应答率较低可能说明调查过程存在着努力不够或者过分努力而适得其反等各种情况。但是，对于敏感问题的调查来说，较高的应答率却可能是来源于调查中存在着强迫命令、样本替换过多等多种情况。

再次，计算"缺失率体系"的资料和数据可以反映出被调查者对调查的反应和态度，加深研究者对被调查者总体情况了解。

最后，研究者还可以用它来考察问卷设计的质量，乃至审视这个研究的水平。

对于问卷设计来说，过低的应答率很可能说明所设计的提问出现了某些失误。例如，提问本身过于敏感、表述得不清楚、内容超出了人们的理解能力、口气过于强硬招人反感、备选答案含糊使人无从选择，等等，不一而足。

反之，过高的应答率则很可能是因为这样的原因：问的都是简单常识或者大众的共识，因而人们没有必要拒答；调查内容与被调查者无关，因而人们敷衍了事；提问过多，因而人们只求速战速决，备选答案缺乏分辨力，因而人们随便回答什么都可以；感谢金过高，因而人们努力"完成任务"；等等。

总而言之，问卷的设计者应该参考已有的研究成果，从预测应答率的角度来评估自己的问卷设计乃至研究设计。

三、解决之道

减少缺失率，这应该说是一个国际性的难题。虽然国内外的研究成果非常多，但是在实际操作中，仍然常有"书到用时方恨少"的感觉。笔者并无灵丹妙药,只希望提供一些经验。

首先,最多的缺失发生在被调查者到来之前,因此对于问答过程的种种严格要求并不能解决这个问题。其次,调查组给出的各种各样的诱惑(例如感谢金)不仅作用有限,而且绝不是多多益善。最后,有相当多的被调查者并非仅仅拒绝此次调查,而是排斥一切社会调查。

对此,笔者在技术层次上只能设计出三大措施:同性别的、一对一访谈,在封闭的空间之内访谈,使用笔记本电脑而且加大自答部分的比例。但是,这一切都取决于:在邀约预期的被调查者的短短的数分钟之内,能不能把这些都说清楚而且让对方全都理解与认同。

在学理层次上,笔者一贯认为,唯一能够打动对方的办法,只能是以"科学"为感召力,寄希望于更多的人会对"性"的奥秘心有所动,从而化解对方的"隐私屏障"(潘绥铭,1995)。这不仅很难而且收效有限,但是舍此再无他途。

最后,笔者希望提示读者,为了获得足够的有效回答的样本而扩大抽样的规模,这是一把双刃剑,利弊各半。在大城市里,笔者曾经规定在一个调查点里抽取两倍于预期样本的人数。但是,这样一来,总计的缺失率也就随之扩大了将近一倍,对于该调查点的总体的代表性就大打折扣。

作为无奈的变通,笔者曾经规定:如果在邀约的阶段就确认缺失率会非常高,那么可以在该调查点的比邻,更换为另外一个性质大致相同的、同属一个街道/乡镇的调查点。这种变通的依据是,笔者的全国抽样方案直接抽到了县级单位以下的街道与乡镇,因此随机性的损失被控制在最小。

但是,这种情况只在华南的省会城市出现过两次。也就是说,课题负责人需要制定出这种变通的上限,不得突破。

第七章

问卷调查的"过程控制"

社会科学中的问卷调查属于方法论意义上的实证主义范畴,来源于对于自然科学基本研究方法之一的"在受控条件下可重复的试验"的模仿(陈蓉霞,2004),并以此实现其科学性。其中,随机抽样就是模仿"可重复",调查的实施过程就是模仿"试验"(潘绥铭、张娜、黄盈盈,2009)。我国社科界对于这两点(随机抽样的调查)的认识已经比较充分,但是对于"在受控条件下"这一自然科学研究方法的要素,不仅仍然局限于统一问卷内容、统一询问方式这类底线条件,而且在方法论的层次上也尚未引起足够的注意。

自然科学所要求的"在受控条件下",最通俗的解释就是"水在100摄氏度沸腾"这一试验结果,必须始终被控制在"1个大气压之下"进行才能得出。如果在青藏高原试验,结果就会不同。所以,本文所说的"过程控制"并不是要设计问卷中用于相关分析的那种"控制变量",而是要设计出对于调查实施过程进行贯彻始终的全方位控制的一系列方法。

从主体构建视角出发,问卷调查的实施其实是一种人际互动的过程,所调查到的数据其实是"主体的主诉"而不是所谓"客观事实"(详见本书第十六章)。因此,本章所说的"过程控制"无外乎有两大要素:首先是研究者更加注意收集那些有利于说明或者解释对方主诉的资料;其次是研究者主动地引导被调查者在人际互动中更加充分地呈现自己。

一、生活环境的控制：添加对于调查点的全面考察

生活环境对于人的意识与行为发挥着巨大的影响，这是社会学的基础共识。在不同的生活环境之中，被调查者可能给出不同的回答，这也不是什么标新立异之见。因此，研究者必须注重考察被调查者的生活环境，才能最低限度地实现"受控条件下"这一科学的前提。可惜，我国社会学界在设计问卷调查的时候却基本上没有考虑这一点。

正是由于缺乏了这样一种意识（而不是缺乏具体的操作方法），在我国的社会学调查实践中，几乎所有的问卷都是直接针对个人而且仅仅询问个人的情况。这样，即使研究者使用折射法，恐怕也很难准确地了解到对方所处的生活环境。结果，大量的社会学调查所调查到的其实是那种任何一个社会科学学科都不会承认其存在的"孤立的个人"。基于这样的调查数据所描绘出来的其实是一种算数相加的社会与世界，而不是人们的相互关联的浑然一体的实际生活。这就等于把生活于不同生活环境中，因而可比性实际上很差的众多个体勉强地放在一起来进行统计分析，其科学性恐怕只能是等而下之。

为了弥补这种不足，笔者在实践中另辟蹊径，采用了下面两种方法。

第一种方法是，在个人问卷之外专门设计出一套量化的"生活环境指标"。也就是在每个居住区都安排一位调查员（往往是调查组长），在针对个人的调查之外，专门去收集本地那些与个人活动有关的各种日常生活方面的数据而且多多益善。这样就同时获得了个人情况与其生活环境这样两套数据。国家发布的相当多的社会数据，都可以用作生活环境的控制。但是，一则很多基层统计部门不提供这些数据甚至没有这些数据；二则这些指标的设计往往不符合调查者的要求；三则其中基本没有定性资料。因此，笔者还是强烈主张调查者自己去设计与收集。

生活环境指标其实就是研究者所假设的、因调查目标而异的、与个人活动最相关的、足以全面反映情况的那些指标。它的设计也是遵循问卷调查设计的一般原则：如果缺乏积累的，就需要把指标设计得多一些，例如笔者最多设置过52个；如果预计文化影响（例如民俗）更大的，就需要把居住区的范围设计得更大

一些，例如城区。

更加重要的是要实地考察该调查点的全面情况，通过体验与感悟来获得综合的定性认识。这恰恰是经典的问卷调查中所缺乏的稀世珍宝。

例如在"性调查"的实践中，与"性"有关的生活环境基本上只可意会不可言传，因此笔者假设的那些生活环境指标中只有很少变量真的与个人的性活动相关。可是，所获得的定性认识（在转化为属性数据之后）却揭示出一些令人惊讶的相关关系。例如，居住区的地理位置（是否在闹市区）、房屋类型（是否是成排平房）、附近色情场所的公开程度（居住者中的关键人是否知晓）等，都显著地影响了该居住区里个人的性关系状况。

退一步讲，即使无法进行定性考察，仅仅是收集量化的数据，最重要和最宝贵的不是那些统计数据，而是在收集数据的具体过程中的感性收获。这样就可以获得一种以统计数据为基础的定性感悟与认知，这可以成为问卷调查方法的稀缺资源。

最重要的是研究者必须在方法论的高度上从"个体主义"逐步走向"整体主义"（郇建立，2001；段培君，2002），从"仿统计学"走向"社会理解学"（王小章，2002；孙特、朱红文，2005），从"个体的算术相加"走向"总体大于部分之和"（贝塔朗菲，1987）。如果具有了这样的视角与思路，那么生活环境指标就不仅是应运而生的，而且简直就是与生俱来的。由此，足以更加充分地实现数据获得过程中"在受控条件下"这一前提条件。

二、调查情境的控制：激发主体的充分呈现

在我国已有的教程中，如何努力增强被调查者的回答可能性是一个必备内容。但是，学者们基本上是从问卷设计的角度来论述的，主要是讨论如何设计出更容易被准确回答的提问与备选答案。也有一些论述则是从严格要求调查员的角度出发，例如耐心细致、不加评判等。调查情境及其控制这样的概念甚至意识，

尚未出现于我国的社科文献之中。[1]

但是，从主体构建视角来看，任何一次具体的问卷调查都是发生在一定的情境之中，被调查这个主体在这样的情境之中究竟会怎样呈现，这才是更重要的，因为"到什么山唱什么歌"既不是欺骗也不是隐瞒而是人类生活的常态。所以，尽管问卷内容与调查员素养都可以在调查开始之前不断加强，但是如果对调查过程中的整个情境不加控制，那么"受控条件下"这个科学的前提就无法实现，调查结果的确定性就会受到很大的影响。

所谓"调查情境"，其基础是调查员与被调查者在调查实施过程中所必然发生的人际交往，其内涵就是这种交往所处的具体环境，不仅包括时空方面的各种安排，也包括人际关系方面的氛围、互动方式等。

所谓"过程控制"，就是研究者自觉主动地在时空与人际关系两个方面进行设置。"过程控制"的性质绝不是如何使调查员工作得更顺利更方便，而是全心全意地替被调查者着想，千方百计地让他们更加自在，能够更加充分地呈现自我。

调查情境的控制的具体内容因调查目标而异。一般来说研究者首先要非常清楚最可能阻挡被调查者充分参与自己这个调查的情境因素究竟有哪些。笔者愿意简略地分享自己的实践经验，因为笔者所进行的"性调查"高度敏感，因此它对调查情境控制的要求可能最多和最严格。择其要点地把它充分呈现出来，有益于本章的论述，也有益于读者触类旁通、继往开来。

时空设置

首先，笔者的"性调查"绝对不可能是经典的入户调查[2]，因为即使没有旁人在场，中国人恐怕也很难在自己的家里说出任何一种不规矩的或者非主流的性关系，更不大可能说出自己的哪怕是非常正规的性行为，因为"我是在自己家里"这个情境彻头彻尾地笼罩着被调查者，与"谈性"格格不入。

---

[1] 笔者以"调查情景"为篇名和关键词在《中国知网》（1985—2021年）中检索，但未检索到任何论文。
[2] 有些学者虽然也意识到了入户调查中的问题，也设计了许多方法来解决，但是都没有从根本上质疑"入户调查"这种方法的可行性。前者例如金秀芝、孙丽范（2008）、龚江辉（2007），后者例如罗晓娟（2008）、严宗光等（2001）。

作为情境控制的对策，笔者在调查过程中专门设置了"邀约"这一环节，也就是派专人送去邀请信，把被调查者邀请到"访谈室"中来完成调查，以达到"鸟出樊笼"那样的心理效果。

为此，笔者设置了专门的"访谈室"，也就是独立的、封闭的空间作为调查的场所，确保没有任何第三者的在场，一切调查都在其中进行。这主要包括两类地点。第一类是居住区之内或者附近的旅馆、放假期间的学校教室（笔者的调查基本都是在暑假期间进行）；第二类则是社区活动室、居（村）委会的办公室。结果，这样的"专门时空"促使被调查者"更专门地"呈现了自己。从应答率与调查结果的分析来看，两类访谈室在总体上没有出现显著的差异，但是在一些小城市中，后者的效果稍好一些。这主要是因为小城市的居住者对于居委会办公室的安全感更加强烈一些。

其三，笔者的四次全国调查都采用了笔记本电脑辅助的调查（详见本书第六章第三节）。这就把经典问卷调查中的"人际谈话"变成了"人机交流"，避开了中国人在"性的表述"上普遍存在的非礼勿听（无法接受调查员"说性"）与难以启齿（被调查者认为不可言传）的文化障碍，实现了很好的情境控制。

人际关系设置

第一，"邀约者"与调查员决不允许是同一个人（详见本书第六章第一节）。这是因为有时候"邀约者"不得不亲自去动员被调查者接受调查，就很可能获知对方的一些个人信息，至少也是见过面。如果还是这个"邀约者"来调查对方，那么匿名调查的原则就多少遭到了破坏，无论调查员做出多少保密的承诺，对方也难以安之若素地呈现自己。因此，这个设置就是要保证每个被调查者都是面对素不相识的人来表述。这不仅仅是为对方保密，更是为了给对方创造出一个"陌路相逢，哪说哪了"的情境，以便减少对方的心理压力。

第二，设置了"增加亲和"的情境，规定调查员必须给被调查者端茶倒水、嘘寒问暖、并排而坐、以闲聊开始等，以期达到一见如故、谈天说地那样的自然气氛。

第三，坚持必须是同性别的调查员进行调查，其原因不言自明。

电脑技术设置

其一，把每位调查员的性别、年龄、文化程度都另外录入，以推测调查员可能的作用。

其二，给笔记本电脑设置了这样的功能，即自动记录被调查者回答每5道题的时间，以推测被调查者回答的认真程度。

把上述两种数据加以比较，就可以在很大程度上考察调查员对于调查过程（而不是调查结果）的影响，从中推测"时空设置"与"人际关系设置"的被综合贯彻的程度。由于笔记本电脑调查非常便利，调查者可以在每次调查完一地之后立即进行这样的分析，可以随时调整调查时空与调查员人选。例如，在2000年第一次全国调查使用的36位调查员中，有6位是因此而更新过的。

综上所述，调查情境控制的实证效果就是：主要由于被调查者更加放松（而不仅仅是由于问卷更好或者调查员更加高明），因此在被标定为"谈性色变"和"许做不许说"的中国，笔者获得了比美国更高的应答率。美国1992年进行的全国调查的有效应答率仅为56%，而笔者2000年的调查为76.4%；2006年的调查则为71.5%；2010年为76.4%；2015年为66.5%（潘绥铭，2018）。虽然这个情况也可以反过来解释为，在性方面所谓中国人更传统美国人更开放，只不过是一种刻板印象而已，但是笔者实行的调查情境控制，无疑促进了同胞们的真情流露。

三、数据质性的控制：收集"主体的构建表现"

在我国现有文献中，问卷调查基本上被刻板地、武断地归入定量研究的范畴，而且似乎不可越雷池一步，结果造成了操作教程中莫名其妙但又是心腹大患的"潜规则"：除了答题器，什么都不要问，什么都不要记，什么都不要管。如果这是为了节省时间和精力尚情有可原，但是更大的可能却是来自缺乏对于定性调查的指导思想的借鉴。

从主体建构的视角来看，被调查者的任何回答都是他（她）在人际互动之中，在进行了构建之后呈现给调查员的。因此在问卷之外，必定存在着各式各样的蛛丝马迹可以透露出一些对方进行构建的情况，就看研究者有没有意识到，去不去收集。再者，被调查者也不是千人一面，每个人进行构建的程度必定不同，因此收集问卷以外的"对方的表现"的信息可以帮助研究者加以判定。

这就是研究者对于调查数据的性质的全面判定，是"过程控制"的重要组成，应该是问卷调查的安身立命之本。这是因为人非草木，不仅随时随地可以心动情变，而且同样的事实对不同的人会有不同的价值与意义。如果不去调查这些问卷以外的情况，那么自然科学就无法应用于对人的研究。

可惜，这是我国问卷调查的理论与实践的软肋之一。

其实，判断数据的质性对于问卷调查来说，往往比对于定性调查更为紧要。如果研究者不能起码从质性上判断一下被调查者所做出的主述，究竟是在调查员面前的装模作样还是以诚相见，怎么敢把这些数据拿来就统计呢？

在笔者有限的实践经验中，至少可以有如下几个办法可以控制数据的质性，仅择其要而述之。

其一，在问卷末尾增加调查员对于具体的调查场景的记录，在被调查者离开之后由调查员填写，例如调查在什么样的地方进行、是否有人在房间外面围观或者等候、是否有孩子在场、孩子是10岁以下还是10岁以上、调查是否受到外界干扰、调查如果中断是否因为外界干扰，等等。

其二，要求调查员事后在问卷末尾记录一些对于被调查者的基本判断，例如对方是否喝了酒及其程度、是否紧张、是否有害羞的表现、是否在调查内容之外说了别的话、回答中是否有困难、是否需要调查员提供帮助以及帮助什么、总的来说对方的穿着打扮在当地属于什么档次等。笔者曾经设置达12项之多。

其三，在"笔记本电脑辅助"的问卷调查中，设置某些可以反映回答的质性功能，例如被调查者回答每5个提问的时间、是否播放为文盲准备的录音、是否打开"帮助窗口"等。随着笔记本电脑的功能不断增加与强化，相信可以做得更好一些，例如直接记录对方的移动鼠标或者按键回答的具体状况。

这里的基本原理其实是：问卷调查所收集到的一切数据都不可能是原汁原味的被调查者的呈现，只能是对方的回答，而且是在"访谈室"这样一个空间之中，在与陌生的调查员互动之中，在进行交流这样一种人际关系之中，不自觉地构建出来的表现。

所谓"质性控制"其实就是要在被调查者的主述之外，努力去收集那些可能反映出对方的构建过程与机制的资料。例如，研究者虽然不可能知道对方喝了酒是不是就一定会撒谎，但是却可以通过记录下"该人喝了酒"这一情况来标识其所有信息的性质，以便必要时使用这个标识来进行相关分析。如果把各个质性控制的变量加以统计学处理，就很容易得出该数据的"质性程度"变量。把它加入整个统计分析中，就会取得更加"人性化"的数学结果。

总之，这些措施在调查的性质上意义非凡。这其实就是在问卷调查中承认与尽量落实了"调查是人际互动"的思想与主体进行了构建的视角，最终贴近了对于人的科学研究的受控条件。

中篇

定性调查的切身分析

第八章

定性调查概述

研究是一门手艺——不是像一门手艺，就是一门手艺。如果你知道人们是怎么成为巧木匠或者好裁缝，你就知道怎么才能成为一个好的研究者。那就是实践，实践，再实践——而且不要期望第一次就能做出很好的研究，实际上，永远不要期望"完美"的研究，而应该是期待每一次研究都能投入越来越多的经验，而收集材料和分析材料的能力越来越强。

——H. Russell Bernard, *Research Methods in Anthropology*, 2002:2

从1996年开始，在10多年的时间里，潘绥铭、黄盈盈及其师生研究团队一起，累计定性调查过全国各地13个田野点的1076位"小姐"、相关人与旁人，共出版过专著7部，还有6次预防艾滋病的社会学调查及专著6本。

整个中篇的论述，主要就是在这样一个定性调查实践的基础上的提炼与升华。笔者从"论方法"而非教科书的理念出发，并不追求过程展现与方法介绍的完整性，而是有话则写，有感而发，努力分享自己的实地经验与反思。

第一节 文献回顾的体会

一、社会学的文献

定性调查讲究实践、经验和感悟，每个认真地作过定性调查的人都会有很多故事要讲，但是真正把这些故事讲出来的却并不多。通常看到的是最后成型的作品，即经过处理的"结果"，而研究方法，尤其是研究的过程和其中的思考却经常被遗漏，或者冠以"深度访谈""田野观察""实地研究"等概念一笔带过。

有一些好的定性调查作品会单辟一章来介绍所采用的方法，或者把相关内容穿插在叙述中，但是这些研究所采用的方法和研究的过程通常需要读者去拼凑和想象，很少能够直接看到背后的故事。换句话说，对于操作方法和研究过程的分析比较缺乏，定性调查也缺乏"论方法"。

回顾国内社会学领域已有的方法学文献，较多的是问卷调查的定量方法介绍，而定性调查及其操作方法的资料凤毛麟角，真正有价值、有新意的更是寥若晨星。即使在调查方法的教科书里，往往也只是在介绍完定量调查之后，用不多的篇幅笼统地介绍定性资料的某些收集方法，通常包括观察、访谈、文本分析、焦点组访谈等；却缺少有血有肉的经验的呈现和分析。这种情况，尽管在笔者修订本书第二版时（2021年）有所改善，但是整体而言，结合本土情境、原创性的方法论述依然缺乏。

在上一个十年（2000—2010年），研究方法的译著开始被引介到中国。其中有偏综合性的《社会研究方法》第十版（巴比，2005）、《社会研究方法：定性和定量的取向》第五版（纽曼，2007）、《研究设计与写作指导：定性、定量与混合研究的路径》（克雷斯威尔，2007）等，也有专门介绍定性方法的丛书系列，比如重庆大学出版社引进的《案例研究：设计与方法》（殷，2004）、《定性研究：方法论基础》（第1卷）（邓津、林肯，2007）、《叙事研究：阅读、分析和诠释》（利布里奇，2008）、《如何做质性研究》（希尔弗曼，2009）、《质性研究的资料分析》（迈尔斯、休伯曼，2008）、《质性研究的理论视角》（艾尔维森、舍尔德贝里，

2009)、《构建扎根理论：质性研究实践指南》（卡麦兹，2009）。

国内也有一些夹杂着译介和个人经验的专著与编著。比如，较早的有陈向明的《质的研究方法与社会科学研究》（2000）以及相关的一些论述文章。陈向明的专著被称为第一部系统地介绍"质性"方法的书，有助于对于质性研究方法有一个全面的了解，也有助于方法论方面的反思。但是，该书还是偏向于系统地概括和介绍一些方法论与资料分析，尽管也有作者自己的经验和案例分析，但还是缺乏本土的、切身的经验与反思。对于如何在中国进行一项定性调查没有一个过程式的展现和分析，初学者看了可能还是不知道怎么做，熟练者也难有收获。

这期间，还有一些女性主义、个案法、口述史、社会记忆、理解、真实性等方面的方法讨论，大多数偏重视角和理论观点，少数触及自己的研究经验。笔者印象深刻的比如孙立平曾经牵头组织了一批农村的口述史研究，其中也涉及对方法本身的分析和论述，其中包括了孙立平的"过程事件分析"（2000）的视角和方慧容"无事件境"（1997）概念的提出。杨善华（2005，2010）结合自己的研究经验，从现象学的理论视角分析深度访谈和定性调查中"意义"的重要性。朱力的《法律社会学调查中的权力资源：社会学调查过程的一个反思》（1998）是较早的中国学者反思调查过程的方法学文章。这些研究在方法和方法论方面的本土色彩更加浓厚一些。

在最近十年（2011—2021），有关定性研究方法的译著出版与论述方面都有了不少进展。

在译著方面——无论是混合方法还是专注于某些方法主题——仍在不断推进。除了重庆大学出版社"万卷方法"丛书的再版及新的译著（如对现象学方法的介绍），中国人民大学出版社陆续推出了传播学、心理学等不同学科的质性研究导论系列，格致出版社亦推出了"格致方法"丛书之质性研究方法译丛。有关"扎根理论"的经典译著与相应的介绍性论文也在陆续推出，例如《经典扎根理论》（霍尔顿、沃尔什，2021）、《扎根理论》（弗里克，2021）。

这些译著基本以教科书的形式出现，但是穿插有各种案例，读起来颇有启发。随着近年出版社推介力度的加强与若干方法培训班的兴起，也开始在更广、更加跨学科的范围内被更多人知晓与应用。

此外，有关口述史、扎根理论、个案法、叙事与故事社会学、日常生活方法论等议题的相关文章与著作有较为明显的增加；一些发表的论文也触及对于"方法主义"的批判性分析，对于本土性、机制与因果探究、现象学方法论（生活世界与意义探究等）的辨析、大数据批判及相关争议等。据笔者了解，《社会学研究》《社会》《学习与探索》《妇女研究论丛》《中国青年研究》《探索与争鸣》《新视野》等期刊组织过相关的方法论与方法专题讨论。

可以说，相比于10年之前，定性研究方法无论是在译介、论述还是不同学科的应用方面，都有了一定的进展，并且开始走出学术圈子，通过培训班、公众号等形式提升了其在社会上的可见度。但是，笔者依然觉得，基于扎实调研经验的过程式分析、切身而反身的方法论述，仍有待进一步丰富与深化。

二、人类学的经验

相比于社会学，人类学在方法论方面的探讨更趋成熟，也更加令人兴趣盎然，包含了相当多关于田野民族志、具体方法或者研究视角方面的讨论和译介，这里仅列举一二。

较早一些的著作比如董晓萍的《田野民俗志》（2003），文章比如胡鸿保等人的《人类学本土化与田野调查》（1998）、《从林耀华到路易莎——贵州苗民人类学研究视角的变换》（2010）《口述与文献的融通——满族史研究新体验》（1998）、翁乃群的《重新认识质性研究在当下中国研究中的重要性》（2007）、周华山的《女性主义田野研究的方法学反思》（2001）等。黄淑娉的《从异文化到本文化——我的人类学田野调查回忆》（2003）涉及了自己的田野经历和思考；台湾乔健的《飘泊中的永恒——人类学田野调查笔记》（1999）谈到了作者自己的人类学旅程。近年来论及自己民族志研究与写作过程的著作、文章与公众号更是多样。除了反思类与理论探讨类文章，建设性的具体田野工作方法的论述（杨春宇，2021）、虚拟民族志（卜玉梅，2012）的方法讨论等内容亦有增加。

在译著方面，有不少作品是作者根据自己的研究经验展开的方法论述。笔者在本书第一版中曾经详细介绍的怀特的《从田野中学习》（*Learning from the*

Field），亦已有中译本。这本书比较完整地回顾和反思了作者"做田野"的整个过程与作者在"街角社会"的生活经历。尽管时代背景、地域文化背景、研究主题都差异甚大，尽管 30 年来人类学与社会学的方法都有了长足进步，但是怀特在方法论、研究过程方面的思考还是具有一定的共性与启发意义。

该书是怀特对于自己半个世纪以来的田野作业做的一个总结报告，却并不仅仅是一个简单的"成功故事"。它以个人经验的描述带领读者重返田野现场，犹如身临其境，活灵活现。弥足珍贵的是，尽管对于自己的田野作业大部分表示满意，但是怀特特意指出自己在很多研究项目中也犯了很严重的错误，或者没有抓住一些机会（Whyte，1984:11）。这些失败、错误、后悔、教训，不仅尽显大家风范，而且已经成为学术界的共同财富。

此外，继《摩洛哥田野作业反思》（拉比诺，2008）、《人类学家在田野》（休谟、穆拉克，2010）之后，《天真的人类学家》（巴利，2011）、《妮萨》（肖斯塔克，2017）、《如何做田野笔记》（埃默森等，2012）等人类学译著也进一步把研究经历、多声道的民族志写作，包括做田野笔记本身作为论述对象带到了台前。华东师范大学出版社"薄荷实验"系列民族志作品与所附方法介绍更是近年来值得关注的亮点。

文献中当然也不乏对于民族志研究中的权威、权力和知识之间的关系的讨论和分析，比如至今仍被不断引用的经典译著《写文化：民族志的诗学与政治学》（克利福德、马库斯，2006）。

这些译作虽然不见得是完整地介绍研究者的整个研究过程，也不是详细地分析某些资料收集方法，亦不是在中国的社会背景之下展开，但是涉及作者对于田野过程的某些环节、某些因素和具体方法的分析与反思，倒是更加接近于本书的意旨，也更加有意思。尽管数量少，而且与那些教科书相比很"不系统"，但是对于研究实践的借鉴意义倒是更大。

第二节　重视调查过程的展现和反思

　　本书的中篇，不是教科书，也不是纯理论的论述，更不是定性调查的模式，不可能涵盖或者预见所有定性调查过程中曾发生与要发生的事情。笔者主要是通过对于过程的展现来回顾与反思自己的田野经验。笔者确信，任何定性调查的具体操作方法都要视其研究目的和具体情况而定，唯一不变的就是对于这种方法的性质的理解应该入木三分。

　　定性调查没有一个统一的定义和模式，但是研究却是有过程的，这个过程是可说明的，可以被评价和反思，也可以被借鉴。这个过程中涉及的很多方法论的问题具有一定的共通性，也是需要被讨论的。因此，定性调查没有一个统一的标准，但是却有"质量"可论。

　　定性调查的操作方法直接影响到后期材料的分析与解释，也影响一个研究成果的质量。操作方法是支撑整个研究的基石，也是加以评价的先决条件。近年来，"深度访谈""田野调查"等名词开始成为学术界的时髦语言。有些人动辄就说自己"在中国"做了10余年的田野或者进行了若干深度访谈。这迫使研究者不得不认真地开始反思田野和深度访谈等定性调查方法的定义：从什么时间开始算田野的时间？田野是否有"质量"？如果有，质量是否具有可评价性？所谓深度访谈，又何为"深度"？这些都应该是给予论证的，而不是不言自明的。定性调查的开放性也不能被某些人用来掩盖其态度上的不认真、工作中的不投入或者操作中的基本素质与专业训练的缺乏。

　　诚然，"任何人类学家的民族志都不可能是纯粹客观的文化书写，对任何一种文化的书写，人类学家都存在着一种文化翻译的问题"（刘晓春，2006）。笔者在书写中也存在同样的问题：记忆是有选择性的，实地研究不可能被复原或者再现，因此"放马后炮"在所难免。但是，这种记忆书写和事后分析依然是有意义的，是可深描的，也是可反思的。

　　一般来说，定性调查方法至少有三个层面的意思：第一个层次是认识论，即怎么去认识事物，再简化一点，即通常所说的研究视角；第二个层次是策略的选择，比如是用田野调查、访谈、文献分析，还是定量问卷、社会学实验；第三个层次则是具体的技巧或者技术，例如是否要选择被访者、如何做到深入再深入等（Bernard，2002）。

可是，笔者并不打算按照这三个层面来写一篇正襟危坐的八股文，而是有话则长，无话则短，努力言之有物。本篇将以中国人民大学性社会学研究所长期以来做过的性社会学研究，特别是"小姐"研究、针对男客（嫖客）人群的定性调查、女性身体的访谈研究为例，来描述与反思所经历的细致入微的研究过程，意在推动介乎方法论探讨与具体技巧介绍之间的"论方法"。其他定性调查中所运用的比较常见的收集资料的方法以及相关讨论，也会得以反映。

笔者的目的是打开定性调查过程这个"黑匣子"，同时也审视自己作为调查者的心路历程，以便促进每个做过定性调查的人能够再次回味与咀嚼自己初做田野和访谈时某些类似或者不同的经历和感受，促进每个即将第一次去做田野或者访谈的人可以从中吸取一些教训和经验，促进所有从事经验研究的人更加重视"论方法"。

总之，抛砖引玉，举一反三，这就是本篇内容的期待和最高理想。当然，最低的理想就是满足读者对于"性"研究朴素的好奇心。

第三节　定性调查的初始考虑

一、在比较中认识定性调查

在笔者的方法论教学实践中，学生们要进行定性调查的最主要考虑是缺乏研究经费，无法进行具有代表性的问卷调查。但是，他们的选择往往也是建立在误解的基础之上，例如认为"定性调查更容易操作""它无所谓调查质量""就是找熟人聊天"等，却很少有学生从它的根本目标上去做出选择。

其实，这里有三大考虑：其他调查学派是怎样研究的？定性调查做不到什么？它的投入产出比如何？不过这三个问题在其他文献中已经有过论述，此处不再展开，而是希望提出一个更为根本的问题：一切取决于调查目标——你究竟想知道什么？

如果仅仅希望了解"事实"（人的行为及其结果），那么你就应该遵循科学主义或者客观主义的思路，采用社会测量的方法，而不应该再来考虑定性调查方法。

定性调查所能够获得的，主要是"意义"（主体的标定过程），是需要有"主观性"与洞察力介入的，以更为整体的方式来理解所调查的现象，包括对方的感受与解释、对于"主体"的意义、情境与关系中的"他者"这个人、社会文化中的那个情境等。

简而言之，定量调查是测量，而定性调查则首先是理解。

当然，这并不是说定性调查就一定不可以用来了解"事实"，但是即使是为了这个目的，也还是有一个该不该选择的问题。一般来说，把定性调查方法用于此种目的，完全是事出无奈，主要指下列情况：

- 无法使用问卷调查的方法，主要依赖于对方的"全面主诉"，例如"小姐"的从业原因。
- 无法转化为问卷所必需的指标与变量，例如情绪、想法等。
- 已有的统计结果不足以说明问题，意图突破，例如安全套的使用情况。
- 预计可能遇到新的未知的情况，例如性工作中的"MB（money boy）""女王"等。

为了更好地说明定性调查的基本思路，最合适的办法就是把它与人们相对更熟悉的问卷调查方法进行比较。下面表8-1就很简单明了。

表 8-1　定性调查与问卷调查之间的差异

	定性调查：发现与理解	问卷调查：测量与检验
初级	发现新情况及其丰富性（还有什么？）	测量已知情况的分布（究竟是多少？）
中级	探寻其丰富意义（意味着什么？）	检验事先提出的假设（跟什么有关系？）
高级	理解整个研究对象（怎么会这样？）	建构指标体系（还有哪些关系？）

定性调查与定量调查之间的差异，也可以更加具体、有步骤性地体现在下面表 8-2，一并列出，以供参考、补充、修订。

表 8-2　定性调查与定量调查之间的差异

	定量调查	定性调查	定性调查的难点
设计理念	封闭式	开放式	理解别人的能力
直接目标	分布状况 + 推论总体	新鲜信息 + 怎么会 + 为什么	典型性的理解与体现
分析目标	A 与 B 是否相关	整体理解 + 语境 + 情境 + 过程	复杂解读
性质	求同（共性 + 大概率）	求异（多样性、差异性）求全（整体性原则）	探索"异"的意义体现"整体大于部分之和"
对象选取	随机抽样 + 代表性	最大差异法 + 信息饱和	差异如何确定
收集资料	结构式问卷 + 不可修改	田野调查、深度访谈、座谈会、口述史、网络民族志……	避免一问一答
操作过程	照本宣科 + 统一解答	开放 + 讨论 + 随时调整 + 追问	理解：话外音 + 不可言说
对调查者要求	标准化	平常心 + 亲和力 + 善解人意	记录并反思：双方的互动 + 情境的影响
资料分析	编码 + 统计	扎根理论 + 收集资料与整理分析同步	洞察力 + 理论积累
方法论支持	实证主义（客观监测 + 价值中立）	强调生活逻辑、理解、意义、主体构建、情境、体验等	深入解读 + 更为整体性的想象

二、定性调查就是"谈恋爱"

在本章的开头,笔者引用了国际学者"研究是一门手艺"的警句。相信至少有一些读者已经为之震撼。但是请原谅,笔者是把它拿来当作靶子的。

所谓"手艺说",还是把被访者当作一个可以任由调查者雕琢的原材料,还是相信调查者"只要功夫深,铁杵磨成针"。这不仅缺乏方法论的水平,而且恐怕更是缺乏人性意识。

首先,被访者不是"铁杵",不见得允许我们去"磨",况且"磨"的结果也并不必然是对方变成"针",还可能是调查者自己"积劳成疾"。也就是说,与问卷调查相反,调查者其实根本无法控制定性调查的过程与结果。

其次,研究者不但没有单方面去"磨铁杵"的权力,而且也根本没有这样的能力。曾几何时,世界历史上那些企图"改造人类"的人,还不都被证明仅仅是些自大狂?

最后,被访者其实是参与到整个定性调查全过程的"合伙人",与调查者共同创造出了调查结果。只不过由于社会阶级的那种"楚河汉界"的划分,他们的贡献与价值注定会被"学术界"所湮灭,这简直就是"一将功成万骨枯"。

笔者认为,定性调查其实是一场恋爱,不是就像是恋爱,而是就是恋爱。"谈恋爱"所需要的一切必要条件、充分条件、控制条件与发展条件,不仅全部体现在定性调查中,而且不可或缺、不可时变、不可"看人下菜碟"。

恋爱是至少一方首先发起而且不断得到正反馈的人际互动过程,只能靠自己更多地投入来引导或推动对方,来不得威胁与强迫。因此,定性调查的研究者只不过是"求爱者",绝不能把自己变成"强暴犯";只能甘于奉献、百折不挠,绝不能颐指气使、只取不予。

恋爱是"爱的就是你的独特",因此定性调查中的"求同法"是南辕北辙,"求异法"才是康庄大道。

恋爱是在探求对方身心中不断强化好奇与不断收获惊喜的过程。一旦这个过程结束,爱情也就烟消云散。因此,研究者不应该仅仅对"那些事"感兴趣,而应该是被对方"这个人"深深地、强烈地、不可自拔地、无怨无悔地吸引。

"谈恋爱,谈恋爱,不谈就不是恋爱。"因此,定性调查的命根子绝不是"访",而是"谈",是交流,是争取心心相印、息息相通。

恋爱是指向对方的整体存在,而不能仅仅是"有房有车"。因此,只有全方位完整动态的"个案研究"才能是定性调查的最高境界。

恋爱中的理性上升意味着终结的开始,因此定性调查追求的不是"客观规律"而是研究者的"感悟"。

恋爱是双方共同营造而且确认的一种状态,因此定性调查要求研究成果获得被访者的认同。

恋爱很可能只是失恋的组成部分,因此定性调查理应是屡败屡战,而不可能是百战百胜。

如此等等,不一而足。

舍此,定性调查就会变成"包办婚姻"式的问卷调查,虽然后者也很可能是中国老夫老妻那种"和和美美、恩恩爱爱",但是那种飞蛾扑火般的青春激情和狂野浪漫,却只有前者才可能获得。

综上所述,笔者的警句是:恋爱过吗?就那样去进行定性调查吧。

第九章

定性调查新解

第一节 "求同法""求异法"与"个案法"的不同性质

目前我国的学术界，对于定性调查方法的理解与规范化尚处于发展之中，往往以为它仅仅是另外一种数据收集方式，所以经常出现一种误解，以为只要不是采用问卷询问的方法而是使用访谈、座谈会、参与观察等方法，就都可以算作是定性调查了。

这种误解的最直接的产物就是经常可以见到把"定性调查"混同于"个案研究"的情况，甚至常常把两者互为代名词。更加常见的情况是：如果定性调查了若干人，调查者就把其中的每一个人都称为一个"个案"。这样一来，很容易诱导调查者忽视定性调查的内部还存在着不同的层次而且具有不同的性质，从而可能扭曲了定性调查所具有的功能，乃至于误用之。

进一步来说，这种误解其实是把方法论层次上的问题给技术化、表面化了，非常不利于研究者更加深刻地理解定量调查与定性调查两种方法的异同。

因此，笔者提出自己的见解，以就教于同仁。为了下面分析的方便，笔者假设存在着这样一个"通用例子"：采用定性调查方法来了解大学生的"就业障碍的原因"。

一、"求同法"，其实只是开放的问卷

我国目前最常见的定性调查方法是：确定一个研究目标之后，收集几个（或者几十个甚至更多）个人（或者其他调查单位）的情况；从不同人的不同访谈记录中，摘取某些相同的侧面或者片段，来证明在这些人之间存在着某些共同的现象；然后用这些共同现象来说明自己的研究目标。

这就是"求同法"，其目标就是去发现共性，而且必须依赖共性才能做出相应的解释。通俗地说，这就是"举例说明"。也有的学者把"求同法"称为"主题调查法"，但是笔者认为前者更加能够说明这种方法的性质与操作方式。至于具体采用的是何种技术手段（定性访谈、座谈会，还是参与观察），都仅仅是进一步的分类，并不影响其"求同法"的性质。

在"通用例子"中这就表现为：先排列出可能造成大学生就业障碍的某些情况，然后再去据此访谈。如果发现其中的一些情况确实很多，就得出结论：这些情况是就业障碍的原因。

但是，从方法论的层次上来看，这种方法不仅不能实现它所追求的目标，而且在性质上很难称之为定性调查。

有假设，可统计，与问卷调查雷同

"求同法"的第一个特征是，在调查每一个人的时候，并不是去了解该人的全面的所有的情况，而且是仅仅了解那些与调查者的研究目标有关联的情况。

以上述的"通用例子"来说，"求同法"经常会询问大学生的就业意愿、求职过程等情况，可是无论调查了多少种情况，恐怕都不可能去调查大学生的饮食习惯，因为这方面的情况已经先验地被认为不大可能与他们的就业障碍相关，因此事先就已经被排除在调查内容之外了。

这就是"求同法"的性质之一：它是有假设的（而这恰恰是定性调查最反对的）。第一，它是假设不同的被访者肯定具有相同的情况（这在现实生活中是多么荒谬啊），第二，它是假设只需要询问一些情况就足以说明全部情况或者整个问题了（这是多么初级的人生阶段啊）。这就是本书上篇提出的任何问卷调查都

必然存在的对于调查内容的范围的"元假设"。可是，这个"元假设"事先并没有得到过检验，事后也无法进行检验。不但任何问卷调查如此，任何"求同法"的定性调查也是如此。以"通用例子"来说，调查者事先其实不可能知道"饮食习惯"是否对于大学生的就业障碍发挥了作用。调查之后，即使是"饮食习惯与就业障碍无关"这样的结论也不可能得出，因为在调查中根本就没有询问饮食习惯方面的情况。

从认识论上来说，由于这种"元假设"的存在，"求同法"其实仍然是调查者使用自己的先验的框框来测量别人的生活，而不是从主体（被访者）的生活中来提炼出自己的认识。从方法论上来说，"求同法"在性质上其实仍然是一种问卷调查，因为它首先就限定了被访者可以回答的范围，只不过没有设置备选答案，而是开放题。

正因为如此，任何一位经验丰富的定量调查者，其实都可以把"求同法"所获得的文字记录资料进行量化处理，得出统计数字与相关分析的结果。也是因此，国际上才会出现许多"定性调查资料分析"软件（比如 ATLAS.ti），其实都是通过裁剪生活来制造虚幻。

这样一来，"求同法"虽然自称属于定性调查，但是实际上与问卷调查的区别仅仅在于技术手段的不同。这就像网上调查、电话调查虽然与拿着问卷直接询问有所不同，但是仍然同属于定量调查。

有样本量问题，却无法辩白

"求同法"的第二个特征是，为了"举例说明"调查者自己的研究目标，没有谁会仅仅调查一个人，都是调查多人甚至很多人。结果，问题就来了：究竟调查多少人才算够呢？调查 50 个人的结果就一定比只调查 5 个人更加足以说明问题吗？这 50 个人需要是随机抽样的吗？他们的总体又是什么？如此等等，不一而足。

这就是"求同法"的性质之二：它倾向于以数量而不是性质来说明问题；如果不解释清楚数量的问题，它的调查结果就很难站得住脚。以"通用例子"来说，如果调查结果显示：有 5 个大学生的就业障碍主要是由于他们自己的"就业意愿"太脱离实际，只有 3 个人是在求职过程中遇到了不公平的对待，那么研究者应该得出什么样的认识呢？恐怕只能说前者是主要原因，却无法说后者更重要。这就是重返统计分析的老路，不得不依赖"比例分布"来说事，不得不去纠缠"样本的代表性"之类的本来仅仅存在于定量调查之中的问题。

从这个角度来看，"求同法"显然更难区别于问卷调查，也更难回答别人的种种质疑。

基于可比性，就不得不裁剪生活

"求同法"的第三个特征是，在收集到许多人的情况之后，调查者必须加以归类与总结才能够说明问题。也就是说，它不得不寻求不同对象之间的可比性，否则就无法实现"举例说明"的目标。

可是，普天之下，难道会有两个人的情况是一模一样的吗？以"通用例子"来说，被访者 A 是富家子弟，B 却是山沟沟里出来的。虽然他们都说因为嫌挣钱少才不从事某个职业的，但是 A 说的"少"是低于 5 万元，B 的"少"却是低于 5000 元。那么，这两个大学生的情况怎么可能具有可比性呢？

结果，采用"求同法"的调查者只有一种选择：把原始资料进行归类，然后进行汇总。在这个过程中，不可避免地要进行筛选、提纯、排除等工作。以"通用例子"来说，其实就是把 A 和 B 强行归入"嫌挣钱少"这一类。

其实，与其这样，还不如像问卷调查那样事先设置好"嫌挣钱少"这样一个备选答案，强迫被访者按照研究者的框框自己来归类，反而比"求同法"的事后归类更真实一些。因为问卷中的备选答案虽然也扭曲了被访者的真实情况，但是至少没有像"求同法"那样，由调查者来明目张胆地直接篡改原始记录。

否定了定性调查的功能

"求同法"的第四个特征是，不是努力去发现同一个主题下的差异性，而是拼命地论证自己所访谈的众多对象，在该主题上具有极强的同一性。在"通用例子"中这就表现为先假设大学生会遇到专业不对口这样一个就业障碍，然后再去访谈，结果发现这种情况确实很多，于是就做出结论说：专业不对口是就业障碍的原因之一。这其实就是先假设"多",然后用"确实多"来加以证明,这其实就是"假设-检验"的方法。

可是,如果"求同法"其实仅仅能够实现问卷调查法早已轻车熟路的"假设-检验"的功能,那么这种所谓定性调查方法与问卷调查有何区别?它还有存在的必要吗?

这种"举例说明"的思维方式来自于定量调查中的"规律性崇拜"。它不仅违背定性调查的基本功能——理解现象而不是测量之,而且其测量的功能远不如问卷调查有效。

综上所述,"求同法"虽然号称是定性调查,但是其基本理念却仍然属于定量调查,而且与问卷调查的检验手段相比,自愧弗如。通俗地说,所谓"求同法"其实就是使用访谈技术手段进行了一次质量相对更差的问卷调查,却拒绝使用统计学的方法来表述自己的调查结果。

二、从"求同法"走向"求异法"

求异法的实践来源

这里引用潘绥铭的回忆。

"求异法"并不是来自抽象思辨,也不是从西方引进,而是我在社会学调查的实践中,歪打正着地总结出来的。

2002年7月到9月,我带着5位女研究生、一位女老师和她女儿,一起在黑龙江和辽宁的3个田野点里摸爬滚打将近两个月,访谈到103位"小姐"的生活经历与人生故事,写下的访谈记录和田野笔记有53万字。据此写出一部定性访谈的专著(潘绥铭等,2005)。

其间有一天我在反复地读访谈记录,也不知道是哪根筋儿抽的,突发奇想:这么多"小姐"的经历都有类似之处,那么是不是可以把她们的每段经历都数量化(赋值),然后做一点统计呢?说干就干,我设计了一个excel表格,每个"小姐"是横行(个案),她们的每一段经历是纵列（变量），只需要把她们的故事加以分类、赋值和录入，那么一个完整的数据库就制作出来了。结果，我只用了两天的时间，就把53万字的文字记录转化为拥有62个变量和103个样本的定量化的数据。然后，与黄盈盈合作据此写出了一篇统计分析的论文（黄盈盈、潘绥铭，2003）。

随后，笔者在调查团队的聚会上讲了这个过程：我们8个人废寝忘食地访谈了快两个月，结果被我一个人用两天时间就给量化了。尤其是，那篇论文的结论是：103位"小姐"的从业规律是"职业平移"，而这恰恰是从量化统计中得出的。如果光是看那53万字记录，反而看不出来。

那么问题来了，早知如此，咱们干吗要用定性访谈这样的调查方法呢？如果我们这么多人，以同样勤奋的精神，用同样长的时间来发放和回收调查问卷，我相信咱们足足可以调查1000位"小姐"！

我说完之后，大家都垂头丧气，觉得我们白干了。可是，我却从此开始不断思考：我们究竟哪里出错了？

大约到了2008年之前的一个什么时间，我终于悟出：定性调查不应该是在很多人的故事里寻找和抽出相同的侧面，然后总结其规律。这是"求同法"，是拙劣地模仿问卷调查，却又远远不如它。这就是我们2002年那次调查的失误所在。

与之相反，定性访谈应该做的是，第一，发现在相同的调查单位里，不同情况的多样性；第二，相同情况在不同的调查单位里的多样化呈现。这就是"求异法"。到了2015年，我的博士生鲍雨从哲学的高度，论证了"求异法"的理论传承，给它以更加坚实的基础。后来的2016年，在黄盈盈的组织之下，核心期刊《中国青年研究》发表了7篇系列论文，专门讨论性社会学的研究方法，包括问卷调查、民族志、定性研究方法、不方便抽样等。这标志着性社会学已经实现了以方法论为根基的学术成熟，迈上了一个新台阶。

但是晚年回眸，关于定性调查，我也仍然有一个耿耿于怀而且屡屡发难却无人回应的"元问题"：一篇定性研究的学术论文，与一个记者做的深度调查，区别究竟何在呢？仅仅因为学术论文有一些理论吗？可是谁都知道，很多所谓的理论根本就是瞎掰啊。这就像问卷调查里的"假数真算"问题一样，定性调查如果不认真解答"自己何以更高明"这个问题，就无法进步。

求异法的理论来源

求异法的基础是以解释为中心的理论取向，作为研究方法进行理论建构（鲍雨、潘绥铭，2015）。

第一，研究者针对某一需要研究的社会现象，发现其内部差异性与多样性，发现在不同调查单位中的不同存在形式。也就是分析这一社会现象之下的不同的类属（category），并将研究者建构的类属与先前的抽离出个人与情境因素的一般性分类加以比较分析。构建或者完善概念体系来描述模糊的、流动的社会现象，确定该现象的边界，使之明确化。这一过程可以称之为类属化。

从这种理念与目标出发的定性调查，无论采用什么具体的技术手段，都属于"求异法"。

第二，用系统的语言对每一个类属的意义以及类属之间意义的差异性加以解释性的理解，把每一个分别探讨的类属集中整合起来形成对该现象的认知，通过与已有的解释这一现象的一般理论的进行比较分析，形成关于一个或者一些类属甚至是整个现象的解释性理论。用术语化的语言将经验材料组织起来形成理论的过程，可以被称为理论化（theorizing）。

以求异法作为定性研究的方法，最基本的目的就是通过类属化和理论化使经验材料上升为理论。

对于以求异法作为研究方法而建构的理论形态需要说明的有三点。

1.这些理论可以是描述、呈现式的，也可以是理解、解释式的。一个呈现同一现象在不同调查单位中的不同表现形成的研究本身已经具有很大的研究价值，但是依然可以追求高一层次的理论，即理解不同研究对象背后的不同意义，并寻求对行动逻辑的解释。

2.可以研究现象的某一种类属，也可以研究多种类属，前者如求全法，把一个单位当成一个异质性的整体来研究，进行深度的理解；后者即通常意义上的建立光谱,理解多种不同单位的存在形式。所以,本质上求全法与求异法是一个连续体,不存在方法上的分裂,仅仅是针对研究的广度与深度做出的分类。

3. 根据第二点,理论可以是针对某一现象的一个新的类属进行解释性理解,也可以是针对某一现象的一些新的类属,并建立光谱,把新的异质性和原有的一般性联系起来,形成对该现象的整体性认知。总之,用求异法建构的理论是一个连续的维度,从描述到解释、从单一类属到多个类属以致对整个现象的解释都可以被囊括到"理论"这个概念之中。

求异法的学术意义

求异法追求的是理解该现象的多样性与差异性,因此往往需要去访谈多个研究对象,但是并不是去勉强地比较各个差异之间的异同,也不是去总结所谓的"共性"。也就是说,它追求的是尽可能地穷尽一切可能性。

在求异法中,调查了多少个人毫无意义,唯一的价值在于最终发现了多少种不同的情况。它们之间的差异越多越好,越大越好。直到没有新的信息出现的时候,调查就终止了,无论已经调查了几个人还是几百人。

在上面的"通用例子"中,最理想的定性调查结果,绝对不是总结出哪类大学生有哪类"就业障碍原因"(这个问卷调查可以做得更好),而是发现所谓"就业障碍原因"的100种不同存在形式、1000种不同分布状态、1万种更深的层次。南辕北辙的大有人在,出人意料的比比皆是,越没有规律性越好,越违背"常识"越好。只有这样,"饮食习惯"这个侧面才会被纳入研究者的研究视野,也才能回答它是否与就业障碍有关这个问题。

求异法的调查结果是问卷调查绝对做不到的,不但封闭式问卷做不到,就是开放式问卷也做不到。因为在问卷中,事先规定好的提问内容必然会排除与之不符的回答,结果差异性与多样性就必然会受到限制与损害。同样,与问卷调查同质的"求同法"访谈也必然如此。

如果能够自觉使用求异法,就会彻底脱离问卷调查的轨道,就会使用各种各样的近乎无限开放的询问技术,来努力寻找无穷的差异。也就是说,求异法更加能够与定量调查相区别,更加能够体现出定性调查的开放性。

求异法的产出就是打开一个万花筒,让研究者看到在那些被贴上统一标签并且被模型化的现象(研究的主题)的内部,其实还有丰富多彩的无限风光。只有这样,才可能冲出既有的名词概念所构建起来的思想牢笼,更加清清楚楚、明明白白、真真切切地认识社会与研究者自己。

表面看来这似乎仅仅是一种描述式的调查,但是恰恰只有在对于现象的内部差异性的充分与广泛了解的基础上,调查者才能更加准确地认识该现象的性质,达到定性调查的目标。以"通用例子"来说,如果调查发现,饮食习惯的不同确实造成一些大学生找不到合适的工作,那么在论述"就业障碍"这个问题的时候,就不会再简单地归结为那些耳熟能详的原因,而是不得不进一步去研究:饮食习惯这一非常个人化与生活细节化的因素,为什么会影响到非常社会化的就业问题呢?只有这样,研究才能够不断地深入。

许多学者都认为,定性调查可以作为定量调查的试调查,一般来说,这指的是在设计问卷之前进行定性的试调查(包括使用二手资料)。这大概是最容易被社会学界所接受的一种说法。相关论述可参见国内社会学方法的教材和专著。但是,这并不等于笔者这里所主张的"求异法"的实际应用,因为那样的试调查往往仍然是为了发现研究对象的"共性"而不是差异性。

因此,只有采用求异法,定性调查才会有安身立命之本,才能立于不败之地。

三、"求全法"是定性调查的最高境界

"求全法"就是针对一个研究对象所进行的完全彻底的定性调查,而且仅仅是一个。即使真的研究了多个个案然后进行比较,也仍然需要首先完全彻底地研究一个一个独立的对象。从这个意义上来说,"求全法"才是真正的"个案法",只不过为了避免混淆,笔者使用前一个指称而不用后一个。

从认识论的角度来看,"求全法"才是理想状态的定性调查。

研究对象的独特性

在根本理念上,以问卷调查为代表的科学主义路线认为,人类社会中存在着

"客观真实""共性"与"规律",由此发展出以测量和统计为基础的一整套定量调查方法。可是,后现代主义思潮却质疑这一切,强调"建构""差异"与"主体性",由此正在建设从参与观察到深入访谈的一系列定性调查方法。

"求全法"之所以仅仅研究一个对象,绝不是出于省时省力的考虑,而是从根本立场上反对那种把各种现象人为地归类之后进行的所谓"对比"或者"汇总"。也就是说,"求全法"坚定不移地承认而且追求现象(事物)的独特性,认为所谓研究其实就是理解这种独特性。因此,它不是不考虑样本量、可比性、代表性、普适性这样的问题,而是根本反对进行这样的考虑。

在求全法的理念中,个案就是它自己,是独一无二的自己。因此它才符合"个案"这个词的真正含义——"个别之案"。正如罗伯特·斯特克强调的,个案是"一个有界限的系统",所谓界限,指的是个案与其他个案及其环境之间的区别;所谓系统,指的是个案之组成部分构成一个相对自成一体的单位。(转引自卢晖临、李雪,2007)

相对比而言,"求同法"与"求异法"虽然也是以深入访谈为主要手段,但是由于它们仍然不得不去考虑或者顾忌"量化"的某些原则,因此在"定性"的程度上,远不及"求全法"那样纯粹。

对象的整体性

以问卷调查为代表的"唯科学主义"路线,无论采用什么样的具体技术,都不得不首先把一个完整的研究对象"碎尸万段",然后再去测量、比较、汇总那些调查者自己从中挑选出来的某些"碎片"。可是定性研究却强调,一切研究对象其实都是一个不可分割的整体存在,唯有处于这样一个整体存在之中,它才会呈现为目前的样子。如果非要把其中的一些部分拿出来测量,那么不但这个部分会面目全非,而且原来的整体也就不再是整体了。这就像是如果把心脏切割出来,那么心脏就不再是心脏,人也不再是人。

求全法的灵魂就是在某个时空情境中,全方位地、多多益善地了解某个现象(事物)的全部方面,然后在各种关系中去理解这个整体,而不是任何一个局部。也就是要把对象放到其整体存在状态之中去把握。因此,它没有任何假设或者主题，只有一个研究方向；不受任何先验的概念或者定义的限定，全靠从调查中来发掘；没有任何框框，鼓励被访者海阔天空、胡扯乱拉、自由发挥。如果以研究"人"为例，通俗地说，其他调查方法都是研究这个人（或者多个人）的一件"事"，而求全法却是研究这个"人"。中国古话说"麻雀虽小，五脏俱全"，因此毛泽东曾经用"解剖麻雀"来指称个案调查。

因此，从保存研究对象的整体存在的意义上来说，求全法比求同法和求异法都高出一个档次，是真正的定性调查。

对象的历史性

从定量调查到求同法到求异法，都不得不仅仅调查研究对象在某个时空点上的情况，即使使用生命周期调查法与时间序列统计技术，也仍然是时空点的数量的简单相加，无法贯穿一个连续的过程。

求全法在其必须调查"整体存在"的规范中，渗透了调查历史发展这一要求。它必须是立体的调查，不但要了解研究对象此时此刻的所有方面，而且也包括其发展过程的所有方面，还包括历时态的所有变化。

从这个意义上来说，求全法的"定性程度"是最高的。

对象的情境性

问卷调查方法不得不把研究对象与其所处的生活环境相对隔绝，否则就无法实现"回答的纯粹化"，也无法进行"调查场景的统一"。虽然定性调查的求同法和求异法并不讲求这些方面，但是因为它们都不得不讲求样本的数量，因此很难兼顾到情境的调查。

求全法的"面面俱到"的规范包含着这样的要求：必须调查研究对象所处的环境，既包括空间上的情境与相关事物，也包括历史中的外界作用，还包括这些因素之间的相互联系与作用。这样，唯有求全法才能够做到"情境中的理解"这一定性调查的最高境界。

四、层次划分的学术意义

笔者之所以要强调求同法、求异法、求全法之间在方法论层次上的性质不同，实在是有感而发。

在研究实践的层次上

目前中国社会学界最常见也是最严重的混淆，是某些研究实际上运用的是求同法，但是却冠之以"个案研究"之名。尤其是，如果求同法的访谈涉及的内容比较多、访谈得比较深入的时候，更是经常会被混同于个案研究。反之，许多自称是个案研究的论文，不仅没有涉及某个主题之外的任何全面情况、情境与时空变化，而且动辄就是数十个并不存在"同一个对象"含义的"个案"的简单累加，实际上还是求同法。

这种调查方法的性质上的混淆，最直接的结果就是引发了对于调查结果的过度解释。以"通用例子"来说，求全法可以促使研究者理解一个整体的全面的大学生为什么会遇到特定的就业障碍；通过求异法可以发现无论是"应届大学生"还是"就业障碍"这两个范畴中有其实许许多多研究者还不知道的情况与差异。可是这两种调查结果，求同法却是哪个也做不到。如果非要据此来描述"大学生就业障碍"的情况或者揭示其原因，那么就必然造成过度解释，甚至可能是曲解。

尤其需要指出的是，求异法不但应用得更少，被学界认知的程度也更差。这绝不是操作手段上的欠缺，而是在定性调查的设计思想上尚不够深入，较少理解到发现差异性、多样性、特殊性与个别性对于任何一个研究来说是多么宝贵与值得珍惜。这主要是因为后现代主义思潮在我国尚处于引入与介绍的阶段，自我建构还很不足。这里就不再展开讨论。

在论方法的层次上

定量调查与定性调查其实并不是黑白分明、截然断开的，而是一条光谱的两极，中间的过渡地带非常宽阔。如果研究者要讨论不同调查方法的性质与用途，就需要首先把它们分别置放到光谱中的相应位置上去。

从严格意义上来说，唯有求全法才足以称得起是定性研究，因为定性研究是为了理解而不是为了测量，因此它所主张的几乎一切基本原则都只能存在于求全法的访谈之中：调查者必须了解研究对象的全部而不是人为地割裂对象；必须把研究对象还原于可变的与弥散的动态时空、情境、全景、互动之中来考察；必须首先抛弃自己头脑中的条条框框。因此，除了公然强调必须要眉毛胡子一把抓、无所不包、多多益善的求全法，没有什么其他方法可以实现这样的原则。笔者斗胆进一步宣称：这些定性研究的原则，只能存在于那种不局限于访谈的、眼观六路耳听八方的、渗透了研究者自己的感受与体验的研究方法之中。那就是本书第十一章推荐的"社区考察法"。其中，一个社区或者其中的某位"小姐"就是一个个案。

求异法最重要的价值就在于它是"呈现差异"，符合理解世界的多样性这一后现代思潮的要点，因此它很靠近定性调查这一极。

求同法则是定性研究的不充分表现形式，在社会学调查这个光谱中向着定量研究这一极的方向靠近了不少。这是因为求同法既然是从不同的对象身上抽取相同的侧面，那么它就不可避免地多少带有"测量社会"的色彩，也就不可避免地涉及所选择的不同对象是否属于人为选择、是否具有代表性的问题，甚至就连求同法的那个研究主题（相同的侧面）是否具有先验的色彩，也会成为一个问题。

因此，目前被采用最多的求同法，其实仅仅是在进行定性研究的时候一种不得已的选择，是由于客观条件的限制而多少牺牲了一些定性研究优点的无奈之举。

总而言之，判断一种调查方法的性质，不应该仅仅看它所使用的技术工具与操作手段，而且要看这种调查方法的基本理念、认识论原则、操作规程的价值倾向、在调查方法的光谱中究竟处于什么位置上。

第二节 对象选择与人数问题：最大差异的信息饱和法

一、问题的提出

定性调查是否需要考虑如何选择研究对象？究竟访谈多少个人才好呢？这样的问题在以访谈为主要形式的定性调查的实施过程中，最令操作者困惑，也是国内学术界论述最少的。

这个困惑主要来自两个方面。

第一，某些囿于定量调查的思维定式的人总是用总体与抽样来评价定性访谈，总是提出"这么几个人怎么可能具有代表性"这样的错向问题，甚至主张必须加强定性调查的信度与效度（王君健，2007）。

第二，许多关于定性调查的论述则是反过来，只用一句"定性调查不追求代表性"（嘎日达，2004）就把实际操作中确实存在的核心问题给回避了，使得操作者不得要领。

自从20世纪90年代中期以来，我国社会学界对于定性研究越来越重视，对其方法论的论述也越来越多。但可惜的是，笔者分别以定性方法、质性方法、访谈法、民族志、扎根理论、口述史、小组讨论/焦点组讨论为主题词，在《中国期刊全文数据库》（CSSCI，1979—2021）进行检索，并根据题目和摘要做初步的删减（比如删除仅仅是应用或介绍定性研究方法的）和补充（根据平时阅读积累），获得讨论定性调查研究方法的论文100余篇，但是直接涉及访谈方法的不足10篇，谈论到访谈人数的则更是寥寥。

其中的主要原因是我国学术界尚缺乏应有的"论方法"的意识，要么是高度抽象的方法论研究，要么就是对操作方法缺乏分析的介绍。这又来源于研究方法论的学者往往缺少实地调查的丰富经验，而实际操作者又仍然处于"用了再说"的阶段，尚未领悟到其中的奥妙。这种方法论与操作方法之间的两张皮现象，很容易使我国方兴未艾的定性调查成为跛足巨人。

对质性研究/归纳法的描述是多种多样的。通常说它是"分析归纳"、扎根理论（费小东，2008）或者"证伪法"。[1] 其实国际学者对此已有精深论述。这里先引用一段，然后展开论述笔者自己的理解。

> 这种定性研究是针对推进理论的发展而进行的。它提供了概念与发现新的信息之间的拟合度的验证。同时它也允许理论上的概念通过调查中的实地研究而呈现实证性（Miles & Huberman, 1984:27）。

> 分析归纳法是由个案组成的系统，它以不断地证伪，对先前的解释进行检验和修正。它被一步步地验证，直到在其后的个案中，再也没有新的信息出现为止（怀特·黑德，1999）。

扎根理论是将近半个世纪以来在国际上被广为推崇的定性调查的理论与方法，其主要框架包括"理论抽样"（边收集-边分析-边抽样，Marshall, 1996；王锡苓，2004）和"持续对比法"（Charmaz, 2006），它很好地回应了以下几个问题和质疑：（1）理论与研究之间的割裂；（2）定性研究只是定量研究的先遣；（3）定性研究的方法太过印象主义，没有规律、不成体系；（4）数据收集和分析相分离；（5）定性研究只适用于个案描述、呈现，而不能用于理论研究，也就是某种程度的"代表性质疑"。

然后，时间似乎停滞了。时至今日，在这些问题上定性调查的理论和方法几乎再无任何根本性的发展与突破，也始终没能正面地、积极有效地回应一直盘旋在定性调查头顶上的那片关于"代表性质疑"的阴霾。

笔者认为主要症结在于以下两个方面：一是如何确立"理论抽样"的需求，具体又如何去操作才能找到研究主题需要的样本；二是如何确立"理论抽样"的下限（被访者的最少人数），才能满足研究主题的需求，并满足所谓的"代表性"。这正是本文的立足点，也是本文提出"最大差异信息饱和法"以图解决的

---

[1] 笔者对此有不同的看法。笔者认为，证伪是一个理论视角，是方法论，而不是一个可操作的调查方法。因为任何社会现象都不具有可证伪性，反例再多，也仅仅是新发现，就是本文所说的更大程度上的信息饱和，并不必然可以推翻原有的认识。

理论路径。

"持续对比法"（CCM）在国际学术界日臻成熟。它在形式上与笔者所论述的"最大差异信息饱和法"息息相通。可是，"持续对比法"仅仅被应用于材料分析的过程之中，却始终没能发展应用到调查访谈阶段，也就无法上升到理论的进取，去超越"代表性"的困扰。

笔者不主张最常见的求同法也不推荐作为最高境界是求全法，而是力主处于两者之间的求异法的定性调查。

以下，笔者愿意从"论方法"的角度，更加深入细致地讨论在求异法的定性调查中应该如何选择调查对象的问题，也即所谓的定性调查的抽样问题，但笔者实在不能苟同在定性调查中使用"抽样"这样的定量式语言。

二、信息饱和原则[1]

操作程序

1.按照研究者自己的调查主题，确立对象选择的起点，选定第一人进行访谈。如果是多人组成的研究小组进行的定性调查，则依此类推即可。

2.应用持续对比法梳理从第一人得到的信息的指向与信息的充分程度。

3.根据梳理结果，衡量信息饱和的程度，确立新的选人标准，选择最可能提供不同指向或者提供更加充分信息的第二人。

4.从第二人起，反复进行上述的梳理。如果信息仍未饱和，则继续调查第三人、第四人，依此类推。

5.在任何一个被访者那里，如果不再有新的信息，则理论上调查到此为止。

6.为了保险起见，研究者不妨再多访谈一个或者多个对象，如果确信再无新信息，即可终止调查，否则就继续调查下去。

这就是定性调查的"信息饱和原则"，有国内学者将其描述为"'理论饱和'，

---

[1] 笔者以"信息饱和"为题名在《中国期刊全文数据库》1979—2009年文献中未检索到任何相关的论文。以关键词检索则仅发现一篇相关论文，即左惠娟等：《社区医疗保健服务需求定性调查分析》，载《中国慢性病预防与控制》，2000(6)。

即穷尽了某类现象的所有相关属性和维度。在这里，个案成为理论或理论命题得以抽象出来的'载体'。能够承担开发某种理论的功能的个案，就具有了"典型性"或斯特劳斯和科宾所说的'概念的代表性'……扎根理论所说的理论抽样。"（王宁，2007）

信息饱和原则的要点有三。

其一，它没有也不需要任何确定不变的"样本量"，也许一个人就足矣，也许100个人还不够。

其二，研究者事先根本无法知道要调查多少人，至多根据经验来估计，只需要把上下限放宽一些，例如问卷调查可以精确估计为100人，而定性调查则可以概略估计为10～40人。

其三，不能用"样本量"的概念来指称它或者评价它，只能衡量它所获得的信息是否已经饱和。

新信息的判定

新信息由三个要素构成：尚未纳入人类知识总汇的；主体（被访者）所给出的；对于研究主题有价值的。

第一要素界定了"纯粹的新"（新于文献、新于常识）；第二要素则排除了非实际调查的资料（新于思辨、新于顿悟）；第三要素则限定了范围（新于预期、新于刚才）。

饱和的标准

就某个具体的研究目标而言，无论是单独一次访谈还是连续对多人的访谈，都不存在任何一种客观上的信息饱和，因为人类目前还无法对所生活的世界中的原始信息进行测量与计算（陈蓉霞，2004）。信息饱和其实是访谈的双方共同构建出来的结果，因此必须从研究者与被访者两个角度来判定它。

第一个角度是从主体（被访者）的角度来看，信息饱和不仅意味着他（她）可能已经把话说完了，而且很可能是因为他无可表述或者无法表述（言表缺失）。

研究者不应该假设被访者就像藏金埋银一样地存在着某种"事实"，任由研究者去掘地三尺。绝大多数情况下，调查者所关注的那些问题、主题或者概念，在被访者的世界中也许从来就不存在，也许根本就不重要，也许永远也想不明白、说不清楚。从这个意义上来说，任何社会学调查都是研究者自己在"杞人忧天"。因此，调查者不但无权去搞"逼供信"，而且实际上也没有这个能力。

第二个角度是从调查者的角度来看，如果调查者认定，所获得信息已经足够分析自己的研究目标，那么就是信息饱和了。对于单独一次访谈是这样，对于整个定性调查过程也是这样。这体现出定性调查的主要特点之一：分析与调查必须同步进行。关于这方面，国际和国内的论述已经很多，不再一一列举。笔者希望强调：那种访谈完所有对象再回家分析的方法，那种雇别人去访谈而自己最后看资料来分析的方法，都是等而下之甚至是失误。

但是，这种调查者自我认定的"饱和"也有两个层次的判定标准。其一是按照调查者的以生活积累为基础的学术水平（风笑天，1999）来看已经饱和；其二则是从研究目标的要求来看，应该尽量达到理想状态下的饱和。也就是说，不一定每个调查者都能达到研究目标所要求的那种饱和程度，这仅仅是具体操作的质量高低的判定标准，但是这并不损害"信息饱和"这个原则在方法论高度上的构建。

信息饱和的共同构建则是说：如果被访者言表缺失，那么再高明的调查者也一筹莫展；反之，如果调查者稚嫩天真，那么被访者的再丰富多彩的信息也只能是付之东流。因此，虽然可以在事后分析某个定性调查的得失与来源，但是在事先却无法对研究的质量提出客观的要求。

使用信息最大法，选择第一人

虽然从理论上来说，第一人是谁无关紧要，只要访谈的人数足够多，那么信息总会饱和的。但是，在现场实施中，选准这个第一人却可以更加迅速地达到信息饱和。也就是说，第一人的"质量"高低，会影响到继续访谈的人数的多少。

一般来说，第一人最好是领头人物、消息灵通人士、关键知情人、个中老手、有心人等。

这里涉及一个老话题：这个第一人应该是"典型人"吗？如果应该是，那么在没有全面了解情况之前，又怎么能够判断对方典型不典型呢？

其实，这样的顾虑或者争论仍然囿于"样本的代表性"之中，必然进退维谷。如果从信息饱和原则的要求出发，问题就会迎刃而解：经过最简单的观察与询问之后，如果此人拥有的信息足够多或者相对更多，那么这就是定性调查应该选定的第一人。

说到底，研究者不是生活在真空里，只有研究者对于定性调查的对象都已经有一些了解，才可能提出自己的研究目标。因此，选择一个相对更加合适的第一人，其实不是定性调查的第一步，而是它得以开展的前提条件，否则就根本不应该进行定性调查。

信息饱和法与"滚雪球抽样"的不同性质

滚雪球抽样是一种虽然做不到等概率但是仍然努力靠近随机性的抽样方法；而信息饱和原则却是力图通过最丰富的信息而实现一种生活世界的重建（齐学红，2004）。前者以人头为资料收集的最小单位，在逻辑上人头的数量与分布就是最重要的因素，所以滚雪球的人数当然越多越好。可是，信息饱和原则却是以信息的丰富与多样的程度为评价标准，因此它必然遵循相反的逻辑：每个人的信息越多则需要的人头就越少。

因此，笔者反对在定性调查中使用"抽样""样本""数据"这类只适用于问卷调查的术语，而是应该称为"选择对象""被访者""资料"这样的术语。这并非标新立异，而是有利于提醒使用者时刻注意两种调查方法的区别，以便在方法论的层次上时刻进行反思。

三、最大差异[1]选择

选择第二人

从第二人开始，如果不挑选对象，只要访谈的人足够多，最终也能实现信息饱和。但是，为了更加迅速地实现这一目标，应该选择那些拥有的信息与第一人

---

[1] 笔者以"最大差异"为题名、关键词，在《中国期刊全文数据库》1997—2009年未能检索到任何相关的文章。

存在最大差异的人作为访谈的第二人。然而，在访谈之前研究者很难知道谁拥有这样的信息，因此只能根据对方的最显而易见的社会特征，来选择与第一人差异最大甚至截然相反的人作为第二人，例如性别、年龄、城乡差别、风度举止等。即使某些相对隐蔽的社会特征（受教育程度、婚姻状况、职业等）也可以通过只言片语的询问而获知。

研究者可以依据自己的研究目标，挑选出一些最相关的社会特征列出交叉表，根据最大差异法，选择第二人。例如，在笔者主要从事的性研究中，就是依据表9-3所示意的那些社会特征来选择第二人。

表9-3 相关社会特征交叉表

		30岁以下		50岁以上	
		小学以下	大学以上	小学以下	大学以上
男	未婚	A	B	C	D
	再婚	E	F	G	H
女	未婚	I	J	K	L
	再婚	M	N	O	P

假设选择的第一人是A，那么第二人就应该选择P。这是依据所有4种社会特征（性别、年龄、受教育程度、婚姻状况）综合起来的最大差异。研究者预期可以从第二人那里获得最大差异的信息。

在公共卫生领域中，通过访谈"关键知情人"来进行定性调查（李璐等，2008），也可以视为最大差异法的一种，因为"知情人"就是与普通人的最大差异。

选择第三人与后续对象

在访谈第二人并且梳理所获得信息之后，会出现三种情况。

第一种情况是，第一人A与第二人P的信息并不存在显著的差异。这说明研究者据以选择第二人的社会特征的假设（上述的交叉表）不能成立，那么就必须提出一些新的社会特征来重新建构一个新的交叉表，然后仍然按照最大差异法来选择第三人。

例如，在"地下性产业"研究中，确实出现过这种情况：在第一调查地点，两位年龄、受教育程度、婚姻状况都截然相反的男客（嫖客）却对"嫖"这一行为对于自己的意义给出了大同小异的解释与期望。笔者只好在第二调查地点另辟蹊径，加入城乡差别这一新的维度，去访谈进城打工的农民。结果不但真的获得了新的信息，而且受到启发，在第三调查地点再次把社会特征的维度修订为"是否退休"，所以仍然能够不断获得新信息（潘绥铭等，2008）。

第二种情况是，A 与 P 的信息确实存在着有意义的差异，那么就应该梳理清楚两个人的信息究竟主要来自哪些社会特征的影响，然后据此在原有的交叉表里，按照这一发现所指出的方向选择差异最大的第三人。

例如，具有类似的年龄、职业与受教育程度的两位"男客"对于"嫖"的意义的理解却存在很大的差异，而这主要来源于两个人的妻子的管束程度很不同。因此，笔者就从婚姻状况的角度去选择第三人，应该是 D。也就是暂时忽略那些作用甚微的社会特征（年龄、职业与受教育程度），专门选择婚姻状况这一个维度上的最大差异。

第三种情况是，A 与 P 之间的信息差异并不是来自某个单一的社会特征，而是两种或者更多的社会因素在发挥作用，那么就需要按照交叉的方向来选择。以上述的交叉表为例，如果年龄与性别的作用都很小，则 P 之后的第三人就应该选择 K 或者 O。如果再加上受教育程度的作用也很小，则可以选择 J 或者 N。如果上述交叉表所列出的 4 种社会特征都没有对信息的差异发挥显著作用，那么这就是前述的第一种情况了，就应该重新建构交叉表了。

从选择第三人往后，都是依此类推，直到信息饱和。

第一人的再选择

在定性调查实践中会遇到这样的情况：按照一般程序开始访谈，但是在第二人甚至第一人就遇到被访者"言表缺失"的情况（没的可说或者说不出来），而调查者却觉得收集到的信息仍然不足以进行分析。这种情况在低阶层人口或者边缘人群中屡见不鲜，因为在他们往往缺乏对于自己的生活进行总结、思考、表达的各种能力。例如，笔者团队长期以来对于众多"小姐"的访谈中，言表缺失或者只能说出只言片语的人，为数甚多。（王昕等，2009）

这种情况下需要依据极其有限的资料（往往仅仅是观察结果）来判定：如果这种情况在某人群中很普遍，那么就必须放弃访谈调查的方法，改用参与观察等其他方法；如果仅仅是因为"选人不当"，那么上述的最大差异选择的社会特征交叉表就可以派上用场了，可以根据与原来第一人的最大差异，再次选择另外的新的第一人，重新开始新一轮的访谈。

最大差异法与比例分配抽样的不同性质

其一，最大差异选择绝对不是要调查完从A到P的所有人，更不考虑各种人所占的比例。如果遇到"天作之合"，那么访谈第一人就有可能实现信息饱和，而且对于该次定性访谈的质量与价值毫无损害。

其二，最大差异选择也不是要反映各种社会特征的现状或者其作用，而是假设社会特征的差异可能带来信息的差异，而且随时准备否定这一假设。

其三，最大差异选择不但允许而且主张因人而异、随时转向、全面重构。

总而言之，如果非要使用"唯科学主义"的思维定式与话语的话，那么定性调查的命根子是"相关的潜在信息"这样一个"总体"，而最大差异选择则是获取它的目前可行的最佳方式。反之，定量调查的总体是可以计数的人头，但是从获得新信息这个角度上来看，实际上这些"样本"基本上都是起不到作用，因为不仅他们在回答问卷的时候不可能主动提供任何新的信息，而且问卷设计者往往也不需要甚至不允许调查员去记录这样的新信息。因此，问卷调查的随机抽样结果所具有的代表性，其实仅仅是既有信息的分布状况却基本没有任何新信息。哪怕是进行统计学的相关分析，所获得也只能是既有现象之间的关系，却无法发现新的现象。由此，两种调查方法的质的差别，一目了然。

四、最大差异法的实践认知来源

第一，人是分层的

这是社会学的基本共识：人是按照差异性来分层地存在的。虽然在调查之初无法知道，第二人与第一人之间所存在的一般意义上的社会差异，究竟会不会造成两者所拥有的信息的差异，但是寻求具有最大差异性的信息确实是实现信息饱和的终南捷径，这样做毕竟比再找一个基本相似的人来调查要有根据得多。

第二，信息是光谱式存在的

因为光谱无法被定量分类，所以也就无法被抽样，无论是不是随机化的。但是，它又确实是一个存在着的总体，因此必然存在某种方法来实现对于该总体的代表性，而且不同于定量调查中的各种抽样方法。

第三，从一点走向两个极端，最容易最大限度地涵盖光谱

光谱虽然无法定量分类却有不同的主色，例如被命名为"黄色"的那个色彩区域虽然无法断定其边界，但是"黄"毕竟存在。这就是质性意义上的"类"。因此，笔者主张选择信息最丰富的人作为第一被访者，就相当于在最接近自己研究目标的主色上首先切入光谱，其价值不言自明。

然后，为了最大限度地包括最多的主色，最佳方法是从切入点直接走向光谱某一个方向的边界（极端），然后再反过来走向它的最大差异点，也就是另外一个边界。正是因为研究者不大可能仅仅走这么两次就到达两个极端，而是每次都只是接近极端，所以只要每次选择都贯彻最大差异原则，那么就等于在不断靠近两个极端的一些不同的主色之间不断地往返，其结果就是到达了尽可能多的色彩区域，最终贴近了光谱的"囊括"，信息也就相对地饱和了。

当然，与定量调查不同，这里的"囊括"不等于也根本不应该等于"涵盖"。它寻求的是尽可能地把"赤橙黄绿青蓝紫"都收纳进来，以便实现一种"类的概括与分析"（杨善华、孙飞宇，2005）。尤其是，定量调查的随机抽样抽取的是人头，而最大差异选择法囊括的却是信息的域。

五、代表性：不是有没有，而是究竟代表什么

最大差异法寻求的是实现质性意义上的"囊括"，而不是定量意义上的"代表性"。

其一，定性调查的实现手段是依据信息的丰富程度来"选择"合适的对象，而不是定量调查中那种依据人头的人口社会特征而进行的"抽样"。

其二，定性调查在选择对象的时候，唯一的标准是对方的"信息最丰富"，而不是定量调查中那种"样本的特征与总体相匹配"。

其三，定性调查选择对象的理想状态是实现"最大差异的信息的饱和"，而不是定量调查中的实现随机性。

究竟要代表什么

可是，无论定性调查的目标多么小，多么罕见，除非穷尽所有的调查对象，否则都无法转移或者绕开代表性问题。

国内有学者为了解决它而付出了心血。有的提出应该从纯粹的"个案"走向"扩展个案方法"（卢晖临、李雪，2007）。但是，笔者认为这仅仅是应用范围的扩大，而不是研究方法本身的改进。

有的学者提出定量调查是总体代表性而定性调查则是类型代表性，因此主张"证伪性个案研究"，以便"从逻辑上绕开代表性问题"（王宁，2007）。可是笔者却认为，定性调查与定量调查在"代表性"上的区别，并不是"能够在多大程度上代表"，而是"究竟要去代表什么"。

定性调查希望代表的是"与研究主题相关的所有潜在信息"，而不是定量调查中的"总体中的所有个体"。也就是说，定性调查所代表的是研究主题之内差异性的相对穷尽与其质性特征的归纳，而不是定量调查中的样本与总体之间的人口社会特征分布的匹配。所以，在定性调查中，不是调查多少人才能达到量的要求，而是调查到的信息多么丰富才足以反映出调查目标的质。

从"论方法"的层次来看，定量调查中的任何抽样方法（无论是否随机化）虽然假设了"人是信息的载体"，但是也假设"每个人的信息都是等量的"。因

此，它对于所有人的提问不但一模一样而且禁止追问，禁止收集因人而异的回答。这就忽视了不同人的信息有着几何级别的差异。因此，对于人头的抽样，充其量也只能调查到某个等量的信息在人群中的分布状态，却无法增加信息的总量，更无法发现多样化的丰富性。

例如，在一个问卷调查的结果中，无论"个人收入"的分布状态是什么样，只要问卷中没有将其设计进去，那么就永远不可能知道任何一个人的收入对于此人的意义与价值。也就是说，哪怕有比"收入的分布状况"再多一点点的信息，也不可能通过这一问卷而收集到。

尤其是，哪怕不断深入地使用问卷来调查同样一个主题，而且每一个新的问卷都会获得新的信息，信息的总量还是被限制死了，无法随机应变地去获得新老问卷中没有设计出来的信息。结果，调查者永远都不可能知道，自己究竟割弃了多少和什么样的信息。

与之相反，定性调查恰恰是假设每个人的信息载量是不相等的，某些人"一句顶一万句"而某人却是"活得不明不白"或者"有话不会说"，处于"言表缺失"状态。因此，为了增加信息总量，调查人数再多也近乎毫无意义，反而是调查对象所拥有的信息量的多少成为他是否被选中的关键因素。

形象地来说，问卷调查者就好像是用渔网捕鱼，虽然渔网在不断地改善，但是究竟能够捕到什么样的鱼却永远是由渔网来决定的。反之，定性调查研究者则像是在钓鱼，并不想"大丰收"而是希望钓到五花八门的鱼。因此，他想钓什么样的鱼，就会去什么样的地方。如果钓到重复的鱼，他会放弃之而重新开始，或者改换地点，直到钓到自己满意的形形色色的鱼为止（信息饱和）。他从来也不必去考虑这个海里到底有多少鱼，只需要考虑我钓到的鱼与前面的鱼是不是不一样。简单地说，定性调查的目标是想尽量多地知道世界上究竟有哪些种类的鱼，而定量调查的目标则是想估算某种已知的鱼在所有已知的鱼中占怎样的比例。

所以说，定性调查绝对不是因为做不到才不去抽样的，而是因为两者的目标不一样。定量调查中那些寻求"推断总体总量或总体均值"（冯士雍，2007）的随机抽样方法，对于意在"收集研究主题相关的所有潜在信息"这一定性调查的目标来说，不仅不适用，往往会适得其反。因此，凡是使用或者试图使用随机抽样方法的调查（无论具体方法是什么），都不是定性调查，最多也不过是开放式问卷调查。

说到底，定性调查的目标是要反映研究主题的整体质性，而不是要去代表调查到的那些对象，更不是其总体。因此，定性调查根本就不应该使用"代表性"这样问卷调查的专有术语，而是应该申明自己所追求与所获得的是"最大差异的信息饱和"的程度，以及由此获得的"研究主题的归纳程度"。

最后，笔者愿意将定性调查和定量调查的差异做一个总结，如表9-4所示。

表9-4　定性调查和定量调查的差异

学术用语		追求的目标	
定性调查	定量调查	定性调查	定量调查
主题	总体	相关潜在信息	所有人头
选择	抽样	最大差异	随机性
饱和	代表性	质的穷尽	量的匹配

第三节　光谱式思维

从大约2000年开始，笔者在性社会学课程中一直在讲授这种思维方式。淬炼许久，直到2010年才首次见诸文字（黄盈盈、潘绥铭，2010）。

它说的是，人类社会中的任何一种现象，其实都不是它表面看起来的那个样子，而是一种"光谱式的存在"。在性研究的历史中，是金西1948年首先运用光谱式思维的，近年来则是"性少数平权运动"，尤其是彩虹旗，将其加以传播和普及。

本章前面所论述的求异法与最大差异的信息饱和，其实只不过是光谱式思维的具体应用，所以本节是对其进行的总结与抽象。

一、根基命题

万事皆为连续的、模糊的构成。人类肉眼所能看到的无色透明的"可见光",其实是由各种各样的颜色合成的,而且具有特定的、连续的排列组合方式。任何社会现象都是如此。

因此,研究者必须深入分析它的构成因素以及构成方式。如果把研究对象看作大一统的、铁板一块的、内部无差别的,那么还没开始研究就已经走偏了。

例如,所谓的性行为,难道不是由万紫千红的各种具体的动作和千奇百怪的感受与体验所组成的?如果不分析这些具体情况,性行为这个词岂不是言之无物,莫明其妙?

二、具体要求

光谱式思维包含以下 5 个要求,缺一不可。

第一,必须确定现象的边界

在光谱的两端都存在明确的边界,否则光谱就无法确立。因此,研究者必须说清楚,自己所研究的某个现象,两个极端的边界究竟是什么、在哪里;两者之间的距离又是什么。这就是可以用社会学调查来了解到的信息饱和的界限。

在当今的中国,尤其是那些被标定为"性"的现象,必须说清楚最轻微的情况是什么。否则,既有可能造成放纵也有可能造成冤屈。例如,性行为的两个极端的边界究竟是什么?最轻微的,包括牵手吗?最严重的,包括与充气娃娃性交吗?如果这些都搞不清楚,性行为这个词就毫无意义。

第二,承认天外有天

在这两个极端之外,还存在着人类肉眼看不到的红外线与紫外线。它们也是客观存在的,也是光谱的组成部分,也对光谱发挥作用,只不过人类看不到而已。因此,在研究某个现象的时候必须承认和论述:该现象的哪些组成部分或者构成因素，是研究者无法观察到因而也就无法研究的。

我们对这一点必须念念不忘：只能在我们有可能知道的范围内进行研究。例如，笔者长期研究"小姐"，可是那些在高档会所或私人俱乐部里边的"小姐"，我既不可能见到，人家也不可能理我，更不可能说真话，所以那是我不可能研究的。这就是研究的边界。再例如，性行为也存在红外线和紫外线，例如兽交、"冰恋"等罕见的性行为，即使在互联网上有所呈现，但是仍然几乎无法进行实地研究。所以，性研究必须说明这一点，而不是假装它们不存在。

第三，任何分类都是主观故意的

光谱之内的各种色彩之间，其实并不存在截然不同的分类。人类所说的"赤橙黄绿青蓝紫"，其实都不是客观存在的，而是人类主观地加以分类的；仅仅是因为人类不分类就无法思维。

这些人为的分类并不等于真实，更不是真理，而且必然存在逻辑上的疑问：无论两者的差距多么小，距离该分类最近的那个色彩，为什么就不属于该分类呢？生活中的具体例子是，如果将37.5摄氏度算作发烧，那么为什么37.49999度就不算呢？

因此，在研究中必须详细论述：对于某个现象的分类，究竟使用了什么样的标准，是否尽可能地去贴近客观情况。这并不是说那些我们认为的分类就不可能研究了，而是说，研究者不应该标榜自己的研究是"客观的"或者"科学的"，而是坦承这是研究者自己的主动选择，不可避免地带有自己的偏见。

第四，任何分类标准都是裁剪生活

生活就是光谱。虽然完全可以做到不去故意歪曲生活，但是研究者的分类仍然是把生活给裁剪了，只留下研究者认为有用的那些部分。

这当然是人类为了思维不得已而为之，但是能不能意识到而且敢于承认这一点，就是研究质量高低的基本判断标准。所谓的研究，不仅首先要搞清楚研究的是什么，还要念念不忘这个研究实际上排除了些什么。尤其是，为什么要排除这些？如果没考虑这些，那就是"瞎子走夜路"。

例如，绝大多数中国人在说到"性"这个字的时候，指的都是异性恋之间的"上床"，既不包括各种性少数，也不包括插入之外的任何行为。这不是对与错的问题，而是老百姓可以这样云山雾罩地说，任何研究者却不能，而是必须说清楚，你所研究的或者评论的"性"究竟排除了哪些情况，又为什么排除。否则，如果仅仅是宣讲自己的性观念，那还要研究者干什么？

再例如性教育，现在的大多数研究都排除了家庭内的性教育，因为它是紫外线和红外线。它不是课堂讲授，而是言传身教、潜移默化，不但每个人长大以后很难回忆起来，就连家长自己也很难描述出来。所以，排除是必要的，但是也必须心知肚明而且坦诚相告。

第五，任何判定都是权势的产物

不同的研究者对于同一个现象会做出不同的分类，这本来是必然的，不足为奇，但是由于研究者都是生活在现实社会中，会大概率地出现最后由最权威的人说了算的情况。这就是科学里的权势关系。尤其是这种权威所认定的分类很容易被固化，被定义为某种确凿无疑的"知识"，最后就很可能变成一种霸权，不仅仅是"话语"的排他垄断，还可能是现实生活中赤裸裸的权力。例如，有些中国社会学家在引用和使用某些外国人的概念与理论来讨论本土现象之时，总是那么雄赳赳气昂昂而且斩钉截铁。这恐怕就有拉大旗作虎皮之嫌了。

因此，我们必须讲清楚，我们之所以遵循某个权威，仅仅因为我们觉得他说得对，绝不是因为他足够权威。例如，性行为的分类就是历史上的权威们制定的，从来都是按照生殖可能性来划分，可是，一来没有当事人的发声，二来没有后辈的挑战，所以固若金汤，永生永世，却谬种流传。

三、不是为了颠覆，而是为了深入

在长期的教学实践中，笔者对学生的要求就是，以上的 5 个认知原则都必须做到烂熟于胸、脱口而出。尤其是，无论在研究之前还是之后，都必须说清楚这个研究是如何贯彻与体现这 5 个要求的，否则就是不可持续的和不可发展的死知识。

光谱式思维就是要反思我们的局限性，不要无知无畏。例如，笔者的"小姐研究"就可以从上述的5个要求来反思一下。

第一，"小姐"的范畴很有限，其实仅仅是那些在固定场所之内工作、至少在一个时期内是全职从事的那些女性，并不包括流动的、兼职的、曾经的和一次性的。

第二，除此之外，中国目前更多的并不是"在职小姐"，而是普通人中间的"以钱换性"和"以性换钱"，也就是非职业的"性交易"。笔者之所以没有去研究，就一个字：难。

第三，"小姐"的定义和划分标准，其实是很难分清楚，更无法统一起来的。例如，很多"按摩妹"仅仅是很偶然地从事"打飞机服务"，那么她们是不是"小姐"这个问题更多是依靠她们自己的认同，而不是笔者的客观认定。

第四，即使对于那些"在职小姐"，我的研究也仅仅是裁剪出她们的一部分而不是全部，例如很多"妈咪"（"小姐"管理者）同时也"做生意"，却被另外纳入"老板"这个分类。

第五，谁是"小姐"谁不是，是笔者自己划定的。由于我是名牌大学的老教授，反驳我的读者和听众也不多。只有一次，一位男客跟我吵起来了，而且并不是因为谁对谁错，而是因为我的那些"光环"对他仅仅意味着呆傻穷酸。

以上这些情况当然是社会学研究无可避免的局限，但是研究者自己知道不知道，敢不敢说出来，那就是思维方式的高下之别了。

此外，光谱式思维并不是只能应用于定性研究，而是同样可以很恰当地运用在问卷调查中。例如，在笔者2010年全国少年调查的问卷中，对于性取向的考察，设计了六道题，因循的是"光谱式"的视角，不去考察"谁是同性恋"或者"中国有多少同性恋"这类"本质化"的问题，而是看不同的主体，在哪些方面自我认定具有同性恋取向及其程度的大小（黄盈盈、潘绥铭，2013b）。这就进一步在实际操作上打破异性恋与同性恋的二元对立。

这充分证明，只要采用光谱式思维，那么社会性别多元化的视角在问卷中就是可以实现的。我们要做的仅仅是如何完善它们，而不是故意或者无意地忽视之。

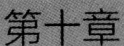

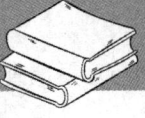

为什么设计,设计什么

定性调查是需要设计的,只是与定量调查相比,是开放地进行设计,而不是相反。

一个典型的定性调查过程应该是,根据兴趣和研究意义来初步确定研究目的;查阅文献,探索式地接触现场,进一步确定研究问题;设计主要内容、选择研究对象;设计具体的实施方法;到现场收集资料而且同步地整理与分析资料,如有需要,对研究问题进行一定程度地调整;解释、阅读、写作,在此过程中可能重返现场补充资料。

社会学的定性调查大致上又有两类:探索式研究和解释性研究。两者的目的不同,对于理论准备的要求以及处理理论和材料之间的关系也有所不同。两者的具体操作过程可参考图10-1(Johnson,1998:145)。

图10-1所显示的是典型的步骤,但是实际的操作过程不仅跟研究的性质(探索式还是解释性)有关,而且还有许多实际生活中的偶然因素在起作用。尤其是在中国,学术规范尚未成型,对于一个初学者来说,有的时候实际上是先收集了资料,然后再从里面挖出研究问题。可是,这种做法的最大局限性是,收集到的资料往往不足以回答研究问题。

理想的方式应该是分两步走:先不加预设,甚至是不带问题地去初步了解某个现象或者人群,以便寻找一个更加贴近现实的"真问题"(至少不是在象牙塔里编造出来的问题),然后再围绕着它去进一步收集资料。

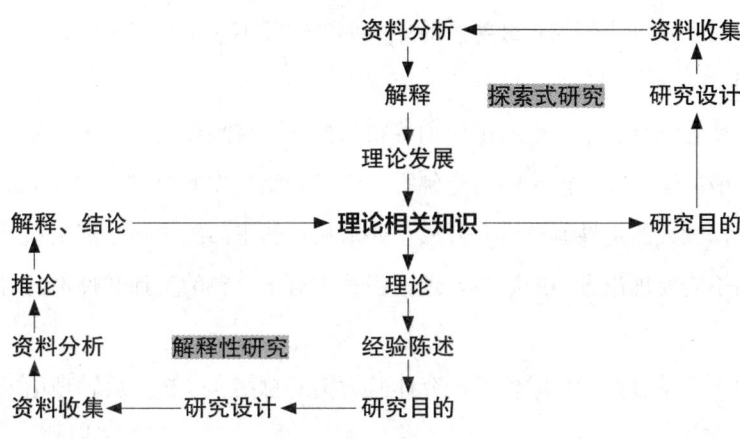

图 10-1　探索性和解释性定性调查过程示意图

本篇谈得比较多的是探索式的定性调查，目的是了解一个鲜为人知的领域，并在资料的基础上试图发现某些可能发展的理论点。从现实意义上讲，这种探索式定性调查还可以被用于帮助设计定量调查，或者帮助设计应用性项目。

尽管"研究必然是机会性的，因为你不知道你将发现什么。你所发现的事情可能跟你最初的设想是不一样的"（Dr. Joshua Lederberg,《纽约时报》,1984 年 1 月,见 Whyte, 1984），但是，这并不代表定性调查就不需要准备和设计。相反，不管是解释性的研究还是探索式的研究，研究准备和设计都是一个好研究的必要条件。

同时，如何把理论、文献知识的准备、研究设计、资料的收集与分析这些环节都完美地链接在一起，也是非常重要的设计工作。

第一节　理论的作用体现在哪里

一、理论准备：笔者的教训

理论准备并非一朝一夕之事，说起来不容易，做起来就更难。它是一个积累的过程，而且很可能研究者最熟悉的那些理论却并不一定与将来的某一个具体研究直接相关。

中国社会学界对于学生的理论训练相当缺乏。有兴趣的学生主要靠自己博览群书，一般的学生就只能是临时抱佛脚，到了开始写作的时候，才找个理论来套用一下。探索式的定性调查讲究开放，要求从材料里归纳出某些理论点，但是这并不代表不需要理论方面的准备。理论积累与对于材料的解释和理论的对话是成正比的。

下面以黄盈盈在学生时代的研究体验为例来总结、分析、反思理论准备过程中的荣辱得失。

黄盈盈对自己第一次社区考察的总结是：自己有兴趣，文献有准备，但是理论积累不足，缺乏研究设计。结果，优点很突出：非常开放，不受文献和理论的局限，发现了很多有意思的现象和兴趣点。可是，缺点也一样醒目：仅仅记录回来一本流水账，到整理资料与确定写作框架的时候，资料连篇累牍却一头雾水，费尽九牛二虎之力也整理不出理论意义上的头绪。

下面是黄盈盈的回忆。

> 1999年快放寒假的时候，导师问我愿意不愿意一个人在寒假里到某市去考察"性产业"。当时我又兴奋又害怕，有一种要去冒险的感觉。那个时候我的导师做过"性产业"的考察，而且已经出了一本书，我平时听他说起过。但是，自己对于"地下性产业"的想象和现在大部分人一样，是"小姐"、男客、黑社会，险象丛生。当时做得比较多的可能就是心理准备了。
>
> 出发之前，我还是查阅了一些文献，但是那个时候对于"性产业""小姐"的研究资料非常少，潘绥铭的《存在与荒谬》是我仔细研究的参考文献。刚到的时候，我几乎是照着书里对于发廊、"小姐"的描述来寻找我的访谈对象，还闹出了不少笑话。
>
> 因为第一次考察的目的并不是为了写硕士论文或者完成某个研究项目，而仅仅是"看看那个地方的'性产业'到底是什么样的"，仅仅是具

有"探索性",因此我在理论上几乎没有做任何准备。那阵还没有"理论看多了会束缚视野,缺少发现性和开放性"这样的担心,而是根本没有理论的意识。

当时,我也没有写一个研究计划,更没有明确的研究问题,事无巨细都先记下来再说。那时,我考虑的仅仅是如何进入"性产业"、如何找到"小姐",而不是其他。还好,我的记录比较详细,倒是也发现了很多有意思的点,也记下了不少观察到的互动、有意思的对话等。

后来,我实际上是以这次社区考察为基础来写我的硕士论文《专业化梯度的构建与反思:A 市与 B 市发廊小姐考察分析》,而且是事后看了不少文献,最后才决定以职业化、专业化为理论框架来写。这样做的缺点就是:

其一,迷茫了很长的时间,才能从材料中提炼出可能的框架。

其二,当时用职业化和专业化的视角是为了把一些材料串起来,关于职业化和专业化本身的论述,自己感觉倒没有太大的意思。

如果是现在,我可能会用"小姐的实践与主体认同"来贯穿材料,可能会更贴切更加具有理论意义。在操作方法上,其实应该在第一次初步了解到"性产业"的大概情况之后,首先进行分析,做好理论准备,然后再去考察一次或几次,就会更加扎实。

吸取了一定的教训,黄盈盈在做博士论文《身体、性、性感:中国城市女性的日常生活研究》的时候,在收集资料之前,围绕"身体"研究进行了详细的文献回顾和理论阅读,结合几个试访谈之后,确定了初步的研究问题。

这也并非一蹴而就,而是有一个过程。该研究的最初设想是关注"身体想象"(body image),是与一位外国老师交谈的过程中提及的。后来,又初步确定为寻找中国女性的"性的身体"(sexual body)。有了一个大概的方向和主题之后,开始做文献检索,并着手阅读国内外的相关文献。

二、文献检索：平时的阅读与积淀

关于国内的书面文献检索，教科书里已经有很多论述。笔者在这里首先想突出强调的是数据库检索之外，平时的阅读与积累的重要性，其中包括"人的资源"的重要性。黄盈盈的情况是：

> 其实"身体"研究的很多文献资源，我是从不同的人那里了解到的，不仅包括导师，还有不同学校社会学系的其他同学，告诉我哪些人做过与身体与女性之性等相关研究，可算是口口相传，源远流长。后来用到的很多英文资料，则是从国外的两个老师那里得来的。其中的一位研究"性"问题，告诉我不少与中国的缠足、性、身体等相关的英文文献。还有一个老师，自己就是做身体研究的，而且在学校里开设身体与主体课。我在这个课堂上比较系统地读到了不少相关的理论和文献。

这种"人的资源"在中国至关重要，原因主要有两个。

其一，中国的文献检索系统比较差，即便最近10年有了不少改进，但是依然不能很好地体现已有知识的整体生态。很多报告和文章并非正式出版物，但是其价值可能比正式出版物更高。如果没有广泛的人脉，这部分资料恐怕需要"梦里寻他千百度"。

其二，更为根本的是，随着学术越来越专，不但不需要而且也已经没有可能每一步都去事必躬亲、从零开始。咨询师长与同行也许只花费一个小时，但是所得到的启示足以大过自己半年时间的检索文献。

咨询相关领域的研究者可以事半功倍，但是这并不是投机取巧，资料库的检索以及文献阅读的工作依然不可或缺。只是说，在正规发表、检索系统尚有很大提升空间的背景之下，领域内师长们的推荐以及平时的阅读积累非常重要。

笔者的习惯是首先阅读综述性与重点文献，然后滚雪球式地扩大文献阅读的范围。尤其是每篇文章最后所列的参考文献是阅读的重点，因为经常被列出的文献很可能就是这个领域的重要文献，而文献的题目本身也会包含一些想要了解的信息。

文献检索的主要目的

在开始研究之前，必须首先了解：是不是有很多的人关注过这个问题？关注的是哪些内容？以什么视角和方法？我们可以借鉴什么？以往研究的主要缺陷在哪里？我的研究能够弥补什么？

以黄盈盈的"身体与性"研究为例。

在查阅了中文的与身体有关的文献之后，我初步判定：在"新意"和"开创性"方面，研究女性的身体和性是有意义的。在了解到欧美不同学者的不同视角之后，我感觉到：一种集个体体验与社会构建性于一体的身体研究的视角是我比较感兴趣的。简而言之，通过文献检索，我大概掌握了"身体和性"方面已经有了哪些方面的研究，自己的研究是否有意义，并逐步明确了自己的研究视角和方向。

文献的阅读

这大致可以分为三步。

第一步是在最初有了大致的研究主题之后的文献检索。这个阶段的检索可以比较粗略和快速，但是需要比较全面，主要看都有过哪些方面的研究，有些什么视角和主要的观点，以检查自己的研究方向是否有意义，并帮助研究者明确研究方向与主题。

第二步是在明确了研究的方向与主题之后，选择其中相关程度较高的文献深入细致地阅读，进一步帮助自己确立研究问题，并开始设计整个研究。

这两个阶段的文献阅读对于第三步来说都是有用的。

第三步文献阅读则是在调查完成之后开始写作的时候，细读和评论那些跟自己的材料相关的内容，让自己的研究与已有的文献进行对话。当然也需要阅读那些与主题并不直接相关，但是有助于解释与分析材料的文献和理论，以便在文中加以引用。这两方面的文献都是与自己的研究问题有关。以下是黄盈盈的经验。

在"身体研究"中，因为我的研究涉及女性的身体、性和性感，因此我主要在这三个范畴内检索国内外的相关文献。在最后写作的时候，我又结合从材料中找到的一些分析点，细读了布迪厄对于"实践"的论述、社会性别的论述、消费文化方面的论述、有关"目光"的文献等。它们或多或少都可以加以引用和借鉴。

当然，上面的表述依然过于宽泛而不聚焦，而且黄盈盈之后对于自己的文献写作与研究问题的表述也是"不满"多过经验，并持续地思考"提问"以及文献如何综述的问题，这两者绝不简单。

在写作的时候，文献的梳理除了能够让读者了解本领域的研究状况，这是非常重要的，还能够帮助研究者更好地理解与把握所提出的研究问题。因此，比研究初期的整理工作要更为聚焦与有针对性，而不是泛泛而谈，或堆砌不相干的内容。

阅读文献的时候，尤其是在第二步和第三步，最好能做笔记或者标记，这样在写作的时候就会省很多事，不至于又要从头开始读这些文献。笔者的教训经常是读了一些文献，写作的时候有点印象，如哪里有材料可以引用和比照，但是记不起来具体的地方，所以又要从头把这本书再看一遍，结果很费时间。

文献检索虽然是老生常谈，但是在当今的中国却越发重要。现在，不少学术研究走向浮躁，经常可以看到一些文章在不断重复别人的研究，不管是主题还是内容上都缺少新意，却动不动就以"首创"自居。这不仅是不尊重别人的研究，也不利于研究的深入，不利于自己的研究发展。

文献的准备要充分，但是也不能太受已有文献的约束，需要创造性的思考并给自己的研究留出足够的空间。

第二节 设计之源

一、研究者的价值取向与理论倾向

任何研究都有其立场与视角,这与研究者的理论准备和具体内容的设定是紧密相关的。不同的研究者根据自己的兴趣和价值理论取向会倾向于不同的方法论。常见的方法论有:实证主义、解释学以及后现代的方法论。

简而言之,实证主义讲究科学性、系统性,追求事实和真实性;解释学注重意义和移情的理解,认为需要通过认识局部的意义来了解整体的意义,同时需要在整体的背景里面了解局部的意义;后现代的方法论则质疑生产知识的系统方法,讲究相对性的,强调研究者在发现所谓"事实"过程中的创造性和权力(Johnson,1998)。

解释学和后现代的方法论在定性研究中比较常见,尤其是后现代方法论越来越成为一种新潮。但是,后现代对于真实性的质疑、对于系统性的质疑以及对于研究者权势的重视,既不意味着研究者因此就可以随心所欲收集与解释资料,也不意味着可以不认真准备、不认真做田野调查就大发议论,更不应该陷入"不可知论"的陷阱。

每个研究者因其研究背景与兴趣爱好的不同,都会在研究中带进自己的视角。这种视角会融入自己对于材料的选择和分析,也会影响整个研究的走向和结论(如果有的话)。所不同的仅仅是,有的研究者是自觉地意识到这一点,而且愿意直截了当地申明,而有的则是糊里糊涂或者遮遮掩掩。

黄盈盈在"身体"研究中,在方法论上的考虑包括:定性调查以及相关的社会语义学的探讨、逾越的身体观以及方法论上的关系主义、侧重具体情境与概念的流动性、强调日常生活和扎根理论、强调社会性别的视角(黄盈盈,2008)。下面摘出其中的几点方法论层次的表述,以供参考。

研究者的立场对于如何认识、理解、诠释一种现象至关重要。

1. 定性调查以及相关的社会语义学的探讨

人们对于"性"的话题说来说去，讨论得热火朝天，但却没有人停下来想一想，我们在说这个词的时候，表达的到底是什么意思？我说的这些词与别人说的是不是同一个意思？"身体""性感""性"等是需要考察的、可变的、运动着的概念，而不是一个"自明"的既存物（Grosz, 1995）。深入细致地剖析这些词在具体的语境中是什么意思、其背后的寓意是什么，不仅是有意义的，而且是必要的。本研究在很大程度上就是要挑战人们通常认为是自明的这些概念与话题，考察被调查的女性对于这些似乎不应该成为问题的问题的回答与反应，深入分析其背后的意义。

同时，我也很有兴趣去发现日常生活中女性自己所使用的一些相关词语以及它们的对应含义。这与上述的目标是相辅相成的。基于这样的研究目的，我认为定性方法无疑比定量方法占有优势。

2. 方法论上的关系主义

在西方理论界，从方法论上讲，有关"身体"的研究视角可以被归为三种：强调个体的与生理的身体（身体现象学、生物身体观）、强调社会文化性的身体（社会身体观、坚定的建构论）、强调对这二元对立的逾越（多元身体观）。

在社会学与人类学领域中，完全的"生物身体观"比较少见，社会的身体观占据主流地位。第三种观点的文章则是在近几年才开始盛行，比如哈拉维在其著名的"电子人宣言"（A Manifesto for Cyborgs）中所体现的理论倾向以及冯珠娣、洛克等人对于规矩身体的批判与逾越。

必须强调的是，笔者在这里不是预设现代中国年轻女性的身体观必定是一种逾越二元对立的身体观，而是试图说明自己的研究出发点是关注日常生活中的"活生生"的身体。它包括两个不同层次的问题：既关注身体本身，也关注身体所处的具体环境，尤其是两者之间的相互建构关系。

我的研究坚持方法论上的关系主义（布迪厄、华康德，2004）。这种关系主义在本文中表现为两个层次：

其一，打破方法论上的一元论以及相应的二元对立。这种一元论要么只是关注个体,要么只是关注社会;要么只是关注生理,要么只是关注文化或者精神。在这种视角下,"个体-社会""生理-文化""身-心"通常处于二元对立的状态。这种"二元式的抉择体现了对社会现实的常识性观念,这正是社会学必须从自身中祛除的"(布迪厄、华康德,2004:15)。

其二,强调从关系之中来探索"身体"与"性"的概念。这里的关系包括身体与性的关系、个体能动性与情境(规则)之间的关系、男与女之间的性别关系,以及生理与社会文化之间的关系等。

3. 社会性别的关系视角以及女性的主体性

对于社会性别问题,女性主义内部至少存在两种基本立场:其一,强调女性受压迫,属于屈从地位;其二,关注到女性的不平等地位的同时,也认识到女性的主体性与自主性。

我的研究试图从一种分析的态度而不是政治正确的态度出发来考虑问题。在中国,对于女性的"性与身体",讨论者大多为男性,其中体现的基本上是男性视角下的女性身体。本研究主要是从女性自己的角度出发看待女性对于"性""身体"等相关概念的理解与实践。

同时,我的研究也强调从关系的角度来考察男女对于女性身体的不同看法,以及这些看法的差异究竟何在。也就是说,运用社会性别的视角,应该不仅仅是关注女性如何看女性,也应该包括男性如何看女性,还应该包括女性认为男性是如何看女性的。

同时,在有关女性的研究中,女性内部的差异是永远不能忽视的一点。

这些研究视角其实就是研究者因为自己的兴趣爱好和理论背景而带有的某种倾向。它不是对于研究结果的一种预设或先验的结论,而是选择从哪些侧面、哪些角度出发进行研究。研究者不仅要清醒地意识到自己在这种方法和理论方面的倾向性,更要自觉地把这种倾向在文章中表达出来。这应该逐渐成为一种学术规范。

二、不是设计要开放，而是要开放地去设计

寓言式说明

笔者经常比喻说：定性调查就像是出门去"游山"。从北京出发，原本打算去泰山，结果半路上获得新信息，转而直奔喜马拉雅山；又在更新信息的指引下，走向普陀山；最终却可能来到一个名不见经传的小高地，甚至徒劳无功地返回北京。

这就对了。这就不是"设计的开放"，而是"开放的设计"。因为研究者的目标是去发现一座自己最喜欢的山，而不是去评选一座最好的山，更不是要涵盖每一座山。

其中的第一层意思是：问卷调查是要通过"量的汇总与比较"来发现"客观规律"，因此它一定要有一个清晰而恒定的客观目标。定性调查则近乎全然相反，是去寻求"不同质中的最具价值者"。因此，它的目标只有在特定的价值观的指导之下才能得以判定，而且不可能一成不变。结果，上述例子会被问卷调查视为"无的放矢"，却会被定性调查认同为必由之路。

第二层意思是，由于目标恒定，问卷调查当然必须设计得严丝合缝、密不透风。可是，定性调查恰恰是因为以价值和意义为目标，因此在上述寓言中一开始就没有被局限在所谓"名山"的范围之内，而且从来也不相信"必有一得"。它不但允许转向，而且鼓励转向，把转向作为难能可贵的发展。同样，它不仅接受失败，不仅把失败当作成功之母，而且即使再也不可能生育出成功，也照样为之喝彩，因为那里面同样有深切的体验与感悟。

第三层意思是，问卷调查往往自誉为"挖掘宝藏"，视被访者为"取款机"。定性调查则洞若观火，不但理解"人各有志"而且尊重"道不同不相为谋"。也就是说，前者是使用工具去测量物体，所以必然一丝不苟；后者则是人与人在打交道，势必鼓励两情相悦、浑然天成。

第四层意思不必多说：问卷调查信奉"人定胜天"；而定性调查则"顺其自然"。

立足之地

笔者强烈地推荐,在开始考虑一个定性调查应该如何设计的时候,千万不要首先"定计划",而是要"查库存"。开放地设计绝不等于随心所欲,也绝不可能做到随心所欲。它只能产生于以下三大"库存"。

首先是理论的积累。

这也不是指读过多少书,而是理解了多少书。最简便的测试办法就是,挑出自己最钟爱的那位学者或者一部著作,试试看自己能不能写出关于该人或该书的评述?是不是足以在学术刊物上发表?如果发表了,将会遭遇哪些对话甚至否定?依笔者有限的教学经验,非如此而能够把任何一种理论运用于社会学调查实践之中的学生,平生未见。

再者是相关知识的积累。

只要主题不变,那么定性调查就从来也没有"第一次"之说。它一定是而且只能是以往的无数感性认知与理性思考的提升式延续,谁也不可能说清楚自己究竟是什么时候以及怎么样注意到自己将要进行定性调查的那个现象,而且提出这个问题的人断然是外行。因此,一切定性调查只能针对研究者自己最熟悉的情况、问题与主题。所谓"白手起家"或"探索未知领域"也断然是外行。某些学者质疑定性调查为什么总是在作者的家乡里或熟人中进行,这更断然是外行。

关于这方面也可以做一个小小的自测自评:您能讲出该现象或该方面的一个故事吗?哪怕是道听途说的,哪怕是支离破碎的。

最后是生活经验的积累。

年轻人也许最怕说这个,但是生活是以时间来计量的,而经验则是以"用心"来测度的。一辈子虽然大风大浪却"懒得想事"的人,只能是活得不明不白,远不如那些"小人精"。同样,只会"仰望星空"却从不"琢磨同桌"的人,可能是经天纬地之才,却不适合来做定性调查。笔者经常这样来鼓励学生:生活不是一个问题,而是一个答案。

自评自测的小方法很简单:您能描述出任何一个别人的多少特质?

总而言之,如果说问卷调查取决于技术,尚可临时抱佛脚的话,那么定性调查就有赖于研究者的个性与经验,不可能一蹴而就。尤其是,如果研究者的上述三项"库存"都仅仅是聊胜于无的话,那么开放式的设计根本就成为无源之水,遑论其实施。如是,还是改做别的为好。

第三节　提出好的问题,研究就成功了一半

一、何为"研究问题"

做了理论和文献方面的准备之后,首先需要确定研究问题,而研究对象、具体方法、研究内容的设计等都会围绕研究问题而展开。

研究问题就是研究目标的具体化,是一个可以拉出一个句子的提问,也是可以通过研究来回答的具体问题。为了拉出这个句子,前期的经验与文献/理论方面的准备以及适度的试调研是必需的。这方面,初学者最容易出现的失误有三个。

第一个失误是错把研究对象当作了研究问题。在教学实践中,笔者每每遇到一些学生只会说"我要研究某个人群",却说不出"问题"到底是什么,更说不出这个问题与这个人群有什么关系。

第二个失误是错把某种具体的现象或者某个具体的工作目标当作研究问题了。例如,许多学生都说过:"我要研究艾滋病的性传播。"可是这其实只是一个现象,如果其中什么"问题"都没有,那你为什么要去研究呢?还有的学生说:"我要研究预防艾滋病。"这就更加糊涂了,这仅仅是一个需要实施的工作,其中固然会存在"问题",可是如果你不知道,那怎么开始研究呢?

第三个失误是把研究主题给当成研究问题了。其实,一个研究主题可以包含很多个研究问题。比如,"农民工问题""老人问题""性产业问题"等都属于研究主题,而"农民工的流出机制""农村家庭养老的利弊""性服务中的风险行为的影响因素"才勉强算是研究问题,还尚未触及"好问题"。

举例来说,如果"艾滋病研究"仅仅是一个主题,"艾滋病的医学知识(有

哪些）"则仅仅是一个不具有可研究性的问题，而"艾滋病防治的医学知识与生活常识之间的交叠与张力（有哪些）"则可以发展为一个不错的研究问题，如果后面再加上"及其变迁"，那么研究的工作量就要成倍增长，难度也会加大，同样复杂性与丰富性也会加大。

定性研究中的问题，可以表述为是什么（呈现为什么）、现状如何、过程怎样，以及为什么等具有一定开放性的提问。定性研究可以导向描述的丰富性、对复杂性的把握、深化理解、思考关联性、探究某种（非）逻辑、道理与机制，等等。它需要想别人之未想，带来智识的启发与开脑洞，加强个体的关联与感悟……再多说一句，如果有能力，原因的分析也不是不可以，但是不要动不动就是"根源分析"，而且还是直线型的。至少也需要在把握现状的基础之上，具有开放性地来思考可能存在的（诸多）原因。

最为基本的，在定性调查中，一个好的研究问题至少需要满足这几个条件：重要性、创新性、可行性、适合性、具体化。

重要性，就是考虑理论意义与现实意义。创新性，即考虑与其他研究，与已有知识之间的差异。这两者都涉及研究的现实情境与对话语境。可行性，即不能够超出研究者的能力范围，包括财力、物力和人力。

特别需要强调的是下列两个条件。

适合性，就是研究者的特质是否适合研究这个问题。研究者的某些特质是可以修正的或者可以与被访者磨合的，例如笔者团队中的女研究生就曾成功地调查过许多男客（嫖客）。但是，更常见的则是研究者并不适合研究这个问题，否则不仅会折磨研究者自己，也会折磨被访者，其结果不是功败垂成，而是不战而逃。

具体化，即以小见大。这来源于对于日常生活的观察与体验、平时的理论积累、文献回顾，以及初期的资料收集工作。笔者在本科教学与论文答辩的实践中，"中国人的婚姻观"之类的宏大论题屡见不鲜。这就不仅仅是一个初学的问题，也是一个初生牛犊不怕虎的成长过程。诚实地讲，提出一个好的问题并不容易。相比于清晰与笃定，徘徊、纠结与变化才是常态，在这个意义上，提问也有一个"过程"，需要在阅读、生活体验、实地调查、沉浸于田野资料、（再）阅读、思考对话、补充材料中……反复之中痛苦提炼。

二、问题意识：理论性与本土性的考虑

在定量研究中，理论的普适性和本土性已经成为一个讨论问题（边燕杰、李路路、蔡禾，2006）。但是，在定性调查方法的国内文献中，仍然只是星星点点。尽管在修订第二版之时，社会学界就"本土性"展开的讨论已有所增，其中不乏深刻而理论性的探讨与争鸣（王宁，2017；谢宇，2018；翟学伟，2018；赵鼎新，2018），但是就"研究问题"而言，依然有保留此节的必要。

普适性和本土性两个概念本身的讨论超出了本书的范畴。但是，对于实地调查的研究问题的设计与取舍而言，最重要的困惑在于如何在两者之间找到一个平衡点：如何既能在理论层面上具有一定普适的意义，又不是"在西方的理论框架中讨论中国的问题"，更不是提出一个伪问题（"一个在中国根本不成为问题的问题"）。

本土性是最为根本也是最为困难的考虑。以"身体研究"为例，就是试图以"当今中国具体情境中的身体研究"为出发点。相关思考特意突出地写在了论文里面（黄盈盈，2008），引用如下以为例：

> 我的研究最初的问题意识来源于欧美社会科学界有关"身体"（body）的研究。
>
> 英文中有关"body"的研究在一些译著中被翻译成"身体"，我也不想创造出另一个中文词来翻译"body"。但是，需要强调的是，"body"这个概念与中文的"身体"概念不是完全重合的。翻译行为必然要介入某种语言的"述行性"（performativity）（刘禾，2002:4）。我主要是通过情境与语境来区分英文的"body"与中国的"身体"。在这种意义上讲，body也可以说是西方语境下的"身体"。我着重研究的就是相对于西方理论背景中的"身体"，中国的日常情境与语境中的"身体"是什么，中国现代的女性对于"身体"的主体构建是什么。请注意，因为语境的不

同，这里两个"身体"的内涵已经发生了变化。

在文献分析中，我发现大部分与"身体"有关的研究都来自欧洲与美国，而且哲学的、理论的探讨多于实地研究，而且并没有形成某种系统的理论，也没有构成一个得到大多数人认同的概念体系。有关的研究更多的是围绕"身心""主客""个体-社会"等基本问题而展现出来的不同的研究流派，至今并存于西方学界，也在不同程度上构成了本研究的问题意识产生的理论背景。即使欧美学者可能是在不同的情境中研究身体，但对于"为什么研究身体"这个根本问题，他们还是有他们自己的语境，通常是围绕"身-心"关系而展开讨论。

中国对于身体的很少的研究，主要是来自人文学科的研究者对于西方哲学的译介与分析，以及偶尔几位文史研究者对于中国的先秦思想中散见的身体观的整理与阐释。但是，这些诠释基本上也没有脱离西方有关"身-心"的研究语境，只不过更加强调"身心互渗"。

实际上，在中国，即使是中国研究者所生产的中文话语，也偏向于在西方的讨论框架里来呈现中国的材料。虽然这显得很有理论色彩，也有一定的反思性和国际对话性，但是通常偏离了中国社会所关注、所体现的一些"真正"的问题。如何既体现本土的东西，又能致力于国际对话，同时能不乏理论意义，这确实是一个难点，也不是一天两天能做到的事情。

理论有无国界是可以讨论的，但是理论所依据以及所能解释的社会现实和问题是有界限的。就经验研究而言，我认为这种本土的"问题意识"是很重要的；可是遗憾的是，很多研究者并没有意识到这是一个问题。

本研究就是要提出这个问题，并且尝试着抛开身体研究的西方讨论框架，从本土社会中所展现的问题出发做出努力。虽然未必成功，也可能虎头蛇尾，但是毕竟是从最为基本的概念开始谈起，朝着"立足实地研究，构建本土概念和框架"方向的一个起点或起点之一。

诚然，中国社科界几乎没有涉足"身体"领域。中国情境中的身体研究，尤其是侧重"日常生活"的身体研究在中国的社会科学界仍然处于缺席的状态,"身体的研究语境"在中国也还远远没有形成。也就是说,尽管身体研究涉及"物质-意识""个人-社会""主观-客观""本质-建构"等哲学与社会学的基本问题(本研究还要加上"主流话语-日常实践""静态表述-实践性表述"、社会性别等重要问题),但是身体研究在中国依然没有声音。这种缺席状态一方面造成了本研究的主要障碍与困难,另一方面也暗示了新的理论发展的潜在可能。

从理论上讲,我面临的问题是:在中国的身体研究尚未形成自己的某种语境的时候,如何确定我的理论对话点?坦诚而言就是,在没能"博古(中国的哲学和历史)"也没能"通西(西方的理论)"的尴尬情况下,如何认识作为研究者的缺陷,如何定位本研究?

欧美语境中的身体研究,有许多非常有意思的东西,尤其是一些独特的研究视角非常有借鉴意义。但是,body(西方语境中的"身体")不等于"身体"(中国语境中的"身体")。我一直认为,某种时空中的身体需要放在具体的情境中、本土的语境中加以深入地研究和讨论,才能形成自己的概念体系与研究框架。我们可以(也需要)与西方的研究框架进行对话,但并不是把本土研究的成果仅仅作为一种例子来补充或批判西方的学术框架。

当然,"西方""全球化""本土""传统"这些概念本身都需要重新引起思考和讨论(Boellstorff, 2004)。在一个文化流动(cultural flow)的时空中,是否真的有纯粹"本土"的东西?"本土"是否允许外来的影响(而不是控制)存在?在"全球化""西化"这种文化流向居于强势的情况下,如何看待"本土"对于"全球化"进程的反向影响?

我认为,"本土"不等于"传统",也不对立于"全球化"。正如我的研究将要展示的,"本土"的身体观和性观念已经掺杂了"全球化"和"西化"的影子,而且至少可以追溯到20世纪初。但是这种"掺杂"不完全是被动的"受控制",也不是"自然而然的",而是主体在一定的具体情境中做出的带有积极色彩的反应。只不过这种本土的"积极性"、本土对于"全球化"进程的反向影响尚未得到鼓励和强调。这种掺杂了各种影响因素的具体情境，那些生活于这种具体情境中的女性主体所做出的主体反应，就是我所关注的"本土"的内容。

我的选择是借鉴欧美身体研究的一些方法与视角，把西方语境下的"身体观"以及中国哲学思想中的主要身体观作为某种可能的影响因素，作为现时中国情境的可能组成因素，来分析与身体相关的中国现时情境。

研究问题显然是与对话语境相关的。这里不妨引用两位泰国的西方学者的反思性论述：

> 除了需要关注性和社会性别领域里的一些基本概念之外，我们还需要注意泰国研究者和研究泰国的英文研究者的不同兴趣爱好和研究动机。泰国研究者面对泰国读者所生产的泰语话语是一种自我知识（self-knowledge）和自我表达（self-representation）的努力结果。相反，英语研究者面对非泰国读者所生产的英语话语一定程度上是在表达一种"他者"，而且只是间接地可以起到"反思"的作用。泰国研究者所生产的英语话语则是为了"国际"（主要是西方）的读者，因此会在西方的讨论框架下来表达"泰国"的问题。（Cook & Jackson，1999:5）

有关问题意识，还可以参考储卉娟在《说书人与梦工厂》（2019）一书中的概述：

> 本书关注一个"非法"的"社会事实"：在充满盗版和抄袭的环境下，网络时代的文学生产爆发出前所未有的生命力，正日益成为娱乐文化生产的总源头，进而影响公共想象和意识形态的形成。如何理解这种法律视野中的"悖谬"，以及悖谬背后传统的法律想象与新技术生产之间的张力？
>
> 本书中，三段看似不相关而实际互相纠缠的历史被统一于以上问题意识：18世纪以来著作权制度及相应法律想象的形成；20世纪文学领域

对文学商业化和资本主义化的不断反思和突破性尝试；21世纪互联网兴起之后，网络文学的发展历程、生产机制的变化和未来发展。在法律和技术的交织影响下，网络文学领域实际上构成了一次有关知识生产关系变迁的社会实验。我们看到网络小说的诞生、读者的变化、写作者的焦虑、网站的繁荣和分裂、公众对"网络文学"理解的变化，从中也可以重新理解互联网的意义、著作权之于个人自由和社会繁荣的影响、法律与社会运动背后的焦虑，以及制度讨论的社会建构性意义。

三、提出问题的实例及教训

"地下性产业"考察的例子

研究问题对整个调查工作发挥提纲挈领的作用，之后的所有设计和具体实施都要围绕这个"问题"，即便不断地调整与修订，最终也是一个研究的主线。

黄盈盈在进行第一次"地下性产业"考察的时候，没有很好地设计和准备，也没有明确的研究问题。第二次就有了略微明确的问题意识，但也依然只是与项目有关的"目的"性质的，称不上"研究问题"。

那个研究的题目是：××省城郊／"路边性产业"中的风险行为的形成因素与最佳干预方式的研究。这个定性调查的应用目的很鲜明，是为艾滋病防治项目做出探索式研究。当时这方面的相关研究还很少，艾滋病防治项目虽然把"小姐"人群作为重点预防人群之一，但是又缺乏对这个人群的了解，也缺乏接触这个人群的经验。笔者当时设定的研究的目标是：在深入研究形成和影响"性产业"中的"风险行为"的各种因素及其运行机制的基础上，总结出最有效的干预切入点，以及干预工作可以直接应用的、具体详细的建议。总目标下面又有4个具体的分目标。

    1. 总结出进入现场与获得对方接受的最佳方法，包括如何接触和说服老板、经理、"妈咪""小姐"等各种人。

    2. 摸索出调查不同类型的男客（嫖客）的各种可行方法。

3. 发现风险行为（主要是不使用安全套）的形成机制；从"小姐"、男客与场所管理者三个方面，做出定性的深入分析。

4. 寻找出干预工作（主要是在现场的宣传教育）的最佳切入点与最有效的方式以及针对各场所的不同形式。

身体研究的例子

在"身体研究"中，黄盈盈的研究目的主要是了解中国城市的年轻女性在日常生活中对"身体""性"等基本概念的定义；并在中国的现时情境中、在"身体-性"的关系中，探讨"身体"的部分内涵。因此，相应的研究问题主要是两个。

1. 中国的城市年轻女性作为主体，在日常生活中是如何想象与构建"身体""性"这些概念以及两者之间的关系的？其构建的结果是什么？

2. 她们为什么会如此想象与构建"身体""性"这些概念以及这两者的关系？有哪些具体的情境因素共同参与了主体的这种构建？

再比如，笔者的本科学生基于生活观察提出了如下问题："30年来，人大英语角为什么能够传续，而至今没有消失？"在此指引下，又细化为两个更为具体的提问。

1. 人们怎么来到人大英语角？具体怎么交流？怎样理解英语角的意义？

2. 自诞生以来，人大英语角以及它的意义经历了什么样的变化？什么力量推动的？

以上的这几个例子其实都是存在问题的。"地下性产业"研究的例子依然只是一个项目导向的目标设定，缺乏理论的思考与提升；而身体研究的问题虽然问题意识比较强，但是提问方向过于泛化、探索式，而缺乏某种更加具象、隐含着

— 251 —

对话性的提问。学生关于英语角的提问有着朴素的好奇与经验基础，只是理论层面的问题意识并不凸显。笔者在这方面，实在还有很大的提升与改进空间，因而只敢浅尝辄止。

简而言之，研究问题的设定的基础就是理论准备、文献准备、研究兴趣、对于本土社会与对话语境的把握，以及现实条件的权衡等诸方面。最初设定的研究问题往往会由于各种原因（包括研究者的经验、研究过程中发现的问题和新情况等）在研究过程中有所变动，尤其是很可能在研究初期和试访谈之后加以调整。

研究问题是整个调查的"纲"，需要高度重视这个研究问题的设计，而且必须花上比较长的时间来实现之。也建议读者不妨多看看好的经验研究，看它们是如何提问的。

多数研究者在其论文或著作中也都会谈及问题意识，也有不少会对"提问"展开更为细致的讨论。比如，黄宗智在50年的背景里对于问题意识的讨论（2015）；项飙在《全球"猎身"》序言中对于思路历程的真诚坦言（2012）；储卉娟作为多年资深ID持有者对于网络文学提出的接地气且具有整体思考的经验问题（2019）；刘绍华的麻风研究很好地演绎了小中见大、理论与经验紧密结合、跨越微观与宏观分野的提问（2018）；黄盈盈在女性艾滋病感染者的身体与性的研究中也会详细交代影响自己问题意识的现实背景与理论脉络（2017）。

类似文献还可以举出很多，笔者也经常在福柯、杰佛瑞·威克斯、普拉莫（Ken Plummer）、何春蕤等学者的涉性"提问"中茅塞顿开。

第四节　研究方法的设计

一、研究内容的确定

研究内容，就是把调查的具体范围都细致地落实，也就是要设计出，自己究竟希望通过考察哪几方面的内容来解决自己提出的研究问题。

在这一环节上,国内通行的调查实践就是列出一个调查提纲,甚至越细化越好。但是笔者却强烈主张,研究内容应该仅仅是主题式的。笔者的习惯是设置 4～5 个主题,通过对这些主题的考察来回答所提出来的研究问题。

比如,在对建筑工地工人的研究中,笔者想了解的主要内容包括:

1. 他们的性行为、性关系,尤其是"找小姐"的实践与可能性;
2. 他们得性病的经历、对于性病的认识,以及对于艾滋病的认识;
3. 他们寻求健康知识、医疗服务方面的实践与需求;
4. 如何提高流动的建筑工人在防治性病和艾滋病方面的参与性、有效开展同伴教育;
5. 整个工地的组织情况、人际关系、人员招募与流动情况。

在身体研究中,要考察的主要内容有:

1. 对于女性身体的理解;
2. 对于女性身体与性关系的理解;
3. 对于性的理解与日常实践;
4. 身体打扮与日常实践;
5. 被访者基本情况。

在这一设计环节上,研究者不但需要列出上述的内容,而且一定要考虑清楚,围绕这些内容的讨论为什么就足以有可能回应自己的研究问题?尽管未来的实地调查中充满变数,但是这种思考最好是详细记载下来,以便将来在写作的时候温故而知新。

二、访谈提纲的利弊

必须设计一个访谈提纲而且越详细越好,这似乎已经成了国内定性调查的惯例,甚至是最佳选择,屡屡被作者们在调查报告中浓墨重彩地突出强调。可是笔者却大不以为然。

定性访谈区别于问卷调查的基点,不仅仅在于它是最大限度地开放、足以最充分地发挥以及鼓励随着新信息而转向,更在于它是"求异"而不是"求同"。这绝不仅仅是一个"灵活度"的问题,而是来自于泾渭分明的设计思想与方法论。因此,笔者在教学实践中经常告诫学生:访谈提纲不仅是你自己的枷锁,也是被访者的镣铐。越想调查很多人,访谈提纲就越像问卷;越想具体,它就越像问卷。当被访者只用"是"与"否"就可以回答你的时候,你就"改行"了。

严格地讲,定性访谈不是不允许设计提纲,而是反对细致入微,禁止明察秋毫。

从这种本质区别出发,研究内容应该宜粗不宜细,只需要一个大概的方向与主题,不能细化成具体的提问。笔者对学生的告诫就是:首先,不要出现"是……吗?"的句型,因为被访者一个字就把你封口了,无法深入交谈;其次也不要集中于询问"是什么",因为这充其量也只能获知"情况";第三应该专注于"怎么样"和"为什么",这才是谈天说地的海阔天空。

研究者应该围绕着主题跟被访者自由地聊天。这么做最能够体现定性调查的开放特点,最不受研究者的思维的局限,也最容易得到研究者所意想不到的信息。当然,这种开放式的访谈对研究者的要求是比较高的,他(她)对于研究目标与研究问题必须了如指掌,而且访谈经验丰富,善于把握谈话的主题,能够追问到底。可是,定性调查本来就是如此,岂有他哉?

定性调查的初学者最常见失误就是闭门造车地设计出不厌其详的访谈提纲,而且"非是即否"的提问充斥其间。这方面,笔者自己也有一些教训。

在一个研究项目中,对于建筑工人"找小姐"的意愿和实践这个内容,可以把它细化为以下的小问题。

你觉得在中国"小姐"多不多?哪里"小姐"多?为什么这么说?你去过的那些地方"小姐"多吗?知道北京哪里有"小姐"吗?怎么知道的?你们村里有人出来做"小姐"的吗?你认识吗?村里人会怎么说

"小姐"?

平时大家聊天有说起过找"小姐"吗?都是怎么说的?大家怎么看找"小姐"这个问题?你怎么看?你觉得找不找"小姐"主要是因为钱的原因吗(比如太贵负担不起,省点钱回家花)?你觉得现在找一次"小姐"贵吗?多少钱合适?

你认识的人中有去找过"小姐"的吗?你自己想没想过去找"小姐"?如果想找,怎么才能知道哪里有"小姐"?如果不是出来,而是在老家附近,你可不可能找"小姐"?

你自己找过"小姐"吗?找过几次?都是在哪里找的?怎么找到的?

如果找过"小姐",是否戴套?为什么?谁提出的?怎么提的?"妈咪"会不会劝说戴套?"小姐"会不会先提?"小姐"怎么提最好?

你觉得找"小姐"最怕什么(比如被抓、被人知道、得病)?怎么避免这些风险?你会怎么判断"小姐"干净不干净或者有没有病?

上面这样一个"访谈提纲",活脱脱就是一份调查问卷,就连备选答案也隐含在里面了,只不过没有写出来而已。

这么做的最大缺点就是:研究者在访谈开始之前的种种假设已经极大地限定了回答的可能范围,迫使被访者不得不削足适履或者"顺杆爬"。尤其是,无论怎么努力,得到的信息也只能是浮光掠影,了解不到"究竟是怎么样的""为什么会这样"之类的深入信息。因此,严格来说,这么做不但已经丧失了定性调查的最根本的优点,而且不如问卷简便快捷。

因此,在第二阶段的访谈中,笔者改弦易辙,仅仅保留了最粗略的主题,从"对小姐的认识""找小姐的经历""对找不找的解释"这样几个话题,跟被访者拉家常。其效果是,虽然没有涉及之前列出的所有内容的细点,却获得了更加深入的信息和许多意想不到的故事。

当然,反过来说,这种细化对于初学者还是有一定的优点,那就是不至于冷场,避免无从谈起或者无话可说的尴尬局面。可是,即使是退一步讲,那也至少有几个条件需要满足。

其一，研究团队中至少有一个人必须是久经沙场，对该主题或者该人群成竹在胸。这样，访谈提纲的细化其实就是建立在此前一定的研究经验的基础之上，尚可接受。

其二，细化的提纲只是备用的，而且必须是可变的，尤其不能按照顺序一个一个地问。这样，也就多少保住了开放性和随机应变。

其三，仅限于初学者的初学期才可以应用，有了一定的访谈经验之后，就应该毫不犹豫地置之脑后。简言之，在开放性的指导之下，努力的方向是走向粗略的提纲。

在设计的环节，当然还触及对于田野点/访谈对象的选取、具体方法的选择（即便是定性研究，各个方法之间也有一个选择的问题）、团队的组建、时间与预算安排等等。此外，还有很重要的一点：通过田野踩点、试访谈等工作，对初期的研究设计进行调整，以避免走过多的弯路。当然，即便如此，资料收集的过程之中也依然可以调整研究问题或具体提纲，只是田野调查、访谈、座谈会等不同方法的特点也给"开放性"与调整空间留有不同程度的余地。越是时空弹性大的方法（如田野调查），越有调整的余地（黄盈盈，2019）。笔者会把"有话要讲"的内容穿插在其他相关章节，暂此略过。

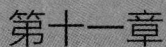

社区考察：研究情境中的"人"

很多教科书里都把定性调查的核心部分局限为观察与访谈，还细分为局外观察与参与观察、结构观察与无结构观察、无结构深度访谈与集体访谈等类目。（风笑天，2005；陈向明，2000；纽曼，2007）

但是，这些方法还是指向被访者单独一个人的即时情况，既缺乏对于被访者所处的社会环境与生活情境的整体研究，也缺乏历史发展的视角。这就违背了社会学的基本原则，因为世界上并不存在这种可以抽离出来加以调查的孤立个人，那只是问卷调查方法聊以自慰的一个幻象。

社会学的定性调查的最主要的优越之处，就是可以把任何一个具体的个人，都置于该人存在于而且行动于的某个特定时空之中，也就是该人的社会情境。在当今中国，很重要的一个情境就是个体所处的社区。因此，本章将论述一种新的本土调查方法——社区考察。

第一节　为什么需要社区考察

社区考察方法在社会学发展史上曾经璀璨一时。最著名的有李景汉的"定县调查"（2005）、费孝通的"江村经济"（1986）等。现在，这种方法在社会学界也不断地被人使用，但是尚未被概括成调查方法中的单独概念与类型，而是散见于参与观察或实地调查的内容里。

与此同时，人类学与民族学的田野作业却非常重视社区调查，以此来揭示民族社会某一层面文化的全貌。人类学研究的社区就是人类学调查研究中的一个基本单位，"是人类学家用以指一群相互依赖的家族，在一个队群或聚落，或较大的聚居区，营共同生活。一个社区能否自给自足并不一定，但一个社会则为经济上能自给自足的若干社区所构成。那些社区未必是相互依赖的，但他们却是互相通婚，而且有共同的领土、语言、社会经济体系及文化遗产的"（宋蜀华、白振声，1998:185—186）。

也就是说，在人类学看来，社区有三个基本要素：人民、人民所居住的地域、人民的生活方式或者文化。笔者借鉴人类学的社区调查，综合社会学前辈的尝试和自己的实地经验，把社区考察作为社会学定性调查的一种主要的独立方法提出来，以供参考。

一、学术意义

社区就是人的情境化

首先，所研究的社区，应该具有相对明确的时空，既包括有一定界限的地理范围，也包括足够长的一个时间段。因此，蜻蜓点水式的多地巡游或者快速评估式的考察，显然都不能算作社区考察。

其次，所针对的社区，应该是真正意义上的社区，而不仅仅是一个行政管辖区或者简单聚合的一群人。根据最普遍的理解，社区应该是一个具有某种共同属性、具有可以与外界明确区分的显著特征、具有相对紧密的内部联系和运行机制、在地理上有着比较明确的界限的一个人群聚居地。

再次，从具体方法上来说，社区考察不能仅仅是观察与访谈，而应该尽可能多地运用各种资料收集方法。一个好的社区考察应该包括观察、访谈、群体调查或者总体调查、收集历史和目前各种既有资料、体验和理解该社区的背景与环境、感悟与总结该社区的整体文化，等等。因此，如果仅仅是观察，哪怕是现场观察或者参与观察，那么其也很难算作是社区考察。同样，如果仅仅是收集现有的统计资料或者人文材料，也很难算作社区考察。问卷调查，哪怕是集中在某个地理区域里施行的，哪怕涵盖了众多的方面，也很难说是一个社区考察。

最后，在社区考察中，研究的对象也应该是多层次与多侧面的；不仅必然包括各种被访者，还应该包括或者涉及与此相关的各种人群。比如，在笔者的"地下性产业"考察中，不能仅仅去了解"小姐"，还要了解男客（嫖客）、"妈咪"、保安、社区活跃人物、诊所医生、性用品商店的人、给"小姐"送餐的人、附近的小商小贩，乃至当地干部与警察这样的各色人等。

考察就是多种调查方法的共用

相比问卷调查和其他定性调查方法，社区考察更加强调这些因素：情境、"耳闻目睹说"等多种方法的综合运用、对于"旁人"和"关系"的重视、时间感与发展视角、感悟和体验、对于"生活整体"的强调。

在方法论上，它处于针对个体的访谈与对总体的随机抽样调查之间，因此它也具有一些无可替代的优越性。

其一是全面了解，整体把握。

社区考察更容易了解到某个人群所处的自然环境、历史背景、人文传统、人际关系和心理氛围。因此，在解释人类行为或者社会现象时，可以比个案调查具有更多的代表性、可比性以及环境感；也可以比问卷调查获得更多的相关因素、参考情况和纵深资料。尤其是，如果并不那么追求个人故事的生动或者量化数据的精确，那么社区考察反而可以在确定的时空内，更全面地把握住所研究的总体，更深刻地揭示其内外纵横关系与机制，更贴切地理解人类行为或社会现象的众多影响因素。

其二是眼观六路，耳听八方。

在同一个社区考察之内，可以把定量调查与定性调查、观察与旁听、访谈与聊天等不同的研究方法更好地结合起来，形成更为综合的研究成果，而在其他研究方法中，上述每一对具体方法之间往往都存在着矛盾，甚至水火不相容。

其三是切身体验，感悟迭出。

用这样的方法，研究者可以更多地、更直接地、更全面地获得对于该社区的整个生活的直接体验、感受和理解；更容易发现那些无法量化和统计的、无法在个案中表现出来的,甚至根本无法言传、无法观察的活生生的资料。这就是社区考察最大的优点。

其四是上下求索,融会贯通。

研究者不仅可以调查到该地的历史发展过程,以便将其与现实资料结合在一起进行分析,而且可以接触和了解到许许多多与研究主题相关但是平常不容易接触到的人物,或者收集到其他方法无能为力的宝贵资料。

"论方法"层次上的意义

社区考察属于定性调查,因为它不试图代表任何一个总体,也不主张进行统计分析。

它是介乎严格的人类学田野调查与社会学的普通访谈调查之间的一种方法。

它借鉴了人类学的研究方法,明显地带有人类学田野调查的特征,只是并不要求很长的入住时间。这是因为,社会学和人类学之间的学科差异越来越主要地取决于研究者自己的理论兴趣与研究题目的特征,而不再是刚性的学科划分。或者说,社会学和人类学最早意识到所谓"学科划分"之荒谬。

社区考察是定性调查方法中的一个新的分类。它不仅侧重多种既有调查方法的并用,更提出了"共述""共景"与"共情"这样的新方法。它不仅侧重对于情境、发展和人际关系的研究,更强调对于研究对象的整体把握,因此它最接近于定性调查的理想境界"求全法"(个案法)。

之所以叫考察不叫调查,这首先是因为在当今中国,"调查"这个词已经被严重地滥用了,恨不得随便问别人一个什么情况,甚至仅仅是问一句话,也可以叫作"调查"。这来源于"没有调查(而不是没有代表性),没有发言权"的历史遗产。

其次,社区考察所运用的多种方法,确实已经远远超出"调查"的范围,可是又不必达到人类学那样的深入与持久,所以只好叫作考察,哪怕可能带来走马观花的误解。

社区考察遵循着整体主义的方法论思路,把定性调查的终端单位从单独的个人扩大为一个社区。这又包括两层意思。

第一层意思是,虽然社区考察中也必然会包括大量对于个体的深度访谈,但是在其他考察资料的交叉渗透之中,每一个访谈资料都不是独立的单纯的个人故事,而是该个体在其所处的物理空间、生活情境、人际关系、社会环境与文化氛围之中的具体表现。一言以蔽之,就是把个人复归到社会中去。

第二层意思则是,对于不同个体的访谈也不仅仅是要了解这个单独的人,还是为了更加多面、更加深入地了解整个社区。总之一句话,就是考察由各种个人所组成的社区。

理想境界是能够研究社区与个体之间的相互关系与作用机制。这不但是研究对象的改变,而且是方法论乃至认识论层次上的进步,也就是从"小姐研究"发展到对"地下性产业"的社区考察。笔者团队的相关专著莫不如此。

二、为什么要采用它:"地下性产业"调查的案例

潘绥铭第一次以社区考察的方法来研究"地下性产业"是在1996年。之前,他也对"性产业"的参与者进行过多次观察与调查,但是因为没有使用更好的研究方法,或者仅仅是思辨,或者流于浮光掠影,或者仅仅随机抽样调查了普通居住者,却没有直接针对"性产业"参与者,所以写出来文章自己一直很不满意。

后来,他之所以决心进行社区考察,实在是因为在数年的摸索中被置之死地而后生。下面是他当年的思考。

"性产业"参与者这样一个人群有这样一些特点。

第一,隐秘(谁会在自己脑袋上写上"嫖娼者"或者"卖淫者"?);

第二,分散(即使存在着某些"小姐"聚集地,也不会有男客的大本营);

第三,流动性极强(男客大都是打一枪换一个地方,"小姐"则基本上是"游击队");

第四,身份并不固定(在不"做生意"的时候,男客与"小姐"实际上都是普通人);

第五,没有任何现成的抽样框(中国恐怕不会出现"嫖联"或者"妓协"的)。

所以,如果想进行任何一种能够代表总体情况的调查,首先遇到的根本问题就是根本无法确定"性产业"参与者这个总体是什么,有多大,又在哪里。这样就无法进行随机抽样。结果,规模再大的问卷调查或者访谈调查,也仍然只不过是个体情况的堆砌而已,尤其无法反映出"性产业"参与者及其活动的社会环境、人文背景与生活状况。

显然,对于这样一个研究对象来说,运用社区考察的研究方法,是目前笔者所能够做出的最佳选择。只要找准一个小社区,下功夫去考察,所获得的资料可能比随机抽样调查和单纯的定性访谈更深刻、更具有学术价值。

这是因为,在这样的一个社区里,上述的调查"性产业"参与者及其活动的五大困难都可以在相当大的程度上得以缓解,甚至完全克服。例如,在这样的一个社区里,"性产业"参与者行踪相对不那么隐秘;他们都集中在一个确定的区域里;在进行活动时,他们(她们)的身份是相对确定的和固定的;而且这个规模相对较小的社区本身的社会经济文化的历史与现状都容易调查到。

更重要的是,作为社会学的研究,应该不仅仅是描述和评论某种现象本身,还要努力去发现和分析现象背后的整个社会机制。社区考察最适合于做这样的研究,而且可以事半功倍。

三、操作方法的独特之处

在此后的十多年里,潘绥铭及其团队先后考察过不同地区、不同特色的13个"小姐"集中的田野点。这里先提纲挈领地说说社区考察的独特之处。

收集官方统计数据

笔者从各个政府部门和管理机构,收集了所考察社区(基本是镇与村这两级）的统计资料，尤其是与当地"性产业"密切相关的那些数据。

但是，在对照与核实中发现，不仅有些重要的数据缺失了，而且其中相当多的统计数据相互矛盾。一些最基层的统计人员坦然相告：他们根本就没有做过某些统计，一些记录下来或者上报的统计数字，完全是"拍脑袋"拍出来的。因此，对于那些存疑的统计资料，笔者不得不逐个加以分析，有些还必须进行推算与检验。

此外，笔者还访谈了不同社区里一些不同的官方人员，包括县镇村三级的干部、治保干部、工商与税务人员、公立医院的干部等。他们主诉的很多情况，也是非正式的官方资料，而且往往更加真实。

社区考察角度的个体访谈

这种调查不同于直接了解该人情况的访谈，其研究重点在于：

1. 追溯该人的生活经历，以便在当事人的角度上，了解当地"性产业"是如何产生和发展的。

2. 了解目前的处境与个人体验，以便了解"性产业"究竟是靠什么才得以维持、维系和扩大的。

3. 了解该人的经营活动、组织管理活动和各种自我保护机制，以便发掘"性产业"的内部结构和运行机制。这一点，可能是这次社区考察中最有价值的收获。

显然，这种方法与目前通行的普通访谈调查有所不同。研究重点并不是当事人的个人历史或者从事这个职业的个人原因，也从来不想仅仅靠这些个人情况就来推断性交易活动得以产生与发展的原因。笔者只是试图通过这些当事人，这些直接就业者和亲身体验者，从内部来了解和分析整个"性产业"的状况。这样一个研究角度，是这次社区考察的灵魂与最重要价值所在。

访谈"旁人"

笔者对当地居住者（包括流动人口）中的各个不同阶层分别进行了访谈调查。对于当地的"性产业"来说，这些人只是毫无牵连的旁人，但是对于社区来说，他们却是主体。访谈的主要内容是：

1. 了解整个社区的综合情况。

2. 从局外人的角度,了解当地"性产业"的发展史和现状。

3. 了解当地普通公众,尤其是妇女,对于"性产业"的认识、评价和可能做出的选择。

4. 了解"性产业"与整个社区之间存在着何种关系与相互作用。

四、多时空点的社区考察及其在中国的实践意义

20 世纪末的人类学田野作业已经从早期的单点考察变成"多点民族志研究"（multi-sited ethnographic research）。研究者在"全球化"的思维框架下,对于研究对象的社会生活的看法发生了观念上的变化,认为即使是后进的族群也不是生存在与世隔绝的小社区内,而是与外界有许多交流。因此,研究某个族群不应该局限于长期参与他们的村落生活,而应该展开全方位的田野作业（胡鸿保、陆煜,2010）。虽然多点民族志与"多点时空社区考察"并不是一回事情,但是对于强调在多个时空点来更为全面地考察某个现象和人群而言,却具有一定的共通性。

笔者在"地下性产业"考察中"无意间"使用了多时空点的方法,并在后来分析与反思的过程中发现了这种方法的优点和重要性:提供了可比较的空间,从而能够在比较中更加多样深入地了解中国"地下性产业"的情况。在中国这样一个文化多样、异质性日益增强、流动不断扩大的社会环境里,多时空点考察的价值尤其显著。

笔者团队先后在广东、广西、贵州、深圳、东北三省、四川、宁夏与内蒙古的 13 个田野点开展过研究,最为深刻的感受就是:实际上既不存在着一个"中国的地下性产业"的概念,也没有"中国的小姐"这样一个整体概念。不管是在地理概念这个横轴上,还是在内部分层这个纵轴上,以及时间的发展轴上,这两种现象的多元性和异质性,不仅显而易见而且五彩缤纷,足以打消任何总结出"大一统概念"的野心。

在纵轴上,潘绥铭把"小姐"至少分成了 7 个层次,处于顶端的是"二奶"阶层;第二层是"包婆"（公安部门称之为"包娼"或"包嫖"）;第三层是"三

厅"（歌厅、舞厅、餐厅）里的"三陪女"；第四层是"驻店小姐"（相对固定地住在一个宾馆里，通过电话拉客）；第五层是"发廊妹"或"按摩女"；第六层是"站街女"（"站桩女""街妹"）；第七层是"下工棚"或"住工棚"的女人，主要与外来民工进行交易。

在横轴上，各个地区的"地下性产业"因为其历史、文化、政治和经济等因素的作用而表现得丰富多彩、特色鲜明。比如在潘绥铭的第一本有关"地下性产业"的书里，就比较了珠江三角洲的B镇、华南腹地某开发区、湘黔交界处某金矿区三个地方的不同情况，根据其特点归纳为：后发外向型、路边伴生型、本地伴生型（潘绥铭，1999）。

在组织方式上，黄盈盈主要以比较的方式详细地展现和分析了不同的"发廊"类场所里面经营方式的差异、"小姐"的自我认同和专业化实践的差异等（黄盈盈，2004）。比较这些差异性，有利于挑战某些以道德评判为基础的二元话语，例如"小姐不是贪图享乐，就是被逼无奈"这样的二元对立。可是实际上，笔者团队不但曾经调查到女孩子被从劳务市场骗来做"小姐"的情况，也考察到过几个"小姐"一起雇用"妈咪"的情况；不但听到过以"家里穷"来解释为什么做"小姐"的情况，也见证过以"这是我选择的生活方式"来进行解释的情况。

多时空点比较的方法更加突显了"情境"的重要性。因为每一个时空点的情境及其构成不但千差万别，而且必然时过境迁，例如当地政治经济状况、社会规范、客源情况、组织形式、人际关系等都是动态的，因此一些"地下性产业"的消亡并不仅仅因为"扫黄"，而是内因发挥了更大的作用。

多时空点的比较不仅是以整个调查点为单位，而且包括单位之内的、在不同的时空情境中去考察研究对象。例如，在营业场所内外、上班下班、面对不同的人这些不同的时空中，"小姐"都会具有大相径庭的角色实践。如果能够在比较中、在多样化的时空中去了解她们的生活，就有利于打碎"小姐"这个单一标签以及社会对她们的刻板印象。

正是中国社会中这种多样化的存在，使得笔者一直提倡首先要以"分析"的方法来了解情况，而不是纯粹地从道德角度出发加以评判甚至是宣判。可惜的是，在涉及性相关话题的时候，这种"不分析"和"唯道德"的言论，不仅司空见惯而且病入膏肓。

除了比较的优点，多时空点的社区考察还可以从联系的角度来考察多点之间的关系。尤其是强调历史视角的引入，在不同的时间点来考察同一个社区（追踪考察），这种优点就特别醒目。在社会学和人类学领域中，这种历史考察通常被称为"再访"或"追访"，比如潘绥铭的《生存与体验》就是对于前一本书的其中一个田野点的追踪考察（潘绥铭，2000）。但是总体而言，笔者团队在这方面的实践经验仍然有所欠缺，其中很大的原因是资助方并不需要什么追踪调查的结果。

第二节　在社区考察中进行"观察"

观察是现有的有关定性调查的书里着墨最多的方法。几乎每一部论及方法的教科书都会列出章节来重点介绍。但是，如果脱离当时当地的具体情境，那么难道就能够充分解释所观察到的任何一种行为表现吗？现有的教科书对此的论述实在太过粗浅，甚至对其完全漠视。

笔者所为，不过是在社区考察这个新方法之中运用观察法，择其要而论的经验呈现与反思。

一、定时定点的监测与统计：对于规模、经营情况的观察

虽然社区考察从整体上来说属于定性调查，但是这种方法不仅一点也不排斥做一些现场统计，而且现场统计恰恰是这种方法的优越之处。潘绥铭曾经对某社区"性产业"的多种场所的可见活动，进行定点的时段观察与时点观察，然后加以统计处理，以便推算"性产业"参与者的实际规模，发现其活动特点，确认其活动规律。当时的记录与分析如下：

之所以要这样做是因为：在目前所见的有关研究成果中，相当多的研究者（包括我自己在过去的研究中）仅仅是根据被访者的主诉来记录、分析和议论的。例如，一个地方的"性产业"场所究竟有多少个，是询问当地人而获知的；一个场所一般有多少"小姐"和男客，也是询问当地有关人员才知道的；经营规模有多大、特点和规律是什么等，还是询问有关人员才知道的。

如此这般，研究者就变成了一个简单的询问者和如实记录者，说得不好听一些，研究者就把自己降低为初级新闻记者了，甚至可能降低为奇闻轶事搜集者。这是因为，哪怕研究者询问的是"性产业"参与者本人，哪怕对方实实在在肯于说出一切实情，但是他们并没有真的去现场调查和统计过此地的所有性交易活动。他们所说的"整体情况"，其实只不过是他们自己的估计而已。虽然他们的估计可能比局外人的估计更准确一些，但是如果研究者并没有对他们的主诉进行过核实与检验，那么研究者据此所做出的一切分析，其实还是不比初级记者高明多少。

例如，在××度假村的歌舞厅里，我也问过那里的酒吧服务员："这里每天大约有多少个'三陪'小姐。"他回答说："平时200个，周末300个。"我又问他："您亲自数过吗？"他赶快说："没有，从来没有。"实际上，我现场清点的结果是，当晚只有76个"小姐"先后进来。那个服务员显然并不想故意欺骗我，但是他所提供的数字，却是真实情况的3～4倍。唯一的原因仅仅是：他只是一个服务员，没有兴趣更没有必要去认真地清点"小姐"的人数。

所谓监测，是借鉴了自然科学的"实验"方法。它的优点是能够比较准确地掌握社区或者某个现象的基本数量情况。

监测要点是需要选择一个进行监测的合适的地方：它既要适合于长时间的监测；也要比较隐蔽，尽量不被监测对象注意到而影响了其活动；还要能够尽可能多地、尽可能清楚地观察到对象。这种监测可以是非参与式的观察，有的时候则也可以是参与式的，比如坐进某一个场所里进行观察。这就需要事先有一定的设计，比如除了地点的选择，还规定一定的时间点与要观察的具体内容等。陈向明的《质性研究方法》一书对此有过归纳。

潘绥铭对发廊的营业情况、"小姐"的规模等进行了比较系统的监测，而且通过对不同人群的监测来相互佐证和推断。具体的过程、监测方法、记录和分析以及相互之间的比较可以参考他在《存在与荒谬》中的记录与分析，在此仅列出其中的一部分作为参考。

下面的表格说的是：笔者在将近一周时间内（周四没有进行监测），在两个不同的监测点上，对10间发廊分别进行监测的总结果。笔者的每一次监测都有记录，都被总结为统计表格。但是，为了节省篇幅，这里就不再一一列出了。

6天监测的总结

观察内容	周一	周二	周三	周五	周六	周日	小计
轿车停留次数（辆/次）	15	16	9	11	26	10	87
停留看人人次	159	173	143	148	187	82	892
进入发廊人次	24	33	26	29	60	28	200
带走"小姐"人次	14	17	14	11	23	10	89
观察持续时间（小时）	6	6	4	6	8	4	34
观察发廊间数（间）	6	6	6	4	4	4	30

这个表格表明：在10间不同的发廊里，在总共34个小时的监测时间里，虽然有900人次左右的男人在发廊门前停留看人，但是进入发廊的只有200人次左右，而真正被客人带走的"小姐"，不过是90人次左右。也就是说，平均起来，每间发廊在这34个小时里，总共只有3个左右的"小姐"真的被客人带走过。

在这个表格的基础上，把所有的总数都除以监测的总时间，再除以监测的发廊总数，就可以得出这样一个很有意义的平均数——在一间发廊里,在一个小时之内,究竟发生了多少次营业。

这个数字,虽然并不能代表B镇的所有发廊在所有时间内的所有情况,但是却可以给人们提供一个进行推算的基础,以便人们更正确地估计"性产业"的规模,不至于过分夸大或者过于缩小。据笔者所知,使用这样的方法得出的这样的数字,在中国还没有过。(潘绥铭,1999)

二、对于社区环境的观察

观察还常常被用来了解社区的基本环境。这些方面的内容靠"眼见"往往能够比较真实。

表面看起来,对于社区环境的观察,与前面所说的"环顾"似乎是大同小异。其实不然,"环顾"是初来乍到时的巡视,略知一二即可;而观察社区环境则是为了让研究者迅速地认识到该社区的个性与特色,因此必须反复端详,经常比较。例如,潘绥铭在属于"环顾"的部分之外,还观察到该地如下的特色。

在这个地方,还有31家打着各种招牌的"诊所",不过其中的3家已经停业。也就是说,平均每3.8家正在营业的性交易场所,就有1家"诊所"在为它们提供配套服务。这个比例是非常惊人的。在我所考察过的任何一个"性产业"集中的地方,都没有见过如此多的诊所。

与此相对照,在这个1200米长的街区里,却只有27家小卖部,大多数都是木板房或者类似临时工棚的小屋。它们主要是出售烟酒食品之类的东西。也就是说,吃的地方和看病的地方一样多,也是平均3.8个场所才有一个。这让外人是应该感叹诊所之多呢,还是惊讶小卖部之少?

在这里,也有2家正规的专业的书报亭,都有公用电话,还有4家专门的公用电话亭。但是,公用电话主要是由小卖部附设的,一共有19家。其中只有6家可以拨打国内长途电话,其余的都只能打到旁边的那个城市和开发区所在的县。这个比例也太低了,平均每5.6家场所才有1

部公用电话,平均每18家场所才有1部国内长途电话。[1] 结果,"小姐们"围打电话的场面屡见不鲜。请读者记住这个细节,因为它可以表明,这个地方到底是为哪些人服务的。(潘绥铭,1999)

观察的另一个内容是发廊的外貌和招牌,通过对这些内容的观察,研究者可能获知该地"性产业"的经营方式和特点。

在中国的任何地方,都不可能出现公然挂牌子的性交易场所。因此,所有的场所都必须编造出一个合适的经营范围的名称来。最常见的是发廊与按摩场所,其次是歌舞厅与卡拉OK厅。但是,"卖狗肉"虽然在全国都一样,但是挂出什么样的"羊头",却是八仙过海,各显神通,极富于地方特色。

在这个开发区里,最令我惊讶的是,在107家场所里,挂着发廊招牌的场所居然只有9家,号称按摩的更少,只有4家。其余的是餐馆(13家)、歌舞厅(19家)、旅馆(23家)。最多的招牌是什么呢?我事先没有想到,竟然是酒吧和咖啡屋(一共52家),其中还有11家居然还写着英文的Bar或者Coffee。

在这样一个华南腹地,这样一个城外一隅,这样一些路边店,店主们怎么会一窝蜂地喜欢酒吧和咖啡屋这样"洋"的招牌呢?

当地人说:因为香港人喜欢,是那些来投资的香港老板说的。其实,恐怕是在开发区建立初期,开办路边店的村民们也被当时那宏伟的蓝图给震晕了或者镇住了,也梦想着海外来客会潮水般地涌进自己的小店,所以投其所好地挂起了这些"洋"招牌。

那么在开发区有目共睹地萧条了以后,这些招牌为什么还不旧貌换新颜呢?当地人说不大清楚,一般仅仅认为是习惯成自然。还是开发区的官方人员更明白一些,其中的一位说:"正因为在旁边的那个城市里都

---

[1] 那时候是1999年,手机才第一次在中国发售,外地来的"小姐"全靠长途电话跟老家联系。

很少有什么酒吧,所以这里的名声才这么大啊。而且(我认为是更重要的),酒吧属于饮食业,完全是正常经营啊。"(这就是说,再扫黄也没有理由扫到饮食业里来的。)(潘绥铭,1999)

三、对于人际关系的观察

人际关系的互动是观察的另一个重点,也是社区考察区别于普通访谈的标志之一。在具体的场所里,研究者可以观察到不同个体之间的互动:客人与"小姐"之间、"小姐"与"妈咪"之间、"妈咪"与客人之间、这些人与社区内其他闲杂人等之间的互动,等等。这些人际关系的互动,可以比"单一访谈"更深入地把握社区内的某一个人以及某一群人,下面是实例。

拉　客

在大多数酒吧、歌舞厅和按摩场所的门前,都有1～3个"鸡头"在门前专门负责招客,"小姐们"只是坐在场所里面待客,一般并不跑出来直接招客。但是,这显然还没有成为铁定的规矩,因为在第二个地段的那些场所里,有一些"小姐们"也经常在场所外面游荡。如果有男人路过,她们就会劝说一番,有时也用言语挑逗;只不过讨价还价、成交安排等事宜,仍然是由"鸡头"来做。很偶然地,也有一些"小姐"会跑到公路边上去直接招客。但是,这显然是违反规矩的,所以我两次看到,"鸡头"把这样做的"小姐"骂回场所里去。

"鸡头"们都很卖力气地、不厌其烦地招客。在第二个地段里,大多数"鸡头"都是只在自己所属场所的门前活动。如果客人已经走过了自己所属的场所,"鸡头"一般不会死乞白赖地追着,因为这里的地盘已经有了明确的界限。但是,如果某个客人已经对某个场所里的"小姐"产生了兴趣,却又要走开,那么"鸡头"似乎就可以"合理合法"地追着他、赖着他,直到终于成交或者彻底失望。

当然,这种情况很难获得各个"鸡头"的一致认同。所以,如果前一个"鸡头"认为这个客人还有可能回心转意,因此穷追不舍的时候,下一个"鸡头"却可能认为,这个客人已经放弃前一个场所了,是来我这个场所了,所以他也会抢上前去,积极进攻。这样,一个客人被两三个"鸡头"围攻的情况,也时常可见。

在第三个地段里,因为所有的场所都相对更分散一些,各自的地界似乎也不那么壁垒森严,所以这里的"鸡头"很少互相争夺客人。可是,他们的活动范围也更大,经常直接站到马路上,向过往的车辆招客。在半夜12点以后,这种情况更多,因为这时是司机们来嫖娼的高峰时期。

在第一个地段里,情况有所不同。因为这里的许多场所挂的是旅馆的招牌,所以它们更多的是等客,而不是招客。

等 客

在大多数挂着旅馆、餐馆和按摩招牌的场所里,"小姐们"一般都是等在自己的房间里。这些场所也很少有专门的"鸡头"去外面拉客,一般都是守株待兔,愿者上钩。只不过当真有客人来的时候,"小姐们"一般都会从自己的房间里迎出来。客人走时,许多"小姐"也送一下。虽然一般都以大门口为界,但是对我从外面进行的查看来说,已经足以确认这个场所里有"小姐"了。

这些旅馆的老板说:"我们根本不需要专门派人拉客。我们这里是荒郊野地,除了"小姐"什么都没有。如果不是来嫖,谁也不会跑到这里来住店。"

这里有这么多酒吧,又有拼命拉客的"鸡头",那么怎么还会有客人到旅馆里来呢?因为旅馆的优势在于:客房的空间、卧具、装修都比那些酒吧好得多,能使客人更舒服。

在酒吧里,男客一般都是"打炮",大约半小时就完事走人。但是在旅馆里,"小姐"一般都是陪客人一个"钟"(45分钟到1小时)。如果不是急于赶路的客人,一般都喜欢到旅馆里来。

虽然没有人来扫黄,但是酒吧等路边场所毕竟还是太公开了,太招摇了,所以有一些"喜静"的客人还是愿意到旅馆来。

旅馆里还可以冲凉。

大多数旅馆都自己备有"小姐",但是一般也并不排外,容许一些外面的"小姐"到这里来留客。

留 客

在这个开发区里,有大约 30～40 个"自由职业者",当地人也叫作"游击队"。这些"小姐"并不固定地属于任何一个场所,也不在任何场所里卖淫。她们总是自己租下一个旅馆的房间,然后出去自己拉客,再把客人带回旅馆的房间。

她们拉客时,往往是在各个场所的边上,既不影响人家的生意,自己也可以借光。这是真正含义上的借光,因为只有在各个场所射出的灯光里,她们才能展览自己,也才能让男人们知道,自己也是待租之女。

她们往往是按照留客次数的多少,交给旅馆老板额外的房钱。她们中间,既有单干的"个体户",也有"鸡头"带领的"兄妹"或者"夫妻",还有两三个"小姐"自己组织起来的"合作社"。只不过她们几乎全都是匆匆过客,在这里很少住到一个月,就像浮云一般地飘走了。(潘绥铭,1999)

上述的这些观察比较多地是发生在一段距离之外的旁观,还有一些观察发生在更加近距离的空间中,而且更容易跟"听""说"联系在一起,比如在发廊里观察到的主客互动。

两个客人进来,一个瘦黑,一个白胖,派头十足。那个黑瘦的说话有点结巴,却跟老板娘说了老半天。

老板娘说:"150 元小费不一定有'小姐'愿意做。我们这里'小姐'服务很好的,(你)这次来了下次还会来。"

"服务好了我们以后会常来的,多长时间?"

"多长时间没有关系,玩得开心了就好嘛。"

正在讨价还价时,旁边一个老头说:"那些路边站街的100块就行了。"老板娘就说:"那些不安全,你说不定会被骗到什么地方揍一顿。"

那个白胖的跃跃欲试,说:"行行,就这样吧。"黑瘦的为他挑了一个"波"很大但我认为很难看的"小姐"。

老板娘说:"先交费哦。"又问黑瘦的怎么不找一个。

"我不行了。"

"你有儿子吗?"

"有,在家里。"

"你不行了你儿子哪里来的?"老板娘开玩笑,学他的样子结巴,大家都笑。

"我刚刚搞了一个,不行了。"

接着,老板娘又对那个黑瘦的开玩笑,因为他问"包夜"多少钱。

"600。"

"这么贵啊?"

老板娘说:"是呀,说不定'小姐'看上你了,一分钱不要。"

"那不可能。"

"你要高兴可以给5000。"

过了一小时不到,那女孩下来。

"这么快?"黑瘦的问。

"他快又不是我快,问他啦。"

那个白男进来摇了摇头,两人就出去了。

女孩说:"他妈的没见过这么色的,自己很快就出水,说这样不行太亏了,还要我陪他。老子才不干;说去厕所,就出来了。"(黄盈盈,2004)

上述的观察,既不是猎奇,也不是为了进行经济学的研究,而是在品味"性产业"中的主客关系。研究者确实从中获得了许多其他调查方法所无法提供的认识,只不过不属于本书"论方法"的范畴,因此不再展开。

此外,不管"真实"的定义如何,亲自看到的往往更加具有真实性。与单纯的访谈相比,这里的情境是活生生的和直接感受到的,而访谈中所提供的情境则是透过被访者的表述才能得以再现的,毕竟差了一层。

为了提高观察的质量,研究者最好作为一个旁人而存在,最好尽量弱化自己的存在以及带来的影响,并尽量创造自然的情境。这种弱化操作起来并不难:或者处于一个秘密的地方,不被人发现地进行观察;或者自己的存在不会显得特别突兀。

这里,观察者与被观察者应该多少相互熟悉一些。完全陌生的人,如果较近距离地出现在一个时空中,不管你是否表现主动,这种存在本身所起的作用都会影响到其他两人之间的互动。

尽管研究者的主体性在这里要尽量弱化,但是并不代表观察是完全被动的。相反,研究者不仅要用眼睛,还要用脑子进行观察。这在其他教科书中多有阐述,此处不再赘述。

第十二章

相处调查：研究生活中的"人"

在本书的第一版中，这一章是包含在前一章"社区考察"中的，现在之所以要单独分出来，主要是因为以下三点。

其一，定性调查很普遍地被误认为仅仅是一种"采访"：一对一，问完就走。可是，这就很像刑事侦查，而不再是"社会之学"。对方的一切生活与特质都被忽略掉了。

其二，定性调查普遍被误认为仅仅是"我问你答，废话少说"的语言活动，不但与观察脱节，而且实际上压制了任何讨论与感受体验。结果研究者往往被贬低为一台录音机。

其三，定性调查常常被误认为"挖故事"，研究者只顾询问自己感兴趣的"事"，却全然忽略这个"人"；不顾对方的生活整体、心路历程和实践逻辑究竟是什么样。结果，故事可能得来一大堆，却"见事不见人"。

正因如此，笔者必须大张旗鼓地推出"相处调查"这个新的分类。它的旗帜与灵魂就是"相处"二字。笔者曾经把这种方法命名为"入住式考察"，但是后来意识到，"入住"仍然只是一个形式，即使仅仅是走马观花或者蜻蜓点水，只要真的做到了与对方"相处"而不仅是采访，不仅是问答，不仅是探秘，那么就足以成为一种新的、借鉴了人类学成功经验的社会学定性调查方法。如果再把这种方法置于社区考察之中，则锦上添花。

以笔者团队的"地下性产业"研究为例，相处调查的要点就是：入住到田野点一段时间（而不是浅尝辄止），在"小姐"的业余时间里（而不是上班期间）、以朋友的身份（而不仅仅是调查员），去了解她们在该经营场所的人际关系网络之中（而不仅仅是与男客的交易中），在"地下性产业"这样的社会存在之中（而不仅仅是在该场所中）的全部生活（而不仅仅是做生意情况）和生命历程（而不仅仅是职业化与标签化的行为）。

第一节 "进入"

所谓"进入"，绝不仅仅是指"到达该地"，而是指"与该社区建构起足以开展调查的人际关系"这样一个过程。它是社区考察与相处调查的实地操作的基点与关键。

一、"踩点"

踩点主要是为了寻找合适的社区、考察场所、个体，也可以为正式的田野提供背景资料。如果调查者是一个团队，踩点还可以省时省力，以免兴师动众而又劳而无功。踩点通常是一个人，也可以是几个人分头，先到预定的调查点走马观花，主要工作是判断是否符合研究的要求、是否容易进入、预测访谈的难度、预先安排食宿等。

以"地下性产业"研究为例，每次正式考察之前，笔者都要去踩点，数量上是预定调查点的一倍以上，然后再根据反馈做出决断。找到一个好的调查点，就是成功了三分之一。

踩点中，信息的来源不拘一格，五花八门。最主要的是询问出租车司机，有时候也靠朋友帮助，还有时候就是直接进入现场。下面选择黄盈盈的一次踩点，来说明具体的过程。

从到达××市的当天开始，我们进行了为期四天的踩点工作。课题组的一名成员曾在2000年的时候对其中的×村进行过为期一个月的考察，对周边的情况比较熟悉。在踩点阶段，通过询问当地知情者与出租车司机并亲自走马观花，我们一共察看了9个点。其中5个点或者"性产业"已经衰败，或者"小姐"不够集中，或者不利于入住式考察（周围没有出租的房子），或者不符合我们的要求（档次太高）。因此，我们选择了H村、S村和×村。三个村都处于该市的郊区，地方不大，但发廊与按摩店却相对集中，比较符合本次调查的要求。这三个村在当地都名震一方，而且各有特色，研究价值较大。

另外，我们还到过另外一个市的B镇踩点，因为那里是潘绥铭1996—1999年进行现场工作的"根据地"，而且写出了《存在与荒谬》和《生存与体验》这两部专著。那里原来有两个性交易场所非常集中的点。其中的一个非常典型、纯粹，除此之外没有其他商业活动。我们最初对那里寄予厚望，希望在那里能够发现一些特殊和典型的情况，甚至可能进行追踪调查。

可是，当我们到达那里之后才发现：这两个点都已经被彻底扫除干净了，一家都不剩。大多数老板和"小姐"已经四散。我们在那里找到了原来最大的营业场所，也是整个"地下性产业"的社交中心。虽然它也已经关闭，但是我们非常幸运地找到了看门人而且惊喜地获知，有4家发廊搬迁到镇内的长途汽车站附近，而且继续"做生意"。我们马不停蹄地赶到该地，但是过去认识的老板和"妈咪"一个也不在了。尤其是，这4家发廊都犹如惊弓之鸟，戒备森严。我们试探之后发现根本无法在短期内进入。

基于上述原因，我们只得选择了前3个调查点。

另外一次在东北的考察也是这样做的。在踩点的时候共考察了已知"性产业"较多的9个城市，最后选定其中3个。

这三地是经过挑选的，各有特点，便于更多样性地了解各种情况。比如，A市是卫星城市，以歌厅为主，其他形式的性服务较少。B市的性服务规模最大、形式最多。C市也有歌厅，但主要是以按摩为主，而且"小姐"年龄较前两地的偏大，本地下岗女性偏多。

简而言之，踩点就是根据研究对象的选择标准与调查可行性等情况来选定具体的地点，并掌握初步的情况。踩点与正式调查的时间相距不宜太远，最好在半个月或者一个月之内，否则很可能风云突变，前功尽弃。

如果研究是一个人做的，踩点和正式的调查往往会合二而一。通常是根据相对可靠的信息（朋友告知的为多）去该地查看，如果合适就开始做田野调查。比如，潘绥铭1996年调查分布在三个省的三个"地下性产业"，黄盈盈1999年的深圳考察，都是如此。

如果是探索式研究，则对调查点没有具体的规定。通常会根据这样一些原则来选择：是否具有一定的特色（与以往研究对象的区别度）、是否具有一定的规模（访谈范围的可能性）、公开化程度（进入的难易程度）、是否有合适的落脚点（入住的可能性）。

如此简单的"踩点"似乎不值一提，可是其中"论方法"的意义却非同小可。问卷调查之所以不去踩点，并非不能，而是毫无必要，因为它随机抽样到的任何一个调查点（通常是居委会或村）与任何一个人，都仅仅是"中国人"这个总体的组成部分之一，如果不汇总到总体之中，其本身就毫无意义，所以根本无须"踩点"。可是定性调查却反其道而行之，扬弃对于总体的代表性，专攻差异性与独特性；踩点就是落实这一思想的具体行动。更进一步说，定性调查中的"求同法"仍然依赖于"同质性"，所以它也可以不重视踩点；而"求异法"则相反，当然必须把踩点视为自己的看家法宝。

二、"入住"

到任何一个社区考察，不用说也知道，应该居住在该社区之内。但是，笔者所说的"入住"却绝非如此简单，而是一开始就直指要害：是直接参与到社区活动之中去，还是仅仅作为旁观者？对于"地下性产业"考察来说更是"性命攸关"：要不要与"小姐们""同吃同住同劳动"？

坦率地讲，与"小姐""同劳动"这一条，不是不敢，而是并无必要。难道为了研究杀人犯也要去杀人吗？但是无论是单人考察还是团队工作，笔者始终要求做到与"小姐们""同吃同住"。这也不是一个"贴近生活"的简单问题，而是究竟要贴近什么样的"生活"、研究什么样的"问题"的问题。

绝大多数局外人与初学者心目中的"小姐"，都是身处营业场所之中的、在做生意过程当中的、符合社会刻板印象的那些女性；或者说，只有这样的女性才被归类为"小姐"。因此，在这样的外行看来，所谓"贴近生活"或者"入住"其实就是钻进"性产业"的营业场所中去，因此假扮男客（嫖客）就是首选之途，甚至被视为不二法门。

可惜，这只是猎奇，甚至只是真嫖的借口。在一个合格的社会学家的心中，"小姐"首先是人，是除了做生意以外还有其他丰富生活的人，是只有在其他生活中才能加以完整理解的人，是只有置于其所处社会之中才能够进行研究的人。她们走在街上就是路人，走进商店就是顾客，见到丈夫就是妻子，面对孩子就是母亲，遭遇侵害就是受害者，跟我们接触就是朋友。如果仅仅调查"作为'小姐'的'小姐'"，那不需要研究，直接进行道德评判就足矣。

因此，笔者一直要求团队成员（无论师生男女）一定要住在"小姐"聚集区域的旅馆或者出租房（个别情况下，女研究生还曾经住在"小姐"的宿舍里与私房里，而且连续多日）。只有这样，我们才可能接触到"非营业状态中的'小姐'"，才可能去研究一个人而不是一个标签。

在潘绥铭的实践中，具体情况是这样的：

第一次去广东某市，朋友带着我去他熟悉的一家卡拉OK厅，认识里面的"妈咪"兼老板。帮我介绍了一下，我也介绍了我的身份，聊了些学校的事情。我就提出能不能在她的店里住下来。"妈咪"估计刚开始以为我住在那里是为了找"小姐"方便。后来发现不对，不过关系已经搞好了，她也就没有反对。

第二次去广西某市，那个田野点没有旅馆，所以只能在离开200米左右的小旅馆住下来。住下来之后发现，不但有"小姐"来做生意，而且旅店里的3个服务员兼做，但是不会主动去拉客。跟旅店的老板和

"小姐"渐渐熟悉起来以后,访谈就从这3个"小姐"逐步扩展到旁边旅社里的"小姐"。

第三次去的是贵州的一个偏僻的金矿。信息来源是一个厂长,他跟金矿有生意业务,说那么偏的地方也有"小姐"。我觉得有意思,太稀奇了,就跑去了。那里也有小旅馆,但是是大棚,有采购金子的人。我就住在大棚里,认识了那里的4个"小姐"。

黄盈盈在1999年的时候第一次去深圳,住的是农民楼,周围住的基本上都是"小姐",是在一个认识的"小姐"的帮助下找到的。本来是要去一个朋友家住,但是离田野点比较远,所以没有去。后来证明这种选择是对的,尽管当时一个女孩子住在这里还是有点怕,但是收获甚丰。田野日记里是这么写的:

那天下午F姐带着我和严老师到最"红"的周边一带逛了逛,帮助我找考察点,并给我简单介绍了这些地方发廊的情况。但是,她自己也是听说的,没有在这一带做过,所以F姐问司机:"什么地方发廊比较多?"司机看着我们有些诧异,问我们干什么。F姐有点开玩笑又有点油油地说:"想开个发廊不行啊?"

当时是下午3点左右。我们看中的这个地方是S村,兴奋点主要在于:在这里的街上就看到许多看似像"小姐"的女孩,还有很多美容美发厅。除了这个因素,主要还因为看到了有空房出租。原来担心的"入住"就这样搞定了,比我们想象的要容易得多。如果我的周围住的都是"小姐",那就是旗开得胜,幸运之极了。

跟房东老太太谈了谈,交了500元的房租和水电费的押金300来元就拿到了钥匙。我住的楼俗称农民楼,是当地农民自己家里盖的。老太太一个人管收2栋楼的房租。她自己家的年轻人出去打工了,就雇了个亲戚帮忙。这栋楼是7层,楼下大门是可呼叫的电子门,我住在502。我仔细查看了房间的门,安全系数还比较高,是两扇门,外面是铁插门,里头是防盗门。我在仔细查看的时候,F姐说了一句:"一般没什么关系的,晚上早点回来,回来的时候小心点就是了。"这让我觉得我有点神经过敏了。不过,我确实是挺怕一个人住的,只是看了那坚固的门后,心里安稳了不少。

我们下楼买了薄床垫、枕头、被子、水桶和一个"热得快",这将是我这个月生活的全部家当了,真可谓家徒四壁的陋室。购完家当已是4点左右,严老师下楼要走的当儿看见楼道里一个小门开了,里面有个女孩在吃饭,头发很长。严老师判断就是"小姐",就进去跟她打招呼,说我是她亲戚,一个人在这住,要她们多多照顾。我没进去,就看到了那个女孩有点莫名其妙而且不知所措地点了点头。我们出来又跟楼外小卖部的黄头发女孩打招呼,之后严老师就走了。

(补记)除了上述地方,另外一次考察我也曾住在田野点里面开诊所的一对医生夫妇的家。那里的条件也很简朴,住在一个阁楼里面,但是位置非常好,周围就是发廊,而且时不时地有"小姐"会过来买药、看病。医生夫妇对这个社区也很了解,可以提供不少有用的信息。

"入住"的重要性不仅仅是针对考察对象,更是针对研究者自己。只有日日夜夜住在当地,才有可能理解"小姐们"的生活与工作情境。"地下性产业"相对来说是一个比较封闭的社区,可是"封闭"的意义不仅体现在地理上,更主要的是一种社会文化氛围,以及心理与情感氛围。只有直接生活在这个氛围里,作为外来者的我们才可能体验到整体情境,体验到"小姐们"的喜怒哀乐,包括她们的日之所思与夜之所想,最后才可能感悟出她们的生活的意义。这种感悟,不仅局外人一无所知,就是某些住在外头,隔三岔五来找几个"小姐"访谈的普通调查者也概莫能知。

研究者的人身安全也需要考虑。只不过,总体而言,"地下性产业"并不像笔者刚开始想象的那么"凶险",当然,也不"传奇"。

三、"环顾"

入住之后，就需要熟悉环境了。一般情况下，在踩点的时候笔者团队已经对这个社区的环境略知一二。住下来之后，刚开始几天主要是了解社区的总体面貌，以观察为主。同时，这也是在社区里"混个脸熟"，让人们"见怪不怪"，甚至"视而不见"，然后才可能寻找合适的机会和方式，开始建立人际关系。

研究者需要充分运用熟悉环境的具体方法。黄盈盈在1999年的考察中，除了刚开始落脚的时候有朋友一起找地方，之后基本上都是自己一个人在盲人摸象，结果第一天的田野笔记写得凉飕飕的（记录略有整理）：

> 吃过午饭后我就搬上行李，也就是一个箱子，跟严老师到了昨天落脚的S村。严老师要回去，所以在路口放下了我，并叮嘱我自己小心。忽然之间一个人孤零零地置身于一个陌生的地方，我心里有点惶惶然。
>
> 到了我住的地方，放下东西就开始了考察的第二步——熟悉环境，也就是探寻我的考察对象的大致情况。我采取潘老师的方法，开始仔细观察马路两边的店铺。
>
> S村的主要街道可并列驶过两辆小车，从头走到尾大约6~7分钟。两边都是店铺：餐馆、家私店、美发美容中心、洗脚屋、卡拉OK厅、自选小商店、服装店，还有诊所和一家性用品店。这条街右边的三条巷子也差不多宽，巷子两边多为按摩、美容美发中心和洗脚屋。这样一个弹丸之地共有此类场所20多处而且大多数规模较大，占两层楼以上。
>
> 有两家美容美发厅是比较有个性的，一家新开张，叫"肥仔"，门口摆着当地派出所的祝贺牌匾。我不由得会心一笑，似乎听见老板在叫："瞧，我这里有后台，来玩，不怕。"另一家是在另外一条街上，掩着门，门上挂的牌子写着"男士止步"，窗户上贴着许多证书。我估计这是一个正宗的美容院，所以不断提醒自己一定不要稻麦不分。
>
> 这条街的北面是另一个村，南面是一条更宽的通向大路的公路，有两趟巴士可以通到市区。其中一趟小巴通往火车站，一趟大巴通到闹市区。

逛完了几圈，我心里有点失望，因为我所看到的这些场所，不管有没有性服务，都跟我印象中所要考察的"小姐发廊"天差地别。我当时初出茅庐，寻找"发廊"的标准就是靠潘老师的《存在与荒谬》来按图索骥：一个小铺面，里面有10来个"小姐"坐在沙发上，抬着头看电视，路过的人对她们的相貌和神态可以一览无余。最重要的是，这些店里应该没有真正的理发工具。可是我看到的这些场所熙熙攘攘不说，还有烫头发的工具，而且最要命的是还有男理发师。能够看见的几个女孩也是忙着洗头或是零散地坐在店里。这些街上也没有旅店，那么她们在哪里做生意呢？难道是在美容美发店的二楼？难道这个地方只有这种美容美发形式的，没有我原来打算考察的"发廊"吗？或者有些"小姐"没有场所，是站街的？

整个上午的"环顾"其实就是逛街了，不但所获甚微，还搞得一头雾水。

下午的时候，我楼梯口的那个发廊开了，亮了红灯，是那种桃红色的日光灯。它正面冲着一条巷子，不过还没开门，但是后门开着，可以直接通到我所住的那个楼上。因为严老师昨天跟店里那个长头发的女孩打过招呼，我就在后门跟那个女孩打了个招呼。她不怎么理我，有个男的特意跑出来看我，似乎觉得我这举动很滑稽。这让我觉得自己挺傻的。

白天的时候看见一个男的和一个看似"小姐"的人在路边的一家快餐店吃饭。那男的看着比较土气，而女的则比较时髦，不过看着有点老，穿着一套黄色的西服。有些车子半开窗，停下来打量。晚上看见几对女孩和四五十岁的男的在街上走，不知道去哪里。

我觉得不知道怎样才能跟她们聊上天，而且今天好像没有多少客人。这个地方的"性产业"没有我原来以为得那么"红"。或许周末的时候客人会多些？

第一次考察，因为没有经验，所以黄盈盈刚开始是照猫画虎，后来才知道：实际上是因为当时风声很紧，所以很多有"小姐"的发廊都掩着门或关着门，"小姐"则在大街上溜达或者以小卖部为根据地。当时还不会随机应变,所以觉得自己"找不到发廊和'小姐'"。殊不知中国如此之大,"小姐们"怎么可能千篇一律?

初学者的另一个常见的特点是,心理素质欠佳,容易心浮气躁,寂寞难耐,恨不得能够第一天就认识"小姐",就顺利进入她们的圈子里去。后面几次的考察,一方面由于经验逐渐增多,另一方面由于出去考察的是一个团队,大家相互之间有心理支持,在自我感觉上就坦然多了。

当然,"环顾"不但是"进入"的必须环节,而且是贯穿田野考察整个过程的必要工作。尤其是,许多地方都会遭遇扫黄,虽然"圈里人"都能够未卜先知般地坚壁清野,但是我们研究者却很难手眼通天,所以不停地"环顾"就格外重要,以免被蒙在鼓里,不但一时之下找不到访谈对象,还会被她们取笑一番。

四、"接触"

接触,就是人际关系意义上的首次"进入",通常是田野考察中的重中之重、难中之难。对于"地下性产业"考察更是事关成败之举。很多局外人都会对这一过程非常好奇。艾滋病防治工作开展的初期,工作人员往往也因为不知道如何"接触"而一筹莫展。因此,笔者将不吝笔墨,娓娓道来,既分享成功的经验,也不回避失败的教训。

通过行政系统,正式进入

2002年我们"进入"之前,专门请省项目办的主任,给B市卫生局的领导打招呼,请求他们帮助我们,通过市里介绍下去。可是,县卫生局的领导给我们传达了县委的正式意见:不同意在该地进行调查。事后我们得知,这是县里的分管书记请示了一把手,一把手又征求了其他主要领导的意见,然后集体做出这个决定。

B市卫生局的领导对我们表示了爱莫能助。当晚,县卫生局领导宴请了我们。在私下里我们曾经试探过：我们可不可以自己直接去到点上，不提本地领导，甚至不提省项目办，仅仅说我们是中国人民大学自己的研究项目。结果，领导非常紧张，反复强调：在县委正式答复之前也许还有商量的余地，现在绝对不可以。我们又问："仅仅走马观花地去看看怎么样？"领导认为也不可以，而且说了"重话"。

为了不给当地领导增加麻烦，我们放弃了这个调查点。为了履行我们的承诺，我们第二天一早8点就离开了这个县，而且向市、县两级领导汇报了我们的离开。

以正规方式直接找老板

在B镇，我们选择了"凤飞娱乐城"（化名，以下均同）来试验这种方法。它是B镇里唯一的一个带有桑拿的卡拉OK厅，而且是24小时营业。它位于连接两条繁华大街的僻静小街上，对面多为建筑工地和农田。

现场情况：门前摆放着一张方桌，周围四把椅子，另有十多把椅子一字摆在门前。一位30岁上下戴眼镜的高个男子坐在门前与两个"小姐"聊天。

初 探

（我问：老板在吗？）男子：不在，有什么事？

（说明来意，想见老板或老板娘。）男子：老板和老板娘不在，有什么事就直接跟我说吧，我是负责人。

（再次说明来意，并递上介绍信和工作证，并表示希望得到支持和协助。）男子：仔细看过后，连珠炮似的问：你们的研究有啥意义？为什么不从上面的渠道来？为什么不在北京做？为什么到我们省？为什么到我们这里（指B镇）来？你们怎么知道这里？为什么到我们店里来？怎么不白天来？

（听我们说明之后）男子：我们店和其他店不一样，不存在你们要了解的问题。你们还是到其他店去吧。

再 探

第二天，我们再次来到"凤飞娱乐城"门前，昨天的那个男子站着与两"小姐"闲聊。见到我们走来，他故意转过身去。我们走上前打招呼时，他故意装作没听见，不回应。我们再次大声和他打招呼，问老板回来没有。

男子：老板没回来。这里和你们的工作没有关系。我认为你们的研究没什么意义。从学术上说，有很多更重要的事情更值得研究，比如社会治安、经济发展。

（当听了我们的说明解释之后）男子：中国在各方面都不成熟，在这方面（指性病，艾滋病）也没啥子认识。我什么都不知道，没有一点这方面的知识。

（我们强调，性病与艾滋病与任何人都有关系，并告知他们也了解了其他人的情况后）男子：我没有一点知识，什么都不知道，我想尽量和你们配合，但我无能为力。你们了解这些事情应该到医疗部门去了解，不应该到我们这里来。

随后，他看表，并说有人叫吃饭，就走了。

显然，他依然拒绝访谈，话语虽委婉，但态度仍很坚决。

三 访

为了彻底试验这种进入现场的方法，当天下午，我们三访"凤飞娱乐城"。这次门口换了另外一个戴眼镜的男人。他说：老板去了省会还没回来，我说的都是真实的情况。你们来了解我们没啥子意义，我们和其他店的性质不一样。

坐在门口的一个"小姐"问：你们是不是记者？

我们再次说明自己的身份和来意，而且第三次请他们看我们的教师证、学生证。但是，那个"小姐"说："你们了解社会，应该去了解社会下层，而不应了解娱乐业。"那个戴眼镜的男人则干脆回到屋子里，把我们晾在门外。

事后，我们专门找到一位给该店做饭的 60 岁左右的老婆婆来了解情况。她说我们第一次和第二次遇到的那个男人，就是老板本人。在我们第一次去接洽以后，老板甚至准备关门一天"躲风头"，后来听别的老板说我们真的是大学的师生，才没有关门。我们第二次又去，老板没有想到，所以事后专门安排"小姐们"不准让我们进来。我们第三次去的时候，其实老板就在屋里，但是他躲着不出来。

从这个试验来看，使用介绍信和工作证等文件，正式地、直接地进入现场的方式，首先就不被老板所接受。

以非正规方式直接找老板

为了试验这种方法，我们在 B 镇选择了该地规模最大的"安娜宫"。

它的门洞左侧，放着一个冰柜和一个放着饼干、卫生巾等杂货的柜台，一个年轻女子在整理货物。门洞的另一边，一个"妈咪"模样的人怀里抱着一个一岁左右的小男孩逗着玩儿。

我们走过去搭话："小宝宝真可爱，大眼睛又黑又亮，我抱抱可以吗？"我说着，伸出双手，小孩子张着小手扑到我怀里。"妈咪"模样的女人热情地招呼我们坐下，随后离开，到里面端来饭菜，自己一边吃着一边喂小孩子，一边和我们攀谈起来。我们得知她是店里的老板娘，人称曾姐（化名，以下均同），柜台是她的弟媳妇摆的，她的弟弟也在店里工作。

第二天早上，我们特意先到街上去买了一辆电话车玩具，再去"安娜宫"找曾姐。她家里人告诉我们，她一大早就去了 A 县，下午才回来。我们便坐在门前和曾姐弟媳的母亲、哥哥、嫂嫂聊了起来。小孩子出来后，我们把玩具给他，大人孩子都很高兴。

当天晚上，我们又去店前，见到曾姐，她对我们很热情，并介绍她的丈夫和我们聊天。于是我们就说明了身份和来意，但是并没有急于提出要访谈"小姐"。

第三天晚上，又去"安娜宫"，但是由于"小姐们"都坐在大厅里（这家店是镇上唯一有空调供"小姐们"等客人用的），没有人出来坐，所以很难单独接触到"小姐"。于是我们找到男老板，再次说明我们的身份，给他看我们的教师证和学生证，强调我们只希望了解"小姐们"的生活和预防性病的情况，需要和"小姐们"单独聊聊，希望得到他的协助。他欣然应允："随便，找哪个都可以嘛。"

总结：由于我们事先做了工作，所以"安娜宫"的老板对我们进入现场既不热情也不排斥。但是，我们不能影响他的生意，因为后来我们准备让客人填问卷时，老板说我们这样会影响生意，拒绝了。

通过老板找老板

一 访

我们在 B 镇首先通过下面所说的其他方法，结识并且打通了当地正规社团的主席姜老板的关系；经他介绍，找到了"秀园"的女老板。

"秀园"原来的名字是"奇花"，由于出现过"'小姐'跳楼事件"而被封闭，重新开张之后改为现在的名字。

我们去的时候，门口一条用铁链拴着的小狗大叫，一位"小姐"闻声出来搭话，然后叫"嬢嬢"（场所的女帮工）出来。

听说是姜老板介绍我们来访，李老板（女）热情地把我们带到门厅里。厅内拐角处沙发对面的窗前有一台 18 寸电视，有 2 个"小姐"在看电视，墙上挂着 5 幅老板母女俩唱歌跳舞和化妆时的照片。

李老板一开始就表示：我们两个同龄。我看你面善，不是害人的人，我回答你的问题，想问什么你尽管问。

但是，当得知我们也想了解一下"小姐们"的个人生活工作情况时，李老板立刻变了脸色,说:"她们的情况你问我好了,能告诉的我都告诉你们。她们个人的事,是她们的隐私,想不想说是她们的权利,我也不能强迫她们。"

这时正好有几个"小姐"到厅内看电视剧,是歌厅客人杀"小姐"的情节。李老板对大家说:"你们自己的事,不想说的就说无可奉告嘛!"

当谈到我们还要住几天,还想过来和"小姐们"聊天时,她说:"你们明天10点来吧,谈一两个小时,11点我们吃饭。其实你们真的没必要,我都告诉你们了。她们都是熟人介绍来的,有的是家里穷,有的挣钱供弟弟念书,有的是母亲送来的,要女儿到这里跟我学手艺。我这里和其他地方不同,不做违法的事。"

二 访

第二天上午10点,我们如约站在门洞等候。小狗也不再吼叫了。听到"小姐"的通报,李老板从厅里出来对我们说:"我安排了两个人,她们是外来的,你们就问问她们吧。"

我们被安排在茶园等候,因为被安排和我们见面的"小姐"还在洗澡。过了10来分钟,一个"小姐"进来。我们谈了还不到5分钟,李老板就走进来说:"你们谈着吧,我有朋友来玩,就不陪你们了。"她走出去,可是不到5分钟,又返回来说:"朋友来了,那边没空调,让他们也到这里来,你们一起聊聊吧。"再过了不到5分钟,她又进来说:"我看这样聊也聊不出什么嘛。她们的隐私是不会告诉你们的。我看就聊到这里吧。以后你们到别家去吧,别再到我们这里来了。我有病,又很忙,没时间接待你们了。"

我们问:"昨天您答应安排两个'小姐'和我们聊,现在只来了一个。"她说:"那个今早回家了。"

不知姜老板在电话里是如何介绍我们的,但是从两次接触中,我们明显地感觉到,李老板对我们了解她的"官司"很感激,谈起来滔滔不绝，有声有色。但是，对我们接触"小姐"却极其戒备，表现得非常冷淡，甚至明确拒绝。

她勉强安排和我们见面的那个"小姐"，在谈话过程中，对极其简单的问题也吞吞吐吐，含糊其词，有的甚至连连说了好几次"不知道"，可见李老板早有交代。

三 访

第三天我们再次去"秀园"，希望能够说服李老板，至少再让我们访谈一个"小姐"。在门口，小狗虽然叫了长达一分钟，却仍不见有人出来。我走进门去，看到几个"小姐"和做饭的"孃孃"围坐在桌旁剥花生。我说明来意后，一个高个子、用卡子盘起头发、穿一身白裙的"小姐"（领班）告诉我："老板不在，你明天来找她吧。"

我半信半疑，更倾向于认为她是在搪塞我，于是凑上前去，就着她们手里的花生闲聊起来。一个"小姐"给我搬过来一个凳子，领班"小姐"很客气地从旁边歌厅的冰箱里拿出一瓶饮用水来招待我。

闲聊之间，见李老板从里边出来接电话。等她打完电话，我和她打招呼，她把我带到楼上她女儿的房间。问我来意，听我说想再详细地了解"跳楼事件"的经过，她果断地说："我不想再谈了。"一边大哭起来一边说："我什么都不想说，我甚至后悔那天说了那么多。"

直闯现场1：打通老板再接触"小姐"

悠然歌舞厅（女老师和女研究生一起进入）

今晚的生意好像不是很好，九点多了，好多"小姐"都还坐在外面看电视和打麻将；有十多位"小姐"坐在电视前，看古装武打的电视剧，还有四位"小姐"在搓麻将。我们就站在那里站着看电视。

从远处开来一辆看似很好的轿车，在门口停了下来。与此同时从"小姐"中站出一位年近40岁的女人，前去招呼从车中走下来的客人。

客人随着这个女人的介绍，一一观看这些坐着的"小姐"，而"小姐"则是爱理不理的，客人看了一圈后就走了。这个女人则回来骂道："想找演员，想找李玟，李玟还不会找你的。"

然后，她就看到了我们，于是就招呼我们坐。她问我们是哪里来的，来做什么事。我们说是大学生来做社会考察的，她就劝我们在她这里做工，并说很赚钱。她告诉我们这里的工作主要就是三陪，并带领我们参观了"小姐们"的工作场所。那是一个有10多个小房间的后院。那个女人是这里的老板，姓孙，都叫她孙姐，她极力邀请我们明天上午来玩。

第二天上午10点多我们去了。有几个"小姐"看似刚起床。11点多"小姐们"开始吃饭，七八个人一桌。一个烧饭的50多岁的妇女把我们叫到了座位上。"小姐们"所工作的屋子里，有三个大的沙发、一台电视机和一个电风扇。

男老板叫"刘哥"，30多岁，看着比孙姐年轻，昨天晚上看到他和孙姐一起叫客。他介绍说他们的房子是他们自己的。在这里工作的"小姐"每月会赚上四五千元。

11点半左右，有一个穿黄色吊带的女孩手拿一本《却上心头》出来了，坐在离我不远的地方。我就凑上去问她看什么书。她也不说话，就翻给我看，也不看我。我为她的不友好感到不舒服。陆陆续续地，那些女孩儿都出来了。她们似乎和老板关系比较随便，开老板的玩笑，让其摆放桌椅。原来她们是要打麻将。很快四个人就凑成一桌打了起来，并且赌钱。

随后，我们邀请刘哥和孙姐一起过来吃饭。刘哥用他们自己的奥拓车送我们到柳园餐厅，因为这里恰好是刘哥的二妹开的，所以孙姐对这里就显得非常熟悉，并不断地询问最近的经营情况。

我们把来这里的主要目的向孙姐说了，而且给她看了我们的证件，还留下了我们的介绍信。她当时的反应虽然不是特别热烈，但是也邀请我们去她家耍。当天晚上，我们课题组的所有人都去了，他们两口子非常高兴，关系就这样建立起来了。

附记：那次调查的整整 7 年之后，孙姐全家来北京旅游时，还专门到中国人民大学来拜访笔者师生。

直闯现场2：避开老板

在 A 镇

"菊梅园"在马路靠近拐弯的地方，六七个"小姐"坐在外面看录像。我过去的时候大家都回头瞅我。一个瘦瘦小小的男的过来问我找哪个。我说："来看看。"他就说："过来耍会儿。"我就挑了个离"小姐"近一点的位置坐下。

刚开始的时候，我跟一个长头发的女孩聊了几句。那个女孩指着坐得稍远一点的一个女孩告诉我，"她想学普通话"，又指着一个女孩说，"她也是浙江的"（进行访谈的女研究生是浙江人），但那个女孩马上否认了。后来才知道，那个否认的女孩就是老板娘，才 24 岁。老板就是那个瘦瘦小小的男的，也才 24 岁。

老板娘知道我是干什么的以后，半开玩笑地说："来我这里干几天就全明白啦。"然后，她们就自己打闹，也不怎么理我了。

旁边一个女孩穿红上衣，一个人坐着，盘着腿，气质很不错，不怎么说话，手里拿一个打火机玩。我凑过去问她是不是本省的，她说是，是省会郊区的，于是就开始聊了些日常事。

后来路过这里的时候，她们就会叫我"过来耍"，非常热情。

体会："小姐们"一般会一堆人聚在一起看电视。这时只能硬着头皮凑过去，站在一边假装看电视。一般情况下，老板或老板娘马上就会问："你找谁？"先简单回答过来耍，再慢慢介绍我们是北京的学生，来了解社会的。她们一般不会深究，但可能也不会理你。

这时，如果有个女孩"落单"就比较好，因为跟一个"小姐"单独坐在一边是接触成功的关键。如果暂时没这机会，只能先"混个脸熟"，以后再找机会。

当然也有马上被老板赶走的可能性。这时不必重复解释，更不要期望马上说服老板，自己以后再去就是了，而且仍然采用这样的方式。据我们的经验，只要采用这种方式，第三次仍然厚着脸皮去，还没有一个老板非要把我们赶走不可。

后来我们在 A 镇的调查中，采用的基本上是这种方法，细节这里不再一一列举。

在 B 镇

一开始，我们按照在 A 镇的经验，分散开，单独直闯，以免 3 个人在一起太显眼。

我到了一家叫"百花"的歌舞厅。当时有六七个女孩横排坐在门口。我走上去说想在她们那里耍一下。一个大约 1 米 58 打扮得有些老成的女孩子，很热情地拉给我一张凳子让我坐。她性格比较外向，很活跃并且还爱说。我刚坐下，她就不住地问我从哪里来的，来这里是干什么的。我说我是北京来的大学生，假期出来实习，体验生活。然后，我开始与她和她周围的女孩子们边问边谈，但都是不太着边际的话。

她告诉我她们的老板都在睡觉，并说许多事都由一个穿白衣服的女孩代管。这个女孩不是很爱说话，坐在比我们都高的凳子上，盯住我看。我就说刚来这里，人生地不熟的，想请我访谈的这个"小姐"明天一块去买东西。她很爽快地答应了，并约好明天上街的时间。

接着我开始和一个一直坐在我右手边的小女孩儿说起话来。她才 17 岁，人长得小巧玲珑。和她聊了大约半小时后，我觉得该离开了，就站起来跟她们告别，并再一次邀请那个很活泼的女孩。她还是满口答应了。

可是，我第二天早上 9 点准时到了"百花"门口的时候，却看到昨天只说过一句话并被认为是"代管"的那个女孩守在门口。她告诉我：我要找的那个女孩还没有起床。我说我等她。可是她不让我在她家门口等她。我觉得事情好像不对头，只得暂时放弃，以后再想办法。

于是我就穿到另外一条街上，看到有一家歌舞厅门前已经坐了 9 个

第十二章 相处调查：研究生活中的"人"

女孩儿。我就走过去搭话。她们中一个有些胖的女孩儿让我坐下。她说她是省会市区的。我就同她和她周围的女孩一起说起话来。我刚说没多久，她们的老板娘就回来了，问我是干什么的。接着，在"小姐们"吃饭期间，那位老板娘出去又回来了（可能是出去打探我的背景）。一回来她叫我到别家去，不要坐在她家门口。我就这样被赶走了。

当我回到"百花"时，那个"代管"又告诉我，我要找的那个女孩出台了，所以我今天是见不到她的。结果我不得不离开。后来我才知道，这里对"小姐"看管得很严，一般不允许她们上街，所以我们在A镇所使用的邀请"小姐"上街的方式，在这里行不通。

晚上，我又去了一家歌舞厅，里面只有4个"小姐"，老板是女的，有一个上小学一年级的女儿。我首先说我是来随便耍耍。老板娘倒是让我坐下了，可是因为我只有一个人，所以不得不只跟老板娘一个人说话。她也根本不给我和"小姐们"说话的机会。我就同她和她女儿玩，插空子跟其中的一个"小姐"说说话。后来，老板娘有事到后院去了一下，我就乘机访谈了一个在别的地方做过的小张。但是，我还没有访谈完，就被老板娘叫进后院去，又是专门跟她和她女儿一起玩。

第二天我又去了她家，并把我的学生证和身份证带去了让她看。她看后说：她一眼就看出我是个学生，接着就不再同我说话了。正在这时，她的"小姐"要出去逛街。她很不放心她们三个人出去，喊她们不要走远了，好像担心她们跑了。等她们走了后，她过一会儿就出去看一次她们回来没有，一会儿一看，直到她们回来。这时老板娘的丈夫回来了，把我赶走了。

与我的失败不同，另外两个女生首先以上厕所为借口，进入了"小白鸽"歌舞厅。然后，一个女生专门缠住老板说话，另一个就找"小姐"聊天。结果很成功。我们总结了这一点经验，决定以后还是3个人一起访谈。

我们首先从我们住的旅馆旁边和街对面开始。这是因为我们已经来住了两天，在这条街上已经"混了个脸熟"。尤其是旅馆老板和楼下饭馆的老板，都已经初步相信我们既不是记者也不是公安，他们会把自己的判断散布出去的。我们的具体方式就是：一进该场所，马上由一位年长的老师抓住老板不放，连续说话；其他两位研究生则同"小姐们"坐在一起，参加聊天、打牌、搓麻将，甚至参加她们的梳洗打扮。就这样，我们最终还是打开了局面，从第三天起就陆续取得成功；到第五天的时候，已经基本上畅通无阻了。

遭遇困难的原因：

后来我们才知道，一开始之所以会那么不顺利，主要是因为 B 镇的扫黄很特殊。它虽然位于 B 市的郊区，可原来是一个独立的县，两年前才刚刚被合并到 B 市里。所以，市公安局和原来的县公安局都可以来这里扫黄，而且两家常常互不通气，各自为政。尤其重要的一点是，当地的老板至多只能打通原来县里的关系，对市里的扫黄就无可奈何。这样一来，老板们对于我们这样的生人就倍加警惕。他们当然不怕我们是公安，而怕我们是记者，因为如果被曝了光，市里来的公安肯定不会轻饶他们的。

在 C 区

我们采用的基本上是在 A 镇的方法，就是分散开来，一个人直闯现场，首先跟"小姐"直接接触、套近乎，捎带着说服老板。

所不同的是，由于我们事先就知道这里很著名，曾经被媒体数次曝光，因此我们必须首先把我们的"非记者、无威胁"的身份迅速散布出去。我们选定了一个"小姐们"最常去的粥店作为"根据地"，每顿都去那里吃饭，直到跟粥店老板的一家老小五口人（外带一个在该粥店推销的"啤酒小姐"）都亲如一家，相互串门。同时我们还"定点采购"，一切所需物品都到徐姐的杂货店去买。这样，他们很快就成为我们的"证人"，使得我们的直闯更加顺利。

当然，C 区也有一个有利的客观情况：虽然这里曾经被省里的各级多家媒体曝过光，还上过省电视台的节目，可是每次都是雨过天晴，无伤大雅。所以，当地的老板们早就看破红尘，防记者却不怕记者。例如，胖老板虽然直到最后也仍然怀疑我们是记者,可恰恰就是他说:"曝光就是提高知名度嘛,歌星都这样。(原来)不知道的人就会来的。"

反观B镇,恰恰是因为该地从未被曝过光,所以老板们才对记者格外敏感,生怕一颗耗子屎坏了一锅汤。

在外面先认识"小姐",再进入场所

吃过早饭兼中饭,洗完了衣服就趴在窗口看还是空空荡荡的楼下,她们这会儿都还没有出来。我还是没有机会认识到其中的一个,仍然感觉被她们拒之门外。临近的窗口挂着一些女孩子穿的衣服,还有一双高跟鞋。我琢磨着那边住的应该是个女孩子,不知道是来打工的还是"小姐"。一会儿又听见那边有声响,像是刚起来,在窗口这边梳头,镜子就摆在窗台上。找个什么借口认识她呢?"跟你交个朋友好吗?"似乎文绉绉的,傻了点,还是借口跟她借个晾衣架什么的?说实在的,我觉得这样主动跟陌生人搭讪对我来说真的是勉为其难。

正在踌躇不决之际,我看见那边有个脑袋伸出来,就对她笑了笑,问:"可以借你的衣服叉用一下吗?"刚才还在犹豫不决的话就这样脱口而出了。这个女孩披肩发,也就20多岁,还是睡眼蒙眬的样子,没有化妆,脸色有点惨白。但是,我不知道她是不是"小姐",就笼统地问:"在这里上班啊?"

她说是啊,问我是不是新来这个地方的。我说是。"一个人啊?"我点了点头。"一个人没什么事,好无聊啊。""过来玩吧?"

这很可能也就是客套话,可是对我却喜从天降。我巴不得她这么说,赶紧回应:"好啊,我过你那玩会儿。""好啊,我给你开门。"于是我马上过去敲隔壁的门,敲了半天没人开,就讪讪地回去了。想想不甘心,又过去敲了敲,确实没人开。

我以为她就说说,就又趴在窗口发呆,那个女孩不在窗口了。过了一会儿,她又出现了,我俩又是对视又是笑。她说:"怎么不过来玩啊?""我敲了半天门听见了吗?""没有啊,我把门打开了,没见你,以为你不来了。"我就越发奇怪了,对了一会儿门牌号才知道,我们不是在一个楼的,她在我隔壁的那个楼。"那我过去你那里玩吧。"这可是她说的!我当然是欣喜若狂,不管是不是"小姐",总算是认识了这里的一个人。

过了一会儿,她来按我楼下的门铃,开了门就看见她上来了。这次,她化好妆了,挺淡的,头发中分,别在耳根后面,穿粉红有点银亮的那种毛衣、牛仔裤。她一上来看我笑了笑,先说自己的衣服不好看,她不喜欢,显胖。我说挺好的。这倒不是恭维,她确实不胖不瘦,脸庞略微有点胖。进了屋,在我的床垫上坐着,就开始聊了。

通过熟人介绍

通过熟人介绍也是比较常见的一种进入方式,而且比较便利。潘绥铭的第二次社区考察就是先通过熟人介绍认识了一个"妈咪",她又带着他熟悉该地的情况,并介绍相关的信息。另一位调查者郑田田首先也是经过熟人的介绍进入大连的一家娱乐场所。最近几年,随着艾滋病防治项目的开展,不少应用性研究也依托卫生部门建立起一些干预点,干预点往往就在某些场所之内。笔者团队在2004年进行的男客研究,在"进入"这一部分,就是得到了当地艾滋病防治项目工作人员的引荐,通过先认识场所的老板或者"妈咪",进而认识了不少男客。

五、进入方式的总结与分析

在不同的社区,进入的方式当然不一样。笔者团队的考察对象是"地下性产业"和其中的"小姐",她们对于任何外人格外戒备。但是,在不同的地方,所采取的具体措施也是不一样的。在A地有效的方式在B地很可能就不灵。这取决于该地的具体特点。要进入一个组织严密、内部控制严格的点,当然比进入一个管理松散的点要难。

同时,具有不同性格、不同社会背景与身份、拥有不同资源的研究者所采取的策略也会有所不同,其心理素质、性格、性别和年龄所起的影响也是比较大的，比较外向的人就容易跟"小姐"打交道。例如，在参与调查的几个女研究生中，有的人就能比较快地认识"小姐"，有的就比较困难一点。

总结起来看是这样的。

1.熟人介绍进入场所是最佳方法。熟人如果是业内人士，当然是最好。退一步，如果熟人能够介绍该社区的一个领头人物、关键人物或者关键知情人，也会事半功倍。可惜，这种方法往往是可遇而不可求。一则谁也不会真的"朋友遍天下"；二则如果该社区壁垒森严，熟人往往也无能为力。特别是对于那些人脉不够丰富的研究者来说，至少在研究的早期，基本上还要"自食其力"。

2.在场所外认识"小姐"，然后由"小姐"介绍进入场所，再认识其他的"小姐"。这种方式次好。其中的机遇的成分被减少了，研究者自己努力的余地增大了。

3.直接进入场所找"小姐"聊，这是第三好的方式，也是最常用的方式。即使老板顽固不化，易地再战的可能性也很大，而且在攻克一点之后，往往还可以"吃回头草"，再次进入原来被拒绝的场所。

4.直接进入场所，首先打通老板，然后再找"小姐"。这听起来有些玄乎，但是在笔者团队的实践中，总的来看比较成功。

5.先与老板搭讪，逐渐挑明身份与来意，也比较成功。

6.通过老板找老板，半失败。

7.直接地、正式地找老板，基本失败。

8.通过组织关系介绍下去，完全失败；连现场都不允许到达，更谈不到进入。

除了以上笔者团队尝试的这些"进入"方法，也有人采用了一些其他方法。

有些课题是在妇教所里研究"小姐"，或者在性病诊所里研究性病患者。笔者认为这种方式属于在"非社会的情境"中的调查，只适用于某些特殊的研究主题，而不能作为研究"小姐"或者"性病患者"这样的人群的主要方法。因为它很难发现作为"社会人"的"小姐"的全面情况，无论多么努力，也只能总结出"被抓起来的都是什么样的'小姐'"或者"为什么偏偏是这样的'小姐'被抓起来了"。如果由此而推论"小姐"这个人群的任何一种情况，那就是学术失误。因此，笔者团队不采用这种调查方式。

第二节 "切入"

一、关键人物与关键时刻

社区内的关键人物

这方面著名的例子就是怀特在《街角社会》一书中的描绘（Whyte，1984）。潘绥铭的第二次"地下性产业"考察中，作为"妈咪"的萍姐就是一个关键人物（潘绥铭，1999）。在黄盈盈的首次研究中，阿凤是一个关键人物，能够带人进入发廊里面坐着，平时还能带着黄盈盈跟其他"小姐"交谈，而她自己也是一个很好的个案（黄盈盈，2004）。在笔者团队 2004 年的考察中，孙姐和李老板就是关键人物。他们是当地社团的成员，能够向其他老板引荐与担保我们。在 2005 年的男客研究中，杨姐（"妈咪"）则让笔者团队能够进入场所，介绍了不少客人。

这些人物的共同特点是：在社区内有一定的威望和影响力。别说他们推荐我们，就是他们仅仅同我们站在一起，都是一个有力的担保与支持，比我们自己解释半天还要管用。在每次田野调查中，都会有那么 1～2 个人会起到关键的作用，能够帮助笔者团队与社区内的其他人建立更广泛和深入的关系，取得信任。

关键时刻

在笔者的研究经验中，研究者一定要具有抓住任何机会的敏感度与相应的能力。

在第一次考察中，黄盈盈学会了抓住一切机会接触"小姐"。比如上街的时候，如果碰到一个"小姐"眼熟但没有交谈过的，就会冲她笑，然后搭讪道："上街啊？"她就肯定会回答你，而且一般会客套地说："一起玩啊？"这个时候就应该马上答应"好啊"，要不然这个机会就没了。

一切"客套话"在这个时候都应该加以利用。比如第一次有位"小姐"说"有空过来玩"，就一定是客套，这个时候就得马上说好，然后去敲门。老板娘如果说"有空来坐"，那就一定要找个机会过去坐。这些都是难得的机会，千万不要错过。

二、消除对方的疑虑

研究者如何介绍和展现自己是建立双方关系的一个重要环节。

在"地下性产业"研究中,由于研究对象的敏感性特征,笔者团队需要以合适的身份、寻找合适的机会来表明自己的身份与目的。

无危害证明

最要紧的,就是一定不要让社区的人误认为笔者团队是便衣警察或记者。

这两者是老板、"妈咪"和"小姐"最忌惮的人,因为便衣和记者给她们的生活带来无穷的危害,尤其是在"出过事"的社区里面。进一步说,他们最防备的人还不是公安,而是记者。因为大多数的扫黄并不是来自公安的上级,而是来自记者的曝光。所以,在接触老板和"小姐"时,首先要使他们相信你不是记者,对他们没有任何危害。

我们的研究团队无外乎是在下列四个方面都努力。

第一个方面是"验明正身",就是反复地、不厌其烦地出示自己的学生证,甚至指天发誓。可是,即使这样往往也无济于事。这不是因为证件真假的问题,而是因为在老板们和"小姐们"的生活里,从来没有遇到男客以外的其他人会关注自己,当然更不可能理解为什么会有人来"研究"她们,因此单靠一个学生证很难奏效。

第二个方面就是"以实际行动证明给你看"。首先是对"小姐们"心无芥蒂,正常交往,而且尽可能地住在"小姐"自己的房间里;其次是绝不过问老板与"妈咪"的生意上的事情;最后是绝不在现场做任何记录。这样做下来,大约一天到两天,就没有人再怀疑我们是警察或者记者了。其中最主要的是第一点,许多"小姐"都说:"警察、记者才不会这样跟我们一起耍的。"

第三个方面是"举出旁证"。在像B镇那样高度敏感的地方,笔者常常故意当着别人的面看英语教科书。在C区则是抓住当地上大专的两个学生和他们的家长，猛聊大学里的事情。这样，大多数人就逐渐相信我们确实不是记者。同时，任何可能与记者有关的东西，一定不能带到现场，例如摄像机、照相机、录音机、笔记本等。因此，所有记录都是访谈结束之后，躲回所住的旅馆补记的。

第四个方面则是：先与周围的、并非"性产业"但是属于相关场所的老板或者旁人打交道，把我们"无威胁"的信息间接地传达给"性产业"中的人。在A镇，只用了一天左右，一些"小姐"和老板就主动上来聊天，其他老板和"小姐"也不再怀疑我们是记者。在B镇和C区这两个实行半奴隶制的地方，所花费的时间长一些，但是3天就见效，5天就顺畅了。

给自己贴一个合适的标签

在中国社会里，人们面对一个陌生人的时候，往往首先会给对方贴上一个标签，才能决定如何与对方打交道。这个标签实际上贴得对不对并不重要，重要的是贴的人必须从自己的逻辑出发，认为自己是贴对了。所谓"洗澡堂里无贵贱"说的就是在赤裸相遇的情境中，人们无法相互贴标签。

因此在"地下性产业"考察中，笔者团队在自我介绍的时候，必须按照社区的人们的生活逻辑（而不是我们自己的），给出一个他们能够体会的身份（且不管对我们来说多么荒谬）。当时的现场分析是这样的：

> 最开始，我们团队通常是以老师、学生的身份，以做研究、了解社会、了解女性的健康与生活、写调查报告这一类的理由来展现自己。我们觉得这样的身份对于老板和"小姐们"没有什么威胁，她们容易认可。但是，在实践中却发现，我们很难让她们真正理解你要干什么。我们碰到过多次这样的情况：解释了半天我们的研究目的，最后发现人家既不懂也不关心。他们对于"研究生""教授"这样的学术身份也极端陌生，甚至说出"人家是教授，马上就要当研究生了"这样的话。即使有些"小姐"听懂了我们是要做研究，往往也只是觉得莫名其妙：为什么要来这种地方做研究，怎么不去研究"很多更重要的问题"？

我们的应对策略，其实是"小姐"与"妈咪"教给我们的。例如，有的人会说"哦，原来是学生放假了来社会实践的"（团队一起调查的时候）；或者说"是来玩儿的"（一个人考察时）；或者说"你也想开一个发廊？"（潘绥铭第二次的考察）。最玄乎的是潘绥铭第一次去场所时，虽然公开了一切身份，但是因为不嫖，所有的人仍然百思不得其解。最后有一位老成的"妈咪"当众宣布，"他是只想看，不想干"（偷窥），结果众人茅塞顿开，从此亲如一家，皆大欢喜。这样的实践教育了我们：其实没有必要把自己的身份解释得那么一清二楚，反而应该顺其自然，使得双方各得其所。

第一次做"地下性产业"考察的时候，笔者是这么介绍自己的：中国人民大学的大学生，寒假里来了解社会。但是，从我的感受来看，很多人刚开始认为我其实也是"小姐"，到后来发现我是一个人住（通常"小姐"单独住的很少），就认为我是被别人包养的"二奶"。即使到工作的末期，仍然有人提醒我要小心，别被便衣抓走；或者建议我去香港做生意，那边生意好；或者说，现在大学生做这个的也很多，你不用太打扮，涂个口红什么的就可以了。所以，我本来还想详细介绍自己，但是到后来也就不说了，因为她们会按照她们的生活经验来给你贴一个标签。

三、平等交换

在"切入"中，平等与尊重是首要原则，不仅表现在态度上，还表现在语言与行动上，更在许多细枝末节之中。例如，曾经有一位女性研究者，偶然随笔者团队去了一个发廊。但是，她却站着跟"小姐"谈话，因为"小姐"的床往往就是"做生意"的地方。"小姐"也不客气，扭身不理。

当然，关于双方必须平等，无论本书还是社会调查的教科书与专著，说得都已经不厌其详也不厌其烦，所以本节更多地是谈研究者需要从不同的方面来实现切入中的"交换"。

人情往来

中国是人情社会,"性产业"里的人们在下班之后也是有人情往来的,这一点通常容易被人忽视。因此在仅有一次的访谈中,我们一般会准备小礼物,或者请吃饭,并不一定非得给钱。因为很多时候给钱反而会使关系复杂化,而礼物、吃饭等则会显得比较有人情味。实际上,在不少时候,根本就轮不到我们请她们吃饭,总是"小姐们"抢先请吃东西。她们觉得你是学生,没钱,所以断然不准我们付钱。当然,回请或者以其他的方式回报是肯定要的。

信息交流

老板、"妈咪"和"小姐们"也会对我的生活有兴趣。她们诉说她们的生活,我们则闲聊大学里的生活。她们喜欢跟我们讲她们跟男朋友之间的事情,我们也会聊自己的感情生活。这么一交流,关系自然就深多了。如果只是单方面地一味打探她们的信息,双方的关系就难以为继。

知识的交流也是一种信息交换。"小姐们"最关心的是人流与妇女病,虽然我们并非专业人员,但是至少可以帮她们参谋参谋。"小姐们"则会告诉我们许许多多匪夷所思的"民间知识",令我们的研究大开眼界。我们团队的女生会带她们去网吧学习上网,学得好坏不说,这种关系已经是情真意切了。

亲密交往

俗话说"日久见人心,小事看真情",研究团队中的女性在这方面具有天然的优势。她们经常陪同"小姐们"上医院、买药、买避孕套;更经常的就是打牌、逛街、买衣服,几乎天天如此。这才像个朋友的样子。

在特殊情况下,双方的关系还可以更进一步。例如,黄盈盈当年在深圳时,隔壁住着阿凤和阿莉两表姐妹。有几次阿莉带了客人来家里做,阿凤就跑到黄盈盈的房间里睡觉。

心理互助

"小姐们"通常会觉得我们是大学生,学历高、见识广,因此会向我们咨询一些事情，最常见的就是下一步生活的安排。例如，阿凤就跟黄盈盈聊过很多次今后的打算，而且跟其他"小姐"或者表姐吵架了，就会跑过来诉说。潘绥铭则由于具有长者的身份，常常给"小姐们""算命"、谈论男人的世界、讲人生故事。

与此同时，"小姐们"其实也在不断地给我们各种各样的心理支持。笔者团队中的"小女生"在考察之后，无不倍感人生阅历的剧增，好像"重新睁眼看世界"一样。

四、将心比心

在"地下性产业"考察中，人们往往过于关注"小姐们"的"性工作"，而忽略了她们作为普通女孩的一面。有一位人类学教授曾经对黄盈盈不能喝酒很吃惊，说："你不会喝酒怎么做'小姐'研究？"殊不知，"'小姐'爱喝酒"其实只是人们对她们的职业生活形成的一种相当普遍的刻板印象与信息扭曲。其实，在笔者团队的调查对象中，大多数"小姐"平时并不喜欢喝酒，反而是逛街、聊天要比一起喝酒重要得多。

因此，研究者所需要的就不仅仅是"平常化"和"日常化"，更需要将心比心。

人们通常觉得"女孩子用性来换钱"实在没有办法理解，所以人们最先问的问题往往是："她们为什么要干这行？"研究者一开始也都是如此，可是反思自己的心路历程，不但足以回答这个问题，而且可以发现自我的变化。

且看黄盈盈的切身感受：

> 未去之前，对于"地下性产业"充满了恐惧与神秘交织的感觉；到了之后第一次去发廊的时候，头都不敢抬。有客人进来的时候，"小姐们"通常是要拿我开玩笑的，故意跟客人说我们这里有个大学生，然后再取笑我的脸红。但是，仅仅半个月之后，我就能够跷着二郎腿在那里饶有兴致地观察"小姐"与客人之间的互动。既然我在熟悉了这个环境之后，就能够慢慢地接受它，那么新来的"小姐"是不是也是如此，而并无其他深奥原因？

发廊里的快乐和枯燥，我也是体验至深。人们通常觉得这些"小姐"可恶或者可怜。但是，住上一段时间，这些女孩子的一些快乐也是无法视而不见的。除了那些被骗被拐的情况之外，"小姐们"在收到劳动所得时的那种心满意足、对于自己能够独闯天下而且养家糊口的自豪、与男朋友之间的款款深情与朝思暮想，都给我呈现出全然不同的景象。

反之，那种"枯燥"也是难以形容的。性交易场所集中的地方通常都是比较封闭的，不仅是地理位置上的偏远，更主要是文化上的和社会关系上的隔绝。"小姐们"天天"等生意"的感觉真是枯燥无奈。有的时候"小姐"一天只能有一个客人，就只能在发廊里望眼欲穿，我都会替她们着急。

我自己的生活也是百无聊赖。刚开始的时候天天逛街，试图找到一些线索或者在路上碰到一个"小姐"。后来"小姐们"生意不好的时候，我就跟她们一起在发廊里头死等。有些新的信息倒还好，有的时候信息非常少，我又焦虑又无奈，只好去旧书摊买盗版小说看。我觉得校园生活简直就是天堂，所以最后几乎是"逃回"学校的。

"小姐们"通常凌晨3点4点才回来，可我却是1点之前就回来了；我才待一个月，她们一般平均在一个地方要待2～3个月。将心比心，"小姐们"忍受枯燥与无奈的能力，实在是我望尘莫及的。

这种体验与理解有利于理解"小姐"人群与她们的生活，或者说，只有这样将心比心了，"切入"才能算是做好了。

五、要"脸皮厚"

由于老板、"小姐"对外人有比较强的排斥心理，研究者吃闭门羹是家常便饭，因此心理素质必须很高，脸皮一定要厚：今天不理我，明天再去。

在笔者团队的实践中，男女老师和女研究生们都有过多次被扫地出门的经历，老板尤其难对付，简直就是一夫当关万夫莫开。越是封闭的地方，越是内部控制严格的场所,就越是处处雷池,吃闭门羹的可能性也就越大。反之,越是公开的点,或者老板越是有来头,就越容易进入。

一般情况下,如果是老板亲自把你赶出来的,再进入这个发廊的可能性就会微乎甚微,就需要当机立断,转而直接找"小姐"。

找"小姐"也存在"脸皮厚"的问题,一定是研究者首先主动搭讪,哪怕是"很不像自己的风格"。一开始,有几个调查者很不适应,觉得跟人搭话像是自己很死皮赖脸一样。可是,后来反过来想一下,如果一个陌生人跟我搭话,刚开始也不见得会理人家,所以心理也就平衡些,慢慢也就学会了放下架子。实际上,很多时候如果研究者主动搭话,大部分"小姐"都会跟你说话,尤其是在她们落单的时候。

有一个长期从事性工作者社会工作的老师总结的经验就是:要学会"自甘堕落"。这并不是说研究者就一定要去做"小姐",而是说,如果你不放下架子,不主动跟人家拉关系,就别想做这样的研究。

六、处理好微妙关系

一个社区内的人际关系并不是那么简单的,通常有一些很微妙的矛盾与冲突,如果研究者不够谨慎或者处理不当,也会影响访谈关系的深入。这就需要对社区内的人际关系很敏感,注意把握一个"度"。最常见的就是,如果你经常出入一个场所,别人就会认为你是这个场所的人,把你归类,就不利于你与其他场所的老板或"小姐"的交往。同样地,如果你跟一个"小姐"非常要好,别的"小姐"觉得你是"她的好朋友",而不是"我的好朋友",也会对你保持一定的距离。如果你跟一个你的好朋友不喜欢的人一起出去,你的那个好朋友也会猜疑你。这跟普通人际交往的规则是一样的。

在"发廊"里头,"妈咪"之间、女孩子之间的关系也是非常微妙的。所以,如何处理关系的"深度"是需要注意的,这涉及别人如何从人际关系角度来定义"你"的问题。例如黄盈盈所记:

我经常跟阿凤待在她的发廊里,所以有一次我去另外一家发廊,"妈咪"就不痛不痒地说:"哦,你是那个发廊的吧?"不是很欢迎我。此外,我跟阿凤很好,阿凤经常在我面前抱怨她的表姐,如果哪天我不跟阿凤说就跟她表姐出去的话,阿凤看到了就肯定会不开心。

七、研究的距离

当然,研究者自己的自我保护意识也是很重要的。在"地下性产业"考察中,一般都会碰到有"小姐"向你借钱,而且是那种肯定有借无还的借法。这个时候就得自己注意,最好不要借,除非她真的需要帮助。通常的判断准则就是中国人的古话:"救急不救穷。"

个别情况下,有人会让你帮忙办一些非法的事情,比如有一位"小姐"就让黄盈盈给她办一个假身份证,那就不得不拒绝了。

同时,入住式的考察有助于了解和体验这个社区,但是这里头需要处理"距离"的问题,如怀特所总结的:"几个星期之后最好离开现场一阵,把你的研究跟不熟悉情况的人聊,重新发现一些因为熟悉情境而'想当然'的问题。此外,一定时间的离开也有利于研究者自己的心理调整。毕竟,被访者是一个普通的人,研究者也是一个普通人。"

另一方面,一定的距离可以更好地反思研究过程,保持研究的敏感度和兴趣,也有利于提醒自己终究是研究者的身份。

八、"切入"的讨论

有关田野研究的过程,风笑天在《社会学研究方法》中也有过简要的归纳与说明,从选择研究背景、获准进入、取得信任和建立友善关系、实地研究中的记录几个部分说明,也相应地举了不同的例子(风笑天,2005)。

可是说来说去,最重要的其实不是如何切入的问题,而是需不需要切入的问题,尤其是切入的成本往往令人咋舌,是否一定要使用它呢?

这其实还是一个究竟要调查什么的老问题。如果是仅仅调查"人的行为及其结果"（通常是问卷调查的目标），那么当然不需要如此大费周折。可是，定性调查的性质、特色与优越性恰恰是去调查"人"而不仅仅是"事"，所以没有建立起人际关系的所谓"访谈调查"完全无法被接受，因为通过它不仅根本就不可能了解这个"人"，也不可能做到"深度地访谈"。

反过来说，在一些极端困难的情况下，这样的定性调查确实是水中之月，那么宁可干脆改为问卷调查，也绝不要强人所难，搞出不伦不类的"访谈调查"来。这是因为，问卷调查在另外一个层次上仍然是非常有效的调查，而那种"抓来就问"的"定性调查"却连问卷调查都不如，不但根本就是百无一用，还很容易把读者引入歧途。

当然，切入的程度是可以讨论的，变通也是不得不接受的，但是必须在调查报告里"坦白交代"。如果其无奈得到公认，就应该加分而不是减分。希望这能够逐渐成为一种学术规范。

第三节　耳闻、聊天、体验：共景、共述、共情的递进

一、主体呈现的三个层次

以下的论述是笔者提出的"主体建构论"（详见本书下篇第十六章）的具体应用。

主体呈现的层次

现有文献中已经有一些关于被访者的主体性的论述（张海洋，2008；周华山，2001）。所不同的是，本文不但要强调定性调查中主体视角的重要性，关注被访者作为主体的呈现，而且着重于"在不同情境与互动中的主体会有不同的呈现"这样一个问题，具体地提出"主体的呈现"的四个层次。

1. 被访者在研究者的设定之下，作为被动客体时的呈现。
2. 被访者作为互动双方之一，在研究者面前的主体呈现。
3. 被访者在自己的人际关系中的主体呈现。
4. 被访者在其生活情境中的主体呈现。

在目前的有关文献中，也是目前定性调查中用得最多的，就是仅仅在第一个层次上，把被访者作为被动客体而进行调查。但是，本书提倡的则是后面三个层次的主体呈现。

互动对象的层次

现有的调查方法教科书已经注意到互动的前提是调查双方的平等关系，但是仍然渗透着研究者去主动"挖掘"被访者的色彩。尤其是，文献往往仅仅讲述研究者与被访者单独一个人之间的互动。这是远远不够的。本文则提出"互动"的三个具体层次。

1. 研究者与被访者自己的人际关系之间的互动，主要体现在"旁听"这个方法上。
2. 研究者与被访者之间的互动，主要体现在"聊天"这个方法上。
3. 研究者与被访者的生活情境之间的互动，主要体现在"体验"这个方法上。

提出这三种方法的方法论指向

主体、互动、整体性以及本文后面所分析的情境等等，都不是新概念，以往教科书在方法论层次上都有过介绍。但是，从已经发表的定性调查结果来看，这些概念并没有被贯彻到具体的调查方法之中。

可是，只有在具体的调查方法中扩大对于主体、互动这些概念的理解，只有在实施过程中达到"共述""共景"与"共情"，才能更加充分地实现定性调查方法论中所强调的"整体性"原则（马歇尔、罗斯曼，2008；胡中锋、黎雪琼，2003）。

为达到"整体性"的目的，各种方法的综合运用是必要的，而且这个"各种方法"包括了听、说、看、体验，甚至如一位人类学家所说的，还包括嗅觉和味觉等等，即便是"说""听"本身，就又包括了很多种。但是，很少有方法学的文章把这"各种方法"加以落实，加以明确、详细的分析。

鉴于"观察"（看）、"访谈"已经比较多地被论及，本文着重挑出"旁听""聊天"和"体验"这三种具体的调查策略加以分析。意不在穷尽定性调查方法，而在于抛砖引玉，引起"论方法"方面的讨论。以此为前提，才可能更加接近"主体呈现的真实"。反过来说，如果没有这三种方法的支撑，再精致的方法论也难免存在纸上谈兵之虞。

本文希望通过"论方法"的实践，推动研究者反思、分析、调整定性调查过程，提高调查质量，进而克服现存的方法论与调查方法之间的分离。

二、共景：要询问，更要旁听

旁听与倾听的质的差别

有关定性调查的教科书已经论及访谈中的"倾听"的重要性（陈向明，2000）。可是，旁听与倾听却全然不同，主要表现为下列三点。

其一，旁听到的内容是被访者完全独立自主地呈现出来的，既不是聊天调查中那样靠研究者激发出来的，更不是访问调查中那样由研究者事前设定的。

其二，旁听的时候，被访者所表述的一切都是呈现给自己的熟人看的，既不是聊天调查那样的刺激+反应，更不是访问调查中那样被研究者所"挖掘"。也就是说，旁听到的才是"真信息"，基本上摆脱了研究者的控制。

其三，研究者旁听时，被访者与谈话对方之间的人际关系是自然的，所以这时的被访者是"他（她）的人际关系中的他（她）"，而不是访问调查与聊天调查中的"人造关系中的他（她）"。

总之，区别的关键是：交谈双方的身份、相互关系与谈话性质都改变了，从研究者这样的陌生人来询问被访者，变成了研究者弱化自己的存在，观察发生在被访者生活情境中的两个或多个熟人之间的日常聊天。这就带来三大好处。

其一，在访问调查甚至聊天调查中，被访者都有可能给出各种各样的"被研究者强制之下的"表述，但是在熟人之间的交谈中，双方既更少有说谎的动机，也更少有这种可能性,因此其中的信息最贴近主体的真实呈现。

其二,在访问调查甚至聊天调查中,被访者很容易倾向于你问什么我才说什么,可是在熟人的交谈中双方却往往可以海阔天空或者入木三分,往往极大地增加了信息的总量与丰富性,尤其是非常可能出现研究者自己事先没有预计到的重要内容。

其三,旁听熟人之间的交谈,可以迅速准确地把握住双方的关系与交流内容,从而发现与理解当地社会交往中的许多深层次问题,而这在那种仅仅针对一个被访者的访问调查甚至聊天调查中却往往是难于上青天,甚至是束手无策。

每个人在生活中其实都有过"旁听"的经验,而且"旁听"在定性调查中的作用其实非常大。可是,在现有的教程与实践中,它往往被误认为是"非正规"或者"过于日常化"而被忽略,或者仅仅作为"参与观察"的一个小技巧而被弱化。可是,在笔者团队的多次"地下性产业"考察中,很多非常有意义的信息恰恰是靠旁听得来的,而不是"访"或"聊"出来的。因此,本书把旁听作为一个重要的定性调查方法单列出来进行论述。

"共景"的界定与特征

旁听不是偷听,研究者与被访者都处于同一个场景中,因此称其为"共景"。

旁听,就是研究者作为旁人在一边听取(辅以观察)被访者与他人的谈话,也包括那些与被访者相关的其他人之间的谈话。例如笔者团队在考察中,旁听比较多的是"小姐"之间的谈话、"小姐"与"妈咪"之间的谈话、"小姐"或者"妈咪"与客人之间的对话、社区内其他人对于"小姐""妈咪"和客人的议论(潘绥铭等,2005)。

旁听的互动不是发生在研究者与被访者本人之间,而是发生在研究者与对方所拥有的人际关系之间。因此,研究者应该尽量弱化自己的在场,努力保持被访者与其朋友始终作为交谈的主角。如果研究者参与过多,调查就会降级为聊天调查,仅仅是聊天对象多了而已。

概括而言,旁听的特点主要是:

其一,研究者的弱化与情境的自然化。研究者是作为旁人在场,对于被访者的干预最少,被访者足以在最大限度上在自己的人际关系中自由自在地呈现自己。这是最为根本的特点,也更加有利于发挥定性调查的优越性。

其二,交谈的话题不是研究者发起的,是被访者(或者他人)发起的。虽然发出的信息有可能纷纷扬扬,但是必定更加生动丰富,尤其是往往会超越了研究者的逻辑框架。这无疑是定性调查的更高境界。

旁听的这种特点也带来了以下两大优点。

第一个优点是,与其他方法相比,旁听往往更容易发现错误信息,既包括故意撒谎,也包括"职业化掩饰"与"社会主流化表述"(黄盈盈,2004)。因为人们在熟人面前更加难以"装洋蒜"。

尤需指出的是,旁听中如果真的"测"到了"谎",其实是天赐良机,可以从中加深对于被研究对象的多侧面、多情境、多意义的理解。在黄盈盈的另一个身体研究里面,专门分析过不同的语境和情境下女性对于"性"和"性感"的不同表达,这些表达有的时候是互相冲突的(黄盈盈,2008)。

旁听的另一个优点是可以探索到更多新的信息。这些信息是研究者很难靠"问"来获知的。还有些话题,作为外人来问,会显得很突兀,比如"小姐"与客人做生意的情况,如果问细节,就连"小姐"自己都会比较尴尬。但是却经常可以旁听到"小姐"之间以开玩笑和调侃客人的口气聊到非常具体的内容(潘绥铭等,2005)。

更为重要的是,很多旁听到的内容是研究者打破脑瓜也无法"设问"出来的,即使再有社会学的想象力也无能为力,尤其是在探索式的研究和"异文化"的研究中(潘绥铭、黄盈盈等,2008)。

旁听的技巧要点

第一个要点是,旁听要能够听得到,就必须与被访者成为最低限度的熟人,即被访者已经习惯了研究者的在场。只有这样,研究者与被访者及其人际关系才能共处于同一个场景之中,研究者的"共景"才不至于破坏被访者与他人聊天的自然情境,参与聊天的他人才能泰然自若、谈天说地。下面是黄盈盈1999年寒假田野之后总结的一种情况。

我跟一个发廊的"小姐"已经比较熟悉，但是跟那个发廊的"妈咪"和老板不是特别熟。有一次，"妈咪"拉完客之后，很不自然地对我说："是不是觉得我们干这行很丢脸？"这就是说，我的存在让"妈咪"感到不自在。结果，我也就无从旁听到她与别人的聊天。还有一次，我坐在发廊里听老板（屋主）与"小姐们"聊天，当老板知道我是个学生之后，话题立刻从"中标"（得性病）转到苦口婆心地劝告我赶紧回学校，好好读书，别在这边（发廊）混。

第二个要点是少插嘴，弱化研究者的"在场"，也就是尽量减少研究者的介入及其带来的影响。

其三个要点是要话里听音。在旁听中，研究者除了努力记住谈话要点之外，还要能够听出各种各样的暗示、隐喻、言外之意、话里有话、旁敲侧击、指桑骂槐等。这就需要研究者把旁听到的内容与现场观察到的谈话者的动作、表情、神态等联系在一起来理解，而不是仅仅充当一个录音机。

其四个要点是不仅仅记录旁听的内容，还要记录整个"共景"。最主要的应该包括这样一些内容：与被访者交谈的那个人或者那些人的基本特征与情况；研究者参与到其中的原因、机会、对方的反应；整个交谈的场景与情境；参加者的各种非语言表达；等等。

对一个旁听实例的分析与反思

高鼻子女孩要给阿凤介绍香港人，阿凤很高兴，马上就猫到她身边问："真的？介绍成了我给介绍费。"

高鼻子女孩说："那个香港人很幽默，5000块一个月，不包括房租之类。但包了之后不能出去做事。"

阿凤说："那也好，5000块，不出去做事也行。"又说："聪明一点还可以平时出来赚点，他反正一个星期才来一次。"

"他有电话的。"

"那把人带到家里做不就得了，叫那人（男客）别出声。"

"（香港人）要刚回来怎么办？"

"哪会那么巧？"

阿凤很高兴，也很热心，一个劲儿问这问那。问："老不老？"

"33 岁。"

"是工地的还是公司的？"

"公司职员。"

看来阿凤很满意。高鼻子女孩又教她怎么讨他（香港人）喜欢："不要把自己搞得很低调。"

阿凤忙问："怎么叫搞得很低调？"

"好像文化素质很低的样子。"

这时我插了一句："比如说讲粗话。"

阿凤忙说："我不会讲粗话。"又对高鼻子女孩说："你就对他说我不是发廊的，告诉他我是到姑姑这里来玩。过年姑姑不让回去，我们俩是偶然遇见的。"

女孩说："我就说你是我老乡，他也不清楚情况。"

"好好，我来了也才一个月嘛。"

"他下次来了我呼你。那个人素质挺高的，你跟他聊聊报纸上的一点东西。"

阿凤很认真地说："我也知道一点这些。"

"那个男的以前包过一个女孩，后来那女的走了。"

阿凤："听她们说香港人有时喜欢包不漂亮一点的，怕太漂亮了，会call 仔。"（黄盈盈，2004）

在上述"共景"中，当高鼻子女孩要给阿凤介绍香港人包养的时候，阿凤就"猫"过去了，而且喜形于色、情不自禁。她首先想到的是必须说自己不是"小姐"，这样就会比较"纯洁"，被包养的可能性就会更大。

可是，就在刚刚几天之前，黄盈盈在自己的房间第一次见到阿凤。她说她很讨厌香港人，"腰上挎着腰包"，基本上是比较低阶层的人。在谈到不少女孩子被香港人包养的时候，阿凤很不以为然，说自己就不喜欢被包，不自由。与这次跟高鼻子女孩之间的谈话简直是天差地别，判若两人。

这次旁听的最大收获，并不仅仅是更多地了解了阿凤这个人，而是同样的主体，在不同情境中的表达却会出现如此之大的差异。这使得我对于某些"小姐"经常出现的"社会主流化表述"有了一个切身体会，迫使笔者不得不从理论上对它加以总结然后运用，结果在以后的调查中获益匪浅，而且更加坚定了笔者对于"旁听"作为一种调查方法需要单独加以突出的信心。

三、共述：不是访问，而是聊天

访问与聊天的质的区别

现有的文献已经论述过正式的访谈调查与日常谈话之间的区别（陈向明，2000）。但是，许多教科书所介绍的"访谈调查法"其实应该被称为"访问调查"，而不是"访谈调查"，因为双方仅仅是一问一答，根本不能算作"谈"。有的教科书专门介绍过实地访问（无结构的、深度的、民族志的、开放的等）。这已经比较接近本文所说的聊天，但是其"调查者去挖掘对方信息"的特点还是相当显著，比如要求当场记录甚至录音、先有详细提纲、不考虑对方如何才能畅所欲言，等等，基本上还是属于新闻记者那样的问答调查（纽曼，2007）。

聊天式调查与访问调查之间的关键区别在于以下四点。

其一，访问调查是一种研究者在自己事先规定的范围之内的询问，因此必须防止跑题，客观上就是束缚了被访者的主体表达与呈现。聊天调查则相反，它虽然也会从某个主题开始，但是不仅不怕跑题，而且把它视为被访者按照自己的逻辑对于聊天主题的发挥与引申，视为理解主体的重要的与难得的途径之一。

其二，访问调查往往有提纲，在实际操作中，有些研究者甚至误以为提纲越细越好，结果不仅与开放式问卷之间不存在质的区别，甚至会走到封闭式问卷的地步。聊天调查则不仅没有访问提纲，而且尽量不直接询问，而是启发对方主动发起与扩展谈话的内容与深度。

其三，访问调查中的"询问"是研究者的单向信息索取，而聊天调查则强调双方的交流，也就是信息的交换。因此，在聊天调查中研究者也需要主动表述一些自己的信息，甚至个人隐私，坚决反对某些访问调查实践中出现的"审案式询问"。

其四，访问调查往往分外重视如实地记录被访者回答了什么，却不注意记录研究者自己究竟是如何询问的。聊天调查则相反，它的记录并不必须是全息与全程的，而是必须加入双方究竟是如何互动的，被访者有哪些感受、发挥、纠正或追悔；需要记录其中的重点信息、生动语言、意外内容与特殊反应；更为重要的是必须记录与分析研究者的反应与理解。

上述四点一言以蔽之：访问调查仅仅是收集客观信息，而聊天调查则是激发被访者的主体呈现。这两者根本不可同日而语。前者的一切设计与实施技巧所表达的都是"我"作为研究者想问什么；反之，后者的唯一要领则是被访者想谈什么和表现什么。

访问调查的结果是研究者"挖掘"到了什么，而聊天调查的结果则不仅仅是被访者呈现了什么，而且是双方共同建构出了什么，尤其是双方究竟是如何构建的。也就是说，这两种方法的一切操作细节的区别其实都是来源于两者的视角根本不同：究竟需要不需要主体的主动呈现与双方的互动。

在既有的调查方法教程中，聊天调查被误认为缺乏精心的设计、不能录音等而被否定，甚至被作为"不正规"的反面教材。在实际操作中则往往因为急功近利（出于时间经费等的考虑）而被省略了。其结果就是，在目前的社会学调查实践中，问卷多于访问，访问多于聊天，这恰恰应该说是一种不良状态。

"共述"的界定与特征

聊天就是笔者提出的"共述调查法"的核心内容。笔者对它的界定是：为最终达到某个研究目的，研究者进入被访者自己的情境中、以被访者为主体而进行的互动式的、无限开放的交谈与讨论，因此简称为"共述"，其基本特征是：

1. 不是按照研究者的逻辑进行，没有提纲也没有提问，而是激发被访者主动提出话题与发起讨论；

2. 以"主动交换"为互动中研究者的行为准则，包括情感的交换与信息的交换；

3. 不存在"跑题"的问题,所有的信息以及与被访者的相处都有助于研究者对于被访者的了解与理解。

聊天技巧

聊天调查绝不是追求"更加巧妙的提问",而是要与对方"谈得来",是"酒逢知己千杯少",甚至是"相见恨晚"。

聊天调查的一切技巧,其实都是人际交往能力的体现,都是生活经验的结晶。许多学者已经在方法论上强调了研究者的生活积累的重要性,但是尚未贯彻到具体调查方法中。笔者并不准备构建出聊天调查的理想模式,仅仅是根据自己的调查经验,提出四个要点。

其一,不可"单刀直入",也不可"一蹴而就"。笔者团队的女生接触到任何一位"小姐"之后,一开始都是聊一些她们感兴趣的话题,例如明星、流行歌曲、化妆等,往往要这样聊很长时间或者好几次,才有可能进入主题。

其二,"不知为不知"。在聊天中,研究者千万不可接话太多太快,更不要"抢话头",否则就会妨碍对方的"谈兴大发";反而应该更多地表示"怎么会这样"。

其三,顺着对方的思路走。研究者务必要顺着被访者的思路进行交谈,因为其中很可能隐含着研究者所不知道或者不理解的被访者的生活逻辑,而得到它不仅是定性调查的莫大成功,而且是定性调查优越性的最佳体现。

其四,以友相待。研究者不仅仅是来了解情况的,也是来交朋友的。这就必须真正对这个人感兴趣,而且包容对方的一切。例如在四川某地,一位"妈咪"跟潘绥铭聊了6个小时,虽然她主要是为自己的遭遇喊冤叫屈,而且具体内容并不符合调查目标,但是双方仍然一直聊到底,结果更加全面深刻地理解了"妈咪"这个人和这个产业,而不仅仅是她的那些事儿。

一个聊天调查实例的分析与反思

下面的例子是黄盈盈作为女研究生第一次在深圳进行探索式研究时一次聊天的一个片段。黄盈盈与被访者阿华的聊天基本上就是顺着阿华的思路和逻辑来谈论她做生意的情况。

中午买完菜回来,看见一个穿一身白色牛仔的女孩站那里(发廊边上的空地),我过去跟她搭讪。她是四川人,别人叫她阿华,小眼睛。

我介绍了下自己(她见过我最近在这待着),并用"过年不回家"的话题开始了我们俩之间的谈话(当时离过2000年农历年还有4天)。慢慢地,我们聊起她来深圳的经历。

她说是去年4月份来的深圳,刚开始找工作,是洗头工,洗一个头提成两块。按摩提成10块。每天从晚上10点干到早上,有时通宵,很辛苦。后来姑姑(被一个香港佬包了)说:"反正出来了,也是为了赚钱,赚点就回家吧。"于是做这个了("小姐")。每月5000~6000元。每月500元的租钱,一个人住。

她又说:"外面的女孩子有些很坏,不可靠,所以还是一个人住好。"她说生意不好,我问:"一个月省点用能省个3000~4000吧?"她回答:"嗯。"又接着说:"有些女孩子会勾人,一个月能赚1.2万,但这种女的不多。只有1~2个人。"我有点不相信,她说:"真的,但(这种人)不多。她们会招呗,能勾人,眼睛一瞥,见了谁勾住谁,赚得很厉害。"

她继续说:"这里被香港人包起来的很多,但(香港人)大都比较老,靓的香港仔没钱,有钱的都很老。被包(养)每个月有5000~6000,稳定。"那些人一天不用干什么,就是搓麻将、吃。嫁给那种老头(香港人),没意思。钱不用那么多,够回家做生意就行了。

我半开玩笑地说:"如果有个香港人相中你,干不干?"

"那当然干啦,赚很多钱嘛。"她说赚点钱就回家开个发廊,以前在家也开个小发廊(真正理发的——研究者补注),当时就有老板叫她出去喝酒,她不干。"这里真是开放。"她还说以后不想开小发廊,没生意。要开就开个大的,好些的。有个2万块本钱就差不多了。

从聊天调查的界定与特点来分析,大致可以看出上述操作过程的几点得失。

第一，聊天不是闲扯，必须有一定的研究目标（探索式地了解某地"性产业"的大概面貌）。

第二，对于聊天调查的对象是有所选择的。一则是，阿华从一开始对我就没有多少排斥感。二则根据观察，阿华是个不太合群的"小姐"，工作之外一个人孤独地站着的时间比较多。所以，跟我一样，她也需要朋友。大家年龄又差不多，而且都是过年不回家、孤身在外地的女孩，所以聊天不但容易开始，而且既有信息的交换，也有情感的交换。

第三，聊天需要具有一定的交换意识，即首先介绍自己的情况。只是很遗憾，我当时的经验非常有限，还没有充分意识到交换的重要性，因此没有记录下来自己是如何介绍自己的以及在聊天过程中双方是如何交换信息的。

其四，这次聊天是我发起的。但是，除了发起谈话，阿华在聊天中是主要的发言者，我只是在某些地方用"嗯""真的吗"之类的话表达对于谈话的兴趣，并激发阿华进一步发表她的看法。

其五，整个聊天是按照阿华的生活逻辑与思维路线进行的，所以她才会发挥出"有些女孩会勾人"之类的表述，以及她对于被香港人包作"二奶"的看法。我当时曾经认为这是"意外"收获，以后调查得多了才悟出来：若非如此，而是直接询问，很可能根本得不到这些信息。

其六，也有另外一些信息很有意思（上述实例中未列出），但是我当时对于"地下性产业"的知识相当有限，没有意识到这些信息的宝贵，也就没有更好地激发阿华在这些问题上自由表述。这个刻骨铭心的教训在以后的定性调查中帮了我的大忙。

其实，这次聊天的最大收获是跟阿华聊上了，建立了一种信任的互动关系，这是后来阿华主动约我去她住处、过年了给我做年夜饭、初一一起出去玩这种朋友关系的开始。后面陆续几次的聊天则不仅让我了解到更多阿华的故事和当地"性产业"的情况，也更加理解了处于她的生活世界中的她。

四、共情:体验与感悟

笔者团队"小姐研究"的专著之一,就名为《情境与感悟》,意在表达切身体验和感悟是定性调查方法的灵魂,是诠释"为什么"之类的定性研究问题必须采取的方法之一。很遗憾的是,不管是既有的教科书还是论文,都尚未把"体验"作为一种调查方法加以总结、分析与论述。大多数教科书都介绍过情境的重要性以及要把情境记录下来,但是并没有意识到对于情境的体验与感受才是定性调查更为重要的内容。

"共情"的界定与说明

体验是研究者对于被访者的整个生活情境的理解与感受,是研究者与对方的生活情境的整体之间的互动。它最终要实现的是"共情",也就是能够像"个中人"那样来理解、表述与解释所要调查的目标。体验的最佳效果就是达到"共情",也就是韦伯很早就提出过的"移情的理解"。

为了实现这一目标,研究者必须把自身作为被研究对象放入整个调查之中,通过反思研究者与被访者的生活世界之间的差距,来领会后者所包含的全部意义,从而实现对于被访者的整体理解,以便更好地分析和解释某个调查目标。

体验的前提条件是身临其境、自觉融入;操作要领是思索差距、琢磨意义;最终目标是融会贯通、"仿真反映"。只有如此,研究者才能在调查过程中获得感悟,而不是仅仅获得一些文本。

现有文献大多停留在调查后的反思或者事后写作中的反思,而本书更加强调在调查过程中的、此时此景中的反思,因为这才是定性调查的最大优越之处。

如果缺乏了这样的体验,不论聊天与旁听做得多么好,也无论再使用多少定性调查的其他方法,研究与调查都只能是客位的或者客观测量主义的,只能从研究者的假设与逻辑出发来解释调查中所获得的资料,而这种解释在被访者看来却完全可能是个笑话。

如果缺乏了这样的体验,所获得的资料只能是支离破碎的、空穴来风的,甚至可能是海市蜃楼。缺乏体验的调查只能作为似是而非的"求同法"定性调查的依据，却与真正意义上的定性调查（求异法、求全法）风马牛不相及。

举例说明与分析反思

例一：从体验到解释

黄盈盈当年的分析是："第一次做'小姐'研究时，从刚开始充满猎奇和冒险心理的忐忑不安，到第一次去发廊全程低着头、一看到男的进来就脸红，再到半个月后就可以跷着二郎腿观察'小姐'、妈咪和客人之间的扯皮、挑人和打情骂俏，我经历了从'入侵者'到'圈里人'的逐步融入的过程，而且就连自己也觉得非常顺理成章、自然而然。"[1]

正是由于有了这样的体验，对于某些为人瞩目却众说纷纭的问题，例如女孩子为什么进入"性产业"，笔者就足以从自己的体验出发做出解释：在种种因素之中，情境非常重要。"性产业"里那些初来乍到的女孩子们往往不为所动，但是在夜以继日的耳闻目睹之下，少不更事的她们就难免心旌摇动，开始入乡随俗，最终成为"小姐"。

有了这种体验与思索之后，我们 3 年之后再去相距千里的另外一个田野点调查时，虽然当地人守口如瓶，但是我们很快就发现，老板们正是充分运用了情境的力量，才把当地变成"小姐培训基地"的。他们先把女孩子从劳务市场上招来当"放碟的"（播放音乐），然后逐步说服她做"素台"（无性的三陪），最后再劝她出台（从事性工作）。只要老板能让女孩子滞留在这样的生活之中，那么这一过程最快只需要一个星期。

例二：由体验而发现

在一些惨淡经营的地方，生活其实非常无聊。有一段时间我需要天天去地摊找盗版小说来打发时间，因为不可能天天遇到新人，也不会天天发生新奇的事情。正是在这种生活中，我的这种无聊最终与"小姐们"

---

[1] 尽管一个"小姐"说"你要是想了解我们的生活，你就得干这行"，但是笔者不能苟同。这里存在一个距离的问题。人类学领域有过较多的论述，这里不展开分析。

的无聊实现了相通:你能够感觉到"小姐们"一天到晚没有一个"生意"的那种无聊,有时候真恨不得帮她们去拉一个生意,你也就能体会到"做生意"对于"小姐们"的生活的非经济学意义。(黄盈盈,1999年笔记整理)

只有与"小姐们"朝夕相处一段时间,而且获得了这样的体验之后,笔者才能够发现当前中国预防艾滋病工作中的一些谬误。

"小姐们"害怕的首先是没生意;然后是害怕怀孕,害怕流产(以后不能生小孩);害怕被警察抓和罚款;害怕客人使用暴力;害怕性病(耽误生意)。在胆战心惊地应对这一系列的临头大祸之后,"小姐们"才可能去害怕艾滋病。

在这样的生活中,如果研究者对"小姐们"前面的所有恐惧都一无所知或者置若罔闻,却管中窥豹地研究"艾滋病高危行为",往轻说是研究的徒劳无功或者失之千里,往重说就是对"小姐们"的仗势欺人。

例三:体验在于反思与积累

体验,还需要不断反思自己的想法与她们的想法之间的差异性。这里的"不断"不仅指某一次调查,更指连绵不绝的研究过程。

黄盈盈在硕士论文里曾经写道:

在健康、道德与赚钱这三者之间的关系这个研究主题上,我早年曾经认为:越是能意识到并做到在懂得并敢于保护自己的前提下多赚钱的"小姐",其专业化程度也就越高。可是,在后续的多次调查中我逐步体验到,在"小姐"自己看来,赚钱、传统性行为道德(刻板的性交方式)、健康这三者之间是需要权衡的。与我相处过的大部分较低层的"小姐"都认为,传统的性行为道德比赚钱和健康都重要,因此她们宁可拒绝或者放弃一些"生意"也不肯同意口交,尤其拒绝肛交。笔者由体验而总结为:钱与健康的多少都只是改变了她们的生活内容,而违背性行为中的古老农村道德却是根本改变了她们的生活的性质。(黄盈盈,2004)

反例也有。在预防艾滋病的调查中,一个矿工曾经笑话笔者:"我们明天都不知道会不会被砸死,你还问我戴不戴安全套?"也就是说,如果缺乏了处于他们的生活之中的体验,就连调查老手也会发出这样的"愚蠢的提问"(潘绥铭等,2008)。

五、三种方法的意义:实践"主体构建"的视角

层层递进:主体呈现与双方互动的扩大

主体构建视角,强调被访者的主体表达以及研究者与被访者的互为主体性。行文至此则进一步从"论方法"的角度,把主体呈现与互动的概念进行扩展,从而希望分析这三种方法所体现的各有侧重的方法论意义。

聊天的关键是"共述"而不是"问答"。它体现的是研究者与被访者之间的互动,考察的是被访者在这种互动关系中的主体呈现,而研究者自身的主体性则体现为激发谈话与参与交谈。

旁听的对象已经不仅仅是被访者,旁听的同时还要完成主体的扩展。旁听的关键是实现"共景"而不是仅仅倾听。在旁听中,研究者互动于被访者的人际关系,旨在考察被访者在自己的人际关系之中的主体呈现。

体验所追求的理想境界是"共情",而不是"客观测量"。它体现出研究者与被访者的生活情境之间的互动,强化了研究者的身临其境的理解与反思。

这三种方法在"主体扩展"与"互动扩大"这两个意义上层层递进、步步登高、锦上添花。这样,研究者才能够在层层扩大的互动中理解层层扩展的主体呈现,笔者所提倡的社会科学研究"主体构建"的视角也才能够在操作方法的层次上得以实现,从而成为笔者"论方法"的范例。

共同运用:以多元化的渠道贴近研究的"整体性"

首先,三种方法的特点不同,收集到的信息当然是多渠道、多侧面的,因此必须共同运用才足以呈现出丰富多彩的全貌。

其次,各种信息可以相互比较,其意义不在于证实或者证伪,而是发现更多

的差异，尤其是差异背后所蕴含的深层次的内容与意义。

这三种方法的最大特点就是都以强调被访者的生活情境为前提。所谓共同使用，也就是要求研究者务必实现与被访者在一个共同的时空与情境中相处，把调查对象置于其社会网络与日常生活世界之中进行分析。这是单纯的访问调查所无法比拟的，其最大优点是避免对方的表面事实误导研究者的深度理解，因此，研究者必须从被访者日常生活的逻辑出发，探究"人"的意义，而不仅仅是"事"的真实，从而以多元化的渠道，不断贴近定性调查的灵魂——整体性原则（求全法的原则）。

重释"真实"：以方法来支撑方法论

在资料收集过程中，不论如何理解，"真实"都是研究者不得不面对的根本问题（杨善华、孙飞宇，2005；潘绥铭，1996）。

从主体构建的视角出发，所谓真实并不是客观的、可测定的"实体"，而是主体的全部呈现。因此，对于任何社会学调查来说，所谓"追求真实"并不是"挖掘宝藏"，而是"创造条件"，也就是研究者应该千方百计地创造出能够让主体更加自由自在地呈现自己的、研究者足以更加深入全面地融入被访者的生活世界的那些条件、时机、环境与理由。

因此，在本文所论述的三种方法的运用中，关于真实性的讨论可以在三个方面得到发展。

首先，研究者并不仅仅是简单地接受"被访者说什么就是什么"的逻辑，而是把聊到的与听到的、看到的、体验到的信息综合起来进行比较分析，以便获得"主体在互动中呈现出来的真实"。

其次，运用这三种方法，所谓真实性指的已经不仅仅是被访者的"主述"，而是扩大到其全部呈现，包括举手投足、音容笑貌等形体表达与人格特质，还包括了被访者的各种下意识反应、对方自己都没有意识到的那些意义，尤其是扩大到被访者处于其人际关系中的呈现、处于生活情境中的呈现。这就是"主体被扩大后呈现出来的真实"。这样一来，在定性调查中就不存在被访者言表缺失的情况，也没有完全彻底的拒答。

最后，由于这三种方法都格外强调融入，最终得到的其实是研究者基于对被访者生活与逻辑世界的了解与理解而实现的"双方共同构建出来的真实"。这应该是定性调查的最高理想境界。

总之，主体构建视角下这三种方法并用的方法论意义，不在于是否增加了"真实性"，而在于在一个更为细致的层面上，重新解释了"真实"这个像噩梦一样久久缠绕在中国社会学调查事业头上的概念。

第十三章

深度访谈:"深"在何处

访谈，几乎所有的教科书里都会涉及。归纳起来，其性质无外乎三点。

其一，访谈区别于日常聊天之处在于它的目的性，是"有目的的对话"（Burgess，1984:102），是作为"言语事件"的谈话（陈向明，2000:167），是研究者根据自己的研究设计发起的对话。其二，访谈一般都是一对一的对话。其三，大部分是一次性访谈，多次访谈很罕见。

至于"深度访谈"，"深"到什么程度才算数，尚无共识。杨善华、孙飞宇等学者在十多年前就分析过意义探究对于深度访谈的重要性（2005），张慧论述过"言说"的局限与研究中的无法言说之事（2020），笔者也曾论述过访谈的局限与故事讲述中的套路（黄盈盈，2018b，2020）。但整体而言，迄今为止，相关讨论还可以继续。如何理解"深度"、如何实践"深度"、如何在认识到"访谈"/"说"的局限的前提下去结合其他方法来更好地触碰研究的"深度"，依然是需要进一步探讨的重要问题。

深度访谈如果能够置于一定的情境中（某个社区、人群等），与本书前面所提到的其他方法一起使用，效果会更加好。即使是那种一对一的、仅此一次的、只在一处的访谈，也不是一问一答把问题问完了就可以的，其中还可以有很多"论方法"层次上的讨论。下面，笔者还是以自己的研究经历为例子来展现、分析和反思这种方法在社会学调查里面的运用。

第一节　不同的层次及其意义

一、就访谈的深度而言

一问一答式

初学者常常使用这种方法。它的实质其实就是单方面地提问，然后记录对方的回答，基本上等于是问卷调查中的开放题调查。如果采访提纲过于详细，那就完全是问卷调查了。它的主体要用途是短平快地了解某个比较肤浅的、事关"情况"而非"意义"的问题。

在具体操作中，最容易出现的缺陷就是：研究者实际上已经有了事先的假设，访谈只不过是"检验"它。这主要表现为三点。

首先，"单刀直入，一厢情愿"。这就限定了访谈的话题，把被访者丰富多彩的生活给剪裁了。其次，"只问不谈，拒绝讨论"，即研究者限制对方的反问、发挥与引申。最后，"集中主题，就事论事"。这可以了解到"事"，却很难了解生活与"人"。

按图索骥式

就是拿着调查提纲去询问。这种方法稍微好一些，但是其实质仍然是开放的问卷调查。它的主要用途是对于较大规模现象的求同法调查。笔者自己也是从这个阶段走过来的（潘绥铭，2000）。

在操作中，这种方法很容易出现缺陷。其一是"言归正传"，不由自主地要求被访者框定在自己的提纲之内，忘记了只有开放式的交谈才会有更大的收获。其二是常常要求对方"适可而止"，其实被访者最重要的表达，往往出现在访谈的最后。其三则是如果研究者访谈多个被访者，由于提纲没有变，就很容易变成"人变了，提问却不变"，结果变质为问卷调查。

你说我记式

这就更好一些，其实质是主要依赖于对方的自述，研究者仅仅是如实记录，条条框框少了很多。目前的许多"口述史"都是这样做的。它是"求异法"调查的最初级形式。

但是，这也并不是"有闻必录"那么简单与容易，许多情况下也会出现"误操作"。

首先是"引导"过于强烈或者专一，结果还是等于研究者自己先有假设。其次是如果专注于逐字逐句地记录，就很容易忽略访谈过程中的非语言的信息。最后则是，这种方法强调访谈中要非常善于捕捉各种话中话、言外之意、"此时无声胜有声"，不但现场操作的难度非常大，而且一旦时过境迁，往往就无法追忆与补充其中的信息。

讨论式

这种方法不但在方法论的层次上提升了一步，而且也是初学者最容易掌握与实践的。它的实质就是：双方在某个框架之内，发散式地互相启发，从而共同最大限度地发掘信息。它主要应用于"求异法"中那些不仅仅是要"发现"更是要"理解"的调查。

这当然不容易，特别需要注意的操作细节主要有三个。

第一个，研究者绝对不是提问，而是请教甚至是挑战；绝对不可以仅仅是"我问你答"或者"你说我记"；双方争论得脸红脖子粗，那才是最高境界。

第二个，在调查主题之内，一定要准备多种备选的方向与框架，一旦对方无法进入某个方向来讨论，立即转移到其他框架。这很像是"智斗"，需要事先充分地了解对方的整体情况。

第三个，既然是讨论，那么研究者就必须无条件地"坦白自己"，至少在与主题相关的方面，来不得半点"顾左右而言他"，也就是"一个巴掌拍不响"。当然也要防止反客为主。

不过，话又说回来了，这种讨论式的定性调查固然很美好，却往往取决于对方是否有足够的能力进行讨论。可遇而不可求的窘境在所难免。

聊天式与体验式

这两种更佳方法，本书第十二章第三节已经专门论述过。这两种方法考验的其实是研究者"曾经沧海"的程度与"人情世故皆文章"的能力。

总的来看，至少需要到达第三个层次的"记录式"，才能算是"深度访谈"了。

二、就访谈的情境而言

社区考察中的访谈

这类访谈要通过对个体的访谈来加深对于社区的理解。这类访谈所涉及的面会更广，而且会与其他调查方法紧密结合在一起，比如收集旁证、听、观察、聊天等。访谈场景必须是在该社区。访谈一般不会只是涉及社区内的一个人，而是社区里的多个人。

针对个体的独立的访谈

如果说社区考察中的访谈处在光谱的一个端点，那么针对某个个体的独立访谈则处在另一个端点。这类访谈的目的是了解某个个体的深入情况。除了这个个体的描述内容，它不访谈同一人群的其他多个人，也不考察社区的情况。主要适用于针对个体的个案研究、针对某个人的口述史等。

处在这两个端点之间的还有两种访谈类型，即下面要介绍的第三种和第四种情况。

与情境相联系的访谈

研究者所要了解的人群，往往只有在一定的环境或情境之中，才能成为我们的访谈对象。最典型的就是男客与"小姐"。如果离开了特定场所，就无法判断这个人是否"小姐"或者是否找过"小姐"。因此，笔者团队通常是在场所里面（或者门口）访谈男客，同时也会了解所在的情境，比如这个夜总会的总体情况。

"情境中的访谈"，就是要针对某人某时在某地的"行为角色"，而不是给任何一个做过"小姐"或者找过"小姐"的人先贴上一个"终生身份"的标签。

与人群相联系的访谈

如果要研究的是某个人群中的一员,而且希望通过一员来反映群体,那么就必须把个体放在人群中来考察,而且应该涉及多个个体,只不过不需要一个具体的情境而已。但是,这种访谈一般也只能触及群体的某个切面。比如,黄盈盈关于"身体"的访谈,是要了解在北京工作或者学习的年轻女性对于身体的看法,因此一共通过约访的形式访谈了 38 个女性,最终得出了自己的认识(黄盈盈,2008)。

本书的这四种访谈分类,既不是要一统江湖,也不是一成不变,仅仅是希望提醒读者:不同的研究目标应该采用于不同类型的访谈方法,既不要囫囵吞枣,也不要牛头对马嘴。

第二节 访谈是共同讨论,而不是一问一答

一、共同讨论的两大意义

"论方法"的意义

许多初学者往往把深度访谈简单地理解为"我问你答"。其实如果这样,访谈就很容易被混同于问卷调查中的开放题。

之所以强调访谈是共同讨论,并不是仅仅从技术上认为这样可以活跃访谈的气氛,或者加深双方的关系,而是认为这是"主位研究"与"客位研究"的根本区别,是足以上升到"论方法"层次上的一个原则问题。

一问一答的访谈方法就是典型的"客位研究"。它在三个方面存在着基本的预设。

首先,它把调查者规定为仅仅需要获得自己感兴趣的东西。

其次，它也把被访者限制为仅仅是一个客观存在着的被研究对象，不需要任何主动地表述。即使他主动做出表述，也只有符合调查者的框架才是有意义的，才会被记录。

最后，在双方关系方面，这种客位研究的戒律就是：调查者是整个调查的主宰者；应该尽量避免与被访者发生任何互动。

上述的三大预设，并不会因为调查者的水平很高或者经验很多就"改恶从善"。也就是说，只要是采用客位研究的方法，那么无论调查者个人多么优秀也逃不出上述的框框。这样获得研究成果也只能停留在"测量客观物"的低水平之上，与问卷调查没有本质的区别，从而丧失了定性调查的基本特征。

与此相反，共同讨论的访谈方法是"主位研究"的集中表现。它也有自己的预设。

其一，主位研究中的研究者，追求的是了解被访者的整个世界，最终从中提炼出自己的研究所需要的东西。研究者不仅仅是一个好的启发者，更主要的是在向被访者虚心求教。

其二，被访者在主位研究中就是他/她的世界的发言人；他/她的一切表述都是有意义的。研究者必须从他/她那里获得破解这些意义的密码本。

其三，对于双方关系：只有双方真的一起讨论，而且双方的关系越密切越好，才算是主位研究方法中的深度访谈。

"主位研究"的这些预设也是不会因人而异的。也就是说，对于初学者来说，只要牢牢把握住这些原则，那么虽然能力差或者经验少，也同样可以做出事半功倍的成果来。这样得来的研究成果就从问卷调查的"测量客观物"发展到了"理解作为主体的人（或者社会）"，从而发扬光大了定性调查的根本特征。

从具体操作的成果上来看，"客位研究"的深度访谈虽然也可以获得堆案盈几的文字记录资料而不是问卷调查的那些数字，但是这些资料仍然是研究者用自己的框框来套被访者的情况的结果，仍然是强迫被访者把自己丰富多彩的世界来个削足适履，因此也就仍然由于是"剪裁生活"而与问卷调查不分伯仲。

反之，通过"主位研究"的深度访谈所获得资料，是最完美的问卷调查也无法获得的。它的任何总结与提炼都是发生在收集资料之后而不是之前，因此足以尽可能忠实地、全面地反映出被访者的生活世界。它不仅是真的，而且是全的，当然也就是美的。

本土的意义

主张采用"主位研究"的深度访谈，无疑具有浓厚的本土意义。

首先，由于长久的社会文化传统的作用，中国人普遍缺乏独立自主地表达自己的看法的习惯，对于自己的某些不符合社会主流价值观的行为也讳莫如深。在这种文化情境之中，"客位研究"所实现的"测量"在很大程度上无异于雾里看花。反之，如果采用"主位研究"的方法，把被访者调动到共同讨论的境界中，就会在更大的程度上化解中国人的"隐私屏障"。

其次，对于相当多的中国人来说不仅是愿意不愿意说的问题，而且是能不能说得出来的问题。这绝对不是一个文化程度高低的问题，而是因为研究者所关心的那些问题，很可能在被访者的生活中根本就不重要，他们完全可能从来也没有思考过，甚至根本就不会去记忆这样的事情。因此，如果调查者采用"客位研究"的方法，无异于"逼供"，对方也就只能是"被信口开河"。反之，笔者所主张的"主位研究"方法就是要调动对方一起来回忆与思考这些问题，促进与帮助他们发掘自己的内心，引导与启发他们发出自己的意见。这样，研究者才能获得真正属于主体表述的资料，其深度一定会超过"客位研究"的结果。

再次，当前的中国，阶层分化（包括代沟）加速而且加剧，最好的研究者也很难真切地了解与理解任何一种其他人群的生活世界。因此，"客位研究"更加可能出现"狗眼看人低"或者"对牛弹琴"这类的失误。反之，只有"主位研究"所提倡的研究者的真心求教（甚至是"装傻"），才可能更大程度地穿透各式各样的阶层壁垒。

最后，在当前的中国学术语境中，深度访谈方法还远远没有得到普遍的重视，在一些领域中甚至还没有受到承认。如果仅仅拿出一些与问卷调查其实无异的"客位研究"的成果来证明自己与普及自己，那么定量研究者认为我们是在贻笑大方就是很有道理的。如是，深度访谈方法就很可能永无出头之日。

> 要记住，访谈要能够使得被访者感到开心。应该让对方觉得这是一个双方达成一致的某种社会互动。（Webb and Webb, 1932, 转引自 R. Burgess, 1984:102）

这就不能简单地一问一答，而应该是一种互动式的对话。这就需要考虑一些访谈技巧之外的可能性，包括进入正题之前的闲聊、吃饭以拉近关系、提高亲和力、听、观察、感受、聊天和随机应变的能力，等等。简而言之，研究者不光是要具备调查操作的素养，还要具备与陌生人一见如故的能力。

除了这些以外，有些访谈的策略，包括如何设定开放式的问题、具体情境式的问题，如何运用重复和冲突等都非常重要。在各种调查方法的教科书里面，也会涉及访谈的一些要点，可供参考。下面，根据笔者团队的经验来总结、展现和分析我们所遇到的比较有意义的一些要点。

二、深度访谈的若干实施策略

先来看一段黄盈盈在博士论文中对于访谈方法和策略的描述：

> 考虑到与"性"相关话题的敏感性，在设计的时候考虑了一些具体的研究策略。
>
> 我主要采用"深入访谈＋观察"的方法来收集一手材料，并在此基础上结合若干文本分析来探讨前面提出的研究问题。
>
> "性"和"身体"通常被认为是"理所当然的"和"自明的"，研究中碰到的方法方面的最大挑战恐怕不是人们不愿意说，而是人们不知道怎么去说。因此，本研究非常注重谈话的策略。
>
> 我的做法是在一定访谈提纲的指导下，尽量多采用讨论式、开放式的提问，并注意追问。具体来讲，我主要在四个层次上提出问题。
>
> 第一，了解女性在没有引导的情况下，对于自己的身体、性，以及其他一些相关概念的第一反应与理解。用一些看似很抽象的问法，尽量

让她们自己说出对这些问题的理解。如果真的一点都说不出来（言表缺失。这也是一种需要观察的有用信息），则加以引导。比如对于"你怎么描述你的身体"这个问题，可加以引导：你会用漂亮（或者有气质、身材好、性感……这些形容词）来描述你的身体吗？为什么？……

第二，抓住被访者在陈述中提到的一些与"身体"和"性"有关的关键词加以追问。比如，她如果用"有气质"来描述她的身体，则追问她对于"有气质的"这个词的理解是什么？怎样就算是有气质了？

第三，设定一些具体的情境让她们说出自己的看法。比如，对于裸露到什么程度就比较性感这个问题，可以用"身体地图法"，问她们露出脖子性感不性感，露出肩部性感不性感，露出乳沟是不是性感……一步一步问，然后追问为什么界线在这里而不是那里，比如为什么露出乳沟就算性感、有吸引力，而露出肩部就不算等，尽量聊出她们的深层理解。

第四，在比较中考察女性对于身体与性的理解。这些比较包括相近词之间的比较，比如"性感"与"美丽"、"性感"与"性吸引力"、"性感"与"风骚"之间的比较；也包括不同性别之间的比较，比如女性认为男女对于性与身体等概念的不同理解；还包括理解与实践之间的比较，比如女性在言语表达上对于性感的认同与日常实践中对于性感的认同的比较等。

本研究的每个访谈时间至少是一个小时。有的个案是一次完成的，也有的是两次或者三次完成。访谈地点根据被访者的要求主要是在被访者的家中、研究者的家中或者安静的咖啡馆。地点的选择标准主要是：方便被访者，令被访者感觉舒适、自然，没有外界干扰。

通常在访谈之前以及之后，研究者与被访者都要进行一些不涉及访谈具体内容的闲聊。这种闲聊一方面增加双方的信任感与熟悉感，另一方面也有利于研究者对于被访者的观察与了解。

访谈过程中（甚至从寻找被访者一开始）的观察至关重要，尤其是涉及性与身体等较为敏感的话题，被访者的反应与态度本身就回答了某些问题。因此，这些观察也是需要记录与分析的内容。此外，研究者与被访者之间的互动也非常具有价值，因此研究者的问话、研究者与被访者之间的相互关系都是记录与分析的内容。（黄盈盈，2005）

关系第一

尽管比起"聊天访谈"来讲，所谓"正规访谈"要一本正经得多，但是首先要做的就是拉近双方的人际距离。双方最好是认识或者有一定的信任基础（比如朋友的朋友），但是又不熟识。这种情况下，最好是请客吃饭和闲聊。这其实就是在时间、空间、精力有限的情况下，尽量模拟田野作业与社区考察，多了解一些情境的因素。即使无法请客吃饭，也应该在进入正题之前，先闲扯上一会儿，千万不要一上来就"升堂审案"。

迂回前进与循序渐进

研究者还必须引起对方对于访谈的兴趣，因此从一些对方容易聊、有兴趣聊、非敏感性的话题开始往往比较好。比如，对于建筑工地工人的性和艾滋病相关的访谈，通常从流动经历、现在的生活开始。如果一上来就说艾滋病知识、感染率等，很多人会觉得枯燥或者反感。如果一上来就谈找没找过"小姐"，可能会把对方吓住。

闲聊之后，进入访谈的主题。访谈的顺序是有讲究的，先聊什么，后聊什么，对研究是有影响的，前面聊到的话题对于后一个话题很可能是有影响的。改变谈话的顺序所得到的信息是不同的。

对于这个顺序，最重要的不是研究者的计划或者意图，而是对方的反应。研究者一定要时时刻刻察言观色，必要时应该直接征求对方的意见，看看访谈的顺序是否合适。但是，需要注意的是，交谈中应该避免话题的重复，以免对方厌烦或者厌倦。当然，除非你想故意重复，以考察不同语境下可能得到的不同回答。

第一反应式地提问

例如："关于女性身体，你觉得我们可能会讨论些什么内容？""你怎么描述你自己的身体？""一说起性，你会想到什么？"等等。

被访者对于这些平时没怎么考虑的概念或者话题，通常首先会愣住，第一反应往往是"这叫什么问题"，但是，基本上都能够说出自己的看法和理解。研究者所要做的主要是尽量刺激被访者的思维，让她们尽可能地自由发挥。

这种"第一反应式提问"，并不是谁喜欢用的问题，而是研究目标是什么的问题。笔者一贯提倡"主体建构"的研究视角，也就是提倡不仅仅要研究某个现象，而且要研究该现象究竟是如何被其主体（当事人、创造者）逐步构建出来的。在这种视角下确定的任何一个研究目标，不论具体的研究对象是什么人，都不得不采用"第一反应式提问"。否则，就无法开始，或者无法结束。

设定情境式的访谈

这种方法也比较常用，而且比起"第一反应式"的语境更加具体，被访者更容易理解，也往往可以得到更加详细的、有针对性的一些看法。

比如，黄盈盈在身体研究中曾经这样设定情境："网上有的男性评论说，女人的身体在下列状态下最性感……"之所以提出这个具体的情境，并不是真的要看女性是回答"同意"还是"不同意"，更不是要加以诱导，而是通过女性对于这些网络说法的具体评价，来折射式地分析女性对于性感的身体的看法，以及这种看法之中或隐或现的性别差异。

第一反应式提问与设定情景式访谈这两种提问方式在一个访谈中最好都包括，这样两者可以有个比较，看在不同的语境中（抽象的与具体的），被访者所表达出来的意思有什么样的不同。这时候，对于同一个主题，访谈顺序一般是先问第一反应式的问题，再问具体情境式的问题。例如，如果要了解女性对于性感这个概念的理解，第一反应式的问题应该是：你怎么理解性感？具体情境式的提问则可以设想几个性感状态来具体地看她们的如何评价。这两种提问可以紧挨着来，也可以隔开；还需要通过比较来追问，以探求更加深入的理解，比如，你刚才说……，现在的意思是……，为什么？

他指式与自指式的提问

在访谈中随时进行比较的另外一种方法就是他指式提问和自指式提问。

他指式提问主要是谈论"你怎么评价别人",也可以是"你认为别人是怎么评价你",比如"你怎么评价一个美好的身体"或者"你认为别人会怎么说你的身体"。

自指式提问就是"你怎么看你自己",比如"你怎么描述你自己的身体"。

这两者也可以搭配起来提问,而且往往会得到非常不一样的回答。对于这些自相矛盾的回答的分析可以更加深入地理解对方的想法与主体建构过程。

设定比较式的提问

这就是说:"在访谈的情境特征的基础上,让各种观点交叉对峙。事实上,不同语境会导致不同的答案。"(考夫曼,2001;黄盈盈,2008)

笔者在实践中深深感到,设定一些相互比较的语境或者相互冲突的语境,对于深入地了解对方的想法很有帮助,其设计原则无外乎两个。

一个是前后对比式提问,就是重复询问被访者的关键看法,即使对方并没有出现矛盾,也可以这样来问:"您刚才说……,我听起来,这样说是……的意思。"

另外一个设定原则是外引式,其典型问法就是:"您说……,可是我听别人说是……"

这两种提问法都是因为绝大多数被访者平时很少思考研究者所提出的问题,所以必须给他们提供一些继续整理自己的思绪和深入思考的机会。这样,访谈才能够达到"深度"。

这不是一门技巧,更不是装傻。面对大千世界芸芸众生,很多时候研究者不用装傻,而是真傻。因此有不明白的地方就必须追问,切忌把自己的理解想当然地置换给被访者。

访谈之忌讳

前文批评了一问一答式的"客位研究法"。其实还有更可怕的访谈方式,简直就像审讯不说,还对被访者的一切解释都置若罔闻。这简直就是违反现代人类的道德底线了。

此外，还要避免空洞的难以回答的问题，比如：你为什么要做"小姐"？除非是为了考察"小姐"对于进入这一行的自我表述与主体建构，否则这种提问实在是无聊得很。

诱导性的问题当然更是大敌，比如：现在咱们国家对艾滋病问题越来越重视，你怎么看这个问题？换了笔者恐怕也会怒发冲冠的：国家都重视了，我还敢说不重要？

还有要避免的是用专业术语，比如：你对艾滋病的抗逆转录病毒治疗怎么看？这简直就是天问。

访谈中不能出现歧视的、不尊重的语词。哪怕被访者自己使用这样的词语，研究者也不能用。因为对方可以自嘲，我们却不能骂人。

三、不会追问，就不是深度访谈

访谈中追问非常重要，一般的教科书都会列这一小节，可以参考。但是，尽管可以列一些条条框框，本书还是希望深谈一下，因为追问不仅最能反映出一个人的访谈水平，而且是深度访谈的安身立命之本。

如果研究者发现了与主题相关的新信息，那么大喜之余，宁可牺牲后面的一些内容也要追问下去。这恰恰也是定性访谈的优点和特点，即其开放性的表现。

当然，追问也有一个度的问题。追问的程度要照顾到被访者的情绪（陈向明，2000），而不是死缠烂打地问到人烦。

访谈绝不仅仅是真实地记录对方的表述，因为研究者所问的内容，往往是对方从来没有思考过，甚至从来也不曾想起过。研究者不能指望对方会一下子就给出我们所需要的材料，也不能指望对方马上就会"竹筒倒豆子"。因此，不会追问，就不是定性调查，更不是深度访谈，恐怕连好的新闻采访都不如。

尤其是在"求异法"的定性调查中，"异"不大可能是对方直接告诉你的，而是你自己不断发掘出来的。因此，没有追问，就不是"求异法"，充其量只能是"求同法"。

追问的操作规程是：首先设定一个具体的方向，不提问，而是要求对方说出自己的情况或者理解；然后当场抓住其中的要点，加以追问。如此反复，直至信息饱和。

追问的实质是：根据对方的表述（而不是研究者自己的假设），沿着对方的逻辑（而不是所谓"客观规律"），不断提出各式各样的猜测，既是请对方验证，又是时刻启发对方。

那么应该追问什么呢？

追问可以追细节（过程、事实或感受）、追问关键词（比如身体研究中提到"气质"）、追问对方表述中的各种矛盾或者冲突、情境允许之下的质疑性提问（比如我听别的人提到过×××，跟您的理解很不一样，可否多谈一点）、鼓励与启发式的追问（比如您刚才说从"地下性产业"里学到做人道理，挺新鲜的，怎么会这么想？），等等。

为了简单明了地说清楚，下面使用一个通用的例子。张某说："我只找过一次'小姐'。"研究者听到这样的表述之后，至少可以进行以下的三种追问，表13-1可以使人一目了然。

表13-1 三种追问的差异

	追问更多情况	追问"真实"	追问"主体的理解"
细节深究	当时的具体情况是什么样的	床上什么样的	您怎么确定她是"小姐"的
启发设问	"打飞机""做口活"，还是"走后门"	之前和之后遇到什么类似的情况	您怎么知道她愿意给你做
扩展提问	按时间做，还是只许射一次	"小姐"叫没叫您再来，怎么说的	您觉得，"小姐"的这些规矩有道理吗
诱导检验	有实习生吗	听说有的"小姐"不要钱	您觉得值吗
质疑挑战	就这么点儿事，钱花得不值	别人都说找"小姐"会上瘾的	和老婆做不也是这样吗
反向刺激	要我说，这个"小姐"的服务不够	要我说，这不叫找"小姐"	这其实和"一夜情"差不多
实施的关键	必须先知道很多情节	牢记：主体的真实，不一定符合研究者自己的逻辑	事先初步了解男性的世界

之所以如此强调追问，是因为追问很容易使得原来的单方面的询问转化为双方之间的讨论。这样，定性调查也就上升了一个档次。

要追问就不得不防止对方离题万里。这当然会限制访谈的开放性，这就需要随机应变，不露声色地转题。比如，在实地研究中，笔者团队经常碰见一些"会摆（龙门阵）的"，一说起对于"性产业"的看法就会滔滔不绝。这个时候就需要来一个温和的承上启下式转折："是啊，很有意思，确实是……，不过我还是不明白……"（转向访谈主题。）然后要察言观色，如果对方不反感，才能继续下去。依据笔者团队的经验，如果连续两次都无法扭转话题，那么只好老老实实地听下去，因为一则这是对被访者的尊重，二则谁也不能保证对方的"神侃"就一定没有新信息。

第三节 访谈的"套路"与可能的拓展

任何方法都有其局限，深度访谈亦然。认识不到局限，就一定用不好该方法。比如，过度依赖于"说"，对于不可言说之事显然就不太合适。再例如，资料收集的时空受限，如何在有限的、短暂的接触之中获得有意义的信息，就构成了很大的挑战。有些挑战可以通过经验来应对（比如上文提及的注意追问），而有些挑战则需要跳出访谈这一方法，打破方法本身的边界，在实践中灵活地结合听、观察、文献等其他的资料来源来加以应对。笔者在此仅仅就访谈中常见的"叙述套路"略微触及这方面的讨论。[1]

一、从一个访谈片段看叙述套路

先看一个学生记录的有关变性议题的访谈片段。

---

[1] 这一节更为详细的分析可见：黄盈盈，2020。

陈：那你妈以前不知道吗？

文姐：我不知道她知道到什么程度。这个东西你沟通很弱的。你最好问我知道不知道什么，不要问别人知道什么，我预测不了。

陈：那您能具体给我讲一下 17 岁在火车上那事吗？

文姐：可以不要那么发掘这一点不？因为非常多的人来问，做访谈，都想给这件事（指变性）找出一个成因，或者是原因，但其实不是这样的。然后，可不可以不要在这一方面，她为什么变成这个样子……

陈：我倒也不是纠结你为什么变成这样，我就是想知道您那个是怎么经历过来的。

文姐：我先暂停一下。因为，一旦你把一个人的经历写上，呃，像媒体采访我，先问你谈过几次恋爱，然后报道就写，啊，他，谈过几次恋爱，然后，就变成这样了！然后，就是，因果关系都没有，你为什么要这样，把这个放在前面……

陈：就是说，媒体会把你这个事是什么成因导致写上，这样是吧？

文姐：就是，你不说这是成因导致，但是……你非要放一个人生经历在这，就跟那个事等价的。你跳过怎么变成这样的。

陈：嗯嗯，跳过。那你高中以前有谈过恋爱吗？

文姐：天呐。你能不能问我决定之后的事儿？

这个片段之所以吸引笔者，不是因为在研究中极度缺席的"变性"议题的猎奇特点，更不是因为这个研究做得有多么成功，而是这个访谈所透射出来的信息更具普遍的方法学意义，是偏向"教训"与警惕的方面，是作为被访者的文姐——一位让研究者抓狂的资深被访者——身上所表现出来的那股"刺儿头"劲。这股劲儿不断地提醒研究者可能存有的偏见以及媒体上与研究中常见的那些叙事套路——对于一些异常现象的直线型成因探究与归因套路，在文姐的叙述中，批判性呈现的首先是媒体中故事讲述的归因套路。文姐之所以一再提醒研究者不要问她"变性"之前的事情、不要追究"以前的情感经历"与"17 岁那年在火车上发生了什么"，就是担心被简单归因，而这种担心直接地来自她多年与媒体打交道的经验之中。这种"套路"与其说是在呈现原因，不如说是一种偏见主导之下的解释。它可能是被访者告诉你的，也可能是研究者设计并赋予其意义的。"套路"提醒我们不要做一个"天真的经验研究者"，或者说不要简单地把听到的故事当成唯一的"真相"，而是需要了解经验资料之上所附着的"尘埃"，分析研究者、被访者、读者生活于其中的社会文化背景以及更为具象的性/别与身体的规范与界限，以及这种规定对于访谈与整个研究的影响。

二、"套路"的界定

在笔者的研究之中，除了"归因套路"，常见的还有"悲惨叙事"（比如"小姐"在回应"为什么做'小姐'"这类问题之时回答"家里穷""被人骗"等）。因为研究议题的不同，叙述中触及的具体"套路"也会有异，有些面向（比如归因逻辑）更加普遍，有一些（比如猎奇表达与悲惨叙事）则在道德与边缘色彩明显的议题中更为凸显。但是"套路"整体上有一些共同的特点，其方法学意义具有某种普遍性。

从普拉莫对于"故事社会学"的界定（Plummer, 1995）出发，笔者暂且把"叙事套路"理解为有一定路数的语言表达形式，其背后是一套我们习以为常的思维方式，形成于一定的历史、政治与文化之中，同时也形塑并主导着大多数人对于某些人群或者议题的理解与解释。具体来讲，至少包括以下意涵（黄盈盈，2020）：

1. 从范围来说，主要指向研究领域以及纪实类（非虚拟）媒体报道中的故事生产，包括研究对象的叙述以及研究者/采编者的叙述。宽泛地讲，表述主体触及故事生产诸多台前幕后的社会角色，具体到一个访谈中，也可以更为简单地理解为被访者的习惯性表述与研究者的提问与解释路数。
2. 这套表达形式有一定的语言结构与情感特点，并在一定的历史文化背景之中不断积淀与固化。
3. 套路的形成受一定特征的思维方式的影响，也在使用过程中加固着既定的思维方式。

4. 习以为常的表述逻辑可能是日用而不知的文化惯习（比如我们所熟悉的表态文化）与潜移默化的思维方式使然，也可能在刚开始是出于某些有意图的（吸人眼球、风险规避、自我保护、更容易受到资助或者得以发表）、精心策划的甚至带有欺骗与隐瞒性质的应对方式，但是用得久了、说得多了也就逐步具有了正当性并开始指向"事实"与"真相"。

5. 套路形成于一定的社会结构之中，与某个历史时期的政治文化（包括狭义的政治，也包括学术政治与社会运动文化）有关，具体的表现形式也会随着历史变迁而有所不同。

6. 从社会效果来讲，"叙事套路"往往会勾勒甚至代表某些人群的形象，在社会层面，对人或事形成占据主导地位的理解与解释，最终形成卷入更为明显的权力关系的排他性话语，在某些情境与语境下很容易成为"唯一真相"从而导向社会偏见、歧视甚至压迫。

三、跳出"访谈"的应对策略

基于笔者的经验，以下三个方面的努力是破解"叙事套路"的可能路径。

第一，破解"套路"首先需要发展积极的批判思维。这里的批判思维应超越社会学经典范式之中对于"社会冲突""阶级/阶层"的认识，吸收带有反思性与具身性思考的人类学与知识社会学的相关内容，把包括研究者、研究对象以及众多社会角色在内的"故事生产者"纳入批判性思考与分析的范畴，尤其是对于唯智主义偏见以及同样具有俗人面向的研究者经常不自知的"常识"保持警惕。这种强调了反身性思考的批判思维需要我们对于叙述所隐含的社会规范与道德秩序以及（多重）政治性时刻保持着警惕，对于不同社会、不同人群、不同角色的"常识"之间的共性与冲突要有所了解，在尊重经验现实与生活逻辑的基础上对于充满尘埃的资料要能够做出复杂分析与多种可能性的探讨。这种批判思维不仅需要我们看到显在的权力关系，也提醒我们注意那些形塑惯习与规范的力量——"日常生活"既能带来抵抗现有叙事套路与话语体系的生成性力量，同时也具有限制与保守的一面,具体要看我们秉持怎样的态度、具备何种程度的社会洞察能力。之所以在批判思维前面冠之以"积极",是因为这种批判是建设性的、是为了(也能够)导向更好的叙述。

第二,破解"套路"需要历史建构论的视角,并在跨文化、多重社会中探寻叙述的开放性与多种可能,也因此,带着建构主义色彩的历史学(尤其是蕴含着多种可能性的谱系学)、带着开放性与反身性思考的人类学与强调社会情境、结构、秩序、规范、多重社会角色、互动关系(包括权力关系)的社会学之间的跨学科视野非常重要。这种视野可以帮助我们跨越边界,保持动态与开放的思考,以及深化我们看待人、生活与社会的洞察力。也唯有如此,把握现实的"复杂性"才有可能。

第三,在积极批判的视角之下,在时间的积淀之上,在对变化着的社会情境与语境的持续把握之中,"套路"的破解还需要在更为具体的方法之"术"的层面增进材料的厚度与广度以及对材料、人物、事件、生活、社会的综合理解。许多学者已经在这些方面做出重要论述并积极实践之。比如,对于跳出"访谈"的多种方法的强调(尤其是结合文献与强调观察、聊天、旁听、体验等多种方式并用的长时间参与观察,以及在此基础上的多点田野之间的比较与补充),对于另类与边缘的重视,对于权力范式之外"记忆的微观"的捕捉(刘亚秋,2010),对于"言说"的局限以及"不可说""遗忘"等议题的关注都是值得为之努力的方法尝试。笔者也曾基于性/别类的经验研究,针对"不可说"与"我要讲"这两类常见的叙述挑战与陷阱,提出可以"扩展田野的边界"的实践尝试,"另类个案与另类故事讲述的找寻,直接间接的故事听多了,多维材料的积累与时间经验的沉淀,都可以帮助我去窥探与想象(常见)表达之外的东西,去检视蕴含于故事套路与"常态"的规范与权力,去捕捉在记忆的微光中闪现的那些生活真实。"(黄盈盈,2018b)

在更为充分地认识与理解"叙事套路"(包括界定、表现、问题及破解的方向)的前提之下,对于中国情境与语境下套路的不同表现形式、历史变化分析、破解套路的具体拓展方法的讨论与实践依然有待丰富,与已有知识生产相关的方法论述的对话也有待深化。就笔者所熟悉的性/别领域而言,在迈向更好的叙述的学术道路上，另类个案的选择与对个案的另类叙述的找寻、"不可说"与各种形式的禁言的社会学意义是值得进一步思考的具体议题。进一步说，上述学术愿景无疑需要更多不同领域的研究者（以及其他叙述主体）的共同努力，也需要且可以跳出性/别研究的范畴，对多个领域的"叙事套路"展开更为普遍的讨论。

第四节 需要被研究的研究者

社会学调查是一种人际互动，除了要考虑前述的各种情况，还必须反思研究者与被研究者的权势关系，包括研究的资助方和背景。

这在人类学里面有过很多的讨论。比如在《努尔人》中，叙述者在书中的第一句话就直截了当地宣示了田野工作者的研究与殖民王朝之间的联系。书中还涉及很多作者对于研究者与被研究者关系的反思（普里查德，2002）。国内学者在分析法律社会学调查过程的时候也分析过"权力资源"的重要性（朱苏力，1998）。

当然，这一议题不仅仅是与访谈有关，任何定性研究，甚至任何研究都会触及。笔者只是集中在本节，对资料收集过程中的若干反身性与关系性议题做一简要讨论，以示提醒。

一、社会性别，举足轻重

访谈双方，同性别就一定好？

在"地下性产业"考察中，笔者团队有过男性访谈"小姐"、女性访谈"小姐"、男性访谈客人、女性访谈客人这几种情况的经历。这需要从方法学的角度来分析性别对于研究的可能影响，尤其需要从主体建构论的视角来分析。

如果男性去访谈"小姐"，那么在"小姐"看来，任何男性首先是一个潜在的客人，或者说"小姐"由于工作的需要，不得不首先与男人搭茬。因此，在进入的阶段，男性研究者可能更容易接触到"小姐"。反之，在"小姐"看来，一个女性到发廊里面来,这本身就比较奇怪,因此很可能一开始不愿意搭理女性研究者。

但是,随着调查内容的深入,情况就会反过来。女性研究者通常需要比较长的时间来结识"小姐",但是一旦取得信任之后,就比男性研究者具有优势。最明显的是,女性研究者更容易更多地了解到这些女孩的情感经历和生活上的琐碎信息,而这些恰恰是深入调查所必不可少的。

反之,男性研究者更容易了解到的主要是社区内的各种关系,包括男老板、整个经济的发展和政治结构,以及涉及"小姐"和"妈咪"们的重大事件,但是在深入细致的感情体验和内心想法等方面则不如女性研究者,甚至很难了解到。尤其是,这些日常生活中的琐碎信息往往不是通过一次性访谈得到的,而是通过平时逛街、聊天、谈心得到的。在这方面,女性,尤其是年龄相仿的女性研究者的优势就更加明显。

由于鲜有社会学调查的文献记录过研究者与被研究者在"社会性别"方面的考虑与反思,本节还是以笔者团队的实践为例展开论述。

女性研究者调查男客的经验分析

首先也从进入的角度看。

在"地下性产业"考察的过程中,有些男客是他们首先主动要求跟我们团队的女生聊。因为他们觉得好奇:居然会有女大学生在这里做研究。比如,黄盈盈于 2001 年在四川做调研时的记录。

进包厢亮明身份与客人谈

接触:一会 S 姐进来说,有个人点到我,问我跟他聊聊天行不行。我一看那人有点犯怵。而且他要求到里厅,我就没答应,但又想能不能借此试一试调查男客。4 点多进来一个车,S 姐说有人点我,要我陪聊聊,我没答应。一会 S 姐又出来说,说那人(张哥)人很不错,是有学问的,让我放心。我说,我进去可就是要调查的,她说,你只要不太过分就没问题。就拉着我进去了,做了介绍。小 J(一个坐台"小姐")和另一个男的在后面。我跟张哥在前面。我们坐在小 OK 厅里,有 6 张大沙发,有台 VCD 机。

访谈体会:我的感觉是那个男的老想黏住我,基本上没什么聊头。话题都是围绕着他如何帮助几个大学生走出这里("性产业")。而且,从始至终这个男的都不相信我是个纯粹的研究者(即认为我是潜在的"小姐"),中间看了三次我的身份证。即便如此,走的时候他还试图拉我的手。所以总体而言,效果不好。

发廊门口聊天式

接触:傍晚和另一位女研究生坐在一家歌舞厅的门口,"小姐"大部分都进去做生意了。有辆车来,L 哥说有客人想让我们跟他们聊天。我跟那位同学说,在外面可以,在里面不行,没答应。我们就走了,刚走到拐弯的地方,L 哥开着车过来,说在外面也可以,说有两个人知道我们是大学生,所以想见见。

门口有两个男的坐在那里,还有两个是司机。司机进去点素台了,还有几个人可能也进去了。跟我聊天的那个人是个大学生,我一来就告诉他,我是人大性社会学研究所的研究生。他对于这个专业本身没有多大的评论,只是问我对中国的性现状有什么看法等。就这样聊上了。

还有一次,我跟"小姐"聊天的时候出来一个男的,听我说普通话,就说:"这里还有说普通话的?"慢慢就聊上了。

访谈体会:这种聊天基本上是客人主动跟我们聊,所以相对比较容易。但是,能主动跟我们聊天的男人,大都文化水平比较高,对于性病艾滋病知识知道的也比较多。我们以聊天的方式所访谈的对象中,这样的占多数。

结合以上的笔记以及后来一次针对男客的专门调查,对于女性研究者接触男客,可以这么概括:男客容易对女性研究者产生好奇,而且不少男性有吹牛的习惯,尤其那些比较老到的男客在面对年轻的女性研究者的时候,这种情况比较常见，因此才会出现笔记里所描述的男客人主动找女性研究者聊天的情况。

女性研究者容易被认为是潜在的"小姐"，尤其是在类似发廊这种情境中。

单独的情况下，最好不要进包厢进行一对一的访问，因为在这种情况下很难进入访谈应有的气氛。

可以谈论性方面的话题，但是对于细节和感受则难以深入。这在那次专门针对男客的研究中尤为突出。当时有两个女性研究者和两个男性研究者，均受过性社会学方面的培训和脱敏训练，有过很多经验，但是女性研究者所得到的性方面的信息就不如男性研究者的细致、深入。

女性研究者如果访谈男客有关性关系和性实践方面的话题，首先需要脱敏训练，就是要像说吃饭一样地谈论性的话题。但是，谈论如果过于开放也有隐患：有一些男客人会认为你这个女性研究者比较随意，有一定的被骚扰的风险。这时候的自我保护意识与技巧是必需的。

总而言之，社会性别对于任何一种调查方式的影响都是存在的，也会影响到其中的每一个环节，无论是进入、调查的情境和氛围，还是访谈所得信息的深度和真实性。只是由于研究主题的不同、调查对象的不同，这种影响的大小会有所差异。这种影响需要被作为"研究者与被研究者权势关系"的一个方面，纳入社会学研究中进行分析和反思。

调查中社会性别问题的学术意义

第一个问题就是：在研究中必须坚持什么？究竟是双方的生物性别必须同一，还是研究者必须具有社会性别的视角与方法素养？

笔者显然坚持后一种主张。

按照社会性别分析的基本理论，人的性别归属并不完全是由生物构造决定的，也是社会文化所构建的。对于一个研究者不光应该看生理性别是男还是女，更要看该人的价值取向、性别立场与所采用的研究方法。也就是说，虽然在目前的中国，身为生物的男人却持有女性主义视角的研究者还为数不多，但是反过来的情况却相当普遍。例如，在对于艾滋病传播范围的某项国家级的研究中，虽然参加者有很多女性，但是在报告中却"忘记"列出女性被传染的情况。这就是

"缺乏社会性别的视角""女人研究出男人的结果"的最简单例子，在国际上也并不罕见。

因此，最重要的问题并不是男人能不能研究女人或者相反，而是无论研究者是男还是女，也无论研究的是男还是女，能不能自觉地采用社会性别的视角、立场与方法才是最关键的。如果做到了，那么无论是谁研究谁，都是具有社会性别意识的成果，否则就是传统的男权至上主义的产物。那种所谓"女人研究的才是女人的"或者相反的说法，其实是对于社会性别分析基本理论的误解甚至是背弃。

第二个具有学术意义的问题是：社会性别这个因素，在我们所研究的问题中究竟占有多么大的比重？

笔者团队研究最多的是"性产业"和"小姐"。这似乎是最"性别化"的社会问题了。可是笔者发现，至少对于"小姐""妈咪"与老板的实际生活来说，发挥最重大作用的因素其实并不是所谓"男人与女人之间的权势关系"，而是社会阶层的不平等。例如，"妈咪"与"小姐"同为女性，可是她们之间的社会不平等关系对于"小姐"的生活的影响，远远超过男客与"小姐"之间的不平等的影响。场所老板中大多数也是女性，她们对"小姐"的剥削与欺压并没有因为同为女人而有丝毫的减少。

这并不是说仅仅从社会性别的角度出发所进行的研究就一定缺少意义，更不是说不应该进行这样的研究；而是说，性别不平等及其首要意义，应该是研究的结果，而不能作为研究的预设。

正是因为具有了这样的认识，笔者团队中男性才能不与男老板们同流合污，女性研究者才能以平常心去访谈男客。

具有学术意义的第三个问题是：在访谈的操作过程中，研究者的社会性别身份其实是动态可变的，关键在于研究者自己是不是充分地意识到并运用这一特点。

这是因为性别因素不是单独起作用的，它和年龄、研究者的其他身份、现场表现等是联系在一起的。它们之间既可能互相促进也可能互相抵消，从而形成一个超出单纯的性别身份的整体形象。这个新形象可能有助于也可能有损于访谈过程及其成果,全靠研究者自己来把握。

例如,潘绥铭身为男性,按理说是不利于访谈"小姐"的,但是他的年龄足够老,教授的身份又被社会推到了足够崇高的程度,再加上个人形象"通俗易懂",接人待物"经济实惠",结果就在"小姐"心目中形成了"爷爷"这种"性别淡化"的形象,所以调查"小姐"的收获也就更多些。有位听课者这样总结:"光看你的书,我不相信你能调查'小姐';看到你的人,我就相信了。"

反之,笔者团队中的年轻女性之所以能够访谈一些男客,在相当大的程度上也是由于成功地营造出"小书呆子"的整体形象,从而淡化了性别色彩,客观上也更多地保护了自己。

二、研究者的外在条件:身份与年龄

讲身份就不可能平等

在"进入"这个环节上,以怎样的身份来自我介绍,就直接影响到研究是否可以进行下去。无论是学者和学生,还是卫生防疫人员,与弱势人群相比,都是处在社会主流的位置上。这种差异有一定的优势,但是更经常地会成为深入聊天的障碍。

以"地下性产业"研究为例,笔者团队是教授、博士、研究生,"小姐们"大多数只上过小学或者初中。我们团队是从北京的大学来的,可是对于北京、大学这些概念,多数"小姐们"不仅在地理上觉得是天各一方,而且在社会等级上也觉得遥不可及,因为她们很早甚至从小就知道自己不是"那块料",也不是"那个世界的人",所以不隔膜才怪。

在这样一种关系中,"小姐们"对于笔者的调查有两种反应:首先是觉得受干扰,不明白一群平时高高在上的人怎么突然到这里来跟她们打交道,因而戒备和抵触;其次是漠不关心,她们虽然也会觉得好奇,想了解大学生活,但是这只不过是她们生活中的一点点调剂,没什么人会认真。尤其是一些有个性或者对生活感悟较深的"小姐",反而会自觉地抵制调查,以保护自己最后的尊严。

但是,也有一种水平意义上的差距,即双方作为个人的个体差异,从风采到个性乃至举手投足都会因不同而好奇，因好奇而接触。这对于研究是有利的，因为这是双方进行平等交换的最低条件。

还有一种"情境效应"也可能哪怕在一定程度上消解调查双方的不平等权势关系。例如在发廊这样的情境中，尽管"小姐们"倍受歧视的社会身份依然存在，但是毕竟是在她们的"地盘"，而且她们人多势众。她们会警惕或者排斥研究者，但是并不害怕我们。这就形成了一种最起码的平等的情境。

但是，笔者亲眼所见，在预防艾滋病的调查中，有些公共卫生人员成群结队浩浩荡荡来到这些场所，拉横幅、摆桌子、放音乐、挨门挨户拉人，然后一堆男人"访谈"一个"小姐"。这迫使笔者不得不把那位"小姐""救"了出来。

年龄是把双刃剑

有些社会性别、身份上的"缺陷"（不利于研究的地方）可以通过年龄来弥补。

年龄不仅是一个生理概念，更是一个社会概念，它通常与社会经验联系在一起，可以"转移注意力"，多少消减一些社会地位差异带来的不平等。年龄大，容易被认为"社会经验丰富"，因此容易给人以信任感（例如老师访谈老板）。年龄小则往往能够引起被研究者好为人师的心理（例如学生访谈男客）。同龄人则往往能够激起更多的共鸣和交心（比如学生访谈"小姐"）。但是，相反的作用也是有的，主要来自于年龄（社会成熟程度）歧视，例如，某些已婚已育的"小姐"认为来调查的女生"太嫩"，不愿搭理。因此，在进行定性调查的时候，研究者和被访者之间的年龄关系也是需要被设计和反思的。

三、研究者的内在动力：性格、魅力与处世能力

除了上述种种之外，笔者有一个非常深刻的感受：个人的态度、性格、为人处世类因素对于研究的影响非常重要，尤其是对于"性"与边缘人群的社会学调查。

低姿态

笔者从大一的本科生开始就苦口婆心地告诫他们:所谓社会学调查,其实就是"求爷爷告奶奶"。我们时刻应该牢记,是我们研究者有求于被访者,而绝不是相反。因此,我们不仅需要更加主动和"脸皮厚",更要放下身段,甚至需要像"千方百计走后门"那样去做调查。

此话说起来容易做起来难,这主要是因为主流社会的人们(含笔者)常常难以掩饰良好的自我感觉,往往在客观上无意中得罪了被访者。例如有一次,一位性病门诊的女医生邀请笔者一众四人去参观她的诊所。一推开门看到有女患者,笔者马上意识到,我们一窝蜂地拥进去,必定会影响候诊者的情绪,因此立马退出。可是,那位医生却仍然大呼小叫地召唤我们。这位女医生其实是非常亲切和蔼、认真负责的一位,但是她只是在笔者坚持不肯进去之后才意识到此举不妥。

自己首先脱敏

如果研究者自己首先就脱不了敏,过不了"隐私屏障",那么研究者的姿态也就低不下来。

"脱敏"的主要方法就是把自己在研究中可能遇到的最丑恶、最肮脏、最不道德的情况全都聚集起来,在脑子里"放电影",看看自己究竟能够忍受哪些,哪些会引起自己心理上甚至生理上的恶心。这样做几次之后,心理承受能力就会有所加强。可是如果自己还是无法忍受一些情况,那么就一定不要去调查研究这些现象。这也可以成为研究组织者挑选与培训调查员的方法之一。

个人魅力

简单地说,就是研究者需要拥有吸引被研究者来跟你互动的魅力。这跟日常生活中交朋友的道理是一样的。所以,研究者自身能力的提高,不光是访谈技巧和经验,还包括更广泛意义上的素质和能力。当然这不是苛求每一位研究者都必须是幽默大王,而是提倡研究者应该事先就准备好一些被访者喜闻乐见而且可以共享共乐的话题。例如,笔者团队中的年轻女性,往往跟"小姐们"聊一些在全国各地的其他"性产业"里的所见所闻,结果很多时候成了"小姐们"最喜欢听的故事。

那么最大的个人魅力是什么呢？其实就是一个：坦诚。坦诚是化解阶层差异、性别差异、年龄差异等几乎所有人际壁垒的最好方法。坦诚可以"一俊遮百丑"，可以"一招鲜，吃遍天"。

但是，坦诚却不是天性而是素质。如果希望获知别人的内心生活却不准备付出自己的真情；希望对方"竹筒倒豆子"而自己却"云山雾罩"，那么谁也不会认为这就叫坦诚。对于相当多的研究者来说，这种坦诚无异于牺牲自己的个人隐私。可是，如果没有具备这样的为人之道，那么恐怕也就不具备做定性研究的起码资格。例如，潘绥铭在第二次"地下性产业"研究中，由于公开了自己家的电话，所以有一位"妈咪"先是打过来试探真假，然后就与潘妻一小时一小时地聊家常。

处世能力

笔者团队对于"性产业"的各项调查，主要集中于中下层"小姐"。理由是，这些"小姐"基本上没有表达自己的意愿的可能性，也基本没有办法预防对于自己的权益的各种侵害，更难以预防性病艾滋病。反之，那些工作在高档场所的"小姐"或者那些"以性换钱"的"非典型'小姐'"则拥有更大的活动空间与发展机会，足以更好地保护自己。因此笔者才基本上不调查她们。

不过，会说的不如会听的。笔者（潘绥铭）讲课时也讲了上述理由。可是课后，一位女学生评论说："其实，你不去调查那些高档'小姐'，是因为你（斗智）斗不过她们。"笔者信然。

这就涉及研究者自己的处世能力问题。虽然不能说初出茅庐的人就一定不能调查研究任何"水很深"的社会现象与人群，但是在研究策略上一定更要坚持"真傻原则"。同时也不应该制订出"毕其功于一役"的研究计划，而是应该走累进式发展的道路。如此，不断追踪调查或者反复调查反而可以使初学者实现学术上的超越。

四、小结："深度"的关键词

综上所述，访谈之"深度"，可以表现在"开放性"原则之下所获得的信息的丰富、细致与厚实；表现为对于有着不同生活处境的人的经验世界之意义的理解；表现为结合了田野经验、社会情境与语境分析的洞察力与分析力度；也表现为对于多维资料与复杂信息的辨析、联系、整合与提炼能力。

相应地，它所需要的基础与训练包括如下的关键词：理论积累与生活经验；多维资料的"互证补充"；整合分析与总体理解；时间、情境与语境的积淀；足够的好奇心与开放性；（以及很重要的）实在地去混、切身的琢磨及深刻的反思，包括对自我的挑战。

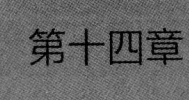

第十四章

座谈会调查法

第一节　清源与正名

焦点组访谈（focus group discussion）是近年来从西方引进而且经常被提及的一种方法，也就是把一组人召集在一起，就某个主题进行讨论，是一种集体访谈（陈向明，2000）。

实际上，这种方法非常本土。早在1927年，毛泽东就运用这种方法写出了《湖南农民运动考察报告》。只不过他把这称为"座谈会"。这个范例，在中国也许并不是第一个，却肯定是最著名的一个。尤其是在20世纪中后期中华人民共和国的革命文化中，在"没有调查，没有发言权"这样的话语大一统之中，"座谈会"不仅在革命理论的体系中占据非常重要的位置，而且在社会实践中也往往是首选的模式。虽然毛泽东本人与后来的中国社会学家并没有从调查方法的高度正式命名它，也没有写进教科书，但是无论在原则上还是细节上，所谓的"焦点组访谈"方法与它都没有什么区别，而且在时间上要晚得多。

在西方社会中，迟至20世纪40年代，美国社会学家默顿对政府发放战争宣传品的效果进行检验，请人们就某类战争宣传品对他们个人和家庭的影响进行讨论。到了20世纪40年代到70年代，这种方法被新闻界用来检验社会各界人士对于新闻媒体的反应。社会学家也用它来就一些社会热点问题进行讨论。尤其是20世纪90年代以来市场调查者用来探测消费者的心理动力，了解消费者需求与意见，使得这种方法开始兴起，可以方便、快捷地了解集体信息（陈向明，

2000）。近几年，中国的一些商业调查公司也开始引进这种方法。

这段国内外历史所说明的问题其实是：为什么在长达将近百年以来，中国社会学家们没有从本土的资源中发掘与提炼出"座谈会调查法"这样一个概念与调查方法，以便向世界社会学贡献出中国人的原创产品，却偏偏对西方很晚才传进来的，其实并不新鲜的"焦点组访谈"如此奉若神明，自我贬低地甘做学生？这与本书的整个研究的总体方向紧密相关。笔者所主张的就是"社会学调查的本土经验与升华"，因此在全书的行文中，一概舍弃"焦点组访谈"这个食洋不化的名词，而代之以"座谈会调查法"。

当然，反过来看，许多体制内的、正规的座谈会，变得越来越名不副实，不但无法发挥社会调查或者收集资料的作用，而且越来越变成一言堂式的"落实大会"。因此，有意地引进"焦点组访谈"这个概念来冲击一下也未尝不可。但是，这毕竟不如溯本清源，把座谈会调查法重新发扬光大。

第二节 座谈会的元假设：为了求同还是求异

作为定性调查的方法之一，座谈会不仅同样存在着求同法与求异法的区别，而且其意义比其他定性调查方法更加重大。这是因为：座谈会是研究者自己召集和主持的，主题和内容是研究者自己确定的，参加者是研究者自己挑选的，会议地点和氛围也是研究者自己设定的。整个一条龙下来，人为的成分远远大于其他任何一种调查方法。因此，研究者究竟是为了求同还是求异，就成为命运攸关的基本问题。

一、求同法的座谈会只能误导自己

在目前的社会实践中，求同法的座谈会其实很常见，甚至占主流。它的最基本特征就是，仅仅记录和采纳座谈会中占上风的意见，选择性地遗漏或删除其他的一切意见。一般来说，如果任何一次座谈会只得出了一个结论，那么它就一定是采用求同法的。

求同法的座谈会错误地把集思广益变成了"民意测验"，错误地以主流淹没了多元，以一致取代了差异，结果对于讨论主题的认知也就必然以偏概全。正如本书第九章所论述的那样，求同法，无论是运用于个案访谈还是座谈会，其实都是否定了定性调查的性质，其效果远不如定量的问卷调查。

这种失误最主要的来源，往往是由于研究者在召集座谈会之前的元假设中，就已经存在着或明或暗的"以量来说明质"这样的"百分比潜意识"。只不过在一对一的访谈中还不容易落实，毕竟对方只有一个人；可是在座谈会上，"多数人"与"主流意见"显而易见，因此具有更加强大的诱惑力，很容易使研究者在思维上一失足成千古恨。

二、求同法的极端：求证法

最严重的失误是：先有结论，再召集座谈会来提供相应的根据，即"求证法"。例如某些价格听证会，人人都从一开始就知道其结论。更有甚者，如果某次座谈会没有给召集者的结论提供合适的"证据"，那么召集者就会换一批人再开一次座谈会，直到效果满意为止。

这其实只不过是一种行使权力的具体操作办法，本来与社会学调查无关，但是在某种社会结构里生活久了，难免有些研究者会犯糊涂。尤其是，座谈会这种调查方法简单易行、省时省力。因此更容易误入歧途甚至是欺世盗名，因此不建议初学者使用它。

三、座谈会应该是"多向求异法"

本书第九章已经对求异法进行过充分的论述，这里需要进一步阐明：座谈会不仅仅是参加者与召集者之间的互动，而且是所有参加者之间的互动，因此不仅仅是召集者在寻求不同的参加者的差异性，而且每个参加者都会自觉不自觉地寻求自己与其他参加者之间的差异。如果召集者能够合适地调动起这种积极性，那么整个座谈会就可能呈现出多向的、多维的、多样的斑斓，其效率大大高于一对一的访谈，而且向"求全法"的"整体主义认知"更靠近一步。

例如，笔者团队 2004 年在四川某县城召集过 8 位老年男性的座谈会，主题是"预防艾滋病的具体方法"。其间，参会者不但相互启发和补充，而且脸红脖子粗地争论起来。主要是某人说某种方法可以预防艾滋病，结果另外几人坚决反对，而且双方都"摆事实讲道理"。这不仅仅让我们喜出望外地获知了这方面的与"科学知识"相冲突的"深层民间知识"，更了解到其中的运行机制与思维逻辑（潘绥铭、黄盈盈等，2008）。可是在以往的一对一访谈中，由于没有多个被访者之间的互动，不但被访者不会主动说出这些情况，而且研究者也根本想不到去追问，结果形成"研究方法限制研究成果"的遗憾。

总之，座谈会应该是集思广益的最佳手段。因此，以下所论述的一切都是采用求异法所需要的操作方法。

座谈会其实就是把"讨论式访谈"扩大到多人，而且把观察、旁听、聊天、体验等多种方法都同时共用。同时，座谈会是一种集体活动。研究者可以同时既是主持人也是参加者，既是观察者也是引导者，因此可以从其他参加者的表情、互动和谈话中了解到更多的内容，尤其是语言之外的丰富信息，因此足以比访谈单个人更上一层楼。

第三节　座谈会的基本要求

一、话题的适应性

在针对建筑工地的工人的研究中，笔者同时采取了一对一访谈和座谈会两种方法，但是侧重的内容不同。一对一访谈侧重个人的隐私情况、感受和认识。座谈会则基本不涉及个人生活和隐私，旨在促发小组成员相互间讨论，了解大家对于艾滋病以及艾滋病宣传的了解和看法。反之,关于个人的流动和个人的性经历之类的内容都放在深度访谈部分。

研究者在召集座谈会之前往往需要一个提纲,适宜于启发讨论六七点就足够。尤其是,提纲只是作为启发讨论的引子,比深度访谈的提纲要更为粗线条;更不是一成不变,往往临时增加一些激发参加者的问题或者需要追问的问题。例如,上述主题的座谈会提纲包括以下内容(如果是以提问的方式,则前面半句顶多就是引子,重在后面半句的讨论;且绝不是一口气提问,而是作为提醒,灵活把握):

大家觉得自己对艾滋病了解吗?都知道哪些信息?
是否接触过艾滋病性病这方面的宣传?都是什么宣传?宣传效果好吗?
平时工头、老乡、同屋的人会不会聊艾滋病、性病?都会说些什么?
觉得在工地上宣传艾滋病知识是否有必要?为什么有(或无)必要?
觉得什么样的资料最适合给工地的人看(散发典型宣传资料作为例子)?为什么?
什么样的方式比较好(如有必要,列出一些常见方式讨论)?为什么?
如果让工人自己给别人讲,有没有可能?你会怎么讲,为什么?

座谈会经常适宜于评估式的课题。比如就某次针对艾滋病预防知识的讲课(主要涉及使用安全套、咨询检测)效果进行讨论,座谈会的提纲如下:

对于讲课效果的总体评价;
对讲课内容的评价,尤其是讲使用安全套方面的内容的评价,以及改变行为的可能性;
来医院咨询和检测的可能性;
对讲课方式的看法与建议。

还需要注意的是,与深度访谈相比,座谈会是希望在比较短的时间内更多地获得信息，对于调查的深度的要求没有那么高。

二、参加者的选择

首先，要避免各级各类的领头人物，因为这种人的参与往往会把座谈会变成"一言堂"，至少也会压制讨论。这恰恰是座谈会最忌讳的。

其次，要认真考虑性别、年龄和社会背景等基本因素。如果是更多地考虑减少参加者的顾虑，那么通常应该选择背景相似的人为一组，以便更加容易沟通。反之，如果座谈会的目标就是想引发争论，或者要考察不同背景的人之间的互动，那么就应该把不同背景的人放在一起而且越五彩缤纷越好。

再次，要考虑座谈会的次数和参加的人数。一般情况下，同一个主题、同一个人群至少需要组织两次座谈会，才能收到足够的信息。根据经验，座谈会每组最好是在 6~8 人，人太多了很容易分散话题，很难形成讨论；人太少了又缺乏一种气氛，很难形成被访者的人群情境。

最后，要考虑到参加者之间的关系。如果话题比较敏感，那么参加者互不相识比较好，有助于畅所欲言。

三、主持，就是激发讨论

主持人的作用主要集中在：引起话题、激发讨论、转换话题这几个方面，因此要会观察、会"听"，会协调参加者的发言和讨论。

具体而言，座谈会主持人的职责包括至少下列四点内容。

其一，熟悉研究目的、主题、问题。

其二，避免先声夺人，需要不断强调，座谈会就是要听取参加者的想法。

其三，不提出任何一种简单的、直接的、可以应声而答的提问，而是促使参与者积极参与讨论。

其四，有能力在必要的时候进行干预（跑题、抢话、吵架、长篇大论、沉默不语）。

理想的座谈会主持人，其实就是在优秀的定性访谈研究者的基础上，加强群体亲和力、凝聚力和协调能力，而且不靠正规任命而成为"孩子王"。

如果情况适合，那么主持人进行简单的介绍和知情同意之后，可以比较明确地提出来讨论规则，比如：一次只能一个人说话；大家都有机会发言，发言要面对大家，不要只看主持人；发言没有好坏之分；要围绕主题。

优点是有备无患，人人自觉；缺点则是可能造成正襟危坐、落落寡合。为此，主持人可以先请每个人都做一个简短的发言，把气氛先调动起来，然后展开讨论。

第四节　特点与要点

座谈会是一对多（主持人对参加者）和多对多（参加者之间）的讨论，也就是把访谈本身作为研究的对象、对相关问题进行集体性探讨、集体构建知识（陈向明，2000:212）。因此，最需要注意的是下列方面。

激发主体性

一个好的座谈会应该努力发挥参加者的主动性，促使参加者之间相互"壮胆"，更加平等地参加到研究中来。尤其是对于一些弱势群体的成员来说，在一对一的访谈中，研究者和被访者之间必然存在社会距离与阶层等级，无论研究者如何努力地以各种方式来"拉近乎"，在短时间内都会收效甚微。可是在座谈会中，由于主持人是少数，诸多的参加者就有可能产生一种人多势众或者法不责众的感觉，这在一定程度上拉近了双方的距离。

在对建筑工地工人的研究中就比较明显地感觉到这一点。在一对一的访谈中，尽管笔者团队也闲聊，而且多次光顾他们的宿舍，但是到了开始访谈的时候，工人面对着硕士博士，还是比较腼腆。可是在座谈会讨论中，大家的发言则要积极地多，其主动性明显地比访谈要强。

此外，由于座谈会不是被访者单独地、单调地回答问题，而很像是一群人在集思广益，有时候甚至会热闹非凡。因此，参加者往往会觉得更加有意思，参与的兴趣也会更大。

模仿自然情境

一个好的座谈会还应该激发参加者之间的相互讨论，从而把观察、听、讨论和辩论等方式有效地结合在一起。座谈会本身就是一种集体活动，只有做到了参加者之间的相互激发，才能够达到集体创造知识的效果。这个整体的效果要远远大于各个个体（一对一访谈）的简单相加。

座谈会的理想状态是促发参加者日常交谈的那种自然情境，最好能够让参加者忘记这是座谈，忘记有个主持人在收集资料，能够像平常那样自然而然地表达自己的看法。只要主持人善于启发和调动参与者，通过相互刺激，就完全可以做到这一点的。

因此，主持人一定要营造一个轻松的、聊家常的氛围。首先主持人不能正襟危坐，更不能威风凛凛；还应该迅速地发现参加者当中那些外向活泼的人，把这样的人安排在沉闷内敛者的身边或者正对面，以便更好地实现相互刺激。

相应地，座谈会应该是选择参加者最合适的时间，在他们最熟悉的环境来进行。最好不要在办公室里、会议室里、工作时间里，这些都会减弱座谈会的自然情境。在针对建筑工人的研究中，选择他们下班后吃完晚饭的时间，来他们的宿舍，坐在床沿上进行聊天，效果就非常好。

杜绝一言堂

一言堂就是某个人占据了主导地位，压制了其他人的发言积极性和能动性，造成随声附和甚至唯唯诺诺。不仅主持人自己不可以这样，还要随时注意防止参加者中间出现这样的人。这当然比较难，因为在大多数情况下，主持人很难在一些陌生人之中一眼就看出谁是"害群之马"，看出来了往往也难以立即"降服"之。

反之，有时候主持人没想到某个话题如此直击人心，乃至大多数参加者都群情汹涌、众口一词，主持人要有能力和技巧及时地通过引导、追问、单独向某个人提问、征求不同看法等方式来扭转局面。如果力有不逮，那么座谈会最好急刹车，再另外组织。

避免空谈

座谈会不是报告会，也不是工作总结。普通老百姓的座谈会很容易变为轮流发言、汇报工作。在社会学调查中运用座谈会的方法尤其要注意到这一点，避免参与者空谈和说大话的情况。

这就要求座谈会主持人在开头就要说好"开场白"，应该强调这一切谈论都没有对错之分、不涉及敏感问题、不记名，等等。同时，在座谈的过程中，主持人一旦发现套话、空话和大话，需要善于引导，甚至可以置之不理，转向其他可能谈出自己的看法和体会的参加者。

空谈是座谈会的大忌，也是开座谈会的常见失误。如果不能够避免这种情况，那最好还是不要采用座谈会，以免这种方法"被利用"和"被误用"。

第五节 座谈会中的权势关系

许多文献都谈到了座谈会之中的权势关系——包括主持人和参加者、参加者相互之间的权势关系，都指出如果权势关系处理不好，就会影响座谈会的效果，也都提供了不少操作方法与注意事项。

对于这些具象层次上的论述，笔者举双手赞成，但是总觉得忐忑不安，总觉得其实应该讨论一下，座谈会的根基究竟是什么？

如果既无权势平等的基础，又无调节权势的手段，甚至没有这样的机会与胆量，那么座谈会就应该免谈。

第十五章

现场记录与持续分析

第一节　录音还是笔记

记录是定性调查的一个重要部分，在有关文献中都会提到。本书还是就笔者团队在资料收集过程中的一些切实体验和教训来谈谈几种不同的记录方式，包括它们的优缺点和需要注意的地方，尤其是对于资料分析的影响。

一、录音

录音还是不录音，这是一个方法层面的选择，而不是一种必然。录音当然能够最完整地把访谈的内容都记录下来，但是还需要考虑下列的问题。

对于访谈真实性的影响

在中国人的日常生活中，这根本不必多说。试想，即使是自己愿意，又有多少中国人能够对着一个录音机面不改色心不跳地说出那些在酒桌上或者深闺里才能说的话？更何况那些边缘人群与弱势人群，往往连拒绝录音的权利与能力都近乎无，遑论回答的真实性。

任何使用录音方法的研究者，都有义务在调查报告中详细描述与论证其做法的前提、合理性与可行性，绝不能仅仅用一句"对方同意"就瞒天过海。

即使必须使用录音，研究者也必须首先对被访者做出庄严承诺：解释录音资料的用途、只有研究者会接触这个录音、事后销毁等。此外，还要把录音笔尽量放在不起眼的地方，减少它所带来的影响。

至于那种偷偷摸摸录音的行为，已经超越了研究伦理的底线。

在录音调查的实践中，还有少数这样的恶劣实例：有些研究者之所以要录音，其实并不是出于学术的考虑，而是由于资助方把检查现场录音作为控制该研究者的手段。说白了，就是怕他们所资助的研究者弄虚作假。

研究目标必须要录音吗

录音调查的唯一价值就是增加"如实性"。可是，研究者的研究目标对于"如实性"的要求究竟有多高呢？这才是是否使用录音机的唯一判断标准。

一般来说，这包括以下几点。

首先，如果研究者需要了解的仅仅是存在着的事实或者对方的行为及其结果，那么就最好不要使用录音。这是因为，研究者对于自己预期要获得的信息，实际上在访谈开始之前就已经有所准备了，因此对方一旦提及，任何研究者都会出现如雷贯耳般的警醒，相信很少人会遗漏如此重要的信息，即使是初学者也不会如此愚不可及。但是，笔者在开始就已经提醒，这不是定性研究的取向。

其次，如果研究者主要是要了解"事实"，但是同时也需要知道对方的一些想法与看法等，那么可以相机地使用录音。研究者可以向对方这样解释：用文字来记录"事实"比较容易，但是要准确地记录想法与看法就很困难，为了不至于丢失与歪曲您的看法，最好还是使用录音。

再次，如果研究目标是对方的思想意识、观念态度、认知与评价等"主观化"的内容，那么研究者就应该想方设法地动员对方接受录音。这是因为，研究者无论就什么问题访谈什么人，事先都不可避免地带有自己先入为主的预设与预期，这就非常容易造成研究者在访谈过程中出现"选择性地听取与记录"的失误，甚至经验丰富的专家也在所难免。这就需要录音，需要把访谈内容原汁原味地记录下来。

最后，每个人都不可能像播音员那样标准化地宣讲自己的想法与认识。他们的价值取向、偏好，甚至立场与态度都可能并不表现在语言内容中，而是渗透在语气、语调、语速、语音、语感之中，甚至仅仅表现为言外之意、话外有话。这些"语义的内容"对于事后的分析万分重要，甚至舍此就无法分析任何一种这类访谈资料。可是，这些都很难如实地使用文字记载下来，因此除了录音，别无他途。理想化地说，大概只有录像访谈才适用于这类的定性研究。在这方面，"影视人类学"已经获得了很好的经验（霍金斯，2007）。

在笔者团队的研究中，除了考虑对方的接受程度以及现场环境的允许程度之外，在针对"小姐"的访谈中，那些主要了解"事实"的访谈，都放在社区考察的聊天之中，从来没有用过录音。但是也有许多访谈是针对个性、情感、生活意义、主体感受的内容，因此笔者使用详细地记录观察结果的方法来努力弥补无法录音的遗憾。

在针对建筑工地工人的性和艾滋病的访谈中，座谈会的内容在征得参加者的同意之后使用了录音机。因为座谈会人多话杂，很难翔实地加以记载。但是，在对于工人的个人访谈中笔者团队却很少录音。这不仅仅是因为对方有顾虑，也是因为笔者希望了解他们的内心世界，所以更多地使用详尽笔录与记载观察结果的方法。

在身体研究中，需要了解的基本上是都是观念和理解，以及包括一些很重要的用词与表达，涉及个人行为和关系方面的内容反而不多。这样的研究目标决定了可以在征得同意后使用录音，而且在事后偏重"社会语义学"的分析中获益匪浅。

总而言之，越是宁可损失真实性也要增加"如实性"的调查，文字记录不下来的内容越多越重要的调查，使用录音机的合理性才会越大。

除了录音，还需要做什么

如果录音，那么除了录音的内容要全部如实地记录之外，还有一些基本信息也要补充进来，比如：

访谈时间：2004年6月19号下午15:00—16:10
访谈地点：研究者家中，当时家中无他人。

研究者：J

被访者代号：J10；年龄：25 岁；教育程度：本科；职业：公务员；未婚无伴侣，曾有男朋友；收入：3000 元左右；老家：内蒙古某市，到北京已 6 年。

此外，还需要另辟一部分来记录：研究者与被访者之间的关系、选择与接触对方的过程、观察到的信息（对方的仪表、神态等）、访谈的环境氛围、研究者的感想和分析。

这样的"额外"记录，不仅是访谈深度的主要衡量标准，而且是必不可少的内容。因为即使访谈被拒绝，想调查的内容连一个字都没能记录下来，只要有这样的"额外"记录，研究者仍然可以知道，究竟是一个什么样的人拒绝了自己，甚至可以猜测一些明显的拒绝原因。

二、做笔记

一般的调查方法文献中都会提到如何做笔记，尤其是观察笔记。[1] 比如，纽曼的《社会研究方法》就比较详细地概括了笔记的各种类型，包括速记笔记、直接观察笔记、研究者的推论笔记、分析性笔记、访谈笔记；此外，还可以用表格、地图等方式来记录（纽曼，2007）。

纽曼的操作手册

- 在每个实地研究阶段结束后尽快记下笔记，在观察尚未被记录下来之前不要与他人交谈。
- 每一次实地访问的笔记，都从新的一页开始并记录时间和日期。

---

1 在修订第二版时，埃默森、弗雷兹、肖的《如何做田野笔记》已经有中译本（2012）。如题所示，本书对民族志研究中的记录以及笔记的撰写等做了更为翔实的介绍，可供参考，不再重复引述。笔者其实觉得，除了一些必要的注意事项，比如对于重要口语的直接记录、避免抽象与概括式记录、避免过多研究者的主观论断与发散、现场合适时机的记录与补记、适时整理以及写备忘，等等，具体方式可以根据每个人的习惯做出调整，不拘一格。

- 大略记录下重点、关键字词或说过的第一件或最后一件事，只作暂时帮助记忆之用。
- 两边留下较宽的空白，以便随时添上新的重点。如果事后想起什么，随时回头记下。
- 为打印笔记做准备，将不同层次的笔记分开，以便将来找起来比较方便。
- 依序将发生的事件记下，并记下事件持续的时间（例如：等了15分钟，坐了一小时的车）。
- 记下的重点尽可能地具体、完整和详尽。
- 使用常用分段符号和引号。最好确实记下用到的语句，用双引号标注，用单引号表示改写后的用语。
- 记下当时并不十分重要的、很琐碎的谈话或例行性的谈话，也许后来这些谈话会变得很重要。
- "跟着感觉走"并且快速将之记下，不要担心拼写问题或"想法过于疯狂"。
- 确保没有人会看你的笔记，而且使用假名、代号。
- 绝对不要完全用录音来代替田野笔记。
- 做出图标或情境地图，并且大略叙述在观察期间，你自己与其他人的活动路线。
- 在笔记中记录下所有研究者自己的话语和行为，另以单独篇幅记录下自己的情绪反应与想法。
- 避免使用评断性的与概括性的词语。例如，尽量避免记下"好恶心的水槽哦"，而是记录为"水槽充满铁锈，好像好久都没有人清洗过。食物残渣、脏碗筷好像被搁在这里有好几天了"。
- 定期重新阅读笔记，记录下重读时产生的想法。
- 要预留多份备份，将之锁好藏好，并将备份分藏于不同地点以防火灾。（纽曼，2007）

笔者的补充

从主体建构论出发,笔者愿意增加以下这些最要紧的注意事项。

- 详尽地记录被访者的衣着打扮、举止风度、形体动作、情绪态度、表情神态等。
- 记录访谈过程中所发生的一切干扰、停顿、意外事件等。
- 记录下自己(访谈员)究竟是怎么询问的,或者问题是从什么样的话题上引出来的。因为访谈本意上是两个人的对话与互动。
- 抓住被访者所说出的每一个特殊用词,因为它们可能是这次访谈的最大收获。例如,一位小学三年级文化的"小姐"却在她的表述中主动使用了"情有独钟"这个词。这意味着什么?恐怕够笔者研究一阵子的。反之,如果在访谈员的笔记中出现了这样的情况,那么就很有理由来怀疑他的记录是否准确。

追记的价值意义

笔者团队在"地下性产业"研究中,基本上都是当天回到住处之后的事后追记。也就是在场所里或者聊天的现场没有记笔记,而是用脑子记,包括旁听、闲聊和观察等,回去后及时整理与写下。

这是因为"小姐""妈咪"和客人,谁都不会容忍一个外人在场所里记笔记。与"小姐"一起在大街上边走边聊的时候,也没有办法记笔记,只能是当天回到自己的住地后马上把记得的情况记录下来,记下多少是多少。有些内容肯定是会忘记掉,但是隔天也可能会想起来,再补记。

但是,在笔者团队与国外著名大学的公共卫生研究者合作的时候,他们坚持说我们这仅仅是田野纪要(field note),不是访谈记录(record),不是调查资料(data)。这种分歧虽然无伤大雅,但是也凸显出方法论层次上的差异。公共卫生以量化数据为本,以流行病为研究对象,因此很难理解定性研究所推行的"不仅要知道事,更要理解人"的调查方法。结果双方经常是自说自话(黄盈盈、潘绥铭,2013a)。

其实人们在日常生活中都知道,了解另外一个人,绝不是靠事无巨细地记下对方的一言一行,而是靠积累和归纳某些最重要的印象。这种印象可能很不精确,很不完整,甚至无法言传,但是却也难以忘怀、很少出错。这就是笔者团队主要采用追记方法的实践依据和实践理性,哪怕不登大雅之堂也罢。

进一步追究下去,这又回到"究竟要调查什么"的"千古一问"。笔者也只好不厌其烦地再说一次:如果定性调查重在理解对方"这个人"而不仅仅是"那些事",那么研究者在促膝谈心中所获得的感悟就是最重要的,即使是随后追记下来的,即使是不够完整的,也仍然是重于一切的。怎么能说那种时过境迁之后的阅读资料,反而更重要呢?再完整的记录,也仅仅是为了提醒亲自访谈的那个人拾遗补阙,而不是也不可能是为了给别人提供原材料。如果自己看完了自己的现场记录,却得出大相径庭的认知,那就只能说明这位研究者还不够合格,白白浪费了一次亲密接触的访谈。

说到底,纯学术也仍然存在着利益之争。某些把访谈感悟的追记贬低为"纪要"的学者,把录音记录奉为至宝的学者,往往仅仅是因为他们自己无法亲临其境,无法获得现场的访谈感悟,只能靠阅读别人的记录来写文章。说白了,他们充其量只能成为文本分析人员(那根本就不属于社会调查的范畴),所以当然要把录音记录包装成一个学术神话。

反过来,笔者一点也不想隐瞒自己的利益所在。作为调查实践者,笔者当然要鼓吹"去了就比没去强",也即现场感的重要性。这已经不是理性之争了,其胜负只看哪一方能够争取到更多的认同。区别只在于笔者敢于公然申明自己的价值取向,而反方却不得不躲在"纯学术"的外衣之下。

第二节 现场分析

"现场分析"的实践绝不是笔者的独创,但是把它抽象出来加以强调却是笔者的重要心得。我们对于这里的"现场"略作宽泛理解,主要指田野或者资料收集的过程之中；分析则指向在田野现场的讨论、思考、反思、写备忘等。

定性访谈的资料收集过程不是先访谈完了，拿着文字记录再回来分析与讨论，而是在调查现场就要不断地讨论、反思和修改，是边收集资料、边讨论、边整理、边改善的过程。这种"现场分析"不仅是定性调查的必经程序，而且是它优越于问卷调查的主要亮点之一，因为在传统的纸质问卷调查中，由于无法当场进行统计，所以不可能马上发现任何错失，只能望洋兴叹。

具体来说，应该在每完成一个访谈之后，马上就结合回忆，深读资料，思考其中是否有新的信息出现，哪些内容可以进一步追问，哪些属于重复。这有助于下一次的访谈，更有助于掌握访谈的整体进度，对所获得的信息心中有数。如果是田野调查，则是于当日记录所见所闻之后，还要边思考、边写感受与疑问类备忘录（至于是分开来写，还是夹叙夹议，目前存有不同看法，笔者习惯于把耳闻目睹类与自我觉察得到的所思所感类内容分来开记录）。一周或者一段时间时候再适时联系起来进行阅读、分析、写备忘录。这样做有利于找到追踪的线索、不同信息（包括人物关系、事件进展、各种表述）之间的联系（或者矛盾），从而推动田野的进行，也避免仅仅记回一本流水账。这种"现场分析"不是更容易，反而更辛苦。例如，笔者团队在最初的"地下性产业"考察中，每个人都觉得，最累的并不是白天的访谈与应酬，而是"静夜独思"，常常辗转反侧，夜不能寐。

笔者团队一起出去，每天都讨论与分享，随后间隔逐次拉长。讨论的内容至少包括：新信息、触动点、兴奋点、难点、自我感受等。这样，大家可以一起来解决难题，一起加深对于现场访谈和文字记录的理解。这对于初学者来说真是天赐良机。不过所有这些都需要在一开始就设计好，例如谁来主导现场分析？谁来记录整理？有没有足够的时间、空间、精力与经费？分散调查的时候应该怎么办？而且，在此过程中也需要时刻提醒大家资料收集的扎根性与开放性，以避免被其他（比较强势或者资深的）成员所引导。

从"论方法"的高度上，笔者对此意犹未尽，愿意多说一些。

现场分析中的第一大优越性就是可以促使研究者坚持使用"求异法"，而不是模仿问卷调查的"求同法"。如果不现场分析，就不可能知道是不是"求"到了"异"以及"异"究竟是什么。反之，"求同法"就像问卷调查一样，不敢也不能进行现场反思,因为一旦反思出任何修订,那么那个"同"很可能就求不到了。例如,在"小姐"研究中,如果"求同法"要的就是收集每位"小姐"的"家境贫寒"的故事;如果使用"求异法"来反思,发现失恋的经历也非常重要,那么求同法的调查就进行不下去了,只能或者重起炉灶或者顽固不化。

现场分析的第二的优越之处在于:它保证研究者可以在"此情此景此关系"之中来理解"此人此事此话",因此研究者据此得出来的一切结论,都是情景化的、关系化的与动态化的。这样得到的资料可以历历在目,永志不忘;而那种返回书斋之后的研读资料,即使是自己亲笔所记,也很容易不由自主地变质为文本分析,与现场分析天差地别。

在笔者的实践中,现场分析可以说是终生至宝。笔者团队在每次社区考察中,都一起吃晚饭吃到子夜。曾经有一位偶然参与者开始时对此大惑不解,质疑为"铺张浪费"。其实这是因为,一来那个时段"小姐们"在上班,我们无法访谈;二来这就是整个研究团队集体反思的黄金时段。每个人都觉得简直就是醍醐灌顶,受益终生,那位偶然参与者后来也感触尤深。

尤其重要的是,千万不能把访谈仅仅理解为一次性完成的。在定性调查的世界里,重复访谈、多次访谈与追踪访谈,那才是王冠上的明珠。因此,只有不停地分析资料与相互讨论,才能开辟出通往理想王国的坦途。

这里需要顺便说一下,那种没有现场分析的单纯的访问调查,往往是获得了3万字的资料,却只能写出3000字的文章。那么,其余的2.7万的资料为什么不写入文章?如果是因为没用,那么为什么到访问第二个人的时候还没有发现,而是一股道走到黑地访问了多人?这只能表明该作者使用的是"求同法",是定性调查的初学者。

反之,在进行了现场分析的访谈调查中,尤其是在社区考察中,研究者很可能只有3000字的原始记录,却可以写出3万字的文章来。其余的内容来自哪里?来自资料之间的联系与追记,来自反思、体验与感悟所形成的备忘录。

第三节 综合整理与备忘录撰写

一、资料文件夹的形成

除了资料收集过程之中的记录与现场分析之外,在访谈后期还需要做进一步更为综合的整理。资料的整理并没有一个统一的格式或者做法,最合适的就是研究者找到自己习惯的方式。所以,以下的介绍与分析也仅仅是笔者(本节下指黄盈盈)在实践过程中养成的一些习惯,以作分享。

以深度访谈为例。笔者通常会最终形成以下6个文件夹所组成的一个资料库。

工作文件夹1:N个记录完整的原始访谈记录(假如访谈了14个人,N=14)。

工作文件夹2:N个被访者的基本信息总表。

工作文件夹3:编码本,包括主题词及界定。

工作文件夹4:N个编了码之后的访谈个案。

工作文件夹5:备忘录(可单独形成文件,也可以备注形式直接标在原始资料之上)。

工作文件夹6:以各主题词为文件名的访谈资料(如果10个主题词,则含10个文件)。

原始访谈记录与基本信息表

如果从过程的角度分步骤来讲,那么,第一步是每个(次)访谈做完之后的单个记录。内容通常包括:研究者编号,如HYY;访谈对象编号,如H01-1(前期记录用可辨识的编号,比如此处指黄盈盈做的第一个访谈的第一次访问,后期写作可以改成别名);时间;地点;被访者基本信息;概述或访谈过程中印象深刻的点;根据录音笔转录的文字,这也是主体部分(仅修改错别字、分段,不改变顺序和口述内容,如有必要,可记上停顿或笑声等);研究者的感受与观察,以及其他与研究有关的有必要记录的信息。

在记录完一个访谈之时,随手填写被访者基本信息表。如此,当工作文件夹1—12个原始访谈记录完成之后,工作文件夹2的内容——被访者基本信息表也同时完成。基本信息表所列内容通常是与研究问题有关,如表15-1:

表15-1 乳腺癌研究女性基本信息表(鲍雨,2012)

编号	年龄(岁)	教育程度	现住地	患病前职业	婚姻状况	有无子女	患病时间(年)	发现时分期	是否参加乐园
F01	59	大专	非北京	银行职员	已婚	1子	1	一期	是
F02	74	本科	北京	研究员	已婚	1女	14	三期	是
F03	47	本科	北京	高校教师	已婚	1女	5	三期	是
F04	31	硕士	北京	企业职员	已婚	无	3	二期	是
F05	46	本科	北京	研究员	已婚	1女	5	一期	是
F06	56	初中	北京	工厂工人	已婚	1子	17	一期	是
F07	58	中专	北京	企业职员	已婚	无	18	二期	是
F08	65	大专	北京	中学教师	已婚	2女	4	三期	是
F09	48	大专	非北京	公务员	已婚	1女	3	一期	否
F10	40	大专	非北京	中学教师	未婚	无	4	三期	否
F11	58	初中	非北京	工厂工人	已婚	1子	9	二期	否
F12	50	缺失	北京	工厂工人	已婚	1子	6	三期	是
F13	71	本科	北京	研究员	已婚	2子	18	一期	是
F14	47	中专	非北京	医生	离异	1子	13	一期	否

主题词设定与编码

这部分内容，相关的教科书或者与"扎根理论"有关的方法书基本都会触及，甚至会因为过于技术化与细节化而受到质疑。笔者并不认同太过规矩、切割与追求技术细节的做法，因为过于限制在文本与字句的细节，反而会忽略上下文情境以及更为整体与开放的意义解读。所以，在多个访谈的情况下，笔者往往也只是粗线条地设定主题词，一是为了对相关内容做一个初步的解读，二是为了方便后期访谈个案之间在某个主题范畴的比较分析。

主题词的设定是和研究设计以及收集到的资料紧密相关的，而不是随意编制的。在设定的过程中，需要不断地通读资料。笔者习惯的做法是：根据访谈提纲、2～3个访谈的记录内容来编写主题词，之后会根据每个访谈新出现的信息，考虑增加主题词。主题词也往往是研究者感兴趣的那些方面，以及后期写作时可能会触及的那些主题。

"主题词"这个说法其实是比较含糊的，在此需要指出的是，初步整理阶段设定的主题词往往是触及大致的范畴——这些材料是关于什么的（比如"对自己身体的认识"），而并非是对资料进行差异性比较与整体性分析之后的那些概念类型（下文提及）。

正是基于以上目的与认识，笔者个人对于这个阶段的主题词设定不会太计较用词，甚至有些模糊。但是，如果研究者是一个团队，那么最好有一个比较清晰、大家在理解上比较一致的界定，而且一起通读几个访谈，对其从头至尾进行编码，以达成某种共识，避免出现编码偏差过大不利于沟通与后期资料的使用。

下面以笔者在做博士论文时设定的主题词为例，来看利弊得失，如图15-1。

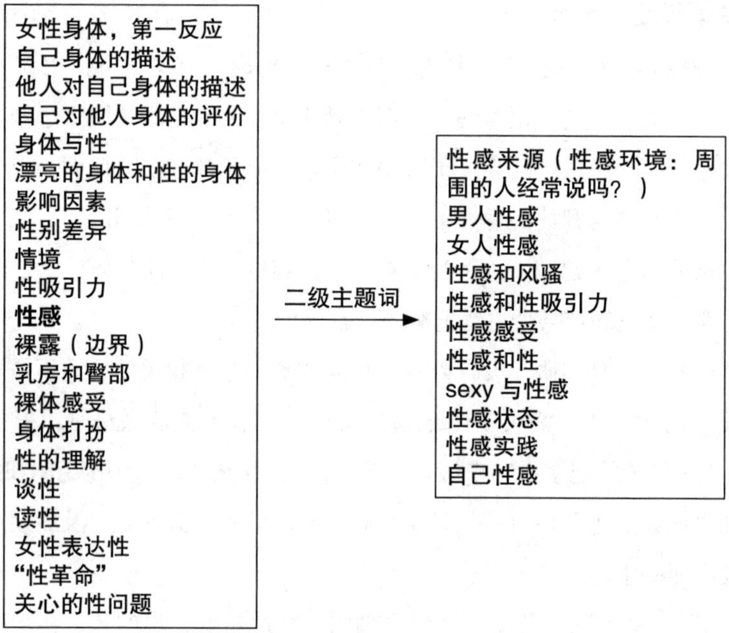

```
┌─────────────────────┐                    ┌─────────────────────┐
│ 女性身体，第一反应   │                    │ 性感来源（性感环境：周│
│ 自己身体的描述       │                    │ 围的人经常说吗？）   │
│ 他人对自己身体的描述 │                    │ 男人性感             │
│ 自己对他人身体的评价 │                    │ 女人性感             │
│ 身体与性             │                    │ 性感和风骚           │
│ 漂亮的身体和性的身体 │    二级主题词      │ 性感和性吸引力       │
│ 影响因素             │ ─────────────►    │ 性感感受             │
│ 性别差异             │                    │ 性感和性             │
│ 情境                 │                    │ sexy 与性感          │
│ 性吸引力             │                    │ 性感状态             │
│ **性感**             │                    │ 性感实践             │
│ 裸露（边界）         │                    │ 自己性感             │
│ 乳房和臀部           │                    └─────────────────────┘
│ 裸体感受             │
│ 身体打扮             │
│ 性的理解             │
│ 谈性                 │
│ 读性                 │
│ 女性表达性           │
│ "性革命"             │
│ 关心的性问题         │
└─────────────────────┘
```

图 15-1　"身体研究"主题词

以上主题词的设定是结合了"身体研究"的访谈提纲和访谈记录，同时也跟笔者想要分析的兴趣点有关。整体而言，最大的问题是：主题词过多，主题词的命名与边界比较含糊，也不在一个层次。不过，因为所有的资料都是笔者自己来回地阅读与分析的，所以并没有带来很大的困惑，而且笔者也仅仅将其作为最初步的整理来处理的，即俗话讲的"大致上归归类"，不然，每个访谈大约1万～2万字，一共40多万字的资料分析起来会容易杂乱。

相比于身体研究中比较烦琐的编码，在另一项偏聊天式访谈的"'小姐'的职业流动与健康"研究中，笔者设定的主题词就相对宽泛。

- 与方法论有关的
- "小姐"的基本情况（社会人口基本变量，比如年龄、家乡描述）
- 目前生活状况
- 异性交往（包括现在的感情生活）

- 形象（见到的、听到的、谈到的与之相关的内容）
- 工作环境
- 入行之前的职业经历（区别于从非"小姐"到"小姐"的流动）
- 入行过程
- "小姐"业内流动
- 健康、风险与危险

笔者对于定性资料的分析不会过于依赖编码，主要还是靠对所有材料更为细致的阅读与比较，以及结合整个资料收集过程中的现场感、所处时代的时空感对材料所呈现的经验世界与生活逻辑形成更为整体的理解。这点，下文还将会触及。

在设定完主题词之后，给资料进行初级的编码每个人的习惯会有所不同，但是大同小异。笔者的习惯是用"研究者编号+研究者的个案数+段落数+主题词"的组合按照个案的顺序来给资料进行编码。类似"J10-1-p1 女性身体，第一反应""J10-1-p2 他人对自己身体的描述""J10-1-p3 身体与性"之类的字样。整个编码的组成情况是：J 是研究者代号，10 表示该个案是研究者的第 10 个被访者，1 表示是第一次访谈，p1、p2、p3 表示该段话在访谈记录中的顺序；而"女性身体，第一反应""他人对自己身体的描述""身体与性"则是主题词。主题词之前的部分主要是为了更容易辨别这段资料的基本情况（谁做的、哪个个案）和在原来个案中的位置（段落位置）。一个个案中会出现主题词重复的情况，但是前面的编码信息会有所不同。一个编码可以有两个甚至更多的主题词，即这段信息既符合这个主题词，也符合那个主题词，这种情况就可以同时编著两个或多个主题词，也就是同一段资料被重复编码。

例如，在身体研究中某个个案部分内容的编码是：J10-1-p6 性感和性，其内容则是：

Q：在你的观念里，性感和性之间有什么联系吗？
A：我认为有。比如说吧，我觉得她的声音特别甜美，虽然我没有见过这个人,但是我会被她吸引。然后,如果在跟她的交往过程中,得体的为人处事这种方式就会特别吸引我。其次就是她特别安静的感觉,可能我最近处于这种时期比较特殊,我觉得这种安静的感觉,更刺激我有去探索她身体内部的感觉。

再比如,同时贴上两个主题词的编码。

> D1-1-p17:性感感受,影响因素
> Q:如果别人说你性感,你的感受是什么?
> A:我原来听起来会觉得不好意思。因为我会觉得那就是自己胖、胸大。因为我原来喜欢清瘦一点的。后来,我会发生变化。比如男朋友,即后来的老公说他喜欢女人圆润一点,丰满一点,这样很有女人味。那我能够吸引自己的老公,我就会很开心,甚至希望自己再丰满一点。

编码的过程本身也是对资料进行分析与解读的一个环节。根据这些"编码号+主题词"对文件夹1里的所有原始访谈记录做完初步编码之后,文件夹3、文件夹4基本也完成了。之后,按照设定的主题词重新把编完码的访谈资料进行归类。比如说,把"对自己身体的看法"作为一个文件的题目,把所有这个主题词标定的资料,连同它的编码信息都拷贝到这个文件里面,单独形成一个文件。多少个主题词即形成多少个文件。至此,文件夹6也已经形成。

还有一种整理方式,是根据问题或者主题词来制定表格,表格的横向是主题词或者问题的题干,纵向是个案的编码。把每个个案的相关内容复制到相应的表格里面,用excel来形成。在个案不是很多的情况下,这样做比较方便也清晰。但是,同样缺点也是明显的,即表格会非常之大,而且在信息多的情况下看着也会很乱。笔者在早期的研究中有使用过表格整理的方法,但是后面基本上弃用了。

以上适合访谈资料的整理,而且如笔者一再指出,每个人会根据自己的习惯来展开,而不必然遵循这些步骤。田野调查类信息,往往不需要这样系统的工

作，但也是及时阅读、写备忘录，并在一定时间进行分析，整理线索、不断地画人物关系图、事件逻辑图等。口述史材料，或者是以某个个案为主的研究，则尤其注意多次访谈的重要性，以及每次访谈之后及时阅读，为后续访谈做准备，同时注意文献资料对于推进口述访谈的重要性，并善用注释、按语、后记等。简言之，整理的方式可以多样，但是万变中不变的原则是：研究者需要来回阅读资料，随时做标记、写备忘。以备后期的整体分析与写作。

这里还有一个重要内容尚未提及：文件夹 5 "备忘录"的撰写。备忘录非常重要，也贯穿在资料收集与分析，乃至写作的全过程。扎根理论的相关文献，对此多有提及（Charmaz, 2006；吴肃然、李名荟, 2020）。[1] 备忘录的写法也是因人而异，笔者自己的习惯是比较粗线条的，看资料时有什么想法觉得有必要记下来，就会用 comment 的备注形式直接标记在文档，并未对此做专门的论述。因此，下文将以笔者团队的另一位研究者王文卿的相关分析为主，单辟一节来论"备忘录"这一方法（王文卿, 2019）。

二、备忘录的撰写

扎根理论方法的"分析备忘录"

西方学术界主流的说法是，首先要通过分析产生想法（即知道写什么及如何组织），然后再进行写作（Richardson and St. Pierre, 2018）。例如，21 世纪出版的一本流行的学术写作教科书提出了"写作过程的 6 个步骤"，即选择主题、搜集想法、确定内容与结构、写作、回顾结构和内容、修改结构和内容，并且前 5 个步骤之间被设定为线性的递进关系（Zemach and Rumisek, 2005:3）。

上述导向必须放到实证科学观的背景下进行理解。从 17 世纪开始，西方的写作被区分为两种类型：文学与科学。其中，科学的写作崇尚平实的语言，反对华丽的修辞；崇尚事实，反对虚构；崇尚客观性，反对主观性。修辞、虚构和主

---

[1] 修改第二版时，有关扎根理论的引介有了较大的进展，因此笔者去掉了第一版自认为并没有太多原创想法的相关内容。此处也仅做简单索引，以方便感兴趣的读者按图索骥，进行更为拓展的阅读。

观性这些被科学写作所排斥的东西则成为文学写作的特征（Clifford，1986）。

在这个分类图式中，出于对客观性的追求，科学写作的目的被定位为仅仅是对分析结果（事实）的平实记录：一方面，写作发生在"分析之后"，而不应介入到"分析过程中"；另一方面，写作仅仅扮演被动记录的角色，只需客观反映分析的结果，而不应扮演更加积极主动的建构角色。

建构主义版本的扎根理论方法诞生于20世纪90年代新的方法论氛围中，它强调资料和理论不是"发现"而是"建构"。研究者和参与者都是被考察的世界的一部分，资料与理论正是他们在与周遭世界的互动中建构起来的。理论代表的乃是对世界的一种阐释，而非客观映像（Charmaz，2006:10）。

由于坦承研究者在研究过程中扮演着积极的建构角色，研究者的个人经验不再被排斥，写作的创造性以更加鲜明的方式被认可与鼓励。而且，为了深化定性资料的分析，艺术家那种"非线性的"经验也受到了欢迎。例如，为了帮助分析者进入备忘录的写作状态，释放创造力，建议借鉴"作家"的写作经验，就是写作前的热身练习，如自由写作（Charmaz，2006:85—91）。

最初，这种分析性写作被笼统地称之为"备忘录"。之后，斯特劳斯和考宾将其细分为两种类型：备忘录和示意图。前者指的是文字形式的分析，后者指的是更加直观的可视化分析（图或表）（Strauss and Corbin，1998:217—241）。

后来，又有学者将备忘录区分为三种类型，即旁注、评论和过程备忘录，从而进一步细化了对资料分析与写作之关系的探讨（Emerson, Fretz, and Shaw, 2011:79—199）。

备忘录写作的目的在于充分发挥研究者的积极性与想象力，创造性地分析资料。因此，从原则上来说，备忘录的写作形式并不重要。研究者应该不拘一格，摆脱各种外在形式的束缚，努力营造一种自由自在的分析氛围，充分释放自己的创造力。但是，反过来说，这也意味着，分析性写作的形式创新也是受到欢迎和应该鼓励的，只要研究者自己感到有助于推进定性资料的分析。

所有定性研究（即使不以发展理论为目的），都可以利用备忘录写作为分析提供便利和带来优势。

分析备忘录之创造性

破除"分析的瘫痪"

在定性资料分析中，当研究者感到一片茫然、毫无头绪时，应该坐下来，为已经搜集的资料撰写分析备忘录。根据笔者的经验，如果开始时真的不知道从何处下笔，研究者甚至可以写自己当时的烦恼和担忧。在这种情境下，我们之前不敢在"正式的分析"中暴露的想法获得了展示的空间。这些想法或许让我们感觉犹疑和不确定，让我们缺乏自信和感到焦虑，但是它们包含着我们的初步观察和分析，能够为进一步的深入分析提供有价值的线索。如果研究者围绕这些线索继续写作和思考，那么慢慢就会有"柳暗花明""别有洞天"的感觉。这对提升研究者的自信心至关重要。

例如，为了探究男孩偏好的原因（王文卿、潘绥铭，2005），王文卿回到自己的家乡开展田野调查。在进入田野之前的讨论中，课题组已经模糊地意识到，布尔迪厄的实践社会学理论是一个必要的对话对象。但是，具体如何对话，仍然很不清晰。在调查起始阶段，面对整理好的田野笔记，王文卿不知道该如何进行分析，这让他很焦虑。为了按期完成毕业论文，他觉得不能坐等思路自己冒出来，于是开始撰写分析备忘录，试探性地将自己搜集的经验资料与布尔迪厄的概念框架建立连接。由于缺乏自信，同时搜集的资料也不够，最初的分析备忘录充满了各种疑问（具体表现为随处可见的问句）。但正是通过直面和回应这些疑问，后续的资料搜集才变得更有目的性，分析框架也变得愈发清晰。

提高研究者分析的敏感性

写作能够提高研究者的敏感性，让研究者能够更加敏锐地捕捉到资料中的微妙信息。以写作为载体或者贯穿着写作的思考或意识活动具备坚实的物质基础，它不仅产出可见的文字，而且以这些文字为基础不断延伸对资料的分析。被思维的触角触及的原始资料都会在备忘录中留下痕迹。这些物质痕迹非常重要，它会告诉研究者"去过哪里"，从而避免在"原地打转"。

在此基础上，研究者能够将精力集中于未知的领域，关注新的资料与已考察材料之间的关联及异同。伴随着备忘录写作的展开，研究者将会发现，自己的观察能力提高了，经常能够发现之前虽然反复阅读但却一直没有注意到的关键细节。显然，很难预测或解释某些想法何时产生。但如果有了分析性写作的帮助，有价值的想法可能会更快到来。

将分析转化为充满灵感的探索

写作拥有一种"定向"能力，即一种引导定性资料分析的创造能力。备忘录的写作坚持得越久，发展得越深入，研究者就越是能够发现，资料分析中的很多想法是在"写作-思考"中产生，写作活动本身不断激发并记录新的想法，从而把分析引向新的、之前无法预知的方向。

目前，一些流行的定性资料辅助分析软件（如 NVivo 和 ATLAS.ti）具有备忘录写作的功能，有可能推动其传播。但是，就笔者有限的观察而言，这种可能性并不令人乐观：不少定性研究者以非常机械的方式来运用定性分析软件，反倒彻底忽视了最有可能给定性研究带来创造性的备忘录写作。例如，一些期刊论文或学位论文仅仅介绍如何利用定性分析软件来进行编码或计算词频，却只字未提是否和如何利用了备忘录写作的功能。

正是在此意义上，一些研究者说，"我通过写作来思考，从而使写作成为一种资料分析的方法。换言之，我一路'写进'特定的空间，而如果利用计算机程序整理资料或者借助分析性归纳，我原本不会发现这些空间"（Richardson and St. Pierre, 2018）。

面对自己完成的论文终稿时，笔者常会不禁产生这样的想法：如果完全撤开分析备忘录，我们还会写出同样的作品吗？笔者的感觉是，如果没有分析备忘录做向导，我们将难以到达同样幽远并充满惊喜的目的地。再次以男孩偏好的原因研究（王文卿、潘绥铭，2005）为例。王文卿在研究后期撰写的分析备忘录中，有不少段落在稍加修改之后便被直接搬到了最终的论文中。这意味着，不仅这些段落所传达的分析思路已经相对成熟，而且其文字表述也已经较为完善。当然，这些段落并非横空出世。对核心问题的思考贯穿研究全程，具体到分析备忘录中，这体现为：我们围绕核心问题反复撰写分析备忘录，持续不断地重新表述和重新思考。在此过程中，重新表述是重新思考得以展开的重要媒介：通过重新表述，理论和经验的碰撞迸射出新的火花，从而给资料阐释提供新的启发。如果没有这个反复打磨的过程，后期备忘录中那些较为成熟的段落便无法想象。在此意义上，写作本身已经成为一种资料分析的方法；写作并非局限于研究的最后阶段，而是贯穿研究的始终；论文是一路写成的，而不是一下子写成的。

笔者相信，上述经历和感受可能并不局限于个别的研究者；甚至可以说，所有有过写作经历的人——无论是学者还是作家——可能都有过类似的感受，即灵感在写作的过程中并伴随着写作而不断迸发。因此，分析性写作构成了一种探索的手段，但探索的方向和目的地存在很多不确定性，对此通过理性难以完全预知或解释。换言之，借由分析性写作的创造性，"诗学"成份重新进入了"科学"，或者更准确地说，这些诗学成份在科学中一直存在，如今只是获得了接纳和认可（Clifford and Marcus，1986）。

实际操作的反思

写在哪里

备忘录写作的质量事关定性资料分析的深度。必须从研究一开始便写作分析备忘录，并贯穿整个研究过程。

要发挥备忘录写作的优势，除了要频繁、持续写作，还要确保备忘录写作在一项研究中总体上是充分展开的。写作不应停留在简单的记录层面，不只是"标""记"，还应通过"写"来进行"创作"。这意味着，写作应有充分施展的空间，这个空间将能够容纳写作所产生的大量的文字和绵长的篇幅。这个要求看似非常具体而琐碎，但却非常重要。为此，笔者建议直接在文档正文中撰写分析备忘录。

何时写作

定性研究认为，"原始资料"并非对"客观现实"的简单反映，而是与研究者的分析及以分析为基础而产出的其他文本（包括但不限于分析备忘录）一样是一种"建构"。但是，这并不意味着无须在资料分析过程中对二者进行区分。简单来说，原始资料与分析备忘录是在不同的社会情境中诞生的、具有不同性质的意义建构。对于尤其关注意义建构的定性研究来说，将二者混同是不可忍受的。

在实地研究和以深度访谈为主的研究中，区分原始资料和分析备忘录的必要性向备忘录写作提出了不同的要求。

在以深度访谈为主的研究中，资料来源比较单一，尤其是在访谈被录音的情况下，资料整理的负担也相对较轻。在访谈转化为誊录的文字之后，研究者便可以边阅读边进行备忘录的写作了。

但是，在实地研究中，资料来源更加丰富，除了正式或非正式的访谈，还包括旁听、观察甚至使用二手资料，而且很多信息仅以记忆或速记的方式存在，必须通过撰写"田野笔记"来将其整理为便于分析的"原始资料"。因此，实地研究中的资料整理负担要重得多，往往需要耗费大量的时间。同时，由于记忆的衰减，时间拖得越久，田野调查中的关键细节被遗忘的可能性就越大。因此，研究者在此阶段的一个核心任务是尽快完成全面、翔实的田野笔记。在撰写田野笔记的过程中，研究者常常也会产生一些分析性的想法。如果不及时记录，这些想法也可能"稍纵即逝"。但是，如果花时间记录这些想法，甚至以此为基础撰写篇幅较长的分析备忘录，那么又会干扰田野笔记的撰写，影响"原始资料"的质量。

简言之，在实地研究中，田野笔记与分析备忘录的撰写容易产生冲突。这些冲突不存在简单的解决方案，需要研究者根据研究的具体进展对两者进行动态的权衡。

三、联系比较与立体分析

在身体研究中，笔者对于分析方法的总体考虑如下（黄盈盈，2008）：

> 本书尝试着采取立体式叙事分析的方法与策略来解读所得的材料。本书所谓的立体式叙事分析是指：采取叙事分析的若干策略，结合个案

式分析、主题式分析以及历史文本的分析，把访谈材料置于上下左右由情境以及时间维度所构成的立体时空里进行定位与解读。区别于把材料作为孤立的点，进行"断章取义"式的理解。

实地材料是本书立论的基础。本书的正文将大量引用访谈过程中的原话，以展现一种有生命力的女性身体，给读者提供一些活生生的、感性的认识，并在此基础上进行分析与理论探讨，从而有别于纯思辨性分析（理论哲学研究）与纯归纳式分析（不展示材料，而只是根据自己对材料的认识进行概括）。

因此，本书要进行叙事分析的文本主要是通过访谈得来的材料，而不是小说、绘画、杂志之类的即存文本。从社会学（而非纯粹语言学）的角度看，叙事分析不仅要分析被访者（文本的主要创作者）说了什么，更重要的是分析被访者是怎么说的、为什么这么说，其背后的社会意义是什么。它要求把陈述放在具体的上下文情境、事件中加以理解，而不能孤立地来解读。它分析的不仅仅是语言、文本所表达的意思，更是文本的创造背景与创作者的个人经历，是"与语言事件相关的个人的初始经验"，即"日常语言说的个人对自身经历和遭遇的反省"。"这种经历和遭遇如果不流失于重复的记忆，那它一定就是被置换了背景，即它一定是在问题意识的背景上被反身观照着"（萌萌，见刘小枫，1999:3）。个人的"问题意识"的产生背景与经验才是我们真正需要分析的东西。而且，叙事不仅讲述曾经有过的生活感受，也讲述想象的生活感受（刘小枫，1999）。人们在日常生活中记住的不一定是事件本身，而可能是重复讲述中所制造的事件（方惠容，1996）。从某种意义上讲，叙事的虚构是更高的生活真实（亚里士多德语，刘小枫，1999:6）。

回到性的话题。如何解读人们对于"性的故事"的讲述？很多研究者认为"性"和其他主题一样，并不具备独特性（如 Plummer, 1995），从很多角度讲是这样的，但是从方法上来讲，我倒是觉得"性"当然有其独特性，只是这种独特性主要来自附着于"性"里面的社会文化政治因素，来自性的敏感性和隐私性；这种独特性也要求更多的方法学方面的考虑。针对"性的故事",普拉莫写了整整一本书来分析他是怎么解读这些故事以及故事的表达的,并以提问的方式列出了一大堆对于讲述背后的思考:人们来讲述性方面的故事,已经并不简单地来讲述一种"真实"(truth),性的故事是如何被创作的?又是如何被消费的?如何在被消费中来创作性的故事?如何把个体的写作实践置于文化的、历史的、社会的、政治的背景中来考察(Plummer,1995)?此外,对于不同的话题,对于是自己主动应聘来"倾诉"的(或者读者来信型的),还是研究者根据一定的要求去找被访者来聊的,具体的分析策略又会有所不同。

严格意义上说,本研究所得的访谈材料不是某种完整的事件或者故事,而是一些似乎支离破碎的表述与"无事件境"(方惠容,1996),只能算是借用叙事分析的上述策略(对于上下文情境的强调、对于叙事背后的意义的强调,对于叙事者的社会背景的强调)来分析所得的访谈材料,分析文本所表达的社会学意义。

在具体研究过程中,笔者尝试在资料整理的基础之上,结合个案式与主题式的分析来解读材料,兼顾横向的差异性比较与情景式的上下文分析。同时,运用研究过程中不断生成的备忘录,结合对人群/田野所处时空的观察与分析,在细节与各类情境来回穿梭之中,逐步把握对经验材料的解读与意义的诠释。具体如下:

个案式分析

把每个访谈材料当作一个个案进行详细的阅读与分析,把被访者的陈述放在上下文的情境中进行理解。除了被访者自己的相关表述,访谈员的问话与提示、访谈员与被访者之间的相互影响也构成了上下情境的重要部分。个案的分析重在在这些女性的生命脉络与生活逻辑里面来解读其所言所行;同时当不同个体在某些方面(比如对性感的理解、对性的认识)出现差异性论述之时,能够回到上下文来回应:为什么会有不同的表述?

主题式分析

根据访谈材料总结出若干主题词。按照不同的主题词对每个访谈材料进行"贴标签",并把每个主题下的材料进行归总,把被访者的陈述放在横向比较中进行分析。同一主题的各个材料横向也构成了分析某一单独文本的左右情境。

比如在"对自己身体的认识"这一主题词之下,通过对不同女性的表述的差异性分析,笔者首先进行了经验性概括,提出分别以"身材""健康""气质"为核心的三类女性身体;进而,结合身体研究中的相关论述,更具理论性地提炼出三种分析性身体类型:"呈现式身体""感受式身体"与"精神感受式身体"(黄盈盈,2010)。

备忘录分析

在上述两种脉络的基础上,我们可以构建出第三种分析的脉络:(1)在个案式文档和主题式文档中撰写分析备忘录,除了将备忘录区分为理论备忘录、方法备忘录和主题或编码备忘录,还要在各类备忘录中区分出不同的子主题;(2)将所有备忘录复制到一个新的文档,并根据备忘录的类型和子主题安排文档的整体结构。这个新的、由所有已经写成的备忘录构成的文档便构成了个案式文档与主题式文档之外的第三种分析脉络,重在记录研究者在资料收集不同阶段的所思所想与各类备注。

笔者在身体研究中,并没有形成单独的备忘录,但是会习惯于以批注的形式把解读到的"身体观"、与其他访谈不同的重要差异性表述、值得进一步探讨的身体词语(比如"气质")、有矛盾与疑问的地方等所思所想随手标记在文档处。虽然并没有对备忘录做细致的分类与系统分析,但是某种程度上是把相关做法融入到了分析过程之中。

由于备忘录写作在分析过程中一直持续,备忘录文档将不断更新,其整体结构也需要随着分析思路的变化而不断调整。在这种不断的内容更新与结构调整中,最终的写作形式(如学位论文或研究报告)的内容与结构将会逐渐浮现并变得日益清晰。借助这种形式,分析备忘录的写作与最终阶段的写作能够有机地衔接起来,从而提高写作的效率。

更大的"现场"与"时间感"

除了以上的资料分析,笔者在研究中也会结合社会观察并辅助以文本分析的方法考察与女性的身体和性有关的具体的社会文化背景,即 20 世纪 80 年代以来的性、性别与身体相关的社会情境和四类相关的讨论话语(黄盈盈,2008),把访谈对象与内容置于一定时空的情境和语境中加以理解与诠释,即强调小田野与大时代的结合分析。此外,即便是横断面调查,也会把 70 后女性所生长的环境放在一个更长的时间轴上进行定位理解。这就是历史性或者现时性,不见得跨越很长的历史时段,而是强调一种结合了更大的社会历史情境的"时间感"。

联系比较与整体性视角下的结合

以上不同视角的分析是相互结合、相互补充的。个案式分析有利于在一个比较完整的语境中来理解某一段话;横向的主题式分析则比较有利于了解某段话的"社会地位"(个案在群体中的社会位置);备忘录分析有助于将所有不同的主题和个案结合起来,同时把研究者在整个过程中的介入也纳入进来,营造一个更加整体性的分析情境,从而以更加直接可感的外在形式——一个凝聚了所有核心分析思路的单一文档——将定性研究的整体主义取向落到实处。再加上社会文化背景这一更大的现场感与时间感,就使得这个分析结构更加立体化。这四种方法的灵活结合与相互贯穿构成了笔者分析的一个立体空间。

这种立体分析的方法避免了个案式分析过于孤立,也弥补了主题式分析所缺乏的上下文情境,同时还展现了这整个现时情境所处的历史空间位置。因而,立体式的分析方式有助于更好地解读叙事的背景(包括纵向的与横向的背景)以及叙事背后的意义。[1]

当然,以上分析策略依然还比较停留在经验的层次,并没有展开理论的探讨

---

[1] 黄盈盈在本书出版之后,另外撰写了《作为方法的故事社会学》(2018)、《叙述套路:质性访谈的陷阱与可能》(2020),对访谈的局限与套路进行了更为深层的分析,也对如何综合其他的方法与策略对经验材料进行更为整合地分析进行了一定的阐释。张慧的论文(2020)也专门就言语的局限、言语之外的资料分析展开过论述。此外,近年不少民族志作品(如薄荷实验推出的《人行道王国》《香港重庆大厦》)也提供了若干分析与呈现的新范例。第二版修订时,一则因为这些文章与著作已经正式发表,有迹可循,二则考虑到篇幅所限,不再将这些内容纳入进来。仅在此添加索引,以供感兴趣的读者参考。

与结合，后者也是笔者团队的弱项，且留待他述。

第四节 定性研究的质量判定

一、理论的认识

已经有文献比较详细地从如何判定一个"好的研究"、如何知道研究的"真实性"、如何知道研究结果是否有"代表性"、如何知道研究是否符合道德规范这几个方面来介绍质性研究的质量评价问题。该文献还从不同学术流派的角度，介绍各流派对于质量的不同评价标准，比如实证主义的评价标准、后实证主义的评价标准等（陈向明，2000）。

在人类学里面有一个经典的争议，就是马格丽特·米德（1988）的《萨摩亚人的青春期》以及若干年后弗里曼对于马格丽特这个田野过程和质量的质疑（弗里曼，1990）。弗里曼认为米德更关心意识形态的成功（为了宣扬人类行为的后天决定论）而忽略了脚踏实地的研究。尽管又有研究者著文声称这两者的争议并不构成相互冲突，也没有一个统一的标准来说明萨摩亚人是否真的如此还是如彼，但是并不排除米德田野不扎实或者误解某些现象的可能性。

格尔茨有关巴厘岛斗鸡的研究可谓是民族志的经典之作，但是也有学者质疑真实情况究竟是真如格尔茨所分析的那样，还是这是格尔兹自己的推断（克拉潘扎诺，2006）。

定性调查的质量问题归根到底其实还是这么一个元问题：所谓研究，究竟是研究者单方面去"测量"对方这个"客体"，还是研究者与对方共同建构出一个动态且处于不断生成之中的认知？这是问卷调查与定性调查的分水岭，当然也就是判定两者的"质量"的根本区别。

二、过程的考察

定性研究的质量判定可以有很多维度，比如研究设计是否足够开放，资料收集过程是否扎实，多大程度上贴近生活的真实，带来了哪些新的认识与知识，是否加深了我们对于某些人、事、理的理解，是否言之有据、有血有肉且有洞见……

笔者在此要结合"论方法"，强调从"研究过程"的角度来考察质量。即相对于结果判定，更倾向于"过程性评估"。简而言之就是：研究者是否记录、分析和呈现出在整个定性调查过程中，双方的互动、互构与共建；研究的整个过程是否、如何贯彻性研究的方法论。如果没有这些内容，甚至还不知道需要这些内容，则质量大打折扣。如果是在定量思维的框架下来操作（黄盈盈，2020），那么无论研究者采用了什么样的具体方法，无论花费了多少时间精力，无论调查的内容多么深刻或者新鲜，都只不过是在定量研究和问卷调查的基础上，进行了某种程度的改善；与质性研究和定性调查的方法论仍然大相径庭。

笔者从自己的实践中总结了一些基本的原则，以供补充与丰富。

第一，要看准备工作。访谈之前，研究者是否已经把调查的主题和一切即将使用的概念和术语进行过"对方化"，也就是获知并熟悉对方的行话、语气、表述方法和思维逻辑。这是因为，只有做好这样的准备，双方才可能产生互动与互构。当然，这往往是在调查过程中动态实现的。

第二，要看研究者是否记录了对方在调查过程中的任何一种反馈，尤其是抗辩、异见与启发；是否分析了对方的这些反应如何与研究者自己形成了共构。

其三，研究者是否进行了现场分析？是否自觉地跳出自己的固有框架，反过来寻找证据，努力质疑自己已有的认识？在调查过程中，是否以及如何与对方进行讨论的？

其四，是否进行过反馈检验？就是把调查结果拿给被访者看，让他们评价。或者说，如何看待被访者所在群体的反馈？

其五，研究者是否在最后的书写中，把上述的一切呈现出来，给读者提供评判的可能性？

下篇

论方法的探讨

第十六章

主体建构论

性社会学，只不过是社会学的一个弱小分支。在西方，它发展不过百年，学者不过百人；在中国则更加短而人数少。但是，它研究的却是人类生活中发生最频繁、体验最深刻、意义最广泛的重大活动之一。人类智慧数千年来对于自身的几乎一切认识与争论，都可以在"性"（sexuality）这里得到集中的体现：精神与肉体、个人与社会、美与丑、生与死等，不一而足。"性"是研究人类的最佳切入点之一。

笔者及团队从1985年开始进行性社会学的各种研究，除了专业成果，在论方法这个方面，本书上篇和中篇里的经验与教训也是林林总总。但是可能最重要的成果，还是本章将要论述的"主体建构论"。

第一节 本土调查实践的产物

2004年，笔者团队在四川雅安调查中访谈到一位男性三轮车司机。他坚持认为，一位在职的"小姐"是他的情人，他俩之间是爱情而不是买卖。虽然他们两个也是给钱和收钱，但是他认为这根本就不矛盾，妻子如果没工作，那不也是丈夫给她钱？也就是说，司机与"小姐"这两个主体之间通过互动与磨合而达成了一个共同的建构结果，那就是不计女方的职业，仍然按照双方相爱来共同生活。

在书斋学者或者道貌岸然者看来，这位男人的这种表述无疑是撒谎或者诡辩。但是，如果承认生活第一性，那么就会发现，这其实就是主体建构，是研究的宝藏与机会。[1]

一、基本的表述

主 体

"主体"是从研究者与被研究者的相互关系角度来说的。主体是指称对方，也就是实践的从事者。相应地，具有实践从事者的性质，就是"主体性"。那么为什么不直接使用被研究者或者实践者？因为主体这个称谓中体现着笔者的学术倾向，即整个研究活动应该以实践者的感受和体验为主，而不是以研究者的设计为主。

主体的提出是学术发展的必然。"唯科学主义"最隐秘、最顽固的影响，是在人文社会研究中推行"对象客观化"。可是，随着人类与个体的主观能动性越来越强烈地呈现出来，学者们终于开始重视个体之间的"互为主体"，个体行为并不是独立的和单一的，它具有共享性和集体性，能在不同的多元文化背景下将分离的个体联系在一起。

从这样的新视角出发，笔者很快便发现：中国社会学从西方医学界套用而来的那些性的类型体系和分类标准，基本上都是"主体无涉"的，几乎不可能用来解释人的性。尤其是当我们研究那些人们往往不予关注的群体，通常是"被言说"的边缘群体和弱势群体（如女性、同性恋者、"小姐"等）时，就更要强调主体的声音、体验和叙述，才能打破（而不仅仅是认识到）深深附着在这些群体身上的"他者性"。

这样的视角不仅涉及被研究者的主体性，也涉及研究者实际上的主导者地位，以及研究者与被研究者之间的互为主体。国际学术界对于这个问题的讨论如火如荼。一部分对主体性表示怀疑的学者所提出的关键问题可以被归结为：在具

---

[1] 我到某个985大学讲学，有一位年轻老师问我：主体建构的英文是什么？我答曰不知道，因为这个概念不是从英文翻译过来的。他面露愠色地追问：那你检索过英文文献吗？我只好告诉他：我不知道英文应该怎么翻译这个中文词语，所以无法检索英文文献。我看他还不甘心，就继续安抚道：我不相信英文里没有类似的文献，但是至少我现在还无法对照。

体操作的时候,究竟是研究者代表了或者置换了被研究者的声音,还是研究者参与了对被研究者的建构,从而促发了被研究者的主体声音?简而言之,究竟有没有一种"纯粹的主体"?主体是不是一个海市蜃楼?

其实,在作者看来,这是某种程度的误解。所谓"主体视角",并不是要去制造一个新的绝对标准来衡量某次具体的研究过程,而是要求我们忘掉所谓"客观",把自己的研究放在人际互动和互构中来进行、表述及评价。这是一种思维方式和方法论,而不是一种普适的尺度。从"追求原点"的视角出发是无法讨论这个问题的。也正是在这个意义上,主体视角可以看作是一次革命。

在通俗的表述中,主体建构论很容易被理解为仅仅是提倡"换位思考"。其实两者的基点是不同的。换位思考其实就是中国古老成语所说的"设身处地"与"将心比心"。它的意思是:我觉得对方会这样想,因此我也应该这样想想。其中的这个"我觉得"仍然带有客观测定的浓厚色彩。主体建构论强调的却是:不应该去猜测对方,而是创造一切可能的条件,争取让对方最自由地最充分地呈现出自己,然后再据此进行研究。

因此在问卷调查的论文中,不应该再使用会计师用语般的术语,别老说"揭示""反映"什么的,似乎客观的真实已经稳稳地装在研究者的口袋里了。其实需要推广的术语是"自报发生率"和"自报相关",因为社会学调查用天花乱坠的高级统计方法所修筑起来的大厦,其实只是建立在别人的报告之上(黄盈盈等,2012)。

建　构

建构的视角反对把研究对象视为"天然的静态存在",强调对于它的形成和发展过程进行分析和解构,尤其重视社会、文化、政治、历史等因素所发挥的作用。它至少可以分为三个层次:第一层次,建构的基础、动机和意义;第二层次,建构的过程和方向;第三层次,建构的机制及其所蕴含的关系。

主体建构论可以说是以上这两个方面的各自三个层次的融合所形成的更大的总体。尽管这个概念其实很反对把自己"定义化",但是还是可以把主体建构论集中表述为:把现象作为主体(行为者)自己建构的结果(而不是天然存在的或者仅仅环境决定的），以主体的感受和体验（而不是研究者的认知）为基础，更加侧重去研究主体自己进行建构的具体过程（而不仅仅是建构的结果及其作用）。简而言之，主体建构就是"主体对于自己和外界所进行的建构"。

二、理论来源

警句：我们研究的不仅仅是某个客观存在的事，更是人，是这个人，是这个被他（她）自己构建出来的人。

主体建构论的理论基础是理解社会学，其要义就是：同一社会现象在不同主体的视角下具有不同意义。

主体建构论的直接源泉是现象学，就是研究这个现象是什么样的构成，又是如何形成的，而不去无限地追因，不是因果研究，因为不是每一个现象都必定会有原因，更不是都会有一个终极的原因。

主体建构论的主攻方向就是意向性、意向对象和意义。意向性非常可能是不自觉的。例如普通的异性恋者，一般来说跟同性不会太亲密，他（她）可能根本没有仔细思考过这种情况是怎么回事，更没有什么理性判断或者意识形态的引导，但是这就是一种实际存在的意向性，表现在具体的细微的行为里面。

意向的对象也是如此。例如，普通的异性恋者其实很难分辨对方是不是同性恋者，但是由于意向性已经存在，所以就不会对同性别的人使用性爱或者情爱的任何一种方式。

意义也不一样。同样是勾肩搭背这种行为，普通的异性恋者认为只有发生在异性之间的才可能具有性的含义，同性别的人这样做则仅仅因为双方是朋友。

在当今世界上，中国本土文化就是中国人自己主体建构的产物。例如20世纪80年代后期，一位中文和汉语都非常好，而且是研究中国历史的美国学者，来到中国的第一感受竟然是："同性恋者为什么这么多？"因为在他们的文化中，中国男男女女同性之间的很多亲昵举止都会被认为是同性恋的表现，而中国人却从来没有这样想过。

三、认知原则与价值导向

认知原则至少有下列四条

第一，人不是仅仅被决定的，还是主动创造自己的；个人在特定的情境中创造了自己的世界，人们共同构建了整个世界。

第二，所谓的研究不是表述研究者认为对方是什么样，而是发现对方如何把自己构建成这样的。也就是说，需要研究的不仅是 what（是什么），更是 how（怎么会变成这样）。

其三，对方在被研究的过程中，其实一直在不断地构建自己，然后呈现给研究者。因此所谓的研究必须尽可能地发掘和分析这个过程，绝不能把对方的任何表述视为"原原本本"的或者一成不变的。

其四，当两者矛盾时，以主体的构建为本，然后再加上研究者的分析。后者绝不能湮灭前者。

正是出于上述的四个认知原则，主体建构论认为，一切"天生如此"的假设和一切"客观测量"的研究方法都远远不够而且很容易误入歧途。因此这种新视角不是为了颠覆，而是为了更加深入，是对于传统研究方式的巨大修订和发展。

主体建构论的价值导向，可以归纳为以下两个警句

其一，一切关于我的学问，必须包括我自己的体验、感受和领悟，否则就是兽医学。

其二，我要努力说出自己的话，把我所占据的那个小小的时空染上自己的颜色。

之所以提倡这两个警句，就是因为西方传来的各种"决定论"，在否定人的主体建构这一点上，其实与中国的传统文化非常接近，也就是所谓"人的命，天注定"；似乎每个人的一切都是被某些外界因素所决定的，根本逃不出这个天罗地网。结果这就扼杀了几乎一切个体的主观能动性和创造性。主体建构论就是要反其道而行之，拼命地倡导：这个世界其实是我们自己创造的，当然也就是我们可以改变的。

总而言之，主体+建构，这不是一个单纯的方法论的问题，而是一个价值立场的问题，就是站在哪一边的问题。

四、学术意义

主体建构论，既可以作为一种研究的新视角，也可以作为解释工具，还可以作为方法论，最终实现作为认识论的理想境界。

主体建构的视角是为了实现至少下列四个层次的认知目标。

倡导差异性的理解

也就是说：任何现象的内部都是多样、模糊、连续的存在，而不是大一统的铁板一块。这似乎是老生常谈，但是其认识论的意义非常大。因为每一个人在小时候刚刚开始认知这世界的时候，所接受的一定是一些高度抽样的、没有差异的概念。例如，小时候我们绝对不可能首先知道各种不同的树，然后再总结出"树"这样一个总体的概念，反而是大人先给我们灌输了一个无差别的树的概念，然后我们在成长过程中才逐步学会如何区分不同的树。

尤其重要的是，差异性理解的最主要贡献就是：在认知任何一种现象的时候，研究者所能够发现的那些差异，究竟是研究者所规定与寻求的差异，还是该现象本身就具有的差异？只要具备了这样的思维习惯，那么我们所接受的几乎所有即存的知识，恐怕都可以打个问号了。

在这方面，笔者曾经有过教训。从1990—2006年笔者对于大学生的性行为陆续进行过6次历史对照的问卷调查。前四次调查的统计结果都显示出：有过接吻的比例低于有过性爱抚（触摸性敏感部位）的比例。这曾经让笔者百思不得其解：难道有些大学生连接吻都不做，就直接做出进一步的行为吗？可是2000年以后的两次调查的统计结果，却变成接吻比例稍微高于性爱抚的比例，而后者却又低于性交的比例了。这让笔者无法解释，一筹莫展。

但是，恰恰是这样的失误，推动笔者逐步走向主体建构论。其实问题仅仅在于：笔者所设计出来的"性行为的等级顺序"（先有接吻，再有性爱抚，然后才有性交），其实完全是自己闭门造车的结果。也就是说，笔者前后花费了 16 年的时间，付出了 6 次调查的成本，终于明白了：别人的生活是人家自己构建出来的，绝不会遵照我的思维逻辑。

倡导情境性的与过程性的理解

这就是说，需要研究的不仅仅是此时此刻的某种现象，而是必须努力去研究：主体所认定的不同意义，在不同的情境中，究竟是如何构建起来的；在不同的时空中，又是如何连接起来的。唯此，才可能最终完善研究对象自己的（而不是研究者的）意义光谱，从而得出更加深入的认知。

在日常的性实践中，最常见的现象就是"反悔"，在性的几乎一切方面，这样的例子很多。在主体建构论看来，绝不应该一上来就断定是不是反悔，而是必须请对方娓娓道来，他（她）的心路历程究竟是什么样的；然后才有资格去分析：在这个发展变化过程中，究竟有哪些、是什么因素发挥了什么样的作用。所谓的反悔其实就是在判断的层次上"当时"与"此时"发生了矛盾，那么必须首先倾听对方的解释，看看对方究竟是怎么把这两个时空给连接起来的？为什么对方认为这种连接并不矛盾？对方有哪些根据？在遵循什么样的生活逻辑？是不是在对方的认知光谱之中，这两者其实非常接近，所以他（她）并不认为这是反悔？这所有的一切，即使在研究者看来完全是荒谬的，也只能在充分了解之后再做出评价。尤其重要的是，绝不可以用任何方法去抹杀对方的主诉与呈现。

除此之外，更常见的是主体建构的不断转变。生活中有这样的故事：一开始是买淫，后来变成强奸，再后来变成情人，到最后变成了搭帮过日子，甚至变成了相互施恩报恩（赵军，2017）。这就是动态的、不断进行新的主体构建的生活现实，其实任何一个人都可能是这样的。如果不了解来龙去脉的全貌，那么随便抽出任何一个时段来加以定性，都会产生误读。

社会学调查就是一种"主体互构"

被访者是"信息的主体"。对方所提供的信息不再简单地被视为一种客观事实，而是对方作为主体对于自己的想法、行为、意义不断进行构建的过程与即时结果。

与此同时，研究者的主体性首先表现为他（她）是一个带有价值判断的个人，而不可能是一台没有七情六欲的机器。这种价值判断的介入、道义责任的选择对于调查过程的影响，需要被有意识地加以分析与反思。再者，研究者的主体性还表现为：他（她）所获得的一切信息其实都已经沾染了自己的主观性，不可能是一台"原汁原味"的复印机。

调查过程其实就是这两个主体之间的人际互动，而调查的结果则是双方共同建构出来的。这就是主体构建视角。

当然，主体建构论也并不是要全盘颠覆以往的方法论，而是与传统的客观研究视角形成一种"双轨结构"，两者缺一不可、各有所长，却也并行不悖、永不交叉。

从学术发展的进程来看，新视角就是创新，而且不仅仅是研究成果的创新，更是研究方法乃至于认识论的创新。[1]

五、问卷调查更需要贯彻主体建构论

问卷调查需要贯彻主体建构论，也就是强调主体的认同与建构，以便区别于以往的客观测量。例如，笔者在2010年的少年调查中，不去问他家人挣多少钱，也就是不按照某种自己认定的标准硬把人家划分为某个阶层；而是问："您觉得，您的家庭，在你们那里，属于富裕还是贫困，还是中等？"

因此，笔者所得到的数据并不是也不能解释为"中国的贫富差距如何"，而是指向他们的自我评价，也就是人们对于自己的阶层归属的自我认同。对于社会学研究来说，这种认同才是人们的社会行为的直接动力。从这样的主体建构论出发，足以促使我们重新看待和分析几乎一切社会现象。

在21世纪的第二个十年里，国际上的"性少数平权"社会运动的蒸蒸日上，进而发展为令人瞠目结舌的"身份政治"大潮，终于把"认同"对于人类行为的重要性吹进了中国学术界。时至今日还在"客观测量"中国有多少人属于某某阶

---

[1] 例如，2016年潘绥铭带的博士姚星亮写的论文《主体建构论及其一般机制》，获得了黑龙江省社科成果二等奖。

层已经毫无意义。因为只有认同自己属于某个阶层的人才会按照那个阶层的标准来思考与行事。最具本土特色的现象就是：一方面，几乎任何一个人群都把某些垄断行业的巨富当作自己的骄傲；但是另一方面，似乎每个人群又都在大声疾呼自己属于"弱势群体"。这就是"认同的混乱"，也就是"主体建构的冲突"，并不是因为他们的实际生活真的如此。

第二节　理解对方的生活逻辑

主体建构论绝对不是照单全收被访者的一切言说，而是首先要承认：研究者与被研究者往往是生活在不同世界里的人，看问题的逻辑是不一样的。那么，研究应该从谁的逻辑出发？遵循谁的逻辑去提问？用谁的逻辑去分析？

尽管韦伯很早的时候就提出过"移情地理解"，提倡站在对方的角度、从对方的逻辑出发来解释，但是并没有细化到"论方法"和具体操作方法的层面。不少社会学研究者都会说"移情地理解"这个词，但是在实际研究中，要做到它并不容易。下面就是这方面的三个典型例子。

实例之一：男女两个世界的不同逻辑

早在1987年，潘绥铭刚开始调查性问题就遇到这样一个事例：

潘：你有过婚前性行为吗？
某女：没有。
潘：那你一定还是处女。
某女：也不是。
潘：这怎么可能？
某女：因为我爱过。

从男性世界的所谓科学的、逻辑的、客观的、事实判断的思维定式看来,这个女性必定是在圆谎,是在寻找合理化理由,甚至是在胡搅蛮缠。但是,在女性世界的思维逻辑中,她所表达的却是:我虽然有过性行为,但我认为那是爱,不是你说的那种"婚前性行为"。接着你又问我一个生理事实,我也没必要隐瞒,因此我的回答一点也不矛盾。

也就是说,在这段访谈中,对于"性"与"爱"这两个关键词,男性询问者与女性回答者存在着巨大的社会性别冲突。

按照传统的"研究者主宰"的调查方法,男性研究者完全有理由把这个女性的回答作为"撒谎",或者强行给出"她在自我辩解"的"客观解释"。但是这样一来,其实就是男性世界对于女性世界的曲解,就是以男人的逻辑假设来取代女人的现实生活。既然如此,又何必去调查呢?

实例之二:不同性别的不同"真实"

1995年,劳曼教授的美国第一次全国总人口随机抽样的性调查结果发表了。其中,男人中拥有一个以上性伴侣的人的比例,远远多于女人中的比例。结果马上就有一些生物学家站出来说:这个社会调查百无一用,因为在一个相当大的总体中,男女有过多伴侣的比例必须大体相等,否则那些多出来的男人的性伴侣都是谁呢?总不能都是外国人吧?

一时之下,劳曼教授也没有给出很好的解释,结果不仅削弱了普通公众对于社会学调查的信任,甚至使得某些社会学家也心旌摇动。

其实在现实生活中,这个问题实在是太简单了:男人会把强奸女人也算作是自己的性行为;可是天下会有一个女人把被强奸也算是"自己的"性行为吗?这绝不是羞耻与否的问题,而是"行为究竟归属于哪个主体"的问题。对于任何一种女性不情愿的性行为而言,它都只能是"他(男人)的行为"而绝不可能是"我(女人)的行为"。在都不说谎的情况下,男人当然会报告"它",而女人则绝对不会,因为这种"客观逻辑"不符合女人这个主体的生活实践。

也就是说,所谓"男女的性伴侣人数不对等"的问题,其实反映出女人的不情愿的性行为实在是太多了,远远超出普通人的想象。可惜那些生物学家即使不都是男性也都是按照男性世界的逻辑来思考，根本缺乏社会性别的视角，才会提出这样一个伪问题，制造出一场浅闹剧。

实例之三：这是谁的难题

所有公共卫生领域的专家都关心"小姐"预防艾滋病的"问题"，似乎"小姐们"仅仅是因为不知道性病与艾滋病，才缺乏预防的积极性。可是笔者的研究早就发现，这其实是"什么才叫问题"的问题，因为在"小姐们"的现实生活中，最值得关心的问题并不是（至少不仅仅是）性病与艾滋病，而是下列这样一个顺序：

生意与收入（不是"改邪归正"，更不是"白忙活"）；
安全，不被公安抓、不被老板或男客强奸与残害；
生育问题：不要怀孕、将来要能够生孩子；
保密，不被与自己有关的任何人知道；
总之，她们最后的需求才是预防性病，而艾滋病更要靠后。

因此，性病、艾滋病的问题，首先是公共卫生研究者从自己的逻辑出发提出的问题，而在"小姐们"的世界里，这至少不是首要的问题。用一位"小姐"的话来说就是："艾滋病原来还有潜伏期啊，那你们说什么味道嘛。我现在就要养孩子，挨几年算几年。"

如果意识到了这一点，那么在预防艾滋病的时候，至少也应该考虑和关心"小姐"的职业健康与职业安全的问题，至少应该关注她们的生意状况、扫黄情况、遭遇暴力等问题。哪怕实际上也解决不了，但是最起码必须表达关注和担忧。只有这样，她们才会觉得"原来你们也是人"，才有可能配合任何一种预防艾滋病的工作。

在男客的研究中，一个"三轮车司机"更是让笔者明白了这个道理。当聊到找"小姐"可能面临的风险时，他说："做什么不是冒险呢？你看看我们街上，你被撞死了，人家还要你的钱呢，你把人家的车搞坏了嘛。"这话把笔者堵得死死的:我是从大学教授的逻辑出发,假设出这个风险那个风险,却没有从底层男人的生活逻辑出发来看看,这些所谓的风险在他生命中的意义到底有多大。他们并非不珍爱生命,而是对于他们来说,"前半辈子命换钱,后半辈子钱换命"从来就是无可更改、不可逃脱的宿命。不了解这些,研究者必然成了"站着说话不腰疼",必然不能走近他们的世界来理解他们的行为与实践,也必然做不好研究。

讨论与小结

上述提到的这些因素:社会性别、身份、个人魅力等都是交织在一起发挥作用的,都应该被纳入分析和反思的范畴之中。

首先,社会学的调查研究是一个研究者与被研究者参与的相互间"主体构建"的过程(潘绥铭、黄盈盈,2007)。社会学调查中被研究者的"主体"位置应该受到足够的重视。在这种视角下,研究者与被研究者的权势关系和互为主体性也应该得到强调和分析。这种对于研究者与被研究者权势关系的关注不仅适宜于"性社会学"的调查,而是需要举一反三,被纳入任何涉及具有主体性的"人"的社会学调查研究之中。

其次,对研究者本身社会地位、个性特征的反思,不仅仅局限于事后"反思"的范畴被体现在最后的写作或者"经验总结"之中,也应该进入如何提高与改善这些因素以提高调查的质量这种积极的构建之中来,即纳入调查设计这个环节之中来,并在实施过程中巧加利用,扬长避短。

再次,以往的调查即使考虑到研究者与被研究者之间的权势关系,也通常只是局限于考虑到研究者的社会地位、经验等比较"公领域"的方面,而容易忽略类似社会性别、研究者的性格特征、个人魅力、年龄等个体性因素。因此,本书把这些因素特意提出来,以引发学界的进一步分析与反思。

当然,除了社会性别、身份、个人魅力等因素,有一些偶发的因素通常会对调查的过程起到关键的影响,比如某地是否刚好经历了扫黄事件,某"小姐"正好跟男朋友分手了心情不好,等等。这类偶发因素和"随机应变"对于社会科学研究来说是非常重要的,作为生活在现实中的研究者不应再受"必然性""客观性"这种绝对概念的统治。

最后再次强调,作为研究者一定要审视自己的逻辑,要尊重被访者的逻辑,要反思两种逻辑的差异对研究带来的影响。唯有此,才有可能提出一个"真问题"、才能跟被访者"有得聊"、才能做到真正"移情地理解",也才有可能做好研究。

第三节 主体建构论中的"性"

一、社会性别是主体建构

主体建构论,足以促进经典的社会性别理论的发展。这里仅举一例来说明。

在迄今为止的许多社会调查中,女人的性伴侣数为什么少于男人?

这就引出一个疑问:在一个足够大的人口总体中,男人和女人的多伴侣发生率应该相差无几才对。例如,如果每个男人都有一个其他的性伴侣,那么女人也应该平均每人有一个,否则,男人的那些其他性伴侣都是谁呢?总不能都是抽样框以外的"小姐"、外国人吧?更不会都是同性恋吧?

早在 1995 年,美国的劳曼教授等人首次发表全国随机抽样的"性调查"结果的时候,一些生物学家就提出了这个质疑,而且据此嘲笑社会学家"不科学"。

其实,这些生物学家纯粹是只知其一不知其二。其中的道理其实非常简单:如果问到自己有没有性伴侣,那么全天下的女性,有几个人会把强奸自己的那个男人计算进来?

在传统的"唯科学主义者"看来,这无疑是一种狡辩,因为他们认定:只要性的行为确实发生过,那就是有过性伴侣,才不管对方是什么身份。可是,这是又一次的只知其一不知其二。女性不计入强奸犯的做法才是最真实的,因为那个男人插入了、射精了,当然是他的性行为,而女性却没有丝毫的性反应,因此这次行为当然不是女人自己的性。

由此一直推广到最常见的夫妻性生活,那些完全是给丈夫尽义务而自己却无动于衷的妻子们，有多少人会认为自己还有性生活？

性，绝大多数发生在人际关系之中，因此恰恰是按照生物学的严格定义，如果任何一方没有出现应有的性反应，那么该次性行为就只能算到有性反应的另外那一方的头上。这真的很难懂吗？

也就是说，那些鄙视社会学的生物学家们其实是半吊子，因为他们所违反的，恰恰是他们自己学科的概念定义与研究方法。

女人判定某个男人算不算自己的性伴侣，甚至自己是不是与他有过性行为，其实是根据女人世界中的行为逻辑，可以有近乎无穷的理由与标准，而且非常可能与男人的世界天差地别，甚至水火不容。因此，女人的计数必然不同于男人的。尤其是，由于绝大多数女人比男人更加重视和认同某个性关系的感情性质，更倾向于排除那些自己没反应或没感觉的性。因此如果女人的计数少于男人，那才是真实情况，才是人类社会的真实，而不是兽医的统计结果。

问题仅仅在于，社会学家目前对此知之甚少，而那些生物学家则更是彻底外行。女人目前暂时也还没有主动呈现出自己的这一面，因此"唯科学主义"才得以大行其道。这就是主体建构论的重要意义。如果研究者缺乏这样的视角，那么别说理解生活，就连统计数据也会误读。

当然，我在上面说的"女人"其实只是为了行文方便，女人不都如此，如此也不是"女性化"。任何一种社会划分之下的任何一个人，难道不也是如此吗？我是我自己的我，我构建了与你不同的我。如果你不想了解这些，那就别调查我！

二、最根本的主体建构：性是什么

在几乎一切民族的语言中，异性性交从来都被描述为"阴茎插入阴道"，也就是"男人 × 女人"。可是，它为什么就不是"阴道吞没阴茎"呢？女人就真的不能"× 男人"吗？在"女上位"的性交中，往往是女人主动把阴茎纳入阴道，这难道不是"她吞没了他"吗？在女对男的口交中，男人们常常喜欢说这是"我 × 她的嘴"，而女人们则常常描绘为"我吃他的 ××"。为什么同样一个动作，却被男人和女人做出不同的表述？这才是真的性别问题。

中国古人很注意这一生活实践。在明清之际的性小说中，屡屡使用"套弄""吞没"或者"吞吐"[1]，就是阴道吞掉了阴茎，而后又吐了出来。在女上位的性交中更是必然如此。[2]这意味着女人同样拥有性的积极性和主动性。这恐怕才是相爱男女之间的性生活的真情实景。问题仅仅在于，为什么在现代的中国，已经没有几个人还记得老祖宗的这个概念与哲理，更没有人去发掘其中的文化意义，反而是"插入论"的一统天下？

其实就是因为"名不正则言不顺"的"社会身份主宰论"。简单来说就是：随着"男尊女卑"的身份制度的确立，"卑"的阴道就再也不被允许去吞没"尊"的阴茎了。反之，"阴茎插入阴道"的概念的确立，不但成为男权中心社会的支柱，而且成为排斥异性性行为多样化（例如口交、肛门性交等）的思想武器，更是压制同性性行为的法宝。

这样一来，男女之间的性交就变成了一种社会的规定与礼仪，即所谓"伦常"。并不是因为某人在生理上是男人才去插入，而是由于社会首先把某人规训为"大男人"，所以他才会信奉和贯彻"性就是我插入"，绝对无法容忍"性也可以是我被吞没"。反之，社会如果把某人培养成"淑女"，那么她就很难承认性交是"我吞没他"，即使这样做过，也绝不能这样想，更不能说出来。也正是因此，直到 21 世纪，据我主持的四次全国调查，中国夫妻中仍然有 30%～50% 的人从来没有采用过"女上位"。这并不是因为这种体位对于性交及其效果有何优劣可言，而是因为传统的男女很难接受这种"乾坤颠倒的""男不男女不女的""变态的""有失身份"的性。

从性与性别的视角来看，性交究竟是插入还是吞吐，其实是牵一发而动全身的主体建构的选择。

如果一个男人仍然把男女性交称作"插入"，那么他就很难不是一个大男子主义者。如果一个女人也这样说，那么无论她讲出多少社会性别的大理论，也很难成为一个自信与平等的人。这样的女人永远只能自甘堕落为天生的弱者，或者

---

[1] ［清］丁秉仁：《瑶华传》有长篇论述，但是原文不雅，只得隐匿。
[2] 明代《肉蒲团》有具体描写，因不雅而无法列出。

是天生的债权人。反之，男人如果愿意使用"吞没"来描述男女性交，那么他至少会对女性有所敬畏，这可能成为双方平等的基础。如果一个女人也肯于这么说，那么她往往就会更加自强自立，就不会再对着男人撒娇、耍赖，更不会不共戴天。

这就是话语的神奇力量，就是自己的主体建构的结果。你用的是哪一个词，你就会具有哪一种"三观"，就会做出哪一种选择。

三、反对"生物因素取消论"

主体建构论最容易被混淆于"随心所欲论"。其实性无论扩展到多么宽广的地步，毕竟还是需要有一个生物基础，那就是人类的肉体。

笔者这个理念也不是来自读书。2006年笔者在墨西哥开会，一帮子社会建构论者在那儿说的正热闹，一位医学界的人站起来说：你们这叫"生物因素取消论"！好像一个人可以随心所欲，认同什么性别就可以变成什么性别，今天变男同，明天变直女，后天变成酷儿。可是我们毕竟有一个肉体呀，这个肉体毕竟是由器官构成的。肉体在性别变来变去之中发挥了什么作用？如果没有作用，那么某些变性人为什么还要做手术或者打激素来改变自己的身体？

当时没人理他，会议也照旧进行，把那个人给气跑了。但是，过后想想，启发深刻。性社会学当然坚决反对生物决定论，可是也必须反对生物因素取消论。例如，那么多人研究了那么多妇女问题，可是有多少人研究过，女性的生理独特性（月经、怀孕、分娩、哺乳）和女性的肉体（包括身高、容貌、体型等）对于女性的社会地位究竟发挥没发挥作用？如果这种作用是负面的而且不可克服，那么社会性别平等的主张是不是必然会走到"非自然生育"才算完？

在现今中国的生活实践中，这样的例证不胜枚举。漂亮女性与不漂亮女性之间究竟存在哪些差别，造成了什么样的结果？例如，"撩人妹"和"恐龙"、"大长腿"和"大象腿"、"波涛汹涌"和"飞机场"、"老刁婆"和"青春玉女"，如果这些差别出现在女性内部，那么这就不太可能是一个性别之间的问题，而是一种女性之内的阶级差别。这样的两种女性之间，难道就不存在斗争？尤其是，作为一种身份的标签，这些分类究竟是怎么来的？仅仅是因为肉体的客观差异，还是其中渗透了性别之外的其他社会因素？

最典型的就是女性的减肥，就是女性自己改造自己的身体。自己的体重指数是否真的超标，与是否希望减肥，确实存在强相关。也就是说，肉体的现实状况实际上仍然在发挥着主要的作用，不能一股脑都归结为"男人的目光（造成）女人的身体"。

男性或者任何一种其他性别都是同理可知。即使人类真的可以"双方脑电波交织即可做爱"，那么脑电波也还是来自自己的肉体而不是信仰。

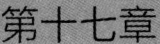

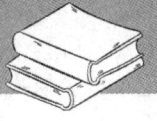

对于社会学调查方法的光谱式理解

在操作方法、方法论、认识论这三个层次上，中国社会学界最近以来也被卷入国际上经久不衰的论战，在中国被通俗地简化地称为"定量与定性之争"。

本书无意也无力在认识论的高度对这一论战进行全面探讨。只希望在论方法与操作的层次上，在笔者认为对于社会学调查实践更加有意义的要点上，提出一些甚至可能是"小儿科"的心得，以便加入讨论，共同提高。

第一节　何谓真实？问卷调查与定性访谈，不分伯仲

现象的真实，还是相关性的真实

认为存在着一个"客观的真实"而且努力去测量它，这是"定量调查派"被质疑的最根本之处。可是在质疑的时候，批评者应该分清楚，自己究竟是在质疑什么？质疑普通社会调查，还是社会学的调查？

本书的上篇已经论述过，其实就连最简单的社会调查也有一个"元假设"，问卷中出现的每一个提问，其实都是一个这样的界定。但是，它的第一个逻辑并不是"除此以外，皆不真实"，而是"除此之外，无须了解"。它的第二个逻辑也并不是"在此之内，皆为真实"，而是"在此之内，方能了解"。

这两个逻辑非常重要，也常常被"定量与定性之争"所忽视。

在"定量调查派"那里，普通社会调查准备测量而且真能测量到的，仅仅是

自己预设其界定的"客观的真实"。从这个意义上来说，普通社会调查其实也是一种"假设-检验"。

在"定性派"那里，所谓"客观的真实"其实仅仅是研究者使用某种方法，在不可能客观的条件下，对于某种"真实性"根本就无从检验的现象，做出了自己的描述与分析。

如此这般，双方在相当大的程度其实是有共识的，多多少少是可以相通的。

当然，"定性派"对于普通社会调查的质疑是非常有意义的，因为它促使后者不得不反思自己，不得不确定自己的边界。但是反过来看，普通社会调查的上述两个逻辑并不会由于许多人还没有认识到就不存在。它与"定性派"实际上存在着许多相通之处，只不过由于双方处于争论之中，都容易忽视这些相通。

社会学的调查是普通社会调查的发展与高级形式。那么它究竟发展了什么呢？恰恰在于社会学的调查更加自觉地认识到：自己不以"测量真实"为目的；而是在某个理论的指导下，用自己所假设出来的一个逻辑框架来套这个社会，以便对这个社会做出解释，而不是仅仅拿出一堆测量数据。其中的区别（社会学调查的质量）只在于选用的理论与相关假设合适不合适，套用得好不好，而不在于测量的精度。

正因为如此，所以社会学的调查才如此重视相关假设，把相关假设作为灵魂，作为自己区别于普通社会调查的最主要标志。也是正因为如此，社会学的调查才需要设置出本书第二章与第三章里所论述的那些"清规戒律"。

进一步说，社会学调查所说的"社会"其实是问卷设计者自己心中的那个社会，是被自己所运用的理论、界定预设与相关假设给框定住的那个社会，而不是所谓真实存在的社会。舍此，根本就设计不出任何一个社会学调查的问卷来。

因此，在设计社会学问卷的时候，"定量派"恰恰很反对没有相关假设的"凑题"，反对面面俱到，反对企图"在问卷中纳入整个世界"。因此，很少见到社会学问卷调查的成果宣称自己的解释具有所谓的"真实性"，反而存在这样一种共识：在调查报告的标题里就应该写清楚这个调查的各种限定，例如时空、对象、调查与分析方法等。在这样的标题之下，尽管没有使用定性派的语言，但是社会学问卷调查实际上在不断地宣称自己对于"真实"的剪裁。唯一的区别其实是：

"定量派"认为这种方法更好,而"定性派"则不同意。

更进一步说,社会学调查眼中的"真实"更加强调自己对于某个相关假设的检验过程与结果是否真实,而不是测量意义上的"真实"。虽然这两者密切相关,但是却不一定总是能够相互否定或者肯定。如果推到极端来说,即使社会学调查所发现的其实是两个虚假现象之间的相关,这一结果也既不能否定这两个现象的虚假,也不能否定它们之间确实存在着相关关系。唯一的问题仅仅是:研究这种虚假现象之间的相关,对于研究者究竟有没有意义。

总而言之,如果说普通问卷调查对于"真实"这个问题的认识还不够清晰的话,那么社会学的问卷调查者从一开始在设计任何一个相关假设的时候,就非常清楚地知道:研究者使用这种方法所能够获得的所谓的"真实"(更主要的是真实的关系而不是现象),仅仅存在于研究者设计出来的框架之中,其"真实度"也只能通过检验这个框架的合理性与可靠性来加以评判,而不是找出一个"真的真实"来加以对比。

唯一令人遗憾的是,我国的大多数定量研究,还没有使用上述明晰的语言来表述自己的这些特质,反而往往是对于定性派的质疑不屑一顾,结果显得自己妄自尊大。

在"定量与定性之争"中,如果"定性派"用"不可能真实"来质疑"定量派",那还有的可讨论。可是有些"定性派"研究者却倾向于在操作的层次上,用"不够真实"来贬低问卷调查的方法,那可就是一种失误了。这样的"定性派"一般也会盲目推崇深入访谈,似乎它在本质上就比问卷调查方法要技高一筹,似乎定性访谈的结果就必然比问卷调查更真实。

当然,这种批评很可能是"定性派"发展中的暂时问题,但是笔者在调查方法的教学实践中发现相当多的学生相信这种说法,因此不得不极端地提出一个命题:在所获得的资料是否足够真实这个问题上,问卷调查与定性访谈其实是半斤八两,没有大的区别。

调查,只能获得"主诉的真实"

到目前为止,无论问卷调查还是深度访谈,社会学调查所获得的几乎一切资料,只不过是被访者的"主诉"。

从根本上说,要"真实地"了解人类的身心活动,所谓"现代科学"其实只有三大类方法可用。

第一类是"监测",就是用尽一切办法,把人类的身心活动当成石头那样的客观存在物来监视、检验与测量。美国的"泰罗工作制"就是这样搞出来的。20世纪60年代美国的马斯特斯等人,也是用这类方法,在实验室里直接观测人类的性行为,总结出人类性反应周期。可惜,在绝大多数情况下,社会学无法"监测"它所要研究的那些人类活动,尤其无法"监测"人的精神活动。

第二类是"证明",就是用一条"证据链",通过推理来确定某个"真实"的存在。这类方法已经被西方的司法实践推到了极致。通俗地说就是:虽然谁也没有看见你杀人,但是只要证据链足以证明你杀了人,那么你杀人这一"真实"就可以确定。可惜,社会学基本上也无法运用"证明法"。一则在大规模调查中不可操作,二则在道义上,社会学调查毕竟不是审讯。

只有第三类方法可以为社会学所用,它就是"询问"。无论问卷法还是定性访谈法,所获得的资料,其实都是被访者自己对自己的行为或者想法所做出的说明,也就是被访者所"主诉"的情况。即使在参与观察中,绝大多数人类活动所包含的意义,也仍然需要由被访者来告诉研究者,也仍然是一种"询问",所依赖的也仍然是被访者的"主诉"。

说白了,一个社会学调查的结果是否真实,决定权其实是掌握在被访者手中,而不是在研究者手中。也就是说,任你研究者有千条妙计,在被访者的一定之规面前,问卷法和访谈法其实是彼此彼此,实在没有什么优劣之分,也实在没什么好争论的。大概只有处于高层次上的实验室检验法(监测)、参与观察法(监测加理解)和司法审判法(证明)才有资格来对处于低层次上的社会学调查(询问)提出质疑。

总而言之,问卷法必须时刻意识到,无论是否存在一个"客观的真实",研究者所能够得到的,其实仅仅是一个"主诉的真实"。因此对自己的统计结果就不会那样盲目自信或者绝对化。

同样,无论定性访谈法在认识论的层次上对于"客观的真实"提出多少质疑，也并不意味着在操作层次上就可以不考虑、不论证自己所获得的究竟是不是"主诉的真实"。

被访者肯不肯主诉出"真实"来

盲目推崇定性访谈法的研究者，一般都是在这个要素上大做文章。似乎被访者必然都有"问卷恐惧症"，一见问卷就拒答或者撒谎，似乎只有访谈才能打消被访者的种种顾虑。其实这样说的人忘记了以下四个基本常识。

其一，就某个具体的体提问而言，被访者的顾虑都是基本相同的，打消顾虑的方法也是基本相同的。定性访谈员所使用的足以获得"真实"的种种方法，问卷调查员为什么就不可以用？大规模随机抽样的问卷调查，其实不就是数十数百个问卷调查员在做一个个的访谈吗？如果非要否认问卷法的"真实性"，岂不等于说：哪怕所用的方法一样，也只有我才能问出"真实"来，别人谁都不行？

当然，问卷法的众多调查员可能在水平上参差不齐。但是，这是可以解决的技术问题，并不是方法论的本质问题，不能据此抬高访谈法而贬低问卷法。况且，定性访谈员的水平就必然比问卷调查员高吗？

其二，至少就中国人而言，在许许多多高度敏感的问题上，恰恰越是亲近的人，反而越不能告诉；越是毫不相干、再不见面、永无威胁的人，反而越可能问出相对更真实的情况来。性方面的情况尤其如此。有多少夫妻一辈子恩爱，却从来不肯向对方吐露自己的"非规范"的活动与想法（即"夫妻假象"）。但是，他们却有可能在坐火车聊天时或者热线电话里一吐为快。

那些盲目推崇访谈法的研究者，往往刻意批评问卷调查法里太缺乏双方的人际沟通。这本来是对的，值得一切运用问卷法的人注意，但是不应该走到另一个极端，不应该变成只知"朋友以心换心"这个其一，不知还有"防人之心不可无"这个其二。

其三，凡是"询问"，就必然会遇到拒答。只不过问卷法在这方面太老实了。只要一统计，拒答率就跃然于纸上，而且往往很高。定性访谈中的低质量者则可以得便宜卖乖，一方面只说成功地访谈了多少人，却避而不谈有多少人完全拒答或者部分拒答或者研究者根本就没敢去问，似乎自己的有效应答率是100%；似乎这就可以证明，访谈法比问卷法更容易化解被访者的"隐私屏障"，更容易被人们所接受，因此理应捧前贬后。其实，常人都知道，不管使用什么调查法，越是询问敏感的问题，拒答率应该越高才对。您都问到口交和肛交了，还只字不提拒答率是多少，这能让别人信服您那个"真实"吗？

其四，问卷法的真实程度可以用"信度"这种方法测量或者估算出来，也必须这样做。它是否正确与准确是可以讨论的，可是访谈法的低质量者却往往既不说（或者说不出）应该如何检验自己的研究的质量，也不这样去做，似乎在说：你相信我这个人吗？相信。那好，就请相信我所访谈到的"真实"吧！

对方能不能真实地主诉出来

无论运用问卷法还是访谈法，这一点常常被社会学研究者所忽视。所谓"能不能主诉"，主要是说这样几个因素：记得不记得？是不是人人都能感觉到或者分辨出来？如果需要被访者自己来总结或者计算，是否人人都具有相应的能力？尤其是，被访者有没有足够的语言表述能力？

笔者在这方面有过教训。刚开始进行社会学调查之初，笔者曾经问过"性高潮频率""对某种性交方式的感受"这样的问题。结果发现统计数据乱七八糟。后来才弄明白，这不仅仅取决于人们肯不肯回答，也取决于人们能不能回答得出来。

研究者越想"深入访谈"，这样的问题也就越突出，而且非解决不可，非把自己的解决办法讲出来不可。例如在一部著名的专著中这样记载着一个50多岁的女性说："近20年来，我们基本上一月一次（性交合），一个月两次都是多的。"那么请问研究者，就算这位女性根本不想撒谎，但是她真的有足够的记忆力和总结能力，把最近20年以来的性交合频率主诉得"基本上"确定不疑吗？如果您认为她真的有此能力，那么您又是怎么知道的呢？

与此相对照，国际上有人用一种更现实的方法来调查人们的性交合频率：在过去的24小时里，您有过几次性交合？且不论用问卷法还是访谈法，被访者在回答24小时之内的情况时，总比概括过去20年的情况要容易些，要真实些。

无论使用问卷法还是访谈法，都不能假设被访者肯定有足够的能力来真实地、正确地回答研究者所提出的问题。问卷法主要是通过试调查来发现和解决这方面可能存在的障碍。可惜，许多盲目推崇访谈法的研究者，至少在自己的论文里，往往使读者觉得，他们并没有考虑被访者有没有足够的能力做出真实的主诉。至于问卷法所必不可少的提问设计与试调查，某些定性研究者是不是也不屑一顾呢？

还有，被访者有没有能力回答您提出的问题，还要看研究者究竟是怎么询问的。在这方面，问卷法又是老实过头了。调查报告一发表，就不得不把自己的问卷全文附上，任人评说。相反，低质量的定性研究者往往全然不必讲清自己到底是怎么问的，只需加上引号，抄录对方的回答就行了。别人纵有天大本事，也不可能在提问方式和询问内容方面"鸡蛋里挑骨头"。

在中国，在性问题上，研究者还必须说明，被访者直接用语言来讲述自己的性行为和性关系，这是怎么可能的。中国文化倾向于"许干不许说"，因此每个人都不妨扪心自问：我能对别人坦然地亲口说出口交或者肛交这样的字眼或者这样的事情吗？无论问卷法还是访谈法，如果没有说清这个问题是怎么解决的，那数据，那记录，又如何确定其"真实性"呢？

笔者并不想贬低访谈法，只是认为，问卷法与访谈法都是用询问的方法来收集被访者的主诉，从"论方法"的层次上来看，要么是比翼齐飞，要么是一丘之貉。

"命门"其实也是一样的

其实，对于社会调查"真实性"的最致命质疑，不是指出调查数据的矛盾，而是提出一个属于人之常情的问题："被访者干吗要真实地回答你？"

表面看来，这个问题仅仅针对那种发生在陌生人之间的问卷调查法，其实，对于访谈法来说，这个问题更加致命。极端地说，仅仅因为您跟人家成了朋友，人家就会把性隐私来个"竹筒倒豆子"吗？在个人的日常生活里，我们被自己的好朋友有意无意地蒙蔽甚至欺骗的事情还少吗？在这一点上，心理咨询医生对于"主诉"所做的记录，要比问卷法和访谈法的调查结果还真实一些。因为前来寻求咨询的人一般都有说真话的强烈需求和主动性，而那些被调查到的人却不会如此。

从根子上说，社会学研究者无法圆满地解答这个致命的问题，无法证明每个被访者都具有非说真话不可的主观需求；只能反过来努力证明出：被访者并没有故意欺骗我们的必要。但是谁都知道，这只是退而求其次。这是社会学调查（无论定量研究还是定性研究）根本的、无解的弱点。

问题在于研究者的态度。我们为什么不愿意公开承认自己的弱点呢？我们应该大肆宣讲：在可预见的将来，再好的社会学调查，无论使用问卷法还是访谈法，充其量也仅仅能够获得"主诉的真实"。因此，任何一个社会学的调查报告，都应该更上一层楼，把对于自己的操作方法的论述写出来，把"情境"等因素纳进去，把被访者的主诉当作"文本"来看待。

研究者应该放弃宗教，放下架子，用"坦白交代"来回答质疑者：我们所追求的"真实"非常有限，我们的能力也非常有限。可是，只要这两个有限是互相匹配的，那么我们就是已经成功了。如果还不行，只好请你来发明一个更好的可操作的方法。

基于上述的认识，笔者强烈地建议建立起这样两条学术规范。

第一条，凡是通过社会学调查而获得的材料，无论是定量的数据还是定性的记录，都请申明：这是"主诉的"或者"报告的"，而不是（也不可能是）"客观真实的"。尤其是，研究者所公布的一切统计结果或者生动故事，都应该加上"自报的"这个定语。也就是说，并不是真实情况就一定如此，而是我们只能调查到如此这般的情况。

第二条，凡是比较调查对象的两种情况而且发现了任何"增减"，在陈述它的时候都请申明：这种增减有两种含义，也许是实际情况真的变化了，但是也可能是被访者更加愿意，或者更加不愿意"主诉"或者"报告"自己的这种活动了。

上述的学术规范在任何一种相对敏感的调查中尤为重要。例如，在笔者四次"性"调查中，几乎所有种类的非婚性行为的比例都增加了。但是，这非常可能仅仅是因为人们更加敢于承认自己有这样的事情了，并不意味着"事实"必然变化了。更加通俗的例子是：GDP的增长固然最可能是实际生产增加了，但是也无法排除有人更加敢于多报了。

在实地调查与数据（资料）分析中，目前还没有精确的统计方法来界定与区别"增减"的这两种含义各占多少。

笔者为解决这个问题提出的定量统计的假设是：非敏感变量与其所涵盖的最敏感变量之间的关系，足以反射出提问的敏感程度对于应答情况的作用。因此"预测值"与"获得值"之间的统计分析，应该可以定性地判断出究竟是"行为更多"还是"更敢承认"。不过这已经不属于本书的范围了。

对于定性调查，笔者的唯一建议在本书前面已经说过，就是把全过程都呈现出来，包括变通与失误，然后看同行们是否能够给以足够的认同。

如此说来，"不可知论"就是社会学调查的宿命了？也不。我们中国研究者大可改进的地方，不是问卷法与访谈法的无谓争论，而是无测谎，不调查。

无测谎，不调查

没有进行测谎的问卷调查数据或访谈资料，无论用什么方法获得，以什么形式来表现，在获取"主诉的真实"上都差了一个档次，都有"可为而不为"之嫌。

虽然社会学调查所能获得的仅仅是"主诉的真实"，但是主诉的却不一定就是真实的。尤其是如前所述，被访者可能由于各种各样的原因而缺乏"真实地主诉"的能力。因此，不应该假设被访者的主诉是百分之百真实的，不能像某些低质量的定性访谈报告那样，仅仅是"我问你答，如实记录"。可是，就连新闻采访还要讲求必须加以核实呢，难道仅仅因为研究者是社会学家，就可以不测谎吗？

不得不假设：即使是去调查与自己白头偕老的爱人，对方的主诉也总会多少有些不真实之处。研究者不得不运用种种方法来筛选所获得的主诉信息，不得不进行测谎。说到底，不测谎，"真实性"（哪怕仅仅是主诉的）就无从谈起。越是记录得"原汁原味"的访谈，其"真实性"就越应该运用这个原则来鉴别。

测谎，这不是个纯技术问题，而是一个在论方法上是否努力"升级"的问题。前面谈过，"监测"与"证明"之所以都比"询问"更高级一些，更真实一些，就是因为它们所依据的，并不仅仅是主诉，还有其他一些更客观的东西。这并不是强调物证就一定比主诉更真实,而是说,只有拥有一些对照物,才能在比较中发现相互间是否存在矛盾或者不一致,从而确知某种情况的真实性如何。中国人常用的"对证公堂"就是这种测谎方法,尽管其中往往并没有多少确凿的物证。

"询问"很难获取物证,但是却完全可以"对证",可以把这部分主诉与那部分主诉加以对证,把其中的矛盾与荒谬作为利刃,从而把不真实的内容剔除掉。只有经过测谎,经过修订,才可能在质的意义上,更接近于获得主诉的真实。所以说,可能不可能进行测谎,这是一个现实的技术问题;但是,想没想到应该进行测谎,却实在是一个研究水平高低的问题。

测谎,也不存在有没有必要的问题。极端地说,即使询问自己的爱人是男人还是女人,也必须进行测谎,只不过研究者实际上已经运用观察法或者实践法测过谎了。测谎给研究者提供的,不仅仅是获得主诉真实的现实性,更是获得主诉真实的可能性。如果说没必要进行测谎,那就等于说没必要去获得主诉的真实。那又何苦去调查呢?

至少在目前中国的文献里,定性研究者里进行测谎的,要比问卷调查者里少得多。可是实际上,如果在访谈中真的强化了双方的人际沟通,那么定性访谈的研究者就更容易获得主诉之外的旁证,甚至是物证;更容易进行"不同质的证据之间的对证"。例如,为了预防艾滋病去询问"小姐"用不用安全套的时候,问卷调查者恐怕除了询问以外没有其他办法来测谎,可是定性研究者却完全可能去核实一下:"小姐"是不是真的能立马拿出来一个安全套?

这样,不仅测谎结果会比问卷法常用的重复检验和逻辑检验更加精确和正确,而且在"论方法"的层次上也比问卷法更接近于"证明法"和"监测法"。所以,说来说去,还是那个根本问题:想没想到必须进行测谎?

笔者大谈测谎,实在是有感而发。

在中国的许多学术刊物上常常可以读到针对极敏感群体或者极敏感问题的调查报告。可惜,无论是使用问卷法的还是使用访谈法的,只有很少的作者提到测谎问题,也不知其余作者是真的没有做;还是认为当然会进行,因此不必赘言;还是写了却被编辑给删掉了。例如,调查被抓获的"小姐"时,询问卖过多少次、收入多少钱这样"生死攸关"的敏感问题时,如果研究者第一不说如何筛除她们此时所共有的"无意识撒谎"(包括"掩饰式撒谎""攀比式撒谎"等),第二不谈是否把"小姐"的主诉跟公安部门的案情记录进行了对照,其结果又如何,第三没说是否进行过"提问适当性"的设计与试验,那么据此得出的无论是统计数字还是定性报告,让读者相信好还是不信好?

笔者自己当然也犯过许多这样的初级学术错误,但是毫无疑问,这不是少数人在技术层次上的问题,而是一个本学科内普遍存在的理解层次上的问题。否则,包括笔者的一些文章在内的许多"柳暗花不明"之作,怎么会发表出来而且并无批评呢?

谎非谎,测非测

在社会学调查中会遇到这样的情况:某些被测出来的"谎",其实并不是撒谎,而是对方在不同情境下从另一个角度所表达出来的真实,或者是主体建构中的真实,或者是研究者自己还不知道的一种真实。充分认识这种"谎非谎"的现象,不但有助于强化"生活第一性"的意识,而且日益加深对于"主体建构视角"的重要意义的认识。

尤其是从主体建构的视角来看,定性调查中其实并不存在问卷调查中的那种"测谎"的问题。例如在黄盈盈的"地下性产业"调查中这样记录:

> 阿凤在跟我单独闲聊天的时候表示,她很讨厌被香港客人包养,而且列出了种种理由。但是有一次在发廊里当另一个"小姐"打算把她介绍给香港客人包养的时候,她却表现得非常积极。这就是在"纯粹观念表述"与"面临实践选择"这两种不同情境下表达出来的不同的真实呈现。在这两种情况下,她所表现出来的都是真实,并不是在撒谎,仅仅是情境的不同使然。(黄盈盈,2004)

说到底,既然要测谎,那么就不得不首先审视一下,研究者究竟是依据什么标准来判定"撒谎"与"真实"呢?简单来说,难道凡是不符合所谓"客观规律"或者"逻辑"的、不符合研究者自己对于生活的认知的，就一定是撒谎吗？如果是这样，干吗还要调查？仅仅按照"规律""逻辑"或者"我认为"来写文章不就足够了吗？

第二节　失误：定量调查的结果，以定性资料来补充

现在经常可以看到这样的调查报告：在列举出某项统计数字之后，接着列出一段定性调查的访谈资料记录。该作者可能认为这样就可以作为一种补充，进一步说明这个数字的深入情况或者意义、原因等。还有的社会学调查的研究报告则是使用定性资料或者一个故事来说明整个统计分析的结果。

虽然还很少有人把这种做法明确地定义为是定量调查与定性调查的一种结合，但是如此结合的论文却在国内社会学文献中经常见到。可是笔者认为，这两种不同性质的资料是不可以这样来使用的。这又可以分为四种情况来讨论。

对于单变量统计结果的"补充"

在普通社会调查里，任何一个统计结果，除非它的绝对数是1，否则就一定是多个人的情况的汇集。可是任何一个定性访谈资料，除非是对于总体情况的总结，否则就仅仅是一个人的情况。因此，如果用一个人的情况来补充、说明或者解释多个人的情况，统计口径就无法保持一致，而且很容易引起误导。

例如，"总体中有5%是工人"这个统计结果仅仅说明工人在总体中的比例，既不关心也无法知道这些工人任何的进一步情况。可是被当作"补充"的那些定性资料却往往是说明"某人是个什么样的工人"。这就造成了不同层次资料的误用，只能说明问卷设计者没有真正理解"不同层次的选项不可以放在同一个提问之中"这个问卷设计的基本功；或者没有真正理解"定性资料在于理解调查对象"这个定性调查的基本功。

可能有人认为，所补充的定性资料仅仅是一个例子，并不意味着它就一定必

须代表前面那个数字所包括的所有人。可是这样一来就等于说：前面所说的所有人里面至少有一个人（或者多个人）是这样的，其余的人是什么样并不知道。可是这种表述，能够补充说明前面的统计结果的什么情况呢？

也许有人认为，无论如何，补充的定性资料总会多给读者一些信息。这倒是对的，但是请务必不要把它作为对于统计结果的"补充、细化、说明"等来使用，而是用来指出问卷调查的不足。例如，上面所说的"有5%的人是工人"这个统计结果，如果加上"某工人是个什么样的人"的定性调查资料，那么其意义就是：本次问卷调查没有（或者暂时无法）考察"工人们都是什么样的人"这个问题，留待日后努力。

真正能够起到"补充作用"的定性资料，应该是在发表某个统计结果的时候对于其中某些出乎意料的情况的表述。例如，在上面的例子中应该是这样的补充才有意义："总体中有5%的人是工人，但是其中至少有一位实际上是童工。"明眼人可以看出，这其实也是一种"道歉"，因为选项是按照常识来设置的，事先没想到会有这种情况，所以只好多少有些勉强地把这个人也纳入"工人"。

对于原因的"补充"

在研究实践中，常常可以看到一些作者使用定性访谈的资料来解释某个统计结果的形成原因。这样做的误差可就更大了。还看上面的例子。假如定性资料是"王某之所以当工人是被老板逼迫的"，那么把这个故事附在"总体中5%是工人"这个统计结果的后面，就等于说这5个人都是由于这个同样的原因而当工人的。这怎么可能呢？除非研究者对此加以论证，否则就会形成严重的误导。

这种失误即使在很严谨的学术文章中也时有所见，其根本原因在于：任何一个通过定性调查所了解到的"原因"，必定是独特的，不但对所有人没有代表性，而且对于同类人也不会有代表性。可是问卷调查的一切结果，反映的都是每类人有代表性的共同情况。因此，定性调查发现的"原因"与定量调查测量到的"总体情况"永远也不会匹配。

对于统计分析的"补充"

在社会学调查里,经常有作者用一个故事(或者定性资料)来说明某个整体的统计分析的结果(往往是某种相关关系)。这同样不可取,道理与上述的一样:双方的统计口径不同。例如"当工人与文化水平相关"这个命题必定来自对于所有样本的统计分析,可是却根本不可能证明所有被访者都有过同样的一个成长故事,更不要说恰好就是研究者所"补充"的那个故事。

除非研究者能够论证出这个"情况总结"确实足以涵盖和代表该总体,否则即使是使用对于调查总体的定性的"情况总结"来说明某种相关关系也不可以。例如,可以定性地总结出"中国工人热爱劳动"这个命题。可是,如果研究者把它作为"热爱劳动与工人身份相关"这个统计分析结果的补充,则等于说前一个命题也具有代表性。可惜,它作为一个定性的认识却不可能具有总体代表性。

是算不上补充的"补充"

还有一些调查报告,所使用的定性资料与问卷中的选项其实并没有性质上的差别。还拿上例来说,有的研究者表述为"总体中有5%的人是工人,例如王某就是一个工人",然后加上一段关于王某详细的定性访谈资料。

可是,如果这段定性资料中仅仅是不断地确认王某这个人真的是一个工人而没有其他信息,那么它与问卷中的选项就是同义反复。如果具有其他信息,那么如此使用,要么一定是出现了上述的那种失误,要么就是扭曲了定性资料的信息。

可以极端地说,除非研究者对某个统计结果中所包含的每个人都进行定性访谈,而且一一对应,否则就不可以使用定性资料来描述、说明、细化、解释任何一个统计结果。

在这方面,笔者也有过教训。在2000年的第一次全国调查中,笔者曾经要求所有的调查员都去鼓励所有被调查者进行充分的主述并且记录下来,还要求调查员追问那些做出特殊回答或者有特殊应答表现的被调查者的进一步情况。结果收集到这种主诉的定性资料居然达到65万字之多。可是,笔者完全不知道应该如何分析这些零零散散的甚至仅仅是只言片语的文字记录,更不知道应该如何与统计结果结合起来，结果只好束之高阁。

第三节　社会学调查方法是一个光谱

调查方法是被访者呈现的完整程度的分类

首先需要确定这一"光谱式存在"的两极：一极是单一侧面的个体，就是研究者仅仅要求被访者把自己的某个侧面呈现给调查员（问卷调查居多）；另外一极就是要求被访者把完整的全部的自己呈现给研究者（定性访谈居多）。在这两个极端之间，不同的调查方法其实就是截取了不同的域。这样就可以建构出 17-1 的示意图：

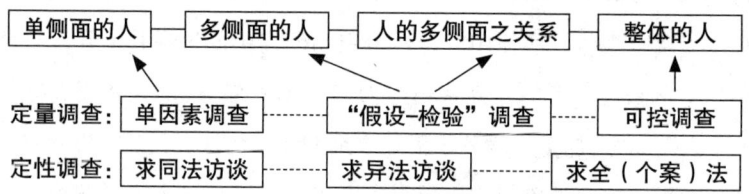

图 17-1　定量调查和定性调查的光谱式理解

在这样的光谱式理解之下，所谓的"定量与定性之争"其实只不过是针对不同的调查目标所采取的不同操作方法。使用求全的个案法来调查完整的全面的人固然好，但是许多情况下研究者并不需要这样的资料，反而是仅仅关心被调查者们的一个或者多个共同的侧面。这时候，无论使用单因素问卷调查还是求同法的定性访谈，都是适合于研究者的调查目标的。

可是反过来说，恰恰是由于不同的调查方法实际上是预设与界定了光谱中不同的域，它们之间的区分又是十分重要的。如果不调查完整的人就无法实现调查目标，那么任何问卷调查方法就都是南辕北辙。反之，如果调查的是人的多侧面关系，那么无论是单因素问卷调查还是求同法的定性访谈也就都无能为力。

这样看来,所谓"定量与定性之争"其实就转化为这样一个问题:研究者究竟要在多大的程度上调查"整体的人"?

对于问卷调查来说,首要的问题就是:研究者所要调查的人的单侧面也好,多侧面也好,多侧面之关系也好,是否真的能够从"人"这个整体中剥离出来?即使可以做到,那么这种剥离的标准与偏差究竟是什么?例如在生活现实中,"建筑工"这一职业往往既有可能是"农民工"这个"人的整体存在"的细分层,也有可能是反过来的情况。如果研究者非要把两者互相"剥离",不考虑一个而去单独统计分析另一个,那就应该说明自己进行剥离的理由,否则很可能失之千里。

人的各个侧面能不能剥离,这只是一个思维游戏。剥离的合理性与可行性,缺乏这种意识才是目前中国的社会调查理论与实践中的主要问题,因为许多论文虽然都会定义自己的调查侧面,却很少见到进一步阐述这个侧面为什么能够脱离人的整体而孤立存在。

目前我国社会科学界常见的定性调查成果也存在同样的问题。它们大多数采用求同法,就是访谈多人的同一侧面,作为例子来证明自己的分析与认识。可是,这个"同一侧面"真的能够剥离出来吗?作者却很少论证。其实,恰恰由于定性调查是开放的与弥散的,在作者列出的用来证明"确属同一侧面"的那些资料里,每每可以发现多个侧面的界限其实是云山雾罩,甚至是山叠水汇。如果作者没有做出进一步的解释,那么就有理由质疑:这样的定性调查与开放式问卷调查还有多大的区别呢?

不过,在目前中国的方法论讨论中,似乎只有定性调查在讲求应该去调查"整体的人"(刘中起、风笑天,2002;王宁,2002),而问卷调查似乎破罐破摔、噤若寒蝉。本文的主旨就是希望登高一呼:应该运用过程控制,向这一任何社会学调查都应该到达的理想境界尽量靠近。

双方的关系才是两种调查的不同性质

这方面也可以列出一种光谱式的存在,如图17-2。

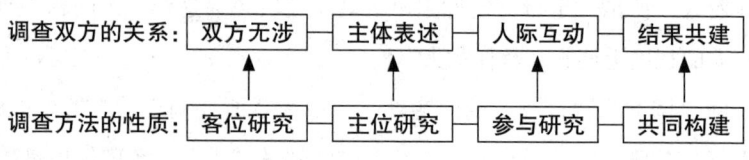

图 17-2 双方关系的光谱式理解

这个光谱的意义在于：如果仅仅在具体调查方法选择的层次上来参与"定量与定性之争"是远远不够的，必须从"调查是一种人际交往"的角度来分析各种调查方法的性质。

作为上述光谱的一个极端，经典的问卷调查往往严格要求调查者不得诱导或者影响对方，以便保持调查结果的客观性。可是，作为光谱的另一极端的定性调查却承认：研究者所记录下来的一切调查结果，其实都是在调查过程中双方互相影响、共同建构出来的。在这两端之间，研究者可以截取出一些域，分别命名为主位研究、参与研究或者任何其他称谓。

这与前面论述过的一样，最关键的并不是孰优孰劣，而是研究者是不是建立起这样的一种光谱式的理解，有没有去论证自己的调查目标最符合哪一种调查方法，有没有把自己的研究放在这样的光谱中去努力改善。

正是从这个意义上来说，所谓"定量与定性之争"并不是聚焦于是否深入、细致、开放、可发展这样的技术问题，而是在讨论一个根本的问题：在任何一种社会学调查的实施过程中究竟存在不存在人际互动？为什么一定要避免甚至无视它，却不去努力使用之？

第四节　走向整合：过程控制的方法论意义

恰恰是由于不同的调查方法其实仅仅是同一个光谱的不同截取域，因此"定量与定性之争"绝不是你死我活、非此即彼的。它们不仅可以互相靠近，还可以整合。这方面的发展余地，比通常想象的要大得多。"之争"中的双方恐怕都不自觉地把对方给"妖魔化"了，结果造成了批判越来越多，借鉴越来越少，双方一起故步自封。

其实，在研究"人"这个对象的时候，坚持贯彻"在受控条件下可重复的试验"这一自然科学的理想境界，半点错都没有。研究者所需要的仅仅是兼收并蓄，仅仅需要增加一些主体构建视角就可以获得更加符合"人"的现实的研究成果，并不需要做出脱胎换骨的改变，更谈不到向定性调查卑躬屈膝。

两者的整合绝不意味着只能使用其中的任何一种来实现之，反而更加强调在科学性中获得体验、感悟与认知以及反过来的过程。至于这两种方法所获得的资料如何合并使用，笔者相信这只是锦上添花的需求而不是逢山开路的问题。

进一步说，这种整合也并不仅仅是具体调查方法层次上的，而首先应该是指导思想、研究视角与整体设计上的灵魂融合。就理想状态而言，在这样的"整合调查"中，问卷调查与定性调查应该是取长补短，双方的目标应该是比翼齐飞，双方的关系应该是相濡以沫，从根本上化解以前的无谓之争。

笔者希望大力推广以主体构建论的基本思想。无论是问卷调查还是定性访谈，这主要表现为5个方面。

其一，把社会学调查视为研究者、调查员与被访者这三方互动的共同过程，特别强调它对于整个研究的巨大意义。

其二，把调查的结果看作个体在其生活环境之中的表现。因此，笔者增加了问卷调查中的生活环境指标与定性访谈中的社区考察。

其三，把调查视为被访者这个主体在调查员面前进行呈现的过程。笔者因此格外地突出了对于调查情境的控制。

其四，调查员所获得的"主体呈现"也不是一个确定的既成事实，而是一个主体自己不断进行构建的过程。因此，笔者才会对调查过程和数据的质性加以控制。

其五，把调查视为研究者在生活世界中去了解生活、在人际交往中去了解人、在主观能动的控制中去避免"假数真算"或者"想当然"的一种研究方法。

行文至此，明眼人都可以看出，上述这些视角其实都是定性调查方法论的关键要求和操作起点。本章只不过强调，这些在问卷调查中恰恰都是可以做到的，而且并不需要千辛万苦才能达到；在定性访谈中则并不是自然而然就存在的，仍然需要更强的理念与更大的努力。

这样看来，所谓"定量与定性之争"其实就转化为这样一个问题：研究者究竟要在多大的程度上调查"整体的人"？

对于问卷调查来说，首要的问题就是：研究者所要调查的人的单侧面也好，多侧面也好，多侧面之关系也好，是否真的能够从"人"这个整体中剥离出来？即使可以做到，那么这种剥离的标准与偏差究竟是什么？例如在生活现实中，"建筑工"这一职业往往既有可能是"农民工"这个"人的整体存在"的细分层，也有可能是反过来的情况。如果研究者非要把两者互相"剥离"，不考虑一个而去单独统计分析另一个，那就应该说明自己进行剥离的理由，否则很可能失之千里。

人的各个侧面能不能剥离，这只是一个思维游戏。剥离的合理性与可行性，缺乏这种意识才是目前中国的社会调查理论与实践中的主要问题，因为许多论文虽然都会定义自己的调查侧面，却很少见到进一步阐述这个侧面为什么能够脱离人的整体而孤立存在。

目前我国社会科学界常见的定性调查成果也存在同样的问题。它们大多数采用求同法，就是访谈多人的同一侧面，作为例子来证明自己的分析与认识。可是，这个"同一侧面"真的能够剥离出来吗？作者却很少论证。其实，恰恰由于定性调查是开放的与弥散的，在作者列出的用来证明"确属同一侧面"的那些资料里，每每可以发现多个侧面的界限其实是云山雾罩，甚至是山叠水汇。如果作者没有做出进一步的解释，那么就有理由质疑：这样的定性调查与开放式问卷调查还有多大的区别呢？

不过，在目前中国的方法论讨论中，似乎只有定性调查在讲求应该去调查"整体的人"（刘中起、风笑天，2002；王宁，2002），而问卷调查似乎破罐破摔、噤若寒蝉。本文的主旨就是希望登高一呼：应该运用过程控制，向这一任何社会学调查都应该到达的理想境界尽量靠近。

双方的关系才是两种调查的不同性质

这方面也可以列出一种光谱式的存在，如图17-2。

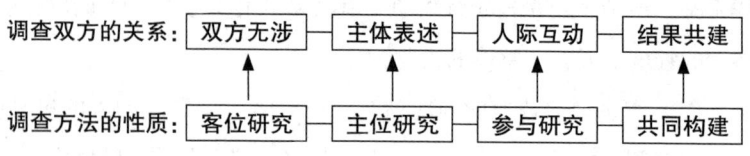

图 17-2　双方关系的光谱式理解

这个光谱的意义在于：如果仅仅在具体调查方法选择的层次上来参与"定量与定性之争"是远远不够的，必须从"调查是一种人际交往"的角度来分析各种调查方法的性质。

作为上述光谱的一个极端，经典的问卷调查往往严格要求调查者不得诱导或者影响对方，以便保持调查结果的客观性。可是，作为光谱的另一极端的定性调查却承认：研究者所记录下来的一切调查结果，其实都是在调查过程中双方互相影响、共同建构出来的。在这两端之间，研究者可以截取出一些域，分别命名为主位研究、参与研究或者任何其他称谓。

这与前面论述过的一样，最关键的并不是孰优孰劣，而是研究者是不是建立起这样的一种光谱式的理解，有没有去论证自己的调查目标最符合哪一种调查方法，有没有把自己的研究放在这样的光谱中去努力改善。

正是从这个意义上来说，所谓"定量与定性之争"并不是聚焦于是否深入、细致、开放、可发展这样的技术问题，而是在讨论一个根本的问题：在任何一种社会学调查的实施过程中究竟存在不存在人际互动？为什么一定要避免甚至无视它，却不去努力使用之？

第四节　走向整合：过程控制的方法论意义

恰恰是由于不同的调查方法其实仅仅是同一个光谱的不同截取域，因此"定量与定性之争"绝不是你死我活、非此即彼的。它们不仅可以互相靠近，还可以整合。这方面的发展余地，比通常想象的要大得多。"之争"中的双方恐怕都不自觉地把对方给"妖魔化"了，结果造成了批判越来越多，借鉴越来越少，双方一起故步自封。

其实，在研究"人"这个对象的时候，坚持贯彻"在受控条件下可重复的试验"这一自然科学的理想境界，半点错都没有。研究者所需要的仅仅是兼收并蓄，仅仅需要增加一些主体构建视角就可以获得更加符合"人"的现实的研究成果，并不需要做出脱胎换骨的改变，更谈不到向定性调查卑躬屈膝。

两者的整合绝不意味着只能使用其中的任何一种来实现之，反而更加强调在科学性中获得体验、感悟与认知以及反过来的过程。至于这两种方法所获得的资料如何合并使用，笔者相信这只是锦上添花的需求而不是逢山开路的问题。

进一步说，这种整合也并不仅仅是具体调查方法层次上的，而首先应该是指导思想、研究视角与整体设计上的灵魂融合。就理想状态而言，在这样的"整合调查"中，问卷调查与定性调查应该是取长补短，双方的目标应该是比翼齐飞，双方的关系应该是相濡以沫，从根本上化解以前的无谓之争。

笔者希望大力推广以主体构建论的基本思想。无论是问卷调查还是定性访谈，这主要表现为5个方面。

其一，把社会学调查视为研究者、调查员与被访者这三方互动的共同过程，特别强调它对于整个研究的巨大意义。

其二，把调查的结果看作个体在其生活环境之中的表现。因此，笔者增加了问卷调查中的生活环境指标与定性访谈中的社区考察。

其三，把调查视为被访者这个主体在调查员面前进行呈现的过程。笔者因此格外地突出了对于调查情境的控制。

其四，调查员所获得的"主体呈现"也不是一个确定的既成事实，而是一个主体自己不断进行构建的过程。因此，笔者才会对调查过程和数据的质性加以控制。

其五，把调查视为研究者在生活世界中去了解生活、在人际交往中去了解人、在主观能动的控制中去避免"假数真算"或者"想当然"的一种研究方法。

行文至此，明眼人都可以看出，上述这些视角其实都是定性调查方法论的关键要求和操作起点。本章只不过强调，这些在问卷调查中恰恰都是可以做到的，而且并不需要千辛万苦才能达到；在定性访谈中则并不是自然而然就存在的，仍然需要更强的理念与更大的努力。

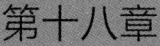

研究伦理：方法论层次的反思

第一节　研究为什么需要伦理

一、问题的提出

社会学调查中研究伦理的缺失

我国学术界围绕着社会学调查展开的讨论主要集中在各种方法与具体的技术，对于研究伦理在社会学调查中的重要性并没有进行深入的分析，尤其是对于如何在研究过程中尊重、保护被研究者，以及研究伦理的贯彻与否如何影响调查质量这些重要的方法论问题，还没有详细地讨论。

在国际上，对于社会调查中的研究伦理的关注是从20世纪中期开始，以"塔斯克基梅毒实验"为一个转折性的事件。从1932年起，美国政府资助的塔斯克基梅毒实验在持续40余年的连续研究中，对黑人进行梅毒试验与检验却不给予治疗。这使得美国政府臭名昭彰，也成为医学史上的一个负面例子。这之后，尊重、受益、公平被规定为三个基本的研究伦理原则。这来自1991年美国卫生教育福利部发布的《贝尔蒙报告》（美国卫生教育福利部，1991），其实早已运用于中国的某些金融与银行业的服务之中。时至今日，所有那些对于个人隐私的保护，可以说都是来源于此。

在中国，与调查伦理相关的讨论集中在三个方面。

其一，在哲学的范围内讨论伦理的问题，即通常所认识的"伦理学"或者道德学，被定义为研究人际关系中人的行为规范的科学。

其二，在社会调查的方法书尤其是译介性质的教科书中，有一些关于研究伦理原则的介绍（陈向明，2000；纽曼，2007）。

其三，世纪之交在中国兴起的艾滋病干预与防治项目，第一次在实践的层面上推进了公共卫生领域伦理研究的讨论与培训。国际合作项目的增加也促使中国的相关机构（比如疾病预防控制中心以及一些大学院校）建立了伦理审查委员会（刘春雨等，2003）。

但是，国际上通用的伦理原则在中国的情境中是否适用、如何变通的问题没有很好地被讨论；在基于国际压力、为了应付合作项目的通过而做的伦理审查中，流于表面的文章相当多；研究伦理的讨论主要还是局限在与艾滋病防治相关的医学、公共卫生与生殖健康领域。因此，尽管在中国的人文社科领域，伦理学也是一门专门的学科被不少哲学家和社科研究者所讨论，尽管不少学者在实际操作中有意无意地会考虑到研究伦理问题，但是普遍而言，社科研究中的伦理问题作为一个显性话题还没有引起足够的重视和讨论。尤其是，已有的讨论基本上都是在"道德"层面上展开，在社会学调查的实际操作的领域中尚缺乏认识、推广和贯彻。

笔者的调查经验与反思

从方法论的角度提出社会学的研究伦理问题，与笔者自己的调查经验紧密相关。

其一，笔者的定性访谈对象主要是底层社会与边缘人群。以女性性工作者为例，其所处的非法地位以及道德上的备受歧视不仅使她们处于社会意义上的弱势地位，而且在研究者与被研究者的权势关系中也处于明显的弱势。因此，为了自我保护，她们对于任何调查的抵触与敷衍心态也就更加明显。这种情况促使笔者在做社会学调查的时候不得不随时注意和反思那些与研究伦理有关的问题。

其二，"性研究"的敏感性也促使笔者在与被访者交谈的过程中，既要时时思考如何让对方畅所欲言，又要千方百计地在落实保密原则的同时，尊重对方的"隐私屏障"（潘绥铭，1995:505）。

此外，一方面，性社会学研究本身的边缘地位，也使得笔者的调查资源处于弱势地位，例如无法借助现存的社会管理系统，很难进行调查前必要的宣传解释，等等。这使笔者不得不靠自己的力量、通过平等的互动和交换与被访者打交道（如"小姐"研究）。这种经历使得笔者对于社会学调查过程中的"权势地位"、平等关系的重要性更为敏感，也更容易"移情地理解"被访者的地位与处境。另一方面，这也来自亲身的教训。例如，笔者20世纪80年代中期在大学生、已婚者和工人中的问卷调查之所以失败，就是因为当时笔者还没有意识到研究伦理的关键性。

此外，在"小姐"研究的过程中，笔者感触最深的就是如何通过平等的交往与"小姐们"建立信任的关系，以及这种信任关系对于研究的重要性。尽管这带有一定的特殊性，但是其中所内含的方法论思考和研究伦理的思考则包含着普遍性，可以提出能够应用于更为广泛的各类社会学调查中的研究伦理问题。

二、研究伦理：从道德到方法论

从道德到方法论进行伦理探讨的意义主要有两点。

其一，道德层次的伦理探讨往往容易"泛泛而谈"，缺乏约束力和可操作性，而方法论和具体操作方法层面的讨论则有利于在社会学调查中切实地贯彻和落实伦理原则。

其二，道德层面的伦理比较倾向于"约束"，即约束研究者以避免对被访者造成损害，而方法论层次的讨论可以帮助研究者从正面角度认识到：伦理原则的贯彻可以如何促进研究者的社会学调查，提高研究质量。

调查过程中的互动与交换

在社会学调查中，研究者与被研究者的权势关系，包括研究的资助方及其背景对于调查过程和调查质量的影响，都要被纳入研究之中（罗纳尔多，2006；朱苏力，1998）。

其一，互动需要一种平等的态度来维系。但是，调查者是发起者、控制者与评判者，往往具有先决的优势地位（在付酬的调查中尤其如此），很容易造成与被访者的不平等关系。这不能仅仅依赖于研究者的良心，还需要学术规范的限制。那就是必须意识到，双方是否平等，会直接影响到调查的过程和质量。研究者（包括资助方）应当将对被研究者的影响（不管是显现的还是潜在的）都纳入最初的设计之中和事后的分析与反思中。

其二，在平等的双方之间，任何互动都需要靠相互"交换"来维持下去。研究者没有权力去要求被访者无偿付出，也没有什么单向的"请您配合"，而只能是交换。因此，研究者在调查之前就应该充分考虑：自己拿什么去交换对方的信息？这种交换对对方来说有价值吗？这就涉及研究的伦理问题。

这种"互动"与"交换"的理念不仅仅适用于定性调查，同样适用于问卷调查，只是互动的程度有所不同而已。尽管问卷调查要求尽量降低调查员的影响，达到"标准化"和"客观性"，但是在实际操作中，这种影响是抹不掉的。这就是研究伦理的必要性和重要性之所在。

如果研究者仅仅是被动地后悔，那么这项调查就会受到从方法论角度对调查质量的质疑。试想，一个调查如果让被访者感到不舒服，或者受到侵犯，调查所得到的数据和资料的可信度还能有多高？

研究伦理的贯彻有利于提高调查质量

社会学调查过程中的互动会受到多种因素的影响，大到中国人的国民性，小到某个研究者或者被访者的性格特征等。

中国人的性格特征不但具有"不善于拒绝"的特点，而且深受"表态文化"的影响，所以很可能碰到应答率高但是数据质量低的情况。这就首先需要分析"表态文化"在方法论意义上的表现。

这种"表态文化"主要是指在公开场合里，凡事都仅仅表明顺从的态度而已，与自己的实际行为往往没有关系。它不仅是被访者基于对调查风险的评估而做出的自我保护举动，更是被社会长期形塑出来的一种非自觉的集体无意识。因此，对于任何话题的调查研究，被访者首先想到的是"如果我的（真实）回答不符合主流社会，我可能需要负什么责任"。

这种后果大到可以被标为"反动"（比如政治敏感性的话题），或者是"有经济问题"(比如过多灰色收入、逃税漏税),或者是个人道德有问题(比如性方面的话题),或者感到在公共空间(哪怕只有两个人)中"说话"是一种责任负担。

这些顾虑更多的是被访者自己对于"潜在风险"的构建和对于"个体责任"的想象,这种想象可能具有群体特征,也可能只具有较大的个体性差异。非常多的被访者还会不同程度地出现"表态升级",就是会不由自主地拔高自己,更上一层楼。

因此,研究者首先需要知道:被访者担心什么,他们认为的风险有哪些,是什么样的差序格局,然后再想方设法去破解这些风险。最主要的方法就是告知对方并且现场演示:调查者所采取的保密措施如何有效。但是这往往仍然不够,研究者还需切实地帮助被访者来分析他们所想象的那些风险,为什么不值得担心。例如,在上网已经非常普及的21世纪,调查员应该给对方讲解为什么他(她)对着笔记本电脑回答,调查员是看不到答案的,那么大多数中国成年人都已经能够明白而且相信。

这其实既是创造安全的情境,又是促进诚意的互动。由此研究者才可能做到对被访者的"移情式理解",才能更加深入地从对方的角度来解释所获得的信息。

例如,在"小姐研究"中,笔者首先要深入她们的日常生活,了解和理解她们那种处于社会边缘的生活方式。她们最大的担心是被抓、被暴露、受歧视。因此,她们对于研究者的第一反应就是:逃避、拒绝、胡扯、下意识撒谎或者故意撒谎等。

因此,首要的是消除她们的顾虑,拉近人际关系。研究者必须用各种实际行动来表明:我们双方是平等的。只有这样,一个高质量的调查研究才能成为可能。

进一步来看,双方平等才可能避免"小姐"的"顺杆爬"。局外人都喜欢问她们:"你为什么干这行?"大多数"小姐"会对答如流:"家里穷,没办法。"其实,这是因为"小姐们"早就被"练出来了",意识到"家里穷"这种说法符合主流社会对于"小姐"的想象,而且容易博得同情。研究者如果一概把这当作是一个真实的回答,那就肤浅了。

如果真想进一步了解这个问题,那就需要通过平等的交往,逐步建立起足以促膝谈心的关系,深入地了解她们的生活和心理,从琐碎的生活观察和碎片化的言语中分析所谓的"从业原因"。

三、研究伦理的基本原则

以人为研究（试验）对象的科学研究所应该遵循的三个基本伦理原则是：尊重个人、对方受益、公平。这个原则被国际医学界和社会科学界广泛应用。结合中国的现状，笔者把这些原则稍微调整和综合一下，运用到实际操作中，认为社会学调查至少要做到：知情同意、尊重与平等、无伤害与受益。

知情同意

知情同意是指在以人为研究（试验）对象的任何科研领域，必须让对方获得该项研究的所有必要信息，并充分理解了这些信息；然后在没有强迫或不正当压力或引诱的情况下，自愿做出是否参与科研的决定，而且决定在科研过程中是否退出。也就是说，研究者提供完全的信息、对方完全理解、对方完全自愿，这是知情同意的三大要素。

任何社会学调查都必须有一个知情同意的过程。知情同意可以是签字，也可以是口头同意。书面形式的知情同意不仅是保护被研究者，也是为了保护研究者，是一种比较理想和正规的形式。但是，取得书面的签字同意书并不容易。首先，从文化上讲，中国人对于签字（哪怕仅仅是留下笔迹）都比较谨慎；其次，在涉及社会边缘群体、敏感话题时，书面的同意书更是不容易获得。即便获得了，也存在增加对方的顾虑和心理负担的风险。因此，在实际操作过程中，根据具体情况，只要做到实质意义上的知情同意，口头形式也是可以的。但是，研究者必须在自己的调查报告中加以说明。

1. 知情同意的首要内容就是调查者承诺尊重和保护对方的"隐私屏障"。

几乎所有的问卷在扉页都会有一段"朋友，你好……"的自我介绍，但是很多人只是知道"应该这么做"，而不清楚这么做的伦理学和方法论背景。

社会学调查虽然不太容易对被访者造成直接的人身伤害，但是却很容易使对方感到不舒服、焦虑，或者感觉失去自尊（纽曼，2007），或者激发被访者的"表态"式表达。因此调查者必须首先说明我们是谁、研究的主题和目的是什么、如何进行保密、对被访者可能有什么潜在的益处和伤害，等等。这实际上就是知情同意的第一步。

下面是笔者四次全国调查中进行的自我介绍和知情同意。括号中的文字是笔者的解释。

朋友，您好！我们正在进行一次社会调查，目的是了解中国人的健康与家庭生活，以便更好地预防疾病的传播（**用科学和社会责任作为主要的感召力量**）。这次调查是由中国人民大学的性社会学研究所进行的（**证明研究者的信誉和责任心**）。我是根据居住者的户口名单，每隔数十人选中一人，才找到您的。我绝不是故意找您，也没有把此事告诉任何人。跟您一起被选中的，还有其他许多人（**详细说明抽到对方的机制**）。我们将请您回答一些您的个人情况，包括性生活、性关系方面的一些问题（**给对方足以做出选择的信息**）。您的回答，将帮助我们的国家与疾病做斗争（**再次用科学和社会责任来感召**）。如果您愿意，我们将赠送您感谢金（**尊重对方的付出**）。

这次调查是完全保密的。我们不会问您的姓名和地址。在我们的调查结果里，不仅不会有您的姓名、地址，而且就连居委会或者村的名字也没有。这是因为，我们的调查仅仅是为了表明全中国的情况。我们不想，也不会把调查结果与您本人联系起来（**详细说明保密措施和保证**）。根据我国的《统计法》，我们将对您回答的一切情况严格保密（**承担泄密的责任**）。

对于这次调查，如果您有什么问题，请打电话给以下两个人：×××教授，他负责解决社会调查方面的问题，他的电话号码是：……；×××老师，她负责维护您在回答问题过程中的正当权益，她的电话号码是……（**给对方提供可以质疑与投诉的渠道**）。

在现场操作的时候，会把这些语言进行日常化和口头化处理，并且根据对方的特征和反应来进行调整，在与对方的互动和对话中完成这个过程。这对于调查的顺利进行以及调查的质量非常重要。

2. 知情同意需要多层次的贯彻与执行。

知情同意还应该贯穿到问卷调查的全过程之中，即针对每道题目，都应该做到"知情同意"。被访者愿意参与到此次调查之中，并不意味着他（她）就有义务或者很乐意回答所有的问题。因此调查者必须强调，对方可以随时退出调查，也可以拒绝回答任何一个题目。尤其是那些敏感的或者容易唤起对方的不良记忆的问题，很有必要在回答之前再次征求对方的同意。例如在笔者的"性调查"中，会多次提示："下面我们将问您一些有关×××（性细节）的问题，如果您有什么顾虑，请告诉我们。"

知情同意的过程不是一步到位的，还需要有多层次的考虑与贯彻。反思笔者的调查，2000年的第一次全国调查有一个教训就是在问到童年是否遭遇过性侵害这个题目的时候，没有再一次地进行知情同意。这是因为笔者没有充分考虑到这些题目可能会给对方带来负面的记忆，也没有意识到这种负面情绪可能影响回答的真实性。如果笔者能够未雨绸缪，就会进行再次知情同意的确认过程，尽可能地降低这种负面效应，甚至根本不问这些问题。

这一失误所带来的学术后果就是：尽管有一些人报告说自己童年时有过此类经历，但是其中的绝大多数人都在另外一个提问中回答说"自己没有受到大的伤害"。也就是说，由于没有再一次进行动员，那些深受其害的人们其实还是没有回答笔者的提问。因此，从2000—2015年的四次全国调查结束后，笔者一直拒绝写任何这方面的中文论文，也没有发布这方面的百分比。

正是由于有这个教训，笔者在2010年针对14岁到17岁总人口的调查中，曾经一共设置了4～11次知情同意的提问，每次都说明："下面要问敏感问题了（列出具体问题），请问，您愿意回答吗？"如果对方不愿意回答，就不再出现该部分的提问，直接跳到更下面一个部分的提问，依此类推，直到问卷结束。在最后的统计中，笔者发现有相当多的被访者选择了相当多的跳答。这种"宁可损失应答率（代表性）也要保证真实性"的选择，笔者认为非常值得，而且良心平静。

3. 知情同意需要其他具体措施的配合与强化。

例如，邀请被调查者在方便的时间来、设立独立封闭的访谈空间、同性别一对一访谈、让座倒茶、寒暄客套等，都是为了尽量通过这些情境的设计来创造一个适合于双方互动的良好空间。这些措施都有助于实现被访者的知情同意。

尊重和平等

这是非常重要的研究伦理原则，而且必须在实际操作中切实地得到体现；不仅仅是书面承诺，更重要的是发自内心的感情表达。这就需要研究者培养自己的多元平等的、将心比心的心态、姿态、体态和语态，一定不能是一览群山小的居高临下，更不能是猎奇。这就是说，恰恰因为我们是研究者，理应知道双方的不同权势地位，因此才更应该主动去尽量打破这种不平衡的关系。

在性与艾滋病研究领域中，研究伦理问题非常显眼，不仅仅因为涉及个人的隐私，还在于它最容易跟道德评判联系在一起。这就更加需要研究者时刻审视自己的态度和立场，更需要用一种尊重的态度来对待自己所不认同的一些观念和现象，否则研究者就难免会把自己的先验价值和道德判断渗透到研究中。这不仅会影响被访者的应对态度和主体表述的真实性，而且对于研究者来说，没有办法再用"扎根理论"的方法基于材料来进行分析，更无法从主体建构的视角出发来解读材料。试想，目无下尘的人怎么可能了解"小姐"这个人群？"恐同者"如何理解同性恋与跨性别人群？只有一视同仁，才有可能试着站在对方的立场来看问题，也才可能首先以一种分析的眼光来研究社会现象，而不是停留在道德评判的层次。

尊重和平等也有其方法论的来源。在任何一个社会学调查中，调查者的角色都仅仅是研究者，而不是任何意义上的道德评判者，更不是侦察与审讯的警察。无论研究者的学术声誉和地位有多高，人们和社会也并没有授予他（她）歧视任何他人的权力。所以说到底还是"文如其人"，做学问就是在做人。

无伤害，然后是受益

无伤害是社会学调查的最基本原则。首先要做到的是对被访者无伤害，包括有形的和无形的伤害，然后才能谈到受益。

无伤害首要的和最基本的就是保密，就是不泄漏被访者的信息，包括文字的、声音的和影像的。要做到保密，通常的做法是：不仅不留名字，资料中也不出现任何能够辨认出被访者的个人信息。如果经过知情同意之后录音，则一定要保证录音资料只供研究者使用并且在使用后妥善保存或者销毁。

　　进一步的考虑是如何使被访者受益的问题。受益，包括物质意义上的报酬（钱、小礼物、请吃饭等），还有一些则是信息上或者情感上的交换。比如，有关艾滋病方面的研究，应该在访谈完之后，给对方介绍一下相关的知识；跟"小姐"聊天的时候，不仅谈"她们的世界"，也要谈"我们的世界"等等。"受益"要与"交换"挂钩，这是最基本的人际互动准则，需要被运用到社会学调查方法之中，而不能一味地要求被访者配合与奉献。

　　在普通调查中，无伤害原则相对比较容易贯彻。但是，在双方的权势关系相差悬殊的调查中，尤其涉及边缘人群的时候，这个原则就变得尤其重要，需要三思而行，因为对于对方可能遇到的"风险"，研究者自己更加难以预测与评估。

　　从方法论的高度来看，调查者实行无害与受益的研究伦理的程度，基本上可以反映出该调查者的学术深度与研究能力。如果不是非常深入地了解被访者，如果调查的整个方案不是经过精心设计与充足的试调查，那么调查者就根本无法知道究竟什么可能伤害被访者，更不可能知道什么才会真的使被访者受益，也就根本无法真正执行研究伦理。

　　因此，需要强调的是：执行研究伦理的好坏，与其说是一个道德意愿的问题，不如说是一个学术水平的问题。

第二节　研究伦理的操作

一、方法论探讨之例

从学术研究到私人友谊的界限

　　如果很好地贯彻了研究伦理，那么双方就很容易成为朋友。例如黄盈盈在身体研究中，就有这样的记录。

J10 是一个朋友介绍的朋友。和 J10 的访谈令我觉得很震惊。从风采和语言上，J10 都应该属于那种比较开放的女孩。"性"这个字从她嘴里说出来也不觉得有丝毫的羞涩。甚至当我有时候对她的观念表示出掩饰不住的吃惊时，她还跟我开开玩笑说："没想到吧，我爱都没有做过。"

访谈结束后，J10 一直觉得很不安，并一直向我请教如何"提高"和"学习"（这两个词是她原话中带有的，用到性的话题上，稍微显得有些太正经了）。她告诉我，以前觉得自己那么保守其实是在保护自己，觉得这样就没有任何机会受到伤害。没想到还是在感情上摔了跟头。

她还一再地问我，我是否觉得她的男友和第三者之间已经发生了性关系。

过了几天，我在下班的路上接到了 J10 的电话，让我向她推荐几本与性有关的书。也许，这次访谈真的会影响和改变她很多。（黄盈盈，2008）

这当然是一种良性互动值得称道的产物，但是这里面也仍然需要注意研究伦理的问题，那就是双方最好再也不要提起那次身体研究的事情，让它仅仅作为一个机缘而潜在，避免弄成任何一方的责任或义务。

报酬数额对于样本选择与数据真实性的影响

从"论方法"的层面来说，如果报酬的数额过大，那么研究样本就更容易出现偏差，也就是那些更加希望拿钱的人更容易接受调查，而且为了"对得起这笔钱"会更多地"顺杆爬"，故意迎合研究者，造成更多的偏差。

在中国的艾滋病研究与防治领域里出现了一个与此有关的现象：不少人（例如"小姐"、吸毒者与男男性接触者）知道接受访谈可以拿钱，就多次接受不同项目的访谈，甚至主动去寻找被访谈的机会，因此成了"被调查专业户"，而且以不变应万变，以同一套"成熟"的"表态式"说法或者"顺杆爬"的态度去应对所有的调查者。尽管每次被访谈的报酬也许不算多，例如只有 50 元，但是这样的"专业户"现象严重影响了访谈的质量和可靠性。

双方关系的亲密度对于调查质量的影响

在笔者所亲历的一些性社会学培训项目中（尤其是涉及男同性恋人群时），在讲到方法论和伦理部分时，培训者都会强调：不要与被访者发生性关系，这会在伦理上构成问题。可是笔者的思考却是，研究者与被研究者在研究进行期间发生亲密关系（性关系只是极端现象，更多的是经济往来关系、人情关系等），这究竟是两个人的私人问题与个人权利，还是研究伦理的问题？从方法论的角度来说，对于研究带来的影响是否一定是负面的？

这不是一刀切的问题。从道德和权利的层面上，讨论的焦点应该是：研究者是否为了各种便利而利用研究者的身份来发起这种亲密关系，即以"权"或"利"来谋"性"？研究者有没有强制对方？这种亲密关系是否给对方带来现实的或者潜在的危害与损伤？

从方法论和方法的层面上看，分析的重点应该是：亲密关系是否影响和如何影响调查研究的质量。毫无疑问，这种影响当然是存在的。在双方发生亲密关系之后，甚至在准备结成这种关系的时候，研究者与被研究者之间的关系就已经变化了。这在一定程度上会影响研究的质量。

但是，这种影响需要分析，未必就一定是好的，或者一定就是坏的。双方有亲密关系，并不代表被研究者就一定是被迫的或者不情愿的，也不排除研究可以更加深入的可能性。但另一方面，亲密关系也不必然会增加研究的真实性与深度，否则，是不是可以推论，只有恩爱夫妻之间的相互研究才是最好的？这些都要看研究者的学术修养和所采取的具体研究方法。人们之所以简单地排斥这种研究中的亲密关系，其实是因为它被认为是违反了社会的主流道德，殊不知这却未必损害研究伦理的"知情、平等与尊重、无伤害"的原则。

"伪装调查"问题

在社会学研究中，最经常引发讨论的还有：能不能假装成该人群中的一员对该人群进行研究呢？在预防艾滋病的工作中，有不少人实际上是假装成男客，先接触"小姐"，然后再表明身份，有些人则是一直伪装到底。

那么这是否违背了"无伤害"原则？那么请扪心自问，如果有一个人伪装成您的老乡来推销商品，就算您没买，但是您觉得自己受到伤害了吗？

但是仅仅从这样的道德角度来批判，还是远远不够。如果从方法论角度分析，假装成嫖客来接触"小姐"，首先碰到的是研究方法方面的疑问：这个身份如何影响了双方关系的建立和资料的获取？面对嫖客这种身份，"小姐们"所给出的回答通常仅仅是"做生意时的套话"。例如，几乎每一个"小姐"都说自己是外地人，都说自己今天刚来，都说"你是第一个"，都说"因为家里穷"，都说"很快就不干了"。她们并不是故意撒谎，而是被男客们喋喋不休的询问给"培训"成这样。如果伪装调查，就不但不能了解她们的生活和文化，而且会以讹传讹，毒害舆论。伪装一旦被揭穿或者不得不坦白，那么双方的互动就难以再进一步进行下去。

所以"伪装男客调查"根本不可能具有任何学术性，往往是敷衍了事，甚至是借机猎奇也说不定。

二、研究伦理的刚性贯彻

对于研究伦理的贯彻程度很容易出现一种误解：似乎越是不涉及边缘或者弱势群体的、越是不涉及敏感话题的，就越是不需要贯彻那么多的伦理原则。例如有人会认为，医学研究这样的直接涉及健康与人身安全的研究，当然需要贯彻一切研究伦理。但是调查主流人群对于某种商品的喜好程度这样最普通的社会调查，大概就可以少贯彻一些伦理原则了，因为这种普通调查几乎不可能伤害到被访者。

这种误解恰恰是仅仅从调查者的单方面道德来讨论研究伦理的结果。如果从研究的方法论，从互动与交换的视角来看，研究伦理必然是在任何形式与任何主题的社会调查中都必须毫不动摇地贯彻到底。这是因为，没有什么社会调查不是在互动与交换中完成的。如果不能把研究伦理进行到底，那么调查过程中的互动就无法有效地、深入地进行下去，其调查结果的质量就必定要打折扣。如此这般，被访者即便接受调查，也倾向于给出表态式的回答；研究者即便很有学识，也很难在这种虚与委蛇的互动中"移情地理解"对方的主述，而高质量的研究也就会成为奢谈。

那么，社会学调查究竟在多大程度上能够真正贯彻研究伦理呢？笔者以"知情同意"为例来进行分析。

知情同意是受到时空限制的，必然会受到研究者和被研究者作为"人"的认知的限制。研究者能够预测到多久远的风险？被访者今天同意了，明天后悔了，怎么办？

如果是针对某些边缘人群（"小姐"、艾滋病感染者、吸毒者等），如果处于被访者的自主性和权利意识还没有达到足以自我保护和勇于"说不"的社会背景下，那么研究者尤其需要慎重，不要把可以辨识被访者的个人信息（姓名、照片等）公布出来。应尽量周全地考虑种种可能对被研究者不利的情况，并把这些风险告诉被研究者。这是研究者的义务，哪怕对方并没有主动要求。

这是因为，有时候研究者自己都不知道研究作品发表后可能会产生什么样的效应。例如某位女性是艾滋病病毒感染者。她同意接受某个著名电视台的面谈式采访。但是，在采访播出后，个人生活遭到了她自己远远没有预料到的破坏，精神受到了很大的打击，因而想尽办法要起诉节目制作者。

研究成果即便只是在学术圈内使用，也无法完全保证被访者的信息不会被外传，不会干扰到被访者的生活。以笔者团队的"小姐研究"为例，尽管照片的社会影响力极大，也有"小姐"愿意被拍照，但是考虑到她们的边缘地位，考虑到她们太年轻、太弱势，可能还预测不到可能会对以后的生活造成什么样的影响，笔者宁可防患于未然，从来就严格禁止研究团队携带任何录音录像设备进入现场。

因此，研究伦理的刚性贯彻，并不是要树立一个完美主义的理想状态来挑剔研究者，而是主张"贯彻研究伦理"必须成为调查中必不可少的一个过程。尤其是，无论调查者能够在多大的程度上贯彻之，研究伦理的考虑都不应该仅仅是一个需要事先审查的环节，而应该是调查者奉若神明的与始终如一的学术自觉。

相应地，我国社会科学界应该尽快地建立起这样一个新的研究规范：在任何一个调查报告或者学术论文中，都必须清晰表述作者是如何贯彻研究伦理的，又在什么样的程度上实现之，以及为什么认为自己达到这个程度就足够了。

这不仅仅应该是对于调查者的要求。作为学术规范的促进者与评判者之一的学术刊物的编辑和出版社，在评审稿件的时候也应该提出这样的要求。

三、高于伦理原则的道义责任

职业道德与公民道德之间可能的冲突

研究者既是"做研究的人"，也是"普通的人"，这就引发了最具争议性的一个问题：当公民道德与研究伦理发生冲突的时候，研究者究竟应该如何选择？在研究一些与犯罪相关的现象（例如贩毒、组织卖淫、拐卖妇女等）的时候，研究者究竟应该采取中立立场，还是应该去告发研究对象？作为研究者与作为一个守法公民的角色应该如何协调？

一方面，人们会觉得研究者首先也是"人"，尤其是一个守法的人，所以做人的伦理和守法是首要的，因此当然要揭发犯罪行为。但另一方面，研究者既然是要研究这类现象，那么揭露和举报就有悖于研究伦理。例如，美国有位记者，因为在法庭上拒绝举证告发他的被访者而被判入狱，但是他对职业道德的坚守却受到了业内的尊敬。[1]

其中的关键问题在于：是否存在一个具有普适性的、优先于一切其他伦理准则（包括职业道德和研究伦理）的元准则？笔者无法得出一个明确与简化的结论。但毋庸置疑的是，面临这样的伦理冲突的时候，不管研究者做出什么样的选择，都会形成一种严重的价值介入，都会对研究过程产生巨大的影响。

对于道义责任的思考与选择

笔者在"入住式社区考察"期间，屡次看到各种不公平的现象，例如"小姐"被旁人歧视、被老板欺压、客人或者社会的混混来闹事，甚至是女孩子被骗过来当"小姐"等。这些事情都不是笔者造成的，笔者实际上也爱莫能助；笔者也知道自己的身份是研究者，首先是为了分析社会问题。可是，笔者常常不得不

---

[1] 新华报业网讯：《美国：〈纽约时报〉记者拒绝作证入狱》，2005年7月7日。

审视自己：这是不是在"使用"这些"小姐"？我从她们那里获得资料，却无法给予她们感谢金之外的任何切实帮助。这怎么对得起自己的良心？这就是更为根本的道义问题。

道义的第一个层次是，究竟应该不应该去研究她们，这本身就是一个道义问题。

不能否认，像笔者这样大谈"性产业"的情况，有可能使得"小姐们"的日子更不好过。她们中的绝大多数人所需要和期盼的，其实只是像小草那样默默地生存下去。在不能"非罪化"的环境中，过度的关注就可能危害到她们的现实生活质量。虽然笔者并不认为研究"小姐"就一定会损害她们，但是也不想更多地打扮自己。在调查过程中，一位被访者就曾一语道破："你是教授，总要找些事情做嘛。"

不过，笔者仍然承担着道义上的责任。因此，只能遵守中国人的两条古训：在精神上坚持"将心比心"，在行动上实行"己所不欲，勿施于人"。

道义的第二个层次是：我能不能为了研究的需要，就去挖掘对方所不愿意暴露的隐私呢？例如：萍姐（一个被访的"妈咪"）已经回家乡结婚了，这是研究"小姐""转业"和"退役"的罕见好机会。可是，笔者还能无所顾忌地再追去找她聊天吗？甚至，在公开场合如果笔者再遇到她，还能表示我们曾相识吗？显然是不能，哪怕笔者的个案记录极不完整。

笔者坚信，任何社会学调查都不能搞"逼供、诱供"，哪怕是使用最温柔的手段。尊重对方的"隐私屏障"，就是尊重对方的整个人格，也就是尊重调查者自己。

道义的第三个层次是：应该从什么角度上去帮助她们呢？

笔者能够真的知道她们是否需要我们的某种帮助吗？她们实际上遇到的困难（比如被抢劫、被抓、遭受暴力），笔者又能帮助多少呢？

最终笔者所能找到的存身夹缝往往是：除了一定的访谈报酬（或者以礼物的形式），更多的是做一些生活中琐碎的事情，比如一起逛街、陪着一块去看病买药、在对方心情不好的时候聊天解闷、为今后的生活出谋划策、一起打牌等。这是因为笔者逐渐地体会到："小姐"其实是非常善良的人。她们首先就谅解了笔者对她们处境的无能为力，所以只要笔者给她们尊重与亲近，她们就会努力涌泉相报。

当然，并不是每个研究者都可以这样化解自己必然会产生的内疚。笔者的研究团队中的几位女研究生，就是因此而不再从事这方面的研究。这不仅是研究伦理的最高级形式的实现，也是它给调查者带来的最富有人性的成果。

总而言之，这三个层次的道义思考和选择表明，坚持研究的伦理原则，与其说是给被访者提供一个保护伞，不如说是给调查者自己一个浴火重生的机会。

四、讨论：伦理的自觉源于主体建构视角的确立

"主体构建"视角的确立，能够帮助研究者更加清晰地和更加深入地理解调查双方对于调查过程与结果的巨大作用，促进调查过程的持续性和有效性，促进被访者给出"主述的真实"，促进研究者对于所获资料的"移情式理解"，从而提高调查的质量。

正是这种"主体构建"视角，要求研究者在调查过程中要切实地贯彻伦理原则，做到"知情同意""平等与尊重""无伤害与受益"，只是不同类型的调查研究在贯彻伦理原则的侧重点与程度上会有所差别。可是，越是难以在一种平等的关系下获得贴近主体"真实"表述的研究，对于研究伦理的要求也就越高，所需要的考虑也就越充分。

同时，不管贯彻的程度如何，伦理原则的任何贯彻过程和局限性都需要结合在调查过程之中呈现给读者，以便促进学术监督与讨论。

参考文献

[1] 阿尔弗雷德·C.金西.金西报告——人类男性性行为[M].潘绥铭,译.北京:光明日报出版社,1989.

[2] 阿尔弗雷德·C.金西.女性性行为[M].潘绥铭,译.北京:团结出版社,1990.

[3] 罗伯特·埃默森,雷切尔·弗雷兹,琳达·肖.如何做田野笔记[M].符裕,何珉,译.上海:上海译文出版社,2012.

[4] 艾米娅·利布里奇,里弗卡·图沃-玛沙奇,塔玛·奇尔波.叙事研究:阅读、分析和诠释[M].王红艳,主译.释觉舫,审校.重庆:重庆大学出版社,2008.

[5] 艾尔·巴比.社会研究方法[M].邱泽奇,译.10版.北京:华夏出版社,2005.

[6] 艾尔·巴比.社会研究方法[M].邱泽奇,译.11版.北京:华夏出版社,2009.

[7] 埃文思-普里查德.努尔人:对尼罗河畔一个人群的生活方式和政治制度的描述[M].褚建芳,阎书昌,赵旭东,译.北京:华夏出版社,2002.

[8] 保罗·怀特黑德,大卫·卡朋特.性的风险:军队中的文化定义[M]王雪,译.//潘绥铭.艾滋病时代的性生活.广州:南方日报出版社,2004.

[9] 保罗·霍金斯.影视人类学原理[M].王筑生,杨慧,蔡家麒,等译.昆明:云南大学出版社,2007.

[10] 保罗·拉比诺.摩洛哥田野作业反思[M].高丙中,康敏,译.北京:商务印书馆,2008.

[11] 保罗·D.利迪,珍妮·埃利斯·奥姆罗德.实用研究方法论——计划与设计[M].顾宝炎,牛冬梅,陈国沪,等译.顾宝炎,审校.7版.北京:清华大学出版社,2005.

[12] 鲍雨,潘绥铭.定性研究中的求异法及其理论依据[J].社会学评论,2015(2).

[13] 彼德·布劳.社会生活中的交换与权力[M].张非,张黎勤,译.北京:华夏出版社,1988.

[14] 彼得·罗希,马克·李普希,霍华德·弗里曼.评估:方法与技术[M].邱泽奇,王旭辉,刘月,等译.7版.重庆:重庆大学出版社,2007.

[15] 边燕杰,涂肇庆,苏耀昌.华人社会的调查研究:方法与发现[M].香港:牛津大学出版社,2001.

[16] 边燕杰,李路路,蔡禾.社会调查方法与技术:中国实践[M].北京:社会科学文献出版社,2006.

[17] 卜玉梅.虚拟民族志:田野、方法与伦理[J].社会学研究,2012(6).

[18] 蔡昉.中国流动人口问题[M].北京:社会科学文献出版社,2007.

[19] 蔡禾,赵巍.社会学的实证研究辨析[J].社会学研究,1994(3).

[20] 蔡鑫.从中国长期性伴侣关系看社会交换理论[D].中国人民大学硕士论文.2001.

[21] 车文辉.论现代社会调查研究及其方法的创新[J].湖南师范大学社会科学学报,2002(6).

[22] 陈蓉霞.社会科学与自然科学:此科学非彼科学——兼评一个唯科学主义的文本[J].自然辩证法通讯,2004(4).

[23] 陈向明.质的研究方法与社会科学研究[M].北京:教育科学出版社,2000.

[24] 陈新.中国人生育健康状况网络调查[J].中国生育健康杂志,2006(5).

[25] 陈膺强.应用抽样调查[M].台湾:商务出版社,1993.

[26] 陈元江.对非随机抽样的思考[J].中国统计,2004(12).

[27] 储卉娟.说书人与梦工厂:技术、法律与网络文学生产[M].北京:社会科学文献出版社,2019.

[28] 大卫·希尔弗曼.如何做质性研究[M].李雪,张劼颖,译.重庆:重庆大学出版社,2009.

[29] 德尔伯特·C.米勒,内尔·J.萨尔金德.研究设计与社会测量导引[M].风笑天,等译.6版.重庆:重庆大学出版社,2004.

[30] 德里克·弗里曼.米德与萨摩亚人的青春期[M].李传家,等译.北京:光明日报出版社,1990.

[31] 邓锁,风笑天.问卷调查研究:第二个10年的发展与分析[J].华中理工大学学报(社会科学版),2000(3).

[32] 丁和根.后现代与大众传媒的话语霸权[J].江苏社会科学,2000(6).

[33] 董海军等.社会调查与统计[M].武汉:武汉大学出版社,2009.

[34] 董瑞丰,杨桃源.网上议政传递民意:推动网上沟通渠道良性发展[J].瞭望,2006(11).

[35] 董晓萍.田野民俗志[M].北京:北京师范大学出版社,2003.

[36] 杜婷.网络调查的非抽样误差控制及调整方法[J].统计与决策,2006(16).

[37] 杜婷,庞东.网络抽样调查数据质量的评估与控制[J].统计与决策,2004(4).

[38] 杜鹰,白南生,等.走出乡村——中国农村劳动力流动实证研究[M].北京:经济科学出版社,1997.

[39] 段培君.方法论个体主义与分析传统[J].自然辩证法通讯,2002(6).

[40] 方长春.从方法论到中国实践:调查研究的局限性分析[J].华中师范大学学报(人文社会科

学版),2006(3).

[41] 方国斌,陈年红.基于网络技术的抽样调查设计与实施研究[J].统计与决策,2009(1).

[42] 方慧容."无事件境"与生活世界中的"真实"——西村农民土地改革时期社会生活的记忆[C].北京大学社会生活口述资料研究中心,1998.//杨念群.空间·记忆·社会转型——"新社会史"研究论文精选集.上海:上海人民出版社,2001.

[43] 费小东.扎根理论研究方法论:要素、研究程序和评判标准[J].公共行政评论,2008(3).

[44] 费孝通.江村经济——中国农民的生活[M].戴可景,译.南京:江苏人民出版社,1986.

[45] 风笑天.这样的调查能不能反映客观现实?——对一次大型社会调查的质疑[J].社会,1987(5).

[46] 风笑天.社会学者的方法意识和方法素养[J].社会学研究,1999(2).

[47] 风笑天.现代社会调查方法[M].武汉:华中科技大学出版社,2005.

[48] 风笑天.社会学研究方法[M].3版.北京:中国人民大学出版社,2009.

[49] 冯·贝塔朗菲.一般系统论:基础、发展和应用[M].林康义,魏宏森,译.北京:清华大学出版社,1987.

[50] 冯士雍.抽样调查应用与理论中的若干前沿问题[J].统计与信息论坛,2007(1).

[51] 弗洛伊德·福勒,托马斯·曼吉奥诺.标准化调查访问:如何实现访问员相关误差最小化[M].孙龙,徐方敏,译.张小劲,校.重庆:重庆大学出版社,2009.

[52] 嘎日达.论科学研究中质与量的两种取向和方法[J].北京大学学报(哲学社会科学版),2004(1).

[53] 龚江辉.城市入户调查的困境与出路[J].中国统计,2007(1).

[54] 郭继志,阎瑞雪,宋棠.网络调查方法的优势与局限[J].中国社会医学杂志,2006(1).

[55] 郭淑华.现代社会调查真实性所面临的挑战[J].社会,2003(5).

[56] 郝大海.社会调查研究方法[M].2版.北京:中国人民大学出版社.2009.

[57] 何海兵.我国城市基层社会管理体制的变迁:从单位制、街居制到社区制.管理世界[J],2003(6).

[58] 洪小良.社会调查研究原理与方法[M].北京:北京出版社,2005.

[59] 侯荣庭,潘绥铭.本土化:"性福"概念的确立与检验[J].社会学评论,2018(4).

[60] 胡鸿保,陆煜.从林耀华到路易莎:贵州苗民人类学研究视角的变换[J].民族史研究,2010(1).

[61] 胡鸿保,周星,刘援朝,陈丁昆.人类学本土化与田野调查——元江调查四人谈[J].广西民族学院学报(哲学社会科学版),1998(1).

[62] 胡鸿保,定宜庄.口述史与文献的融通:满族研究新体验——和定宜庄博士对话[J].黑龙江

民族丛刊,1999(3).

[63]胡仕勇,叶海波.操作化流程及其在社会研究中的应用探讨[J].武汉理工大学学报(社会科学版),2003(5).

[64]胡云峰,何有世.网络调查中缺失目标总体单位的误差矫正[J].中国管理信息化,2008(4).

[65]胡中锋,黎雪琼.质的研究之反思[J].广州大学学报(社会科学版),2003(11).

[66]黄建.网上调查的误差分析及其控制[J].统计与决策,2004(6).

[67]黄鸣刚.从媒体角度看网络调查方法[J].中国传媒科技,2004(11).

[68]黄琦.中国成年人婚内性关系与非婚性关系比较研究[D].北京:中国人民大学博士论文,2006.

[69]黄淑娉.绪论:从异文化到本文化——我的人类学田野调查回忆[C]//黄淑娉.黄淑娉人类学民族学文集.北京:民族出版社,2003.

[70]黄欣荣.贝塔朗菲与复杂性范式的兴起[J].科学技术与辩证法,2004(4).

[71]黄盈盈.对A市与B市发廊小姐的考察与分析[C].北京:中国人民大学硕士论文,2002.//孙立平,刘世定,郑也夫,等.北大清华人大社会学硕士论文选编.济南:山东人民出版社,2004.

[72]黄盈盈.深圳S区发廊考察日记[M].小姐:劳动的权利——中国东南沿海与东北城市的对照考察.香港:大道出版社,2005.

[73]黄盈盈.身体、性、性感:对中国城市年轻女性的日常生活研究[M].北京:社会科学文献出版社,2008.

[74]黄盈盈,潘绥铭,杜鹃,等.流动·性·艾滋病防治:项目报告[M].高雄:万有出版社,2008.

[75]黄盈盈,潘绥铭,王东.定性调查:"求同法"、"求异法"与"求全法"的不同性质[J].中国人民大学学报,2008(4).

[76]黄盈盈,潘绥铭,汪宁.全国成年总人口自报性传播疾病及其影响因素的研究[J].中国艾滋病性病,2012(2).

[77]黄盈盈,潘绥铭.跨学科主张的陷阱与前景:基于预防艾滋病领域的实践[J].中国人民大学学报,2013a(5).

[78]黄盈盈,潘绥铭.中国少年的多元社会性别与性取向——基于2010年14—17岁全国总人口的随机抽样调查[J].中国青年研究,2013b(6).

[79]黄盈盈,潘绥铭.21世纪中国性骚扰:话语介入与主体建构之悖[J].探索与争鸣,2013c(7).

[80]黄盈盈,潘绥铭.社会学问卷调查的边界与限度——一个对"起点"的追问及反思[J].学术研究,2010(7).

[81]黄盈盈,潘绥铭.中国东北地区劳动力市场中的女性性工作者[J].社会学研究,2003(3).

[82]黄盈盈.大时代与小田野:社会变迁背景下"红灯区"进入方式的"变"与"不变"(1999—

2015)[J].开放时代.2016(3).

[83] 黄盈盈.女性的身体与情欲:日常生活研究中的方法和伦理[J].探索与争鸣,2017(1).

[84] 黄盈盈,等.我在现场:性社会学田野调查笔记[M].太原:山西人民出版社.

[85] 黄盈盈.性/别、身体与故事社会学[M].北京:社会科学文献出版社,2018a.

[86] 黄盈盈.作为方法的故事社会学——从性故事的讲述看"叙述"的陷阱与可能[J].开放时代,2018b(5).

[87] 黄盈盈,祝璞璞.质性研究中的叙述套路:访谈的陷阱与拓展[J].妇女研究论丛,2020(3).

[88] 黄盈盈.于田野与对话间思考"问题"[J].开放时代,2022(1).

[89] 黄宗智.问题意识与学术研究:五十年的回顾[J].开放时代,2015(6).

[90] 杰克·莱文,詹姆斯·艾伦·福克斯.社会研究中的基础统计学[M].王卫东,译.9版.北京:中国人民大学出版社,2008.

[91] 金秀芝,孙丽范.对入户调查居民配合程度下降问题的思考[J].统计与咨询,2008(3).

[92] 凯瑟琳·马歇尔,格雷琴·B.罗斯曼.设计质性研究[M].王慧芳,译.3版.长沙:湖南美术出版社,2008.

[93] 凯西·卡麦兹.建构扎根理论:质性研究实践指南[M].边国英,译.重庆:重庆大学出版社,2009.

[94] 劳伦斯·纽曼.社会研究方法:定性和定量的取向[M].郝大海,译.5版.北京:中国人民大学出版社,2007.

[95] 雷纳托·罗萨尔多.从他的帐篷的门口:田野工作者与审讯者[M].高丙中,译//詹姆斯·克利福德,乔治·E.马库斯.写文化——民族志的诗学与政治学.高丙中,吴晓黎,李霞,等译.北京:商务印书馆,2006.

[96] 雷弢.调查公司如何介入互联网调查业务[J].社会,2001(2).

[97] 李金昌.确立抽样调查主体地位　建立现代抽样调查制度[J].统计与信息论坛,2004(3).

[98] 李景汉.定县社会概况调查[M].上海:上海人民出版社,2005.

[99] 李军军,李应荣.在线调查估计偏差分析及相应措施[J].统计与决策,2005(6).

[100] 李璐,江启成,张学军,汪宁.利用关键知情者评估暗娼基数方法探讨[J].中国公共卫生杂志,2008(6).

[101] 李强.应用社会学[M].2版.北京:中国人民大学出版社,2004.

[102] 梁玉成,周怡.问卷调查中的调查员因素[M]//边燕杰、李路路、蔡禾.社会调查方法与技术:中国实践.北京:社会科学文献出版社,2006.

[103] 林彬,王文韬.对当代中国社会学经验研究及研究方法的分析与反思——90年代社会学经验研究论文的内容分析[J].社会学研究,2000(6).

[104] 林南. 社会资本: 争鸣的范式和实证的检验[J]. 香港社会学学报, 2001(2).

[105] 凌洁. 计算机辅助电话调查(CATI)实验[M]. 上海: 上海财经大学出版社, 2006.

[106] 刘冰. 非随机抽样与随机抽样的比较优势[J]. 辽宁行政学院学报, 2006(1).

[107] 刘春雨, 余冬保, 张有春, 王若涛. AIDS项目伦理审查工作中遇到的主要问题及建议[J]. 中国艾滋病性病, 2003(4).

[108] 刘吉涛. 考究一下杜蕾斯性报告真实目的[N]. 燕赵都市报, 2004-11-9.

[109] 刘军. 法村社会支持网络的整体结构研究——块模型及其应用[J]. 社会, 2006(2).

[110] 刘少杰. 社会学思维方式的变革[J]. 吉林大学社会科学学报, 1998(3).

[111] 刘少杰. 中国社会调查的理论前提[J]. 社会学研究, 2000(2).

[112] 刘绍华. 麻风医生与巨变中国: 后帝国实验下的疾病隐喻与防疫历史[M]. 台北: 春山出版有限公司, 2018.

[113] 刘晓春. 民族志写作的革命——格尔兹《深层的游戏: 关于巴厘岛斗鸡的记述》的意义[J]. 民族艺术, 2006(1).

[114] 刘亚秋. 从集体记忆到个人记忆: 对社会记忆研究的一个反思[J]. 社会, 2010(5).

[115] 刘易斯·艾肯. 心理问卷与调查表——民意调查与人格评估[M]. 张厚粲, 译. 北京: 中国轻工业出版社, 2002.

[116] 刘中起, 风笑天. 整体的"社会事实"与个体的"社会行动"——关于迪尔凯姆与韦伯社会学方法论的逻辑基点比较[J]. 社会科学辑刊, 2002(2).

[117] 林恩·休谟, 简·穆拉克. 人类学家在田野: 参与观察中的案例分析[M]. 龙菲, 徐大慰, 译. 上海: 上海译文出版社, 2010.

[118] 卢晖临, 李雪. 如何走出个案——从个案研究到扩展个案研究[J]. 中国社会科学, 2007(1).

[119] 卢山. 走出事后分层应用的误区[J]. 中国统计, 2004(3).

[120] 卢淑华. 社会统计学[M]. 4版. 北京: 北京大学出版社, 2009.

[121] 罗伯特·K. 殷. 案例研究: 设计与方法[M]. 周海涛, 李永贤, 张蘅, 译. 3版. 重庆: 重庆大学出版社, 2004.

[122] 罗伯特·K. 默顿. 社会研究与社会政策[M]. 林聚任, 等译. 北京: 生活·读书·新知三联书店, 2001.

[123] 罗纳德·扎加, 约翰尼·布莱尔. 抽样调查设计导论[M]. 沈崇麟, 译. 重庆: 重庆大学出版社, 2007.

[124] 罗晓娟. 论营销技巧在入户调查中的应用[J]. 调研世界, 2008(4).

[125] 骆玲. 西方社会学研究方法论的评价及应用[J]. 社会科学研究, 2005(3).

[126] 马茨·艾尔维森, 卡伊·舍尔德贝里. 质性研究的理论视角: 一种反身性的方法论[M]. 陈仁

仁,译.重庆:重庆大学出版社,2009.

[127] 玛格丽特·米德.萨摩亚人的成年——为西方文明所作的原始人类的青年心理研究[M].周晓虹,李姚军,译.杭州:浙江人民出版社,1988.

[128] 玛乔丽·肖斯塔克.妮萨:一名昆族女子的生活与心声[M].杨志,译.李娟,刘文尧,校.北京:中国人民大学出版社,2017.

[129] 迈尔斯,休伯曼.质性资料的分析:方法与实践[M].张芬芬,译.重庆:重庆大学出版社,2008.

[130] 毛丹.社会学研究中的中层理论关心[J].浙江社会科学,2006(5).

[131] 美国卫生教育福利部(后改为美国卫生和公共服务部).贝尔蒙报告[R].1991. https://www.hhs.gov/ohrp/regulations-and-policy/belmont-report/index.html.

[132] 奈吉尔·巴利.天真的人类学家:小泥屋笔记&重返多瓦悠兰[M].何颖怡,译.桂林:广西师范大学出版社,2011.

[133] 诺曼·K.邓津,伊冯娜·S.林肯.定性研究:方法论基础:第1卷[M].风笑天,译.重庆:重庆大学出版社,2007.

[134] 潘绥铭,白威廉,王爱丽,劳曼.当代中国人的性行为与性关系[M].北京:社会科学文献出版社,2004.

[135] 潘绥铭.社会调查,何谓真实?——兼谈问卷调查法与个案访谈法的争论[J].中国社会科学季刊,1996(16).

[136] 潘绥铭.性社会学研究及其应用[M]//李强,潘绥铭,史希来,周孝正.应用社会学.北京:中国人民大学出版社,1995.

[137] 潘绥铭.存在与荒谬——中国地下"性产业"考察[M].北京:群言出版社,1999.

[138] 潘绥铭.生存与体验——对一个地下"红灯区"的追踪考察[M].北京:中国社会科学出版社,2000.

[139] 潘绥铭.社会对于个人行为的作用——以对于"多伴侣性行为"的调查分析为例[J].中国社会科学,2002(4).

[140] 潘绥铭,黄盈盈,刘振英,等.情境与感悟:西南中国三个"红灯区"探察[M].高雄:万有出版社,2005.

[141] 潘绥铭,黄盈盈,王洁,等.呈现与标定——中国"小姐"深研究[M].高雄:万有出版社,2005.

[142] 潘绥铭,黄盈盈,李楯.中国艾滋病"问题"解析[J].中国社会科学,2006(1).

[143] 潘绥铭,黄盈盈."主体建构":性社会学研究视角的革命及本土发展空间[J].社会学研究,2007(3).

[144] 潘绥铭,等.中国性革命成功的实证:全国成年人口随机抽样调查结果简报2000年与2006的对照研究[M].高雄:万有出版社,2008.

[145] 潘绥铭,黄盈盈,王洁,等."男客"的艾滋病风险及干预[M].高雄:万有出版社,2008.

[146] 潘绥铭,黄盈盈,王东."元假设":社会调查问卷的灵魂[J].学术界,2008(3).

[147] 潘绥铭,史梅.性病自报发生率的时段共性及影响因素的回归分析[J].湖北大学学报(哲学社会科学版),2008(6).

[148] 潘绥铭,黄盈盈,王东.论定量调查与定性调查的整合[J].中州学刊,2009(2).

[149] 潘绥铭,张娜,黄盈盈.网站调查与实地调查的实证对比研究:样本偏差程度及其方法论意义[J].江淮论坛,2009(4).

[150] 潘绥铭,黄盈盈.性之变:21世纪中国人的性生活[M].北京:中国人民大学出版社.2013.

[151] 潘绥铭.给"全性"留下历史证据:2000—2015年四次全国总人口抽样调查的主要数据分析结果.香港:1908有限公司,2018.

[152] 潘绥铭.艾滋病问题的社会建构[M].武汉:华中科技大学出版社.2019.

[153] 皮埃尔·布迪厄,华康德.实践与反思——反思社会学导引[M].李猛,李康,译.北京:中央编译出版社.1998.

[154] 浦国华,高玲芬,惠琦娜.网络调查方法的质量评价及减少调查误差的措施研究[J].浙江统计,2004(8).

[155] 齐学红.质的研究与生活世界的重建[J].南阳师范学院学报,2004(10).

[156] 乔健.飘泊中的永恒:人类学田野调查笔记[M].济南:山东画报出版社.1999.

[157] 乔纳森·H.特纳.社会学理论的结构[M].邱泽奇,译.7版.北京:华夏出版社.2006.

[158] 秦英君.在科学与人文之间:百年来科学与人文思潮评析[J].清华大学学报(哲学社会科学版),2007(1).

[159] 人民论坛"千人问卷"调查组.百姓"财产性收入"看法调查分析[J].理论参考,2008(1).

[160] 邵培基,方佳明,程都,梁丽琴.网络调查的概念整合模型研究[J].电子科技大学学报(社科版),2008(5).

[161] 盛宇,刘俊熙.多重应答法在政府网站调查中的实证研究[J].现代情报,2008(5).

[162] 石磊.网络调查及其局限性分析[J].宁波广播电视大学学报,2008(3).

[163] 史希来.属性数据分析引论[M].北京:北京大学出版社.2006.

[164] 水延凯,等.社会调查教程[M].4版.北京:中国人民大学出版社.2007.

[165] 宋蜀华,白振声.民族学理论与方法[M].北京:中央民族大学出版社.1998.

[166] 朱苏力.法律社会学调查中的权力资源:社会学调查过程的一个反思[J].社会学研究,1998(6).

[167]孙立平."过程-事件分析"与当代中国国家-农民关系的实践形态[J].清华社会学评论（特辑）.2000.

[168]孙特,朱红文.社会学研究由"规则"到"新规则"——谈吉登斯社会学方法论思想[J].山东理工大学学报（社会科学版），2005(3).

[169]孙云龙.公众立法意见的网上调查方法及其评估[J].海南人大,2008(6).

[170]覃方明.社会学方法论新探（上）——科学哲学与语言哲学的理论视角[J].社会学研究,1998(2).

[171]覃方明.社会学方法论新探（下）——科学哲学与语言哲学的理论视角[J].社会学研究,1998(3).

[172]谭建光.中国社会学更应重视中层理论的价值——兼与蒋影明先生商榷[J].学海,1994(3).

[173]汪传雷,罗绘俊,陈宏亚.网络调查的教学实践与改进措施[J].安庆师范学院学报（社会科学版）,2008(6).

[174]王东.网上调查利弊的方法论权衡和评估[J].统计与信息论坛,2007(4).

[175]王奋宇,李路路,等.中国城市劳动力流动：从业模式·职业生涯·新移民[M].北京：北京出版社,2001.

[176]王建平,张立娟.调查中的被访者因素[M]//边燕杰,李路路,蔡禾.社会调查方法与技术：中国实践.北京：社会科学文献出版社,2006.

[177]王君健.社会研究方法中定性研究存在问题的探析[J].法制与社会.2007(5).

[178]王宁.代表性还是典型性？——个案的属性与个案研究方法的逻辑基础[J].社会学研究,2002a(5).

[179]王宁.个体主义与整体主义对立的新思考——社会研究方法论的基本问题之一[J].中山大学学报（社会科学版）,2002b(2).

[180]王宁.个案研究的代表性问题与抽样逻辑[J].甘肃社会科学,2007(5).

[181]王宁.社会学本土化议题：争辩、症结与出路[J].社会学研究,2017(5).

[182]王文卿,潘绥铭.男孩偏好的再考察[J].社会学研究,2005(6).

[183]王文卿.论写作在定性资料分析中的创造性作用[J].学习与探索,2019(12).

[184]王锡苓.质性研究如何建构理论？——扎根理论及其对传播研究的启示[J].兰州大学学报（社会科学版）,2004(3).

[185]王小章.社会的客观知识是否有效及如何可能[J].社会学研究,2002(3).

[186]王昕,游珍珍,刘佳,江秋雨.主体与建构：中国西北地区小姐的世界[M].高雄：万有出版社,2009.

[187] 伍威·弗里克. 扎根理论[M]. 项继发, 译. 上海: 格致出版社, 2021.

[188] 温森特·克拉潘扎诺. 赫耳墨斯的困境: 民族志描述中对颠覆因素的掩饰[M]杨春宇, 译//载于詹姆斯·克利福德, 乔治·E. 马库斯. 写文化——民族志的诗学与政治学. 高丙中, 吴晓黎, 李霞, 等译. 北京: 商务印书馆, 2006.

[189] 翁乃群. 重新认识质性研究在当下中国研究中的重要性——以人类学应用研究为例[J]. 民族研究, 2007(6).

[190] 沃野. 方法论研究的质的规定性[J]. 社会科学研究, 1997(2).

[191] 沃野. 关于社会科学定量、定性研究的三个相关问题[J]. 学术研究, 2005(4).

[192] 吴肃然, 李名荟. 扎根理论的历史与逻辑[J]. 社会学研究, 2020(2).

[193] 吴增基, 吴鹏森, 苏振芳. 现代社会调查方法[M]. 2版. 上海: 上海人民出版社, 2003.

[194] 项飙. 全球"猎身": 世界信息产业和印度的技术劳工[M]. 北京: 北京大学出版社, 2012.

[195] 谢邦昌. 计算机辅助电话调查[M]. 北京: 中国统计出版社, 2001.

[196] 谢俊贵. 关于社会现象定量研究的简要评析[J]. 湖南师范大学社会科学学报, 2000(4).

[197] 谢宇. 走出中国社会学本土化讨论的误区[J]. 社会学研究, 2018(2).

[198] 徐浪, 向蓉美. 目前中国网络调查的局限性和适用范围[J]. 统计与信息论坛, 2006(1).

[199] 徐浪. 网络调查中抽样框误差的矫正处理[J]. 统计与决策, 2006(7).

[200] 郇建立. 个体主义+整体主义=结构化理论?——西方社会学研究的方法论述评[J]. 北京科技大学学报(社会科学版), 2001(1).

[201] 亚历山大. 新功能主义及其后[M]. 彭牧, 史建华, 杨渝东, 译. 南京: 译林出版社, 2003.

[202] 严宗光, 卢润德. 入户调查的质量控制分析[J]. 统计与决策, 2001(2).

[203] 杨伯溆. 定性和定量分析的结合点: 草根理论和因果模型[J]. 华中科技大学学报(社会科学版), 2002(2).

[204] 杨春宇. 越过他者的肩头——论田野工作局面中的三种状态[J]. 中国社会科学评价, 2021(3).

[205] 杨善华, 孙飞宇. 作为意义探究的深度访谈[J]. 社会学研究, 2005(5).

[206] 杨善华. 田野调查中被访人叙述的意义诠释之前提[J]. 社会科学, 2010(1).

[207] 杨心恒, 顾金土. 模糊数学在社会学研究中的应用[J]. 社会学研究, 2000(1).

[208] 袁方. 社会调查原理与方法[M]. 北京: 高等教育出版社. 1990.

[209] 袁方, 王汉生. 社会研究方法教程[M]. 北京: 北京大学出版社, 1997.

[210] 约翰·W. 克雷斯威尔. 研究设计与写作指导: 定性、定量与混合研究的路径[M]. 崔延强, 译. 重庆: 重庆大学出版社, 2007.

[211] 翟学伟. 社会学本土化是个伪问题吗[J]. 探索与争鸣, 2018(9).

［212］张海洋. 好想的摩洛哥与难说的拉比诺（代译序）［M］//保罗·拉比诺. 摩洛哥田野作业反思. 高丙中，康敏，译. 北京：商务印书馆，2008.

［213］张慧. "耳听为虚" "无法言说" 与 "死亡的沉默" ——对语言使用的方法论反思［J］. 妇女研究论丛，2020（3）.

［214］张蓉. 社会调查研究方法［M］. 北京：高等教育出版社，2005.

［215］张学广. 科学主义、人文主义的演进与生存危机［J］. 社会科学，2007（1）.

［216］张兆曙. 中国社会学研究中的二元对立及其局限［J］. 社会科学研究，2003（5）.

［217］赵鼎新. 从美国实用主义社会科学到中国特色社会科学——哲学和方法论基础探究［J］. 社会学研究，2018（1）.

［218］赵军. 义行江湖：警察、兄弟、小姐之间的学术游走——"入圈考察"十年随笔［M］. 载于黄盈盈等. 我在现场：性社会学田野调查笔记. 太原：山西人民出版社，2017.

［219］赵延东，Jon Pedersen. 受访者推动抽样：研究隐藏人口的方法与实践［J］. 社会，2007（2）.

［220］周华山. 女性主义田野研究的方法学反思［J］. 社会学研究，2001（5）.

［221］周银香. 拓展网络调研的商业价值［J］. 企业研究，2002（3）.

［222］朱迪丝·A. 霍尔顿，伊莎贝尔·沃尔什. 经典扎根理论：定性和定量数据的应用［M］. 王进杰，朱明明，译. 北京：北京大学出版社，2021.

［223］Bailey, Robert D., Foote, Winona E. and Throckmorton, Barbara. Human sexual behavior: a comparison of college and internet surveys［M］//MichaelH. Birnbaum. Psychological experiments on the Internet. San Diego, CA: Academic Press, 2000.

［224］Behling, Orlando and Law, Kenneth S.. Translating questionnaires and other research instruments: problems and solutions［M］. Thousand Oaks, CA: Sage, 2000.

［225］Bernard, H. Russell. Research methods in anthropology: Qualitative and quantitative approaches (3rd edition)［M］. Walnut Creek, CA: Altamira Press, 2002.

［226］Bourdieu, Pierre. The Forms of Capital［M］//John G. Richardson. Handbook of Theory and Research for the Sociology of Education. Westport, CT: Greenwood Press, 1986.

［227］Burgess, Robert G.. In the field: An introduction to field research［M］. London: George Allen and Unwin, 1984.

［228］Charmaz, Kathy. Constructing Grounded Theory: A Practical Guide Through Qualitative Analysis.［M］. London: Sage Publications Ltd, 2006.

［229］Clifford, James. Introduction: Partial Truths［M］//James Clifford and George E. Marcus. Writing Culture: The Poetics and Politics of Ethnography, Berkeley and Los Angeles, California: University of California Press, 1986.

[230] Coleman, James S.. The Foundations of Social Theory[M]. Cambridge, MA: Belknap Press of Harvard University, 1990.

[231] Czaja, Ronald and Blair, Johnny. Designing Surveys: A guide to decisions and procedures[M]. Thousand Oaks, CA: Pine Forge Press, 2005.

[232] Davenport, Thomas H. and Beck, John C. The Attention Economy: Understanding the New Currency of Business[M]. Boston, MA: Harvard Business School Press.

[233] Emerson, Richard M. Social Exchange Theory[M]//M. Rosenberg and Ralph H. Turner. Social Psychology: Sociological Perspectives, New York: Basic Books, Inc.., 1981.

[234] Emerson, Robert M., Fretz, Rachel I. and Shaw, Linda L.. Writing Ethnographic Fieldnotes (2nd Edition)[M]. Chicago and London: The University of Chicago Press., 2011

[235] Foddy, William. Constructing questions for interviews and questionnaires: theory and practice in social research[M]. Cambridge, UK: Cambridge University Press, 1993.

[236] Fox, Jefferson, et al. People and the Environment: Approaches for Linking Household and Community Surveys to Remote Sensing and GIS[M]. New York: Kluwer Academic Publishers, 2002.

[237] Goldstein, Harvey. Multilevel Statistical Models[M]. New York, USA: Halsted Press, 1995.

[238] Homans, George Caspar. Social behavior: Its elementary forms[M]. New York: Harcourt, Brace & World, Inc.., 1961.

[239] Johnson, Jeffrey C. Research Design and Research Strategies[M]//H. Russell Bernard. The Handbook of Method in Cultural Anthropology, Walnut Creek, CA: AltaMira Press, 1998.

[240] Maxwell, Joseph. Decisions About Sampling: Where, When, Who, and What[M]// Qualitative Research Design: An Interactive Approach. Thousand Oaks, CA: Sage Publications, 1996.

[241] Kish, Leslie. Survey sampling[M]. New York: John Wiley & Sons, Inc.., 1965.

[242] Kish, Leslie. Multipopulation Survey Designs: Five Types with Seven Shared Aspects[J]. International Statistical Review, 1994, 62(2).

[243] Kuhn, Thomas S.. The Structure of Scientific Revolutions[M]. Chicago: University of Chicago Press, 1962.

[244] Laumann, Edward O., et al. The Social Organization of Sexuality: Sexual Practices in the United States[M]. Chicago: The University of Chicago Press, 1994.

[245] Lincoln, Yvonna S. and Guba, Egon G.. Naturalistic Enquiry. Beverley Hills, California: Sage Publicaitons, 1985.

[246] Marshall, Martin N. Sampling for qualitative research[J]. Family Practice, 1996, 13(6).

[247] Mehler, Alexander and Köhler, Reinhard. Aspects of Automatic Text Analysis[M]. Berlin, Heidelberg and New York: Springer, 2006.

[248] Miles, Matthew B. and Huberman, A. Michael. Qualitative data analysis: a sourcebook of new methods. Beverly Hills, CA: Sage, 1984.

[249] Pedhazur, Elazar J. and Schmelkin, Liora Pedhazur. Measurement, Design, and Analysis: An Integrated Approach. New York: Psychology Press, 1991.

[250] Philippens, Michel and Loosveldt, Geert. Interviewer-related variance in the European Social Survey[C]//The Sixth International Conference on Logic and Methodology, in Amsterdam, The Netherlands, August 16-20, 2004.

[251] Plummer, Ken. Telling Sexual Stories: Power, Change and Social Worlds[M]. London: Routledge, 1995.

[252] Putnam, Robert D.. The Prosperous Community: Social Capital and Public Life[J]The American Prospect, 1993, 13(4).

[253] Richardson, Laurel and St. Pierre, Elizabeth A.. Writing: A Method of Inquiry[M]//Norman K. Denzin and Yvonna S. Lincoln. The SAGE Handbook of Qualitative Research(5th Edition). Thousand Oaks, California: Sage Publications, Inc.. 2018: 1410-1444.

[254] Singer, Judith D. and Willett, John B.. Applied Longitudinal Data Analysis: Modeling Change and Event Occurrence[M]. New York: Oxford University Press, Inc., 2003.

[255] Steinberg, Steven J. and Steinberg, Sheila L.. Geographic Information Systems for the Social Sciences: Investigating Space and Place[M]. Thousand Oaks, CA: Sage Publications, Inc., 2005.

[256] Strauss, Anselm L. and Corbin, Juliet M.. Basics of Qualitative Research: Techniques and Procedures for Developing Grounded Theory[M]. Thousand Oaks, CA: Sage, 1998.

[257] Turner, C. F., Ku, L., Rogers, S. M., Lindberg, L. D., Pleck, J. H. and Sonenstein F. L.. Adolescent sexual behavior, drug use, and violence: increased reporting with computer survey technology[J]. Science, 1998, 280(5365).

[258] Wallace, Walter L.. 1971. *The Logic of Science in Sociology* (*1st Edition*). Chicago: Aldine Publishing Company.

[259] Whyte, William Foote. Learning from the Field: A Guide from Experience[M]. Beverly Hills: Sage Publications, Inc., 1984.

[260] Willis, Gordon B.. Cognitive Interviewing: A Tool for Improving Questionnaire Design[M]. Thousand Oaks, CA: Sage Publications, Inc., 2004.

[261] Zemach, Dorothy E. and Rumisek Lisa A. . Academic Writing: from paragraph to essay[M]. Oxford: Macmillan Education, 2005.

[262] Zhang, X. , Parish, W. & Laumann, E. O. Explaining Extramarital Sex: Evidence from Urban China[C] //Paper presented at the annual meeting of the American Sociological Association, Marriott Hotel, Loews Philadelphia Hotel, Philadelphia, PA Online <PDF>. 2005.[2009-05-25]. http: //www. allacademic. com/meta/p23135_index. html.